749

Anne Moody   Erwachen in Mississippi

Eine Autobiographie

Aus dem Amerikanischen von Annemarie Böll

Mit einem Vorwort von Heinrich Böll

S. Fischer Verlag

11.-14. Tausend 1970
Titel der amerikanischen Originalausgabe:
Coming of age in Mississippi
The Dial Press, Inc. New York 1968
© Anne Moody 1968
Alle Rechte für die deutsche Ausgabe:
© S. Fischer Verlag GmbH, Frankfurt am Main 1970
Umschlagentwurf: Axel Oleniczak, unter Verwendung
eines Fotos der Autorin. Fotograf: Jack Schrier
Gesamtherstellung: Wilhelm Röck, Weinsberg
Printed in Germany 1970
ISBN 3 10 049701 5

Inhalt

Vorwort VII

Erster Teil Kindheit 1

Zweiter Teil Oberschule 113

Dritter Teil College 211

Vierter Teil Die Bewegung 255

Vorwort

ABSCHIED VON ONKEL TOM

Der Abschied von Onkel Tom ist nicht nur der Abschied vom würdigen und liebenswürdigen Helden des Romans von Harriet Beecher-Stowe. Es ist der Abschied von vielem, das lieb war, teuer und sehr bequem. Bis vor wenigen Jahren galt das Klischee: die Neger in den Vereinigten Staaten von Amerika leiden zwar, aber sie leiden in Demut und Würde. Man sah in Filmberichten, wie Neger beim Singen der Spirituals in Ekstase fielen, wie sie tanzen, und wie menschlich, freundlich und gottergeben sie waren. Sie freuen sich auf den Himmel, das ist sehr fromm und außerordentlich nützlich für die, deren Anteil an dieser verworfenen Erde groß genug ist, und die nicht einmal auf den Himmel werden verzichten müssen. Der Hinweis auf die Tröstungen des Himmels kommt ohnehin meistens aus Häusern, in denen es an Irdischem nicht mangelt; metaphysische Falschmünze, die man einem Bettler hinwirft; er kann sich nichts dafür kaufen. Für Miss Moody stellt sich diese Spiritual-Seligkeit anders dar; als eine Art rauschhafter Flucht aus der politischen Wirklichkeit. Obwohl in ihrer Baptistengemeinde als Organistin, im Chor und in der Sonntagsschule tätig, beschreibt sie den Taufritus, der in einem von Kuhfladen beschmutzten Tümpel stattfindet, mit krassem Realismus, und beim Anblick der weißen Kleider, Unterwäsche, weißen Strümpfe und Schuhe, die für ihre eigene Taufe bereitliegen, denkt sie: »Diese Scheiße bedeutet, daß ich von meinen Sünden reingewaschen worden bin.« Glücklicherweise hat ihr Bericht keinerlei literarische, nur dokumentarische Dimension, nichts wird ›überhöht‹, alles wird aus- und angesprochen, mit einer verblüffenden Verbindung von Wirklichkeitssinn und Sensibilität. Wer glauben möchte, das angegebene Zitat widerspräche der hohen Sensibilität, muß ein weiteres Klischee revidieren: Feinfühligkeit drücke sich in einer ›feinen‹, einer ›dichterischen‹ oder ›überhöhten‹ Sprache aus. Hinter ›feiner‹ Sprache verstecken sich nur allzu oft Heuchelei und Grausamkeit. Hier ist es der Fluch eines jungen Mädchens, das sich einer Zeremonie unterwirft, an deren Form es nicht mehr glaubt;

das den Zwang des Zeremoniells, den Druck der Familie und der Gemeinde spürt, sich ihm widerwillig beugt. Der Fluch wirkt wie ein Paukenschlag in einem ansonsten sachlich und ohne sonderliche Effekte instrumentierten Bericht.

Die Spannung des Berichts ergibt sich von selbst, aus der Entwicklung des Bewußtseins, das sich mit dem Lebensalter, mit wachsender Wachsamkeit und angewandter Intelligenz steigert und unweigerlich zur Aktion führt. Schon dem kleinen Mädchen fallen die Unterschiede zwischen Schwarzen und Weißen auf, es sind lauter soziale Unterschiede: Wohnungen, Kleidung, Essen, Schulbildung der Weißen sind einfach besser als die der Schwarzen. Außerdem besteht da, wie die kleine Anne früh erfährt, ein erheblicher Unterschied an öffentlicher Sicherheit. Ständig wird der Landfrieden von Weißen gebrochen: Neger werden erschossen, verprügelt, lebendig in ihren Häusern verbrannt. Später, als sie schon in der Bürgerrechtsbewegung tätig ist, findet man in ihrer Heimat in einem Auto drei Neger mit zerschossenen Gesichtern. In den Lokalblättern ist zu lesen, sie seien an Abgasen erstickt. Noch ein wenig später wird ein naher Verwandter von ihr auf die gleiche entsetzliche Weise ermordet, möglicherweise, weil er über den Mord an den dreien gesprochen hat. In keinem der Fälle, die Miss Moody schildert, wird ein Täter verurteilt. FBI-Beamte tauchen gelegentlich auf, ermitteln, nichts weiter geschieht. Keiner, ob weiß oder schwarz, kann dem wißbegierigen, hartnäckigen und intelligenten jungen Mädchen diese unterschiedliche Behandlung von Weiß und Schwarz erklären. Wer könnte es auch erklären? So ist es nun einmal, so soll es bleiben. Warum an althergebrachten Dingen rütteln? Keine Experimente. Wenn die Neger nur brav sind, fromm und in würdiger Demut leiden, geschieht ihnen ja nichts. Althergebracht ist z. B., daß viele weiße Männer eine schwarze Geliebte haben, wenn aber ein Neger hinter einer weißen Frau auch nur einmal herschaut, so muß er natürlich einen Denkzettel bekommen, möglichst aus tödlichem Blei. Immerhin erfährt die empörte und wißbegierige Anne, daß es Bürgerrechtsorganisationen gibt; das bekommt sie von einer Lehrerin an einer Schule für Neger wie ein tödliches Geheimnis geflüstert; die Lehrerin muß fürchten, dieser Mitteilung wegen ihre Stelle zu verlieren, und außerdem ist es lebensgefährlich, diese Organisationen auch nur zu erwähnen. Schlimmer als die Erkenntnis der Verschwiegen- und Verschworenheit der Umwelt ist die Erkenntnis, daß die Neger innerhalb ihrer eigenen Aus- und Eingeschlossenheit noch eigene

Rassenhierarchie betreiben, je nach dem Grad der »weißen Beimischung«. Später, als sie in Bürgerrechtsorganisationen aktiv wird, erfährt Miss Moody regelrechte Verbannung von Haus und Heimat.
Die stärkste Gegenfigur ist Miss Moodys eigene Mutter, eine herzliche, ungemein sympathische Frau, die, von ihrem Mann verlassen, keine Arbeit ausläßt, ihre Kinder zu ernähren, wenn es auch die meiste Zeit nur für Brot und Bohnen reicht. Gerade diese herzliche, feinfühlige und kluge Frau bekommt es mit fürchterlicher Angst, wenn ihre kleine Tochter auf den Unterschied zwischen Schwarz und Weiß zu sprechen kommt, ihn erklärt haben oder gar an den Privilegien der Weißen teilhaben möchte, und wärs auch nur ein altmodisches Himmelbett, das die kleine Anne bei einer weißen Lady gesehen hat.
Wie sehr dieser Bericht in unsere Zeitgenossenschaft fällt, wird deutlich, wenn man die geschilderten Ereignisse synchronisiert. Achtjährig, im Jahr 1948, nimmt Anne Moody ihre erste Stelle als Hausgehilfin an und verdient wöchentlich 75 Cent und acht Liter Sauermilch. Zehnjährig, 1950, hat sie schon eine volle Stelle als Hausgehilfin und verdient ein paar Dollar in der Woche. Neunzehnjährig, 1959, unternimmt sie das historische sit-in an einer Woolworth-imbißtheke, hat die ungeheure Kühnheit, als Schwarze an der Theke für Weiße Bedienung zu erwarten. Es wird zur stundenlangen Tortur, sie wird mit Ketchup, Soßen, Senf beklebt und bekleistert – im Anblick der Polizei, die keinen Finger rührt. Es folgen weitere Aktivitäten, weitere Strafen und Bedrohungen. Ganze Gruppen demonstrierender Neger und Weiße werden in Müllautos in improvisierte Camps gefahren, wo ihnen später das Essen aus Mülltonnen verabreicht wird. Bis in solche Details hinein erweist die etablierte Gesellschaft ihre höhnische Abfälligkeit: in Abfallwagen abtransportiert, aus Abfallkübeln gespeist. Ihre Mutter fleht sie in Briefen an, um der Sicherheit der Familie willen, nicht mehr an Demonstrationen teilzunehmen.
Auch der Abschied von der Mutter ist ein Abschied vom Geist Onkel Toms. Ein Abschied, der beiden nicht leichtfällt, zumal er sich gleichzeitig als Abschied der akademisch gebildeten Tochter aus dem proletarischen Milieu darstellt; einer Tochter, die es ›besser haben‹ könnte und sollte und die sich nun in einen scheinbar aussichtslosen politischen Kampf einläßt, einen Aktions-Brückenkopf im Staat Mississippi bezieht, wo sie in ständiger Angst, unter ständiger Bedro-

hung, von nächtlichen Scheinwerfern und von Hunden gehetzt, bedroht von Weißen *und* von der Polizei mit einer kleinen Gruppe lebt, nur weil sie die Ausübung eines verfassungsmäßig garantierten Rechts, des Rechts zu wählen, unter den Negern propagiert. Wenn es schon soviel Opfer kostet, ein demokratisches Minimum, das Wahlrecht, zu propagieren, und mit so geringem Erfolg – was mag es erst kosten, das verfassungsmäßig garantierte Maximum, die volle Gleichberechtigung, nicht nur zu propagieren, sondern auch durchzusetzen? Was mag das kosten in diesem doppelten Kampf gegen das eigene Milieu und gegen eine weiße Mehrheit? Auch Miss Moody wagt nicht, sich diese Frage zu stellen und sie zu beantworten. Ihr Bericht endet ein halbes Jahr nach der Ermordung John F. Kennedys. Inzwischen sind zwei weitere Verfechter der Gewaltlosigkeit, Robert Kennedy und Martin Luther King, Opfer der Gewalt geworden. Ich wage nicht, die Frage zu beantworten, die Miss Moody gar nicht erst stellt.

Der Abschied von Onkel Tom ist international. Er findet in den Kirchen, an Schulen, an Universitäten und in Betrieben statt, und es gibt reichlich Anzeichen dafür, daß die Jugend in den sozialistischen Ländern sich nicht mehr mit dem in ›Zukunft‹ umgefälschten Himmel abspeisen läßt. In Miss Moodys Bericht ist ›Onkel Tom‹ – was es inzwischen für viele junge amerikanische Neger ist – ein Schimpfwort, nah verwandt mit den Schimpfwörtern, die auf unsere ergrauten Häupter herabgesprochen werden.

Dezember 1969 *Heinrich Böll*

Erster Teil   **Kindheit**

1. Kapitel

Ich habe immer noch Alpträume aus der Zeit, wo wir auf Mr. Carters Plantagen lebten. Auf seinem Besitz arbeiteten viele Neger. Sie waren alle Pächter wie Mama und Papa. Wir wohnten alle in verfallenen, zweiräumigen Holzhütten. Aber die unsere war etwas Besonderes, weil sie neben dem großen weißen Haus der Carters auf dem Hügel stand und die Felder und die anderen Hütten unten überblickte. Außer daß es einen Schornstein und eine überdachte Veranda hatte, sah unser Haus genauso aus wie die Scheune der Carters, aber Mama und Papa taten, was sie konnten, um es wohnlich zu machen. Da wir nur ein großes Zimmer und eine Küche hatten, schliefen wir alle im selben Zimmer. Es war wie drei Zimmer in einem. Mama und Papa schliefen in der einen Ecke, und ich hatte mein kleines Bett in einer anderen neben einem der großen, mit Holzläden verschlossenen Fenster. Ein Schaukelstuhl und ein paar einfache Stühle bildeten eine Sitzecke um den offenen Kamin. Das große Zimmer hatte eine billige Tapete von dumpfen Farben, die mit großen Heftzwecken lose an den Wänden befestigt war. Unter jeder Heftzwecke steckte ein kleines Pappviereck, das aus einer Schuhschachtel herausgeschnitten worden war; diese Vierecke sollten der Heftzwecke mehr Halt geben und verhindern, daß die Tapete einriß. Weil nicht genug Heftzwecken da waren, wellte sich die Tapete an manchen Stellen. Die Küche war nicht tapeziert, und die einzigen Möbel darin bestanden aus einem Herd mit Holzfeuerung, einem alten Tisch und einem Schrank. Mama und Papa hatten zwei Töchter. Ich war beinahe vier, und Adline war ein schreiender Säugling von sechs oder sieben Monaten. Wir sahen Mama und Papa kaum, denn außer sonntags waren sie jeden Tag auf dem Feld. Sie standen früh am Morgen auf und verließen das Haus kurz vor dem Hellwerden. Sechs Uhr abends, kurz vor Einbruch der Dunkelheit, kehrten sie zurück.
George Lee, Mamas acht Jahre alter Bruder, mußte sich tagsüber um uns kümmern. Er strolchte gern in den Wäldern herum, und wenn er auf uns aufzupassen hatte, so hielt ihn das sehr von seinem Lieblingsvergnügen ab. Er mußte im Hause sein, bevor Mama und Papa weggingen, darum war er noch ganz schlaftrunken, wenn er

ankam. Sobald Mama und Papa das Haus verlassen hatten, kletterte er in den Schaukelstuhl und schlief ein. Der schweren Holztür und der Fensterläden wegen war es dunkel im Hause, obwohl es draußen schon hell wurde. Nachdem er ein paar Stunden geschlafen hatte, sprang George Lee dann plötzlich auf, als sei er aus einem Alptraum erwacht, lief zur Haustür und riß sie auf. Wenn die Sonne schien und das Wetter gut war, wurde er ganz aufgeregt und begann, die großen Holzläden aufzustoßen, so daß sie in ihren Angeln hin- und herschwangen. Immer wenn er anfing, die Läden zu knallen und sehnsüchtig zum Wald hinüberzuschauen, bekam ich es mit der Angst zu tun.

Einmal hatte er uns in den Wald mitgenommen und uns im Gras sitzen lassen, während er nach Vögeln jagte. An diesem Abend hatte Mama entdeckt, daß wir voller Zecken waren, und darum wurde ihm verboten, uns noch einmal mitzunehmen. Danach verprügelte er mich jedesmal, wenn er Lust kriegte, in den Wald zu gehen.

Eines Tages sagte er: »Ich geh jagen.« Ich verstand, daß er allein gehen wollte. Ich hatte Angst, er würde uns allein lassen, sagte aber nichts. Ich sprach nie etwas zu ihm, wenn er in dieser Laune war.

»Hast du gehört?« fragte er und schüttelte mich.

Ich sagte immer noch nichts.

Peng! Er knallte mir eine über den Kopf; ich fing wie üblich an zu brüllen, und auch Adline begann zu weinen.

»Halts Maul«, sagte er, lief zum Bett und stopfte ihr die Flasche mit Zuckerwasser in den Mund.

»Du bleibst hier, und rühr dich nicht«, sagte er und stieß mich auf einen Stuhl am Fußende des Bettes. »Und paß auf sie auf«, er zeigte auf Adline. »Untersteh dich, wegzulaufen.« Dann verließ er das Haus. Ein paar Minuten später kam er zurückgelaufen, als habe er etwas vergessen. Er lief zu Adline und riß ihr die Flasche mit Zuckerwasser wieder aus dem Mund. Er wußte, daß ich solche Angst vor ihm hatte, daß ich mich nicht vom Stuhl gerührt hätte, wenn Adline an der Flasche erstickt wäre. Wieder verprügelte er mich. Dann trug er uns auf die Veranda. Ich weinte immer noch, deshalb schlug er mich und stieß mich dabei von der Schwelle hinunter. Ich schlug beim Fallen mit dem Kopf auf die Stufenkante, und Blut kam herausgespritzt. Jetzt bekam er doch Angst und wischte sorgfältig die Blutspuren weg. Er versuchte sogar, die große Beule zurückzudrücken, die mir auf der Stirn hochgeschossen war.

An diesem Abend saßen wir wie immer auf der Veranda und war-

teten darauf, daß Mama und Papa den Berg heraufkämen. In Mr. Carters großem weißem Haus gingen die elektrischen Lichter an, während von den Negerhütten unten immer weniger zu sehen war. Wenn es erst ganz dunkel war, strahlten die Lichter in Mr. Carters Haus noch heller, es sah aus wie ein großes, erleuchtetes Schloß. Es sah dann aus, als gebe es auf der ganzen Pflanzung nur dieses eine Haus.
An den meisten Abenden saßen die Neger, wenn sie vom Feld zurückgekommen waren, sich gewaschen und gegessen hatten, auf der Veranda vor ihren Hütten, sahen zu Mr. Carters Haus hinauf und redeten. Manchmal erzählte mir Mama, wenn wir so vor unserem Haus saßen, Geschichten darüber, was in jenem großen weißen Haus vorging. Sie zeigte mir all die hellerleuchteten Zimmer und sagte, die alte Lady Carter backe in der Küche Kuchen, sie lese im Wohnzimmer, die Kinder studierten im oberen Stockwerk und Mr. Carter sitze da und zähle all das Geld zusammen, das er an den Negern verdiene.
Ich hockte da und dachte an die Teekuchen der alten Lady Carter, als ich plötzlich Mamas Stimme hörte: »Essie Mae, Essie Mae!«
Plötzlich fiel mir die Beule an meinem Kopf ein, ich sprang die Stufen hinunter und lief auf sie zu. Sie kam jetzt den Abhang herauf, ihre Hacke in der einen, den Strohhut in der andern Hand. Die anderen Arbeiter schleiften immer ihre Hacken hinter sich her, ächzten und schnaubten, wenn sie den Berg heraufkamen, aber Mama lief fast immer den ganzen Weg, lachte und sang. Als ich nur noch ein paar Schritt von ihr entfernt war, fing ich an zu weinen und zeigte auf die große geschwollene Wunde auf meiner Stirn. Sie streckte die Arme nach mir aus. Ich konnte sehen, daß sie zu gut gelaunt war, um George Lee zu schlagen, darum lief ich an ihr vorbei und steuerte auf Papa zu, der mit den anderen Pächtern den Berg hinaufgekeucht kam. Ich weinte immer noch, als er sich bückte und mich mit einem Schwung an seine breite verschwitzte Brust hob. Er sagte nichts über die Wunde, aber ich merkte, daß er ärgerlich war, und deshalb weinte ich noch mehr. Er winkte den anderen, die über den Hügel hinüber zu ihren Hütten gingen, gute Nacht.
Als wir uns dem Haus näherten, erblickte Papa George Lee, der den Hügel hinunter Richtung Heim rannte.
»Komm her, Junge«, schrie Papa, aber George Lee lief weiter.
»He, Junge, hast du nicht gehört? Wenn du jetzt nicht raufkommst, schlag ich dir die Knochen im Leib zusammen!« Zitternd kam George Lee ganz langsam den Hang wieder herauf.

»Was is mit Essie Mae hier passiert? Was is passiert«, fragte Daddy mit Nachdruck.

»Och... och... sie is von de Veranda gefallen und is mim Kopf an de Stufe gestoßen«, stotterte George Lee.

»Wo warst du, als sie gefallen is?«

»Och... ich hab grad der Adline ne Windel umgetan.«

»Wenn noch mal einem von den Kinderchen hier was passiert, dann bring ich dich noch um. Mach jetzt, daßde heimkommst, sonst...«

Am nächsten Morgen tauchte George Lee nicht auf. Mama und Papa warteten lange auf ihn.

»Wo mag der verdammte Junge nur stecken«, sagte Papa hin und wieder und ging dabei im Zimmer auf und ab. Es war längst heller Tag, als sie sich entschlossen, aufs Feld zu gehen und Adline und mich allein zu Hause zu lassen.

»Ich laß euch jetzt allein, Essie Mae«, sagte Mama. »Wenn Adline wach wird und schreit, dann gib ihr die Flasche. Ich komme bald zurück und schaue nach euch und sehe nach, ob George Lee da ist.«

Sie ließ ein Schüsselchen Bohnen auf dem Tisch stehen und sagte mir, wenn ich Hunger hätte, sollte ich sie essen. Sobald sie und Papa die Tür hinter sich zugeschlagen hatten, war ich hungrig. Ich ging in die Küche und holte mir die Bohnen. Dann kletterte ich in den Schaukelstuhl und fing an zu essen. Ich hatte Angst. Mama hatte uns noch nie allein zu Hause gelassen. Obgleich ich wußte, daß George Lee mich schlagen würde, wünschte ich doch, er möge kommen.

Ganz plötzlich kam George Lee zur Haustür herein. Einen Augenblick lang stand er da und grinste mich an, ohne ein Wort zu sagen. Ich konnte mir schon denken, was er vorhatte, und die Schüssel in meinen Händen begann zu zittern.

»Bring die Bohnen da in die Küche«, sagte er und versetzte mir eine kräftige Ohrfeige.

»Ich hab aber Hunger«, schrie ich, den Mund voller Bohnen.

Er schlug mich noch einmal über den Kopf, nahm mir die Bohnen ab und trug sie in die Küche. Als er zurückkam, hatte er die Streichholzschachtel in der Hand.

»Jetzt verbrenn ich euch zwei Schreihälse. Dann brauch ich nich mehr herzukommen und euch jeden Tag die Ärsche abzuputzen.«

Als ich diesen blöden George Lee mit seinem komischen Grinsen so in der Küchentür stehen sah, schien es mir, als könne er es wirklich fertigbringen, uns zu verbrennen. Er trat an die Wand neben dem offenen Kamin und zündete die lose Tapete an. Ich begann laut zu schreien. Ich war so entsetzt, daß ich das Wasser nicht halten konnte, es lief mir an den Beinen herunter. George Lee lachte mich aus, weil ich mich naß gemacht hatte, und schlug das Feuer, bevor es noch um sich gegriffen hatte, mit bloßen Händen aus. Dann trug er mich und Adline auf die Veranda und ließ uns dort allein. Er ging in den Hof, knackte Nüsse und spielte.

Wir waren erst kurz auf der Veranda, als ich lärmende Stimmen von den Feldern her hörte. Das Rufen und Schreien wurde immer lauter. Ich konnte Mamas Stimme aus allen anderen heraushören. Es sah so aus, als kämen alle Leute auf unser Haus zugelaufen. Ich lief zum Rand der Veranda, um zu sehen, wie sie alle den Berg heraufgerannt kamen. Daddy lief vor der rennenden Menschenmenge her, und Mama kam gleich hinter ihm.

»Herr erbarme dich, meine Kinder sind im Haus«, schrie Mama. »Schnell, Diddly«, rief sie Papa zu. Ich drehte mich um und sah, daß dicke Rauchschwaden aus der Haustür quollen und überall aus den Ritzen drangen. »Da, Essie Mae ist auf der Veranda«, rief Mama. »Schnell, Diddly, hol Adline ausm Haus!« Ich sah mich nach Adline um. Vor lauter Qualm konnte ich sie kaum erkennen.

George Lee stand im Hof, scheinbar ganz ratlos. Als Mama näherkam, lief er ins Haus hinein. Mein erster Gedanke war, daß er sicher verbrennen würde. Ich hatte oft gewünscht, jemand solle ihn totschlagen, aber ich glaube, jetzt wollte ich doch nicht, daß er starb. Ich lief hinter ihm her, aber er kam mir schon entgegengerannt, stieß mich um und ließ mich, mit dem Gesicht auf dem Boden, im brennenden Raum liegen. Ich sprang schnell wieder auf und lief hinter ihm her. Er hatte den Wassereimer in der Hand. Ich dachte, er wollte versuchen, das Feuer zu löschen, statt dessen stellte er den Eimer am Rand der Veranda ab und nahm Adline auf den Arm.

Einen Augenblick später war Papa auf der Veranda. Er rannte geradeswegs in das brennende Haus und drei andere Männer dicht hinter ihm her. Sie öffneten die schweren Holzläden, so daß der Qualm entweichen konnte, und fingen an, die Tapeten abzureißen, ehe das Holz Feuer fing. Mama und zwei andere Frauen rechten das brennende Papier mit Stöcken, Besenstielen und was sonst zur Hand war, in den offenen Kamin. Alle husteten vor Rauch.

Bald war alles vorüber. Nichts war verloren außer der Tapete an der Wand, das Holz war nur stellenweise leicht versengt. Jetzt, wo Papa und Mama das Feuer gelöscht hatten, kamen sie auf die Veranda heraus. George Lee hatte Adline immer noch auf dem Arm.

»Bring Essie Mae und die Kleine auf den Hof«, schrie Papa.
Mit Adline auf seiner Hüfte lief George Lee auf den Hof und zerrte mich am Arm hinterher. Daddy und die Pächter, die ihm geholfen hatten, setzten sich auf den Rand der Veranda, schnappten Luft und husteten. Nachdem sie eine Weile geplaudert hatten, wollten die Männer und Frauen helfen, das Haus zu säubern, aber Mama und Papa lehnten jede weitere Hilfe ab, und so gingen sie bald wieder.
Wir spielten oder taten so, als spielten wir, denn ich wußte, was jetzt dran war, und George Lee wußte es auch. Bevor ichs zu Ende gedacht hatte, rief Papa George Lee auf die Veranda.
»Komm her, Junge«, sagte er. »Was is passiert?« fragte er streng. George Lee stand zitternd vor ihm.
»I..i..ich ging zum Brunnen und wollt nen Eimer Wasser holen, un als ich zurückkomm, da brennt das Haus. Essie Mae muß es getan haben.«
Während er da stand und log, zeigte er auf den Eimer, den er auf den Rand der Veranda gestellt hatte. Das schien für Papa Beweis genug. Er sah mich ein paar Augenblicke lang an, die mir wie eine Ewigkeit vorkamen. Ich stand da und weinte. »Ich wars nicht, ich wars nicht«, aber Papa glaubte mir nicht. Er packte mich und trug mich ins Haus.
Drinnen sah er sich nach etwas um, mit dem er mich verprügeln könnte, aber alle Kleider waren von den Nägeln an den Wänden genommen und auf dem Bett auf einen Haufen geworfen. Es hätte lange gedauert, bis er einen Gürtel gefunden hätte. Er versuchte es erst gar nicht. Er tastete an seine Taille, stellte aber fest, daß er einen Overall trug. Nichts war in erreichbarer Nähe. Er wurde immer wütender. Dann fiel sein Blick auf die Holzscheite neben dem Kamin. ›O mein Gott‹, dachte ich, ›er wird mich totschlagen.‹ Er suchte im Holzstapel nach einem kleinen Stück, fand aber keines. Als er zurücktrat, stieß er gegen einen Stuhl. Der fiel um, und eine Leiste löste sich. Er hob sie auf, und ich fing an zu schreien. Er legte mich über seine Knie, zog mir die Hose herunter und schlug mich auf den bloßen Hintern. Die Schläge kamen scharf, einer nach dem andern.
Ich schrie, trat um mich und heulte und konnte nur an George Lee denken. Ich würde ihn mit eigenen Händen umbringen. Papa muß mich gute zehn Minuten durchgeprügelt haben, bevor Mama mir zu Hilfe kam, weil sie merkte, daß er alle Fassung verloren hatte. Als er schließlich von mir abließ, brannte mein Hinterteil wie Feuer. Ich versuchte mich zu setzen. Es war unmöglich. Es tat so weh, daß selbst

Stehen eine Qual war. Eine Stunde später war alles so knotig geschwollen, daß es aussah, als hätte mich ein ganzer Bienenschwarm gestochen.
Dies war das erste Mal, daß Papa mich schlug. Aber ich sprach kein Wort mit ihm und ließ ihn nicht nahekommen, solange mein Hinterteil noch weh tat. Mama sagte mir, er habe mich gar nicht so sehr prügeln wollen, und er sei auch nicht mehr böse, weil ich das Feuer gelegt hätte. Als ich aber nicht aufhörte zu weinen und zu versichern, daß George Lee es gewesen sei, da sagte sie zu Papa, sie glaube auch, George Lee habe es getan. Er sagte nichts. Aber als George Lee am nächsten Morgen kam, da schickte er ihn nach Hause. Mama blieb den Rest der Woche bei uns. In der folgenden Woche kam dann Mamas zwölfjähriger Bruder Ed, um auf uns aufzupassen.
Etwa eine Woche nach dem Brand ging Papa plötzlich alles auf die Nerven. Dauernd schrie er mich an und schnauzte mit Mama herum. Das Getreide gedieh nicht so, wie er erwartet hatte. Jeden Abend kam er völlig niedergeschlagen vom Feld heim. Er lief im Haus herum und hatte an allem etwas auszusetzen.
»Scheiße, alles nur Zeitvergeudung, un nich genug Regen un nix. Dies Jahr kriegen wir nich mal zwei Ballen Baumwolle. Der Mais is nix wert, und die süßen Kartoffeln verbrennen einfach in dem hartarschigen Boden. Verdammtnochmal, da hätt ich mich bei Lohnarbeit besser gestanden. Wenn Mr. Carter seinen Anteil aus hat, bleibt für uns rein nix mehr.« Diese Predigt mußten wir uns fast jeden Abend anhören, und er schrie Mama immer an, als ob sie an allem schuld sei.
Während der Ernte kam Bush, Papas bester Freund, ums Leben. Bush fuhr einen Erntewagen, dessen Pferde scheuten, sie kippten den Wagen in einen tiefen Graben neben der Straße. Bush stürzte so unglücklich, daß er das Genick brach. Sein Tod machte Papa noch trauriger.
Die wenigen Male, wo ich ihn noch glücklich sah, lag er auf dem Boden und würfelte. Vor jedem großen Spiel trainierte er zu Hause, und ich saß dabei und sah ihm zu. Dann spielte er sogar mit mir, und wenn er gewann, brachte er mir jedesmal eine Menge Bonbons oder sonst ein Geschenk. Er war geschickt im Würfeln und gewann dauernd. Er und die meisten anderen Männer spielten jeden Samstagabend bis in den Sonntagmorgen hinein. An einem Sonntag kam er ohne einen Pfennig nach Hause. Er sagte zu Mama, er habe den letzten Pfennig verloren. Noch ein paar Mal kam er nach Hause und war pleite. Aber an einem Sonntagmorgen, noch bevor er nach Hause

gekommen war, erschien eine der Frauen aus der Nachbarschaft bei uns und sagte Mama, daß er seine Wochenenden bei Florence verbringe, Bushs schöner Witwe. Ich weiß noch, daß es, als er schließlich nach Hause kam, eine gewaltige Prügelei zwischen ihm und Mama gab. Mama boxte ihn nieder wie ein Mann, aber das hielt ihn nicht davon ab, Florence weiter zu besuchen. Er wurde sogar kühner und ging bald hin, sooft es ihm paßte.
Florence war eine Mulattin, von hellgelber Haut mit glattem, schwarzem Haar. Alle Frauen auf der Pflanzung beneideten sie. Nach Bushs Tod paßten sie gut auf, wohin ihre Männer gingen. Und sie beobachteten Florence wie eine Schar von Falken. Sie konnte nicht einmal aus dem Haus gehen, ohne daß eine der Frauen sie erspähte und den andern berichtete, daß Florence jetzt aus dem Haus komme.
Mama hatte niemals Florence oder eine der anderen Frauen als Bedrohung empfunden, denn sie war selber sehr schön. Sie war schlank, groß und braunhäutig, mit hohen Wangenknochen und langem schwarzem Haar. Sie war bei weitem die munterste unter den Frauen auf der Pflanzung, und Papa war immer sehr stolz auf sie gewesen. Wenn sie mit mir spielte, war sie selber wie ein Kind. Papa nannte sie immer eine zu groß geratene kleine Wilde und neckte sie damit, daß sie zuviel indianisches Blut habe.
Inzwischen wurde Mama sehr dick. Ihr Bauch gewann immer mehr an Umfang. Bald benahm sie sich auch so, als sei sie dick und häßlich. An den Wochenenden, wenn sie dachte, Papa sei bei Florence, ließ sie alles liegen und weinte bloß. Dann, an einem dieser glühenden Sommertage, schickte sie mich mit Adline zu der Frau, die neben uns wohnte. Wir blieben den ganzen Tag dort. Ich mochte die Leute nicht und war froh, als wir endlich gehen durften. Zu Hause entdeckte ich dann, warum Mama so dick geworden war. Sie rief mich an ihr Bett und sagte: »Sieh mal, was der Weihnachtsmann dir geschickt hat.« Ich war entsetzt. Der Weihnachtsmann hatte mir noch nie eine lebendige Puppe gebracht. Es war ein kleiner kahlköpfiger Junge. Er war ganz klein und sah so weich aus wie unsere kleinen Schweinchen, wenn sie gerade geboren worden waren.
»Er heißt Junior«, sagte Mama. »Er ist nach dem Papa genannt.«
Mein Papa hieß Fred, deshalb verstand ich nicht, warum sie das Baby Junior genannt hatte. Adline war ein Jahr alt und konnte schon laufen. Sie schrie wie verrückt, als sie das Baby sah.
Während ich neben dem Bett stand und Mama betrachtete, stellte ich fest, daß ihr Bauch flach geworden war. Ich war froh darüber. Ich

hatte mich oft gefragt, ob Papa wohl immerzu weg war, weil Mama einen so dicken Bauch bekommen hatte. Aber das war es nicht, denn nachdem er wieder flach geworden war, war Papa noch ebensooft weg wie vorher, beinahe noch öfter.
Das nächste, woran ich mich erinnere: Wir wurden mit all unseren Habseligkeiten in einen Planwagen gepackt. Ich wußte nicht genau, was vorging; aber irgend etwas war nicht in Ordnung, denn Mama und Papa sprachen kaum miteinander, und wenn sie einmal ein Wort wechselten, so schimpften und fluchten sie. Später am Abend, als wir beim Haus meiner Großtante Cindy angekommen waren, wurden all unsere Sachen vom Wagen geladen, und Papa ging weg.
»Wo geht Papa hin?« fragte ich Mama.
»Geschäfte erledigen«, antwortete sie.
Tante Cindy und alle Kinder standen im Hauseingang und sahen zu, wie er mit dem Planwagen davonfuhr.
»Der Hund! Der nichtsnutzige Hund«, hörte ich Mama murmeln. Da wußte ich, daß er für immer gegangen war.
»Bleibt er nicht bei uns?« fragte ich.
»Nein, er bleibt nicht bei uns. Halt den Mund!« brüllte sie mich an; ihre Augen standen voller Tränen. Sie weinte die ganze Nacht.

Wir durften bei Tante Cindy bleiben, bis Mama Arbeit gefunden hatte. Tante Cindy hatte selber sechs Kinder, wir alle lebten in vier Räumen. Das Haus war so überfüllt, daß wir zu viert in einem Bett schlafen mußten. Adline und ich schliefen am Fuß des Bettes, Mama und das Baby am Kopfende. Tante Cindy hatte einen knickrigen Mann, und unsere Gegenwart machte ihn noch knickriger. Ständig murrte er über unsere Anwesenheit. »Ich hab nicht genug zu essen für meine eigenen Kinner«, sagte er dauernd. Wenn er so etwas gesagt hatte, weinte Mama nachts.
Mama bekam bald eine Stelle im Haushalt der Cooks, die von Tante Cindys Haus ein Stück weiter die Landstraße hinauf wohnten. Mrs. Cook händigte Mama nicht viel Bargeld aus, aber sie ließ sie immer die Reste vom Mittagessen mit nach Hause nehmen. Das war alles, was wir zu essen bekamen. Mama arbeitete nur zwei Wochen bei den Cooks. Dann bekam sie eine bessere Stelle in einem Negercafé in der Stadt. Sie erhielt zwölf Dollar die Woche. Das war mehr, als sie je verdient hatte.
Etwa eine Woche nachdem sie die neue Stelle angetreten hatte, mietete sie eine Wohnung für uns von den Cooks. Mrs. Cook überließ

Mama ein Häuschen für vier Dollar im Monat unter der Bedingung, daß Mutter ihr an ihrem freien Tag im Haushalt half.

Die Cooks wohnten dicht an einer langen unbefestigten Straße, die parallel zum Highway 24 verlief, der Hauptverbindungsstraße für Neger und Weiße, die zwischen Woodville und Centreville, den beiden nächsten Städten, wohnten.

Um von der Straße aus zu unserem Haus zu kommen, ging man durch ein großes hölzernes Gatter. Ein schmaler, lehmiger Pfad lief vom Gatter durch die Viehweide der Cooks und führte an unserem Haus vorbei zu einem großen Maisfeld. Die Cooks bauten den Mais für ihr Vieh an. Aber oft, wenn Mama nicht genug Geld für Lebensmittel hatte, schlich sie sich nachts hinaus und holte genug Mais, um uns eine Woche lang sattzukriegen. Einmal kam Mrs. Cook heraus und stellte eine Vogelscheuche auf. Sie sagte, die Krähen fräßen den ganzen Mais. Als Mama an diesem Abend aus dem Café nach Hause kam und die Vogelscheuche sah, lachte sie sich kaputt. Dann fing sie an, noch mehr Mais zu stehlen. Sie hatte eine besondere Art, den Mais zu stehlen; es sah genauso aus, als hätten die Krähen den Mais gestohlen. Sie knickte ein paar Ähren und ließ sie an den Stengeln hängen. Dann ließ sie ein paar Kolben zwischen den Reihen fallen und pickte an ein paar anderen. Ich erinnere mich nicht an alles, was sie machte, aber bis zur Ernte hatte Mrs. Cook noch drei weitere Vogelscheuchen aufgestellt.

Genau unterhalb des Maisfeldes am Fuß des Hügels befand sich ein sumpfiger Streifen mit vielen Bäumen. Die Bäume standen so dicht, daß es auch tagsüber im Sumpf dunkel und geheimnisvoll war. Hier schien uns eine ganz andere Welt zu sein, aber Mama ließ uns nicht in die Nähe; sie sagte, der Sumpf sei voll von großen Schlangen, es würde auch dort gejagt und wir könnten erschossen werden.

Unser Häuschen bestand aus zwei Räumen und einer Veranda. Das vordere Zimmer, das hinter der Veranda lag, war größer als die enge Küche, in der man sich kaum umdrehen konnte. Das Mobiliar des Vorderzimmers bestand aus zwei schmalen Betten. Adline und ich schliefen in dem einen, Mama und Junior in dem anderen, dann gab es noch eine Bank zum Sitzen und einen kleinen Blechofen. Unsere wenigen Kleider hingen an einem Nagel an der Wand. In der Küche standen ein Tisch und ein Kochherd für Holzfeuerung, hinter dem ein Haufen Brennholz gestapelt war. Der einzige Stuhl, den wir besaßen, war ein breiter Schaukelstuhl, den wir auf die Veranda gestellt hatten, weil im Haus kein Platz war. Wir hatten keine Toilette.

Jeden Abend, bevor wir zu Bett gingen, trug Mama uns hinters Haus, damit wir dort unser Bedürfnis verrichteten.

Kurz nachdem wir in das Haus zogen, wurde ich fünf Jahre alt, und Mama brachte mich in die Mount Pleasant-Schule. Nun mußte ich jeden Tag vier Meilen den langen Fahrweg hinauf- und hinuntergehen. Mount Pleasant war eine große weiße Steinkirche, die größte Baptistenkirche in der Gegend.

Die Schule war ein kleines verfallenes Holzhaus mit einem einzigen Raum und lag gleich neben der Kirche. Wir waren etwa fünfzehn Schüler. Wir saßen auf großen Holzbänken, genau wie die in der Kirche, die Bänke waren dicht an den Ofen gerückt. Aber wir froren den ganzen Tag. Dieses kleine Holzhaus hatte große Ritzen, und der Ofen war einfach zu klein.

Reverend Cason, der Pfarrer der Kirche, unterrichtete uns. Er war ein großer heller Mulatte mit einer Hornbrille auf der Spitze seiner großen Nase. Er hatte die größten Füße, die ich je gesehen hatte. Er war so groß, daß er in dem kleinen Schulzimmer wie ein Riese über uns hinwegragte. In der Kirche predigte er laut, und in der Schule sprach er laut. Wir saßen in der Klasse, und seine Stimme dröhnte uns in den Ohren. Ich dachte daran, mir Watte in die Ohren zu stopfen, aber ein Junge hatte das einmal versucht, der Pfarrer hatte ihn dabei erwischt und ihn an dem Tag dreimal mit der langen Gerte geschlagen, die hinter dem Pult stand. Ich weiß noch, wie er einmal einen Jungen ertappte, der einem Mädchen mit dem Fuß den Rock hochhob. Er rief ihn zum Pult und schlug ihn mit der langen Gerte über die Finger, bis der Junge weinte und sich die Hose ganz naß machte. Mich hat er nie geschlagen. Ich hatte solche Angst vor ihm, daß ich nie etwas tat. Ich machte überhaupt kaum je den Mund auf. Ich erinnere mich nicht an ein einziges Wort, das er in der Klasse sagte. Ich hatte zu viel Angst, um hinzuhören. Statt dessen saß ich den ganzen Tag da, sah zum Fenster hinaus auf den Friedhof und zählte die Grabsteine.

Eines Tages erwischte er mich.

»Moody, Mädel, wenn du nicht aufhörst aus dem Fenster da zu gucken, dann schick ich dich auf den Friedhof und lasse dich den ganzen Tag auf dem größten Grabstein sitzen.« Niemand lachte, sie hatten alle genausoviel Angst vor ihm wie ich.

Wir benutzten das Klo hinter der Kirche. Das Jungenklo war auf der einen Seite, das Mädchenklo auf der anderen. An dem Tag, nachdem Pfarrer Cason mich angebrüllt hatte, bat ich, austreten zu dür-

fen. Auf dem Klo dachte ich: ›Ich könnte hier den ganzen Tag bleiben, und er wüßte nicht einmal, wo ich bin.‹ Ich fing an, drei oder vier Stunden am Tag auf dem Klo zu verbringen, und er vermißte mich nicht einmal, bis dann auch andere Kinder anfingen, das gleiche zu tun. Etwa drei Wochen später waren fünf von uns Mädchen zur gleichen Zeit auf dem Klo. Wir waren schon fast eine Stunde dort. Wir standen hinter der Wand, die die Klotüren abschirmte, kicherten miteinander und machten uns über Pfarrer Cason lustig, als wir ihn plötzlich draußen hörten.
»Wenn ihr nicht sofort aus dem Klo da rauskommt, dann komm ich und schmeiß euch alle rein!«
Wir schauten hinter der Wand hervor und sahen dort Pfarrer Cason mit seiner langen Gerte stehen.
»Ich hab gesagt, raus da! Wenn ich reinkommen muß und euch schnappe, schlag ich euch den Schädel ein!«
»Pfarrer Cason, ich bin noch nicht fertig«, sagte ich mit zitternder Stimme.
»Du bist noch nicht fertig? Du bist länger als drei Stunden da drin! Wenn ihr jetzt nicht alle rauskommt...!« Er schwieg. Ich spähte wieder nach draußen. Er kam auf die Tür zu.
Ich stürzte hinaus und auf das Schulhaus zu, die anderen Mädchen hinter mir her. Als wir zur Vorderseite der Kirche kamen, trafen wir mit einem Rudel Jungens zusammen, die vom Jungenklo gerannt kamen. Wir alle drängten uns durch die Tür. Nur zwei Schüler saßen in der Klasse. Ich setzte mich auf meinen Platz und hielt den Atem an, bis ich hörte, wie Pfarrer Casons große Füße auf die unterste Stufe stapften. Brüllend und schnaubend kam er zur Tür herein, aber vor lauter Schreien und Hinter-uns-Herjagen war er so erschöpft, daß er uns nicht einmal schlug. Danach durften wir bis zur Pause nicht mehr austreten. Und er mußte uns danach immer zusammentreiben und in die Klasse zurückbringen.

Jeden Morgen brachte uns Mama, ehe sie zur Arbeit ging, zu Großvater Moody, der auf der anderen Straßenseite wohnte. Von dort aus ging ich zur Schule, und Großvater paßte auf Adline und Junior auf, bis ich zurückkam. Mein Großvater wohnte bei einer meiner Tanten. Er war ein sehr alter Mann und immer krank. Ich erinnere mich nicht, ihn jemals außerhalb des Bettes gesehen zu haben. Meine Tante und die anderen gingen bei Tagesanbruch aufs Feld, so war mein Großvater immer, wenn wir kamen, allein.

Er hatte uns sehr lieb und auch Mama sehr gern, denn Mama war wirklich gut zu ihm. Manchmal ging meine Tante mit ihrer Familie weg und ließ nicht einmal etwas zu essen für ihn da. Mama sah immer nach, ob in der Küche Essen für ihn bereitstand. Wenn nichts da war, machte sie ein paar Pfannkuchen oder sonst was für ihn; die Pfannkuchen aß er mit Sirup.

Manchmal, wenn Mama kein Geld mehr hatte, um zu essen zu kaufen, gab er ihr welches. Ich glaube, er fühlte sich für das, was sein Sohn, unser Papa, uns angetan hatte, verantwortlich. Er hatte sein Geld in einem Säckchen um den Leib gebunden. Ich glaube, es waren die Ersparnisse seines ganzen Lebens, denn er nahm das Säckchen nie ab.

Wenn Mama uns morgens herüberbrachte, sah sie manchmal sehr niedergeschlagen aus.

»Toosweet, was hast du?« fragte dann Großvater mit schwacher Stimme. »Du brauchst wohl ein bißchen Geld? Schickt Diddly dir denn kein Geld für die Kinder? Es ist eine Schande, wie sich der Junge herumtreibt und spielt und sein Geld mit den Weibern durchbringt.«

»Onkel Moody, ich hör nix von ihm, und ich will auch nix hören. Der Herr wird mir helfen, meine Kinder durchzubringen.«

»Ich wünsch' aber, er täte seine Pflicht den Kleinen gegenüber«, murmelte dann Großvater.

Bald nachdem das Schuljahr zu Ende war, wurde Großvater noch viel kränker als vorher. Mama brachte uns nicht mehr zu ihm. Sie ließ uns allein zu Hause, und sie buk immer einen Laib Brot, der den ganzen Tag vorhielt.

Eines Abends kam sie ganz traurig von der Arbeit nach Hause.

»Essie Mae, zieh Schuh an. Du sollst mitkommen und Onkel Moody Lebewohl sagen. Er iss sehr krank. Adline, ich lasse dich und Junior bei Miss Cook. Ich komm ganz schnell zurück, und ihr müßt schön auf Miss Cook hören, verstanden?«

»Mama, warum muß ich Onkel Moody Lebewohl sagen? Wo geht er denn hin?« fragte ich.

»Er geht irgendwohin, wo man viel besser zu ihm iss als hier. Und er wird nie mehr krank sein«, sagte sie traurig.

Ich verstand nicht, daß Mama so traurig war, wenn Onkel Moody nicht mehr krank sein würde. Ich wollte sie danach fragen, tat es aber nicht. Auf dem ganzen Weg zu Onkel Moody fragte ich mich, wo er wohl hinginge.

Es war beinahe dunkel, als wir den Hof meiner Tante betraten. Ein ganzer Schwarm von Menschen stand auf der Veranda und im Hof herum. Manche sahen noch trauriger aus als Mama. Ich hatte noch nie so viele Menschen hier gesehen, und alles schien so fremd. Ich blickte in die Gesichter, ob ich jemanden kenne. Plötzlich entdeckte ich Papa, der auf dem Hof vor dem Haus hockte. Er hatte ein Messer in der Hand. Als Mama und ich auf ihn zugingen, begann er im Dreck zu stochern. Er blickte zu Mama auf und hatte diesen komischen Ausdruck in den Augen. Ich hatte diesen Ausdruck schon früher gesehen. Er sah aus, als hätte er uns so gern zurück, aber Mama war gemein. Sie hatte geschworen, daß sie ihn nie wiedersehen wollte. Als sie dastanden und sich anstarrten, fiel mir ein, wie ich ihn zum erstenmal, nachdem er von uns weggegangen war, gesehen hatte. Wir wohnten damals bei meiner Großtante Cindy. Es war am Ostersonntagmorgen. Mama, Tante Cindy und alle Kinder saßen auf der Veranda. Wir waren alle sehr fröhlich. Wir hatten Ostereier gesucht, und wir saßen jetzt da und aßen die Eier, die wir im Gras gefunden hatten. Mama spielte mit uns. Sie hatte mehr Eier gefunden als wir alle, und sie neckte uns jetzt und bewarf uns mit Eierschalen.
Ich wich den Eierschalen aus und lachte mit Mama, da sah ich Papa die Straße herunterkommen. Ich sprang von der Veranda und lief ihm entgegen, und die anderen Kinder liefen hinter mir her. Er gab mir eine große Tüte Bonbons und sagte mir, ich solle sie mit den anderen teilen. Während wir wieder auf die Veranda zugingen, sah ich, wie sich Mamas Gesicht veränderte. Papa hatte ein breites Grinsen aufgesetzt. Er hatte etwas für Mama in einer großen Tüte, die er vorsichtig im Arm trug.
Ich weiß nicht mehr, was sie damals zueinander sagten, aber ich erinnere mich noch, was in der großen Tüte für Mama war. Es war ein Hut. Ein großer schöner Hut, der ganz aus bunten Blumen bestand. Als Mama den Hut sah, wurde sie ganz wütend. Sie nahm den Hut und riß jede einzelne Blume herunter, ein Blütenblatt nach dem andern. Dann warf sie sie in den Hof und sah zu, wie der Wind sie davontrug. Papa sah sie an, als hasse er sie, aber in all dem war mehr als Haß. Genauso sah er jetzt aus, während er im Hof kauerte und im Dreck stocherte.
Ich hatte große Angst. Zuerst dachte ich, er würde Mama mit dem Messer totstechen. Mama starrte ihn eine Weile an, dann ging sie an ihm vorüber ins Haus und ließ mich im Hof bei ihm.
»Komm zu mir, Essie Mae«, sagte er traurig. Ich ging zitternd zu

ihm. »Sie sagen, du bist jetzt in der Schule. Brauchst du irgend etwas?« fragte er. Ich hatte solche Angst, daß ich keine Antwort geben konnte. Er griff in die Tasche und holte eine Rolle Geld heraus. Lächelnd gab er sie mir. Ich nahm sie und wollte gerade zurücklächeln, als ich Mama sah. Sie trat aus dem Haus, riß mir das Geld aus der Hand und warf es ihm vor die Füße. Da stand Papa auf. Ich dachte, jetzt würde er sie bestimmt schlagen. Aber er tat es nicht. Er ging weg mit diesem gekränkten Ausdruck in den Augen. Mama packte mich am Arm und zerrte mich hinter sich her aus dem Hof.
»Aber ich soll doch Onkel Moody Lebewohl sagen?« wimmerte ich.
»Er hat mir gesagt, ich soll dir für ihn Lebewohl sagen«, sagte sie kurz. »Er schläft jetzt.«
An diesem Abend gab es, wie immer, Bohnen. Und die ganze Nacht hindurch fragte ich mich, warum Mama das Geld, das Papa mir gegeben hatte, wegwerfen mußte. Ich war wütend auf sie, weil sie uns immer nur Bohnen gab. Ich dachte, wenn sie das Geld genommen hätte, dann könnten wir auch Fleisch essen.

2. Kapitel

Da jetzt Ferien waren und niemand mehr da war, zu dem wir gehen konnten, saßen wir den größten Teil des Tages auf der Veranda und schaukelten im Schaukelstuhl. Wir hatten Angst vor den Schlangen und wagten nicht, nach draußen spielen zu gehen. Oft, wenn wir auf der Veranda saßen, sahen wir Schlangen aus dem Sumpf kommen und den Abhang heraufkriechen. Manchmal krochen sie nur zur anderen Seite des Sumpfes, aber zuweilen verschwanden sie unter dem Haus, und wir sahen sie nicht wieder zum Vorschein kommen. Wenn das geschah, bekamen wir den ganzen Tag über nichts zu essen, weil wir Angst hatten, nach drinnen zu gehen. Die Schlangen kamen auch oft ins Haus hinein. Einmal, als ich Holz aufs Feuer legen sollte, hätte ich fast eine angefaßt, die zusammengerollt unter dem Holzstapel lag. Ich rührte den Holzstapel nie mehr an.
Eines Tages hörten wir, wie Mrs. Cooks Hund am unteren Rand des Maisfeldes neben dem Sumpf etwas verbellte. Wir liefen nach draußen, um zu sehen, was geschehen war. Als wir hinkamen, sahen wir den Hund steif dastehen, den Schwanz steil in die Luft gestreckt und aufgeregt bellen. Dann erblickten wir neben einem Stück Holz eine große alte Schlange, deren ganzer Körper mit Schuppen bedeckt war wie bei einem Fisch. Sie sah groß genug aus, um uns mit Haut und Haar zu verschlingen. Schließlich kroch die Schlange langsam in den Sumpf zurück, hinter sich ließ sie eine Spur von niedergedrücktem Gras.
Als Mama an diesem Abend aus dem Café zurückkam, erzählten wir ihr alles über die Schlange. Zuerst wollte sie uns nicht glauben, aber wir zitterten so sehr, daß sie mit uns hinausging und sich zeigen ließ, wo wir die Schlange gesehen hatten. Als sie die Stelle neben dem Stück Holz, wo die Schlange gelegen hatte, sah, ging sie Mr. Cook holen. Mr. Cook und noch ein paar Männer durchsuchten den Sumpf nach der Schlange, fanden sie aber nicht. Danach hatte Mama Angst, uns allein zu Hause zu lassen, und fing an, sich nach einem Haus in der Stadt umzusehen, das näher zu ihrer Arbeitsstelle lag. »Scheiße«, sagte sie, »sone verdammte riesige Schlange könnte hier heraufkommen und euch alle fressen, während ich auf Arbeit bin.«

Sie überredete unseren Onkel Ed, den wir so gern hatten, vorläufig jeden Tag herüberzukommen und auf uns aufzupassen. Manchmal nahm er uns mit auf die Jagd. Dann brauchten wir nicht mehr auf der Veranda zu sitzen und die Schlangen in der glutheißen Sommersonne zu beobachten. Ed machte für jeden von uns eine ›Niggerschleuder‹. Das ist eine kleine Schleuder; sie besteht aus einem Stück Leder, das mit einem Gummi an einer Astgabel befestigt ist. Wir nahmen Steine und schossen damit auf Vögel und alles, was uns vor die Augen kam. Ed war der einzige, der jemals etwas traf. Er trug immer Salz und Streichhölzer in der Tasche, und wenn er einen Vogel geschossen hatte, so rupfte er ihn, nahm ihn aus und briet ihn an Ort und Stelle. Manchmal nahm Ed uns auch mit zum Fischen. Er kannte jeden Bach in der Gegend, und wir schweiften oft meilenweit umher. Wenn wir einen Fisch fingen, so wurde er gleich am Bachufer geschuppt und gebraten. An solchen Tagen brauchten wir nicht den harten kalten Brotlaib, den Mama für uns dagelassen hatte, zu essen.
Manchmal blieb Ed den ganzen Tag mit uns im Wald, ohne daß wir Vögel jagten oder fischten oder sonstwas taten. Wir gingen nur herum, hörten den Vögeln zu, beobachteten, wie die Eichhörnchen von Ast zu Ast sprangen und die Kaninchen hinter die Baumstümpfe huschten. Ed konnte einem das Gefühl geben, daß man selber zu allen Dingen im Wald dazugehörte. Er erklärte uns alle Bäume, sagte uns, was eine Eiche war und was eine Fichte und welcher Baum Früchte trug. Er stellte uns sogar Aufgaben, um zu sehen, ob wir einen Baum vom anderen unterscheiden konnten. Ich hielt ihn für den klügsten Menschen auf der ganzen Welt.

Eines Tages kam Ed erst spät. Wir hatten uns schon damit abgefunden, daß wir den ganzen Tag auf der Veranda zubringen müßten. Stundenlang schaukelten wir in der Sonne und schliefen schließlich ein. Endlich kam Ed. Er schloß das Haus sofort ab und jagte uns von der Veranda. Er sagte uns, wir würden eine Überraschung erleben. Ich dachte, wir gingen zu einem unbekannten Bach oder etwas der Art und bat ihn, es mir doch zu sagen. Er sah, daß ich ganz aufgeregt war und sagte mir schließlich, er würde uns mit zu sich nach Hause nehmen.
Während wir die Schotterstraße entlanggingen, fiel mir ein, daß ich noch nie bei Ed zu Hause gewesen war, und ich war sehr gespannt darauf, zu sehen, wo er wohnte. Ich konnte mich nur erinnern, daß ich meine Oma Winnie einmal gesehen hatte. Sie war damals zu uns

nach Hause gekommen, kurz nachdem Junior geboren war. Mama ging die Oma nie besuchen, denn sie verstanden sich nicht sehr gut. Die Oma hatte Mama dazu überredet, meinen Papa zu heiraten. Meine Mama hatte jemand anders heiraten wollen. Jetzt, da sie sich von Papa getrennt hatte, wollte Mama nichts mehr mit der Oma zu tun haben, besonders als sie hörte, daß ihr Jugendfreund geheiratet hatte und in Chikago wohnte.

Ed erzählte uns, daß er nicht sehr weit von uns entfernt wohne, aber als wir so barfuß in der glühendheißen Sonne über die steinige Straße liefen, fragte ich mich, wie weit wohl ›nicht sehr weit‹ gemeint sei.

»Ed, wieviel weiter müssen wir noch gehen?« fragte ich. »Ich verbrenn mir die Füße an den Steinen.«

»Nich mehr viel weiter. Nur noch um die Biegung rum«, schrie Ed zurück. »Warum hast du nicht die Schuh angezogen? Ich hab dir gesagt, die Steine sin heiß.« Er wartete auf mich. »Sollt dich den ganzen Weg zurückschicken, daß du die Schuh anziehst. Auf dem Heimweg bleibst du sonst zurück, un wir schaffens dann nich, bis Toosweet von der Arbeit zurück is.«

»Mama hat gesagt, wir sollen die Schuhe nicht zu Haus kaputtmachen. Du weißt, wir haben nur ein Paar, und das sind meine Schulschuhe.«

»Jetzt sind wir da, hier ist es«, sagte Ed schließlich. »Essie Mae, lauf vor und mach das Tor auf.« Er trug jetzt Junior auf dem Rücken und die halb schlafende Adline auf der Hüfte.

Ich lief auf das Gatter zu und öffnete es und ließ mich davon zurücktragen, als es aufschwang. Wir betraten eine grüne Weide mit vielen Kühen darauf.

»Hier wohnst du?« fragte ich Ed und zeigte dabei auf ein altes Holzhaus auf dem Abhang eines Hügels.

»Siehst du denn noch andere Häuser da unten?« sagte Ed und lachte mich aus. »Siehst du den Teich da unten, Essie Mae?« rief er, während ich den Abhang hinunterrannte. »Nächstens nehm ich euch alle zum Fischen mit da runter. Junge, Junge, da gibts große Fische drin. Ihr hätt sehn solln, was Sam und Walter gestern gefangen haben.«

Ich warf einen Blick zum Teich hinüber, lief aber daran vorbei. Mit Fischen hatte ich nichts im Sinn. Ich war furchtbar gespannt, Oma Winnies Haus und Sam und Walter, Eds jüngere Brüder, und seine Schwester Alberta zu sehen, die ich noch gar nicht kannte. Ed hatte

mir gesagt, daß George Lee jetzt bei seinem Papa und seiner Stiefmutter wohne. Ich war froh, denn ich hatte keine Lust, ihm in die Quere zu kommen.
Alberta stand im Hof neben dem Haus und schob Reisig in ein großes Feuer unter einem Waschkessel. Zwei weiße Jungen, etwa so groß wie ich, standen bei ihr. Ich sah mich nach Sam und Walter um, konnte sie aber nicht entdecken.
»Ed, wo warst du so lange? Ich hätt dir sagen sollen, daß du mir Wasser holst, eh du weggingst«, rief Alberta Ed zu. Sie hatte sich umgewandt und uns gesehen.
»Ich hab Adline und Junior den ganzen Weg tragen müssen. Du hältst mich wohl fürn Superman oder so«, gab Ed ärgerlich zur Antwort.
»Is mir egal, was du bis. Nimm dir den Eimer und mach mir die Bütte da zum Spülen voll Wasser!« schrie Alberta. »Sam, du un Essie Mae helft Ed mit dem Wasser. Du, Walter, bring Adline un Junior auf die Terrasse, dann sin sie ausm Weg.«
Ich blieb stocksteif mit offenem Mund stehen, weil die beiden weißen Jungen sprangen, als Alberta die Namen Sam und Walter schrie. Einer der Jungen lief zur Waschbank am Haus, holte einen Eimer, während der andere Junior auf den Arm nahm, Adline bei der Hand faßte und die beiden zur Veranda brachte.
»Essie Mae, hab ich dir nicht gesagt, du sollst Ed und Walter mit dem Wasser helfen?« brüllte Alberta mich an.
»Wo sind denn Sam und Walter?« fragte ich, die Augen auf den weißen Jungen geheftet, der mit Adline und Junior auf der Veranda saß.
»Bist du blind oder sonst was?« schrie Alberta. »Nimm dir den Eimer da und hilf Wasser tragen.«
Ich sah mich nach Ed um. Mit einem Eimer in der Hand ging er auf den Teich vor dem Haus zu. »Ed«, rief ich, immer noch ganz benommen. Er drehte sich um und sah mich an. Ich stand ohne ein Wort zu sagen da, blickte von Ed auf die weißen Jungen und wieder auf Ed. Ed machte den Mund auf, als wolle er etwas sagen, aber kein Wort kam heraus. Ein Ausdruck tiefer Verletztheit trat auf sein Gesicht. Einen Augenblick senkte er den Kopf, um meinem Blick auszuweichen. Dann kam er auf mich zu. Er nahm einen zweiten Eimer auf und reichte ihn mir. Dann nahm er mich bei der Hand und führte mich zum Teich.
Während wir auf den Teich zugingen, lief einer der weißen Jungen

vor uns her. Er kletterte durch den Stacheldrahtzaun, der gleich unterhalb des Dammes verlief, mit dem der Teich umgeben war. Dann wandte er sich um, trat mit dem Fuß den untersten Draht herunter und hielt mit den Händen den mittleren Draht hoch, so daß Ed und ich hindurchgehen konnten. Ich begann, an Eds Hand zu zerren, aber er hielt meine Hand um so fester und führte mich auf den Zaun zu. Während wir uns bückten, streifte ich den weißen Jungen. Ich fuhr zurück und verfing mich mit dem Haar in dem oberen Stacheldraht.

»Essie Mae, paß auf, daß du dir nicht weh tust! Warte, warte, dein Haar hat sich verfangen«, sagte der weiße Junge, dann löste er schnell und vorsichtig mein Haar aus dem Draht. Nun hob er den Eimer auf, den ich hatte fallen lassen, und reichte ihn mir. Ed sagte kein Wort, während er dastand und uns beobachtete.

Der weiße Junge nahm mich bei der Hand und versuchte, mich den Damm hinaufzuziehen. Ich sperrte mich. Meine Hand immer noch haltend, blieb er stehen und starrte mich verdutzt an. »Los, Essie Mae«, schrie Ed und warf mir einen Blick zu, der sagte: ›s is alles o. k., du Dummchen!‹ dann lief er den Damm hinauf an uns vorbei. Der weiße Junge und ich folgten Ed den Abhang hinauf, immer noch Hand in Hand.

Während wir Wasser trugen, beobachtete ich die weißen Jungen und hörte zu, wie Ed und Alberta sie Sam und Walter nannten. Ich merkte, daß sie sie genauso behandelten wie mich, und der weiße Junge, der Sam hieß, war genauso nett zu mir wie Ed. Er erzählte mir immer wieder von dem Fisch, den er und Walter gefangen hatten, und daß ich manchmal kommen und mit ihnen fischen sollte.

Nachdem wir mit dem Wassertragen fertig waren, gingen wir auf die Veranda, wo Adline, Junior und Walter saßen. Adline hatte einen komischen Ausdruck im Gesicht. Ich konnte sehen, daß auch sie über Sam und Walter nachdachte. Bis zum Abend hatte ich endlich begriffen, daß die beiden Jungen tatsächlich Eds Brüder waren. Aber wie Ed an zwei weiße Brüder kam, das machte mir Kopfzerbrechen.

Auf dem Heimweg führte Ed uns durch den Wald. Während wir gingen, redete und redete er über die Vögel, die Bäume und alles, was ihm gerade in den Kopf kam, und gab mir keine Gelegenheit, ein einziges Wort zu sagen. Ich merkte, daß er nicht über Sam und Walter sprechen wollte, deshalb sagte ich nichts. Ich ging nur und hörte ihm zu.

An diesem Abend dachte ich so viel über Sam und Walter nach, daß ich Kopfschmerzen bekam. Schließlich fragte ich Mama:
»Mama, die beiden Jungen in Winnies Haus. Ed sagt, daß es seine Brüder sind. Sind es auch deine Brüder?«
»Was für Jungen?« fragte Mama.
»Drüben bei Winnie. In ihrem Haus wohnen zwei Jungen, fast so groß wie ich, und sie haben dieselbe Farbe wie Miss Cook...«
»Was hattet ihr eigentlich bei Winnie zu suchen? War Winnie zu Hause?« fragte Mama, so als ob sie mich gar nicht gehört hätte.
»Nein, sie war auf der Arbeit. S war keiner da als Alberta und die beiden Jungen...«
»Was hat Alberta gemacht?« fragte Mama.
»Sie hat gewaschen, und wir haben für sie Wasser aus dem Teich geholt. Die Jungen sind aber nett, und sie sagen, daß sie mit uns verwandt sind. Sind sie nicht auch deine Brüder, Mama?«
»Nun sei doch nicht so dumm. Wenn die Winnies Kinder sind, ich bin auch Winnies Kind, dann sind wir doch Brüder und Schwestern«, schrie Mama mich an.
»Aber warum sehen sie dann wie Miss Cook aus, und Winnie hat doch nicht die Farbe, und Alberta hat nicht die Farbe und du...«
»Weil unser Papa nicht die Farbe hat! Nun halt aber den Mund. Warum mußt du immer alles wissen. Ich hab doch gesagt, Ed soll euch nicht zu Winnie mitnehmen«, schrie sie.
Mama war so wütend, daß ich Angst hatte, sie würde mich schlagen, wenn ich weiterfragte. Ich schwieg. Aber sie hatte meine Wißbegierde keineswegs gestillt.

Während Mama in dem Café in der Stadt arbeitete, fing sie an, dick zu werden. Sie erzählte uns oft, wieviel sie während der Arbeit essen konnte. So dachte ich mir nichts dabei, als sie langsam zu einem Tönnchen wurde. Aber eines Tages sah ich sie mir genau an und stellte fest, daß es nicht bei dem Tönnchen blieb. Und ich wußte, daß sie wieder ein Kind haben würde. Sie weinte jetzt fast jeden Abend, und wenn sie morgens aufstand, war ihr schlecht. Erst eine Woche, bevor das Kind geboren wurde, hörte sie auf zu arbeiten, und sie setzte nur drei Wochen mit der Arbeit aus. Sie ging gleich wieder ins Café arbeiten.
Mama nannte das Kind James. Sein Vater war ein Soldat. Eines Tages kamen der Soldat und seine Mutter und holten es. Es waren richtig gelbe Leute. Der einzige Neger ihrer Hautfarbe, den ich je

gesehen hatte, war Florence, die Frau, mit der mein Papa jetzt zusammenlebte. Die Mutter des Soldaten war eine dicke Frau mit langem dünnem und glattem schwarzem Haar und sehr dünnen Lippen. Sie sah aus wie eine leicht sonnengebräunte weiße Frau. Mama nannte sie Miss Pearl. Während der ganzen Zeit, die sie in unserem Haus zubrachten, benahm sich Mama, als habe sie Angst vor ihnen. Sie lächelte ein paarmal, als sie Bemerkungen über den Säugling machten. Aber ich merkte, daß ihr nicht nach Lächeln zumute war. Ehe der Soldat und Miss Pearl weggingen, wandte Miss Pearl sich an Mama und sagte:
»Sie können nicht arbeiten gehen, die anderen Kinder ernähren und dazu noch dieses Kind.« Ich glaube, Mama hätte den kleinen Jungen gern behalten. Sie sah so traurig aus, ich dachte, sie würde gleich weinen, aber sie sagte nichts. Miss Pearl mußte gemerkt haben, was Mama für ein Gesicht machte. »Wenn Sie in der Stadt sind, können Sie ja manchmal vorbeikommen und das Kind sehen«, sagte sie. Dann nahmen der Soldat und seine Mutter den Säugling und fuhren in ihrem Auto davon. Mama weinte die ganze Nacht. Und sie schimpfte die ganze Zeit auf einen gewissen Raymond. Ich erriet, daß dies der Name des Soldaten war, von dem sie das Kind hatte.

Am Ende jenes Sommers fand Mama, daß es nötig sei, in die Stadt Centreville zu ziehen, wo sie arbeitete. Diesmal bezogen wir ein Haus, das aus zwei Räumen bestand und doppelt so groß war wie das frühere. Das Nachbarhaus war ein großes grünes Holzhaus, in dem eine sehr arme weiße Familie wohnte. Es lag auch an einer der Hauptzufahrtsstraßen, die vom Highway 24 abzweigen und nach Centreville hineinführen. Wir waren jetzt weniger als eine Meile von der Schule entfernt, die ich besuchen sollte. Die Schule lag an derselben Straße wie unser Haus. Hier hatten wir zum erstenmal einen Bürgersteig. Der Bürgersteig erstreckte sich von der Stadt her bis zur Schule, wo er aufhörte. Ich freute mich, daß wir auf der Straßenseite wohnten, die den Bürgersteig hatte. Zwischen dem Bürgersteig und unserem Haus war der Boden mit Sand bedeckt, der etwa einen halben Meter tief war. Wir waren die einzigen mit diesem sauberen weißen Sand im Vorgarten, und es kam mir schön und wie etwas ganz Besonderes vor. Es gab noch mehr Sand zum Spielen auf einem großen, leerstehenden Grundstück auf der anderen Seite unseres Hauses. Die weißen Leute neben uns hatten nur grünes Gras im Vorgarten wie alle anderen.

Ein paar Wochen, nachdem wir umgezogen waren, ging ich wieder zur Schule. Ich war jetzt sechs Jahre alt und in der zweiten Klasse. Zuerst kam ich mir vor wie im Himmel, weil ich weniger als eine Meile Schulweg hatte. Und daß ich von unserem Haus bis dorthin auf dem Bürgersteig gehen konnte, machte alles noch besser.
Ich ging zur Willis High School, der einzigen Negerschule in Centreville. Sie war nach Mr. C. H. Willis benannt, dem Leiter und Gründer, und war erst im Jahr vor meinem Eintritt zu einer Höheren Schule ausgebaut worden. Bevor Mr. Willis in die Stadt gekommen war, hatte es über die achte Klasse hinaus keine Bildungsmöglichkeit für Negerkinder in Centreville gegeben.
Während des ersten Monats paßte eine Negerfamilie von der anderen Straßenseite auf Adline und Junior auf, wenn ich in der Schule war. Aber danach ließ Mama sie allein zu Hause, und die Frau von gegenüber kam nur ungefähr jede Stunde einmal nach ihnen sehen, bis ich nach Hause kam. Als ich eines Tages aus der Schule kam, spielten Adline und Junior nackt im Sand vor unserer Tür. Alle Kinder, die in der Stadt wohnten, benutzten den Bürgersteig, der an unserem Haus vorüber führte. Als sie Adline und Junior nackt im Sand sitzen sahen, fingen sie an zu lachen und sie zu verspotten. Ich schämte mich, das Haus zu betreten oder zuzugeben, daß Adline und Junior meine Geschwister seien. Ich hatte nie zuvor etwas Ähnliches empfunden. Ich war wütend auf Mama, weil sie arbeiten mußte und nicht selber auf Adline und Junior aufpassen konnte. Seit diesem Tag haßte ich den Sand vor unserem Haus.
Bevor die Ferien anfingen, zogen wir wieder um, und ich war froh darüber. Wir schienen ständig umzuziehen. Immer war es ein Haus auf dem Anwesen eines weißen Mannes, und immer hatte es ein Zimmer und eine Küche. Das neue Haus war viel kleiner als das vorige, aber hübscher. Hier hatten wir eine große Wiese zum Spielen, die trocken und eben war; das Gras war vom Vieh kurz abgeweidet. Mama arbeitete immer noch in dem Café. Aber jetzt hatten wir jemanden, der auf Adline und Junior aufpaßte, bis ich aus der Schule kam.

Eines Tages, kurz nach Weihnachten, steckte Junior das Haus in Brand. Er spielte im vorderen Zimmer. Wir hatten dort einen kleinen runden Blechofen, und Junior stocherte Kohlenglut auf den Fußboden und schob sie dann gegen die Wand. Ich wusch gerade Geschirr in der Küche, und als ich aufblickte, sah ich Flammen zur

Decke hochschlagen. Ich rannte, um Junior zu holen. Die Wände waren mit losem Zeitungspapier verkleidet, das mit Heftzwecken befestigt war, sie waren aus altem trockenem Holz und brannten schnell.

Nachdem ich Junior nach draußen getragen hatte, brachte ich ihn und Adline auf einen kleinen Hügel in der Nähe. Das ganze Haus stand jetzt in Flammen. Ich stand da mit Junior auf der Hüfte und Adline an der Hand, und plötzlich fielen mir die neuen Kleider ein, die Mama uns zu Weihnachten gekauft hatte. Es waren die ersten, die sie je gekauft hatte. Alle anderen waren uns immer geschenkt worden. Ich mußte die Kleider retten. Ich ließ Adline und Junior auf dem Hügel und rannte zum Haus zurück. Ich öffnete die Küchentür und wollte gerade durch Flammen und Rauch hineinkriechen, als mich eine Nachbarin packte und zurückzog. Im gleichen Augenblick stürzte das Dach ein. Ich stand da neben ihr, die Tränen liefen mir übers Gesicht; so sah ich das Haus bis auf den Grund niederbrennen. All unsere neuen Weihnachtskleider waren weg, zu Asche verbrannt.

Wir hatten nur ein paar Monate in diesem Haus gewohnt und zogen nun in ein anderes Haus mit zwei Räumen, das etwas abseits von einer langen Schotterstraße lag. Diesmal gab Mama die Arbeit im Café auf und nahm eine Stelle im Haushalt einer weißen Familie an. Wir wohnten in deren Dienstbotenhaus. Da Mama nur fünf Dollar in der Woche verdiente, bekamen wir das Haus von der Frau, für die Mama arbeitete, mietfrei. Mama arbeitete jetzt in der Nähe des Hauses und konnte Adline und Junior im Auge behalten.

Manchmal brachte Mama uns die Speisereste der weißen Familie mit. Es war das beste Essen, das ich je gekostet hatte. Damals entdeckte ich, daß die Weißen anders aßen als wir. Sie hatten allerlei verschiedene Speisen mit Fleisch und allem anderen. Wir hatten immer nur Brot und Bohnen. Eines Samstags erlaubte die weiße Dame, daß Mama uns mit in ihr Haus brachte. Wir saßen auf der Hinterveranda, bis die Familie gegessen hatte. Dann brachte Mama uns ins Haus, setzte uns an den Tisch, und wir aßen auf, was übriggeblieben war. Es war das erstemal, daß ich die Küche einer weißen Familie von innen sah. Die Küche war schön, alles war weiß und glänzend. Mama hatte das Essen gekocht, das wir aßen. ›Wenn Mama nur eine solche Küche hätte‹, dachte ich, ›dann würde sie uns besseres Essen kochen.‹

Mama traf sich immer noch mit Raymond, dem Soldaten, von dem sie das Kind hatte. Wir wohnten jetzt an derselben Straße, etwa eine Meile weiter draußen als Miss Pearl. Raymond liebt es, jedes Wochenende zu uns zu kommen. Oft brachte er uns Bonbons oder sonstwas zu essen mit. An manchen Sonntagen nahm Mama uns mit zu seinem Haus, um das Kindchen zu besuchen. James war jetzt zwei Jahre alt und sah seinem Papa sehr ähnlich. Mama schien das Kind sehr gern zu haben. Aber sie fühlte sich in der Gegenwart von Miss Pearl und den anderen Verwandten von Raymond immer so unbehaglich. Sie mochten Mama gar nicht. Wenn Mama bei ihnen war, sah sie manchmal aus, als wollte sie gleich weinen. Wenn wir dann nach Hause kamen, weinte und nörgelte sie den ganzen Abend. Sie sagte etwa: »Sie können mich nicht daran hindern, mein Kind zu sehen. Sie müssen verrückt sein. Wenn ich ihn nicht dort besuchen darf, dann hole ich ihn nach Hause.« Aber das war nur Gerede. Sie wußte, daß sie das Kind unmöglich nach Hause holen, arbeiten gehen und gleichzeitig für uns vier sorgen konnte. Als wir einmal hinkamen, um den Kleinen zu besuchen, war er von Kopf bis Fuß dreckig. Mama badete ihn und wusch alle seine Kleider. Danach ging Mama jeden Sonntag hin, nur um ihn zu baden und seine Sachen zu waschen.

Raymond ging zur gleichen Zeit, wo er mit Mama ging, mit einer hellhäutigen Mulattin. Seine ganze Familie wollte, daß er sie heirate. Sie wollten nicht, daß er Mama heiratete, die viel dunkler war und uns drei am Hals hatte. Wenn wir das Kind besuchten, war die Stimmung so gespannt, daß wir nur so lange blieben, wie Mama den Kleinen badete. Dann ging Raymond eines Tages zum Militär zurück, und damit löste sich die Spannung ein wenig. Aber Mama hatte Angst, zu Miss Pearl zu gehen, wenn Raymond nicht da war, und so sahen wir den Kleinen lange Zeit nicht mehr.

3. Kapitel

Die weiße Dame, für die Mama arbeitete, verlangte so viel von ihr, daß sie immer ächzend vor Rückenschmerzen nach Hause kam. Jeden Abend legte sie sich einen roten Gummibeutel, der mit heißem Wasser gefüllt war, in den Rücken. Es wurde so schlimm, daß sie schließlich die Stelle aufgab. Die weiße Dame war wütend, daß sie Mama nicht halten konnte, und sagte ihr am nächsten Tag, sie müsse ausziehen, um Platz für die neue Hausgehilfin zu machen.
Diesmal zogen wir zwei Meilen die Straße hinauf. Mama nahm eine andere Haushaltstelle an. Sie arbeitete vom Frühstück bis zum Abendbrot und bekam immer noch nicht mehr als fünf Dollar. Aber diese Leute verlangten nicht soviel von Mama, und sie war, wenn sie nach Hause kam, nicht so müde wie früher. Die Leute, für die sie arbeitete, waren nett zu uns. Mrs. Johnson war Lehrerin. Mr. Johnson war ein Viehzüchter, der Vieh kaufte und verkaufte. Mr. Johnsons Mutter, eine alte Dame, die Miss Ola genannt wurde, wohnte bei ihnen.
Unser Haus, das von dem der Johnsons durch ein Kleefeld getrennt war, war das beste Zwei-Zimmer-Haus, in dem wir bis dahin gewohnt hatten. Es war aus starken neuen Brettern gebaut und hatte sogar eine neue Toilette. Wir wohnten auch wieder an einer gepflasterten Straße. Die Pflasterung reichte allerdings gerade bis zu uns hin. Ein paar Meter hinter Johnsons Haus begann die alte Schotterstraße, von der wir gerade weggezogen waren.
Wir waren die einzigen Neger an diesem Straßenabschnitt, was uns wie eine Art Ehre vorkam. Alle Weißen in der Nachbarschaft waren wohlhabende Leute. Sie reichten von Lehrern bis zu Ärzten und vermögenden Geschäftsleuten. Die weiße Familie, die uns gegenüber wohnte, besaß ein Begräbnisunternehmen und den einzigen Möbelladen in Centreville. Sie hatten zwei Kinder, einen Jungen und ein Mädchen. Es gab noch eine andere weiße Familie, die etwa eine Viertelmeile hinter dem Haus der Johnsons wohnte, die auch einen Jungen und ein Mädchen hatte. Die beiden weißen Mädchen waren etwa in meinem Alter, die Jungen ein wenig jünger. Sie fuhren manchmal auf ihren Fahrrädern oder auf Rollschuhen den kleinen

Abhang hinunter, der gerade vor unserem Haus lag. Adline, Junior und ich saßen immer da und sahen ihnen zu. Wie hätten wir gewünscht, daß Mama uns ein Fahrrad kaufen könnte oder wenigstens ein Paar Rollschuhe für uns alle drei zusammen.

Von der Straße her lief ein breiter Graben an unserem Haus vorbei. Er trennte unser Haus und das Anwesen der Johnsons von einem großen zweistöckigen Haus, das auf dem Hügel lag. Ein großer Nußbaum wuchs auf unserer Seite des Grabens, und wir bauten uns darunter ein Häuschen, so daß wir in dem Graben sitzen und die weißen Kinder beobachten konnten, ohne daß sie wußten, daß wir da saßen und zu ihnen hinstarrten. Unser Häuschen bestand aus zwei Apfelkisten und einer Blechkanne, auf der wir saßen.

Eines Tages fuhren die weißen Kinder auf ihren Fahrrädern die Straße hinauf und hinunter, und wir saßen auf den Apfelkisten, stießen Indianergeheul aus und trommelten mit Stöcken auf der Blechkanne. Es hörte sich so indianisch an, daß sie herüberkamen und uns fragten, ob wir wirklich Indianer seien. Dies war der Anfang unserer Freundschaft. Wir brachten ihnen bei, wie Indianer zu heulen und zu tanzen, und sie ließen uns radfahren und rollschuhlaufen. Ich war die einzige, die es wirklich lernte. Adline und Junior waren zu klein und zu bange, aber es machte ihnen Spaß, uns zuzusehen. Ich war sieben, Adline fünf und Junior drei, und dies war das erste Mal, daß wir Spielkameraden hatten. Manchmal nahmen sie uns mit zu dem Miniatur-Häuschen, das sie besaßen. Katie und Bill, die Kinder der Weißen, die den Möbelladen besaßen, hatten neben dem Haus ihrer Eltern ein Spielhaus. Das Häuschen war genau wie das große Haus, außen schneeweiß gestrichen und mit richtigen Möbeln ausgestattet. Um dieses Spielhaus beneidete ich sie mehr als um ihre Fahrräder und Rollschuhe. Hier hatten sie ein Haus nur zum Spielen, das viel schöner war als jedes Haus, in dem zu wohnen ich mir je geträumt hätte. All das hatten sie mir zu bieten, und ich hatte ihnen nichts zu bieten als ein Kleefeld im Sommer und die Apfelkisten unter dem Nußbaum.

Ich hatte bestimmt geglaubt, daß Mama uns, nachdem wir dort hingezogen waren, zu Weihnachten Rollschuhe schenken würde. Aber sie tat es nicht. Wir bekamen nichts als ein paar Äpfel und Apfelsinen. Ich weiß noch, daß ich wegen dieser Rollschuhe eine Woche lang weinte.

Jeden Samstagabend nahm Mama uns mit ins Kino. Die Neger saßen oben auf dem Balkon, und die Weißen saßen unten. Eines Samstags kamen wir zusammen mit den weißen Kindern im Kino an. Als wir uns sahen, liefen wir zueinander hin. Katie spazierte geradeswegs unten in den Kinosaal, und Adline, Junior und ich gingen hinterher. Mama sprach mit einer der weißen Frauen und hatte nicht bemerkt, daß wir in die Abteilung für Weiße gingen. Ich glaube, sie dachte, wir seien am Seiteneingang, den wir immer benutzten und der zum Balkon führte. Wir standen mit unseren Freunden in der weißen Abteilung, als Mama hereinkam und uns sah. »Kommt, los kommt«, schrie sie mit schriller Stimme und stieß Adline durch die Tür. »Wart nur, Essie Mae, ich schlag dich tot, wenn wir nach Haus kommen. Ich hab euch doch gesagt, ihr dürft nicht in die Läden und überall hinlaufen, als ob euch alles gehörte«, schrie sie und zerrte mich durch die Tür. Als wir nach draußen kamen, standen wir da und weinten, und wir konnten die weißen Kinder drinnen im Kinosaal weinen hören. Mama ließ uns nicht einmal den Film ansehen. Sie brachte uns sofort nach Hause.

Während des ganzen Heimwegs sagte uns Mama immer wieder, wir könnten nicht unten im Kinosaal sitzen, wir könnten nicht dies oder das mit den weißen Kindern zusammen tun. Bis dahin hatte ich noch nie richtig darüber nachgedacht. Schließlich spielten wir doch zusammen. Ich wußte, daß wir zu verschiedenen Schulen gingen und all das, aber ich hatte nie gewußt warum.

Nach dem Zwischenfall im Kino hörten die weißen Kinder auf, vor unserem Haus zu spielen. Zwei Wochen lang sahen wir sie überhaupt nicht. Dann eines Tages waren sie wieder da, und wir fingen wieder an, zusammen zu spielen. Aber es war nicht mehr das gleiche. Ich hatte früher nie daran gedacht, daß sie Weiße waren. Jetzt plötzlich waren sie Weiße, und ihr Weiß-Sein machte sie zu etwas Besserem als ich war. Ich stellte plötzlich fest, daß sie nicht nur deshalb besser waren, weil sie weiß waren, auch alles, was sie besaßen und alles, was mit ihnen zusammenhing, war besser als das, was mir erreichbar war. Früher hatte ich nie bemerkt, daß es unten im Kino besser war als oben. Jetzt merkte ich es. Ihr Weiß-Sein gab ihnen das Recht, unten in der schönen Abteilung zu sitzen, und mein Schwarz-Sein verbannte mich oben auf den Balkon.

Jetzt, da ich darüber nachdachte, merkte ich, daß ihre Schulen, Häuser und Straßen besser waren als die meinen. Sie hatten eine große rote Backsteinschule, deren einzelne Gebäude durch saubere Gehwege verbunden waren. Ihre Häuser waren groß und schön, hatten die Toiletten im Haus und allen Komfort, den ich damals kannte.

Alle Häuser, in denen wir gewohnt hatten, waren Hütten mit einem oder zwei Räumen und einem Klosett draußen. Ich machte mir wirklich Gedanken darüber, daß sie alles besaßen und wir nichts. ›Es ist noch ein Geheimnis dabei, außer daß sie weiß sind‹, dachte ich. Und mit allen Kräften meines Geistes versuchte ich, hinter dieses Geheimnis zu kommen.
Als wir eines Tages in unserem Häuschen im Graben unter dem Nußbaum spielten, kam mir eine verrückte Idee. Ich glaube, das Geheimnis müsse zwischen den Beinen liegen. Außer ihrer Scham hatte ich alles an ihnen gesehen, und es war nicht anders als bei mir. Ich schlug also ein Spiel vor, das ich ›Onkel Doktor‹ nannte. Ich war noch nie bei einem Arzt gewesen. Aber Mama hatte uns gesagt, daß der Doktor der einzige Mensch außer den Eltern sei, der den nackten Körper eines Kindes betrachten dürfe. Dann erinnerte ich mich an die Zeit, als meine Oma Winnie krank war. Als ich sie fragte, was der Doktor mit ihr gemacht habe, sagte sie: »Er hat mich untersucht.« Dann fragte ich, was das sei ›untersuchen‹, und sie sagte mir, er habe ihre Zähne angesehen, in ihre Ohren geguckt, das Herz abgehorcht, ihr Blut und ihre Scham angesehen. Jetzt würde ich der Doktor sein. Sie mußten sich alle, Katie, Bill, Sandra und Paul ebenso wie Adline und Junior ausziehen und in eine Reihe stellen, während ich auf einer der Apfelkisten saß und sie untersuchte. Ich sah ihnen in den Mund und in die Ohren, legte mein Ohr auf ihre Brust und horchte auf den Herzschlag. Dann mußten sie sich auf die Blätter legen, und ich betrachtete ihre Geschlechtsteile. Ich sah mir jeden von ihnen mindestens dreimal an, konnte aber keinen Unterschied feststellen. Ich hatte das Geheimnis immer noch nicht entdeckt.
Als ich an diesem Abend mein Bad nahm und mich ganz einseifte, dachte ich wieder darüber nach. Ich dachte an den Tag, an dem ich meine beiden Onkel Sam und Walter gesehen hatte. Sie waren genauso weiß wie Katie und die andern. Aber Oma Winnie war dunkler als Mama, wie konnten da Sam und Walter so weiß sein? Ich muß lange nachgedacht haben, denn schließlich rief Mama: »Essie Mae. Du verbrauchst mir ja die ganze Seife. Und mach schnell, daß Adline und Junior auch noch baden können, ehe das Wasser ganz kalt ist.«
»Mama«, sagte ich, »warum sind Sam und Walter keine Weißen?«
»Weil ihre Mama nich weiß is«, antwortete sie.
»Aber du hast doch früher gesagt, daß ihr Papa weiß ist.«

»Wenn der Papa weiß is und die Mama farbig, dann macht das keine weißen Kinder.«
»Aber sie haben das gleiche Haar und die Farbe wie Bill und Katie die haben«, sagte ich.
»Das macht sie immer noch nich weiß! Jetzt raus aus der Wanne«, sagte sie böse.
Immer wenn ich versuchte, mit Mama über die Weißen zu sprechen, wurde sie wütend. Jetzt war ich noch verwirrter als zuvor. Wenn es nicht das glatte Haar und die weiße Haut war, was dich zum Weißen machte, was war es dann?

Im Sommer fuhr Mr. Johnson immer nach Florida hinunter in einem großen Lastwagen mit Anhänger und brachte ihn randvoll mit Wassermelonen zurück. Er verkaufte sie an die Läden und Marktleute in Centreville und den umliegenden Orten. Jetzt in den Ferien, wo sie nicht in die Schule gehen mußte, fuhr Mrs. Johnson manchmal mit ihm. Wenn sie weg war, blieb ich bei Miss Ola.
Miss Ola war eine sehr liebe alte Dame. Jeden Sonntag backte sie uns Plätzchen oder machte Bonbons. Sie hatte ein Glöckchen, das sie läutete, wenn sie etwas für uns zurechtgemacht hatte oder wenn sie einen von uns brauchte, um ihr den Hof zu fegen. Samstags saßen wir immer im Klee und warteten auf das Glöckchen. Ich lernte Miss Ola noch mehr schätzen, als ich anfing, nachts bei ihr zu bleiben. Sie hatte mich auch sehr gern, und wir hatten viel Spaß miteinander.
Mrs. Johnson hatte ein wackliges kleines Klappbett, auf dem ich im Eßzimmer, das gleich neben Miss Olas Zimmer lag, schlafen sollte. Ich schlief aber nicht viel darin. Vor dem Schlafengehen mußte ich hundert Handreichungen für Miss Ola tun. Zuerst mußte ich ihr weißes Haar kämmen und bürsten. Dann reinigte ich ihr Gebiß, holte Wasser in einer kleinen Wanne, in der sie ihre Füße badete, und tausend andere Kleinigkeiten. Es war fast Mitternacht, ehe ich in mein kleines wackliges Bett klettern konnte. Aber sobald ich drin war, rief mich Miss Ola in ihr Zimmer und las mir vor. Sie schlief in einem dieser alten Vorkriegsbetten mit hohen Pfosten und einem geblümten Betthimmel. Große weiche Federbetten waren darin aufgehäuft. Ich mußte mir einen Schemel holen, um hineinzuklettern. Meist war ich so müde, daß ich sofort einschlief, wenn Miss Ola anfing zu lesen. Ich warf immer nur einen Blick zum blumigen Betthimmel, schloß die Augen, und schon war ich fest eingeschlafen. Ich

glaube, ich habe keine einzige der Geschichten, die sie mir vorlas, gehört.

Während dieser Abende bei Miss Ola hatte ich zum erstenmal Zutritt zu einem Badezimmer. Ich ging immer in dieses Badezimmer und setzte mich aufs Klosett, auch wenn ich es gar nicht nötig hatte. Ich saß da und betrachtete die schöne große weiße Wanne, den rosa Vorhang, der darüber hing, das rosa Waschpulver in dem großen schönen Glasbehälter, das Waschbecken mit der rosa Seife in der Seifenschale. Alles erschien mir wunderschön. Vor dem Klosettopf lag eine kleine runde rosa Matte. Ich zog immer die Schuhe aus, setzte mich aufs Klosett und streifte mit den Füßen über diese weiche Matte. Manchmal blieb ich so lange im Badezimmer, daß Miss Ola nachsehen kam, was ich da machte. Nachdem ich mein erstes Bad in der schönen weißen Wanne genommen hatte, kam mir unsere Zinkbütte immer, wenn ich darin badete, abscheulich vor.

Alles im Haus der Johnsons gefiel mir. Während ich meine kleinen Dienstleistungen verrichtete, spielte im Radio immer eine sanfte Musik. Das Haus war groß und geräumig und durch und durch gut möbliert. Es hatte alles, was unser Haus nicht hatte.

Ich versuchte weiter, hinter das Geheimnis der weißen Leute zu kommen, jetzt bei Miss Ola. Wenn ich ihr diesbezügliche Fragen stellte, so wurde sie nicht wütend wie Mama. Aber auch sie verriet mir das Geheimnis nicht. Aber ein Geheimnis erfuhr ich von ihr: warum alle weißen Frauen farbige Frauen hatten, die für sie arbeiteten. Weil die weißen Frauen faul waren. Mama räumte und säuberte dies Haus jeden Tag für die Weißen. Sie machte die Betten, staubte die Möbel ab, saugte Staub und reinigte das Bad. Dazu kochte sie drei Mahlzeiten am Tag. Nachdem ich gegessen hatte, was Miss Ola kochte, verstand ich, warum Mama dort kochen mußte: weil die weißen Frauen nicht kochen konnten.

Eines Abends war ich bei Miss Ola, und diese war erkältet. Ich sah, wie sie eine Suppe kochte. Sie hustete, Schleim tropfte aus ihrer Nase genau in den Topf hinein. Miss Ola war so alt, daß sie ihre Blase nicht mehr beherrschen konnte. Jedesmal wenn sie hustete, lief ihr Harn die Beine herunter. Sie wischte ihn mit einem Geschirrtuch vom Boden auf. Als sie mir von dieser Schnupfen- und Piß-Suppe vorsetzte, drehte sich mir der Magen um. Wenn sie jetzt an Samstagen ihr Glöckchen läutete, liefen Adline und Junior hinüber, ich nicht. Ich wußte endlich, was Mama meinte, als sie sagte: »Miss Ola bringt euch noch um mit dem Scheißzeug, das sie kocht.«

Adline und Junior traten in die Schule ein, als wir im zweiten Jahr auf dem Anwesen der Johnsons wohnten. Jetzt, da sie zur Schule gingen, entstand für mich ein neues Problem. Junior war erst viereinhalb und Adline sechs. Mama ließ ihn so früh gehen, weil sie niemanden hatte, der auf ihn aufpaßte oder mit dem er spielen konnte, wenn Adline und ich in der Schule waren. Er wollte nicht in seiner Klasse bleiben, weil er dachte, er gehöre zu mir und Adline. Ich war jetzt neun Jahre alt und in der vierten Klasse. Junior lief hinter Adline her, wohin sie auch ging. Manchmal drehte ich mich um und sah ihn vor der Tür meines Klassenzimmers stehen und hineinspähen. Ich glaube, ich mußte ihn wenigstens zehnmal am Tag in sein Klassenzimmer zurückbringen. Während der Pause folgte er mir über das ganze Schulgelände und hielt sich an meinem Rockzipfel fest. Ich schickte ihn zu den anderen Jungen spielen. Aber ein paar Minuten später kam er um eine Ecke gerannt und sagte, einer der Jungen wolle ihm was antun.

Mama traf sich wieder mit dem Soldaten. Er war jetzt aus der Armee ausgeschieden und trug keine Uniform mehr. Wir nannten ihn jetzt ›Raymond‹ statt ›Soldat‹. Er kam jetzt oft abends zu uns nach Hause. Wenn er da war, half er uns bei den Aufgaben. Mama half uns nie. Sie sagte, sie habe nur die sechste Klasse abgeschlossen, und sie konnte kaum die Stücke in meinem Vierte-Klasse-Lesebuch lesen. Aber Raymond hatte die höhere Schule fast bis zu Ende besucht. Er konnte besser als mein Lehrer lesen und rechnen. Ich brauchte nicht viel Hilfe von Raymond, denn Miss Ola half mir oft, wenn ich bei ihr war. Sie hatte mir viele Wörter erklärt und mir auch gezeigt, wie sie richtig geschrieben werden. Wegen Olas Hilfe bekam ich im Lesen und Rechtschreiben eine Eins. Im Rechnen bekam ich, weil Raymond mir ein wenig half, eine Zwei. Bald konnte ich meine Hausaufgaben ohne jede Hilfe machen. Adline und Junior waren dagegen ein großes Problem. Raymond mußte viel mit ihnen arbeiten. Er nahm Juniors Aufgaben acht- oder neunmal mit ihm durch, aber der Junge konnte sich nachher an kein einziges Wort erinnern. Er war ein dummer kleiner Kerl. Adline war nicht ganz so dumm wie Junior, aber sie machte ihre Sache auch nicht viel besser. Sie dachte, es sei komisch, Wörter zu lernen. Sie lachte die ganze Zeit, wenn Raymond mit ihr arbeitete. Die beiden lernten nie ihr Einmaleins.

Als ich noch als einzige zur Schule gegangen war, hatte Mama für die Frühstückspause einen Laib Brot in der Woche gekauft, ein

Glas Erdnußbutter und Gelee. Ich bekam jeden Tag eine Schnitte mit Erdnußbutter. Jetzt, da wir alle zur Schule gingen, konnte sie sich das Brot nicht mehr leisten. Sie kaufte statt dessen zehn Pfund Mehl statt der fünf, die sie sonst gekauft hatte. Jeden Abend backte sie daraus Kekse und schmierte für jeden von uns zwei Kekse mit Erdnußbutter und klappte sie zusammen. Ich verwahrte den Beutel mit dem Frühstück, und Adline und Junior kamen um zwölf Uhr zu mir und holten sich ihre Kekse. Ich weiß noch, daß ich einmal mit ein paar Klassenkameraden mein Frühstück aß. Ich holte die Kekse aus dem Frühstücksbeutel, und sie lachten den ganzen Tag über mich.

Nach diesem beschämenden Vorfall nahm ich diese Kekse nicht mehr mit in die Schule. Wir aßen sie jeden Morgen auf dem Schulweg auf. Den ganzen Tag war ich hungrig, aber das war besser, als von den Mitschülern ausgelacht zu werden. Manchmal kamen Adline und Junior in der Frühstückspause zu mir und sagten, sie hätten Hunger, ich schickte sie dann zum Wasserhahn, damit sie sich den Bauch mit Wasser füllten.

Die Lage zu Hause wurde sehr schwierig. Mama versuchte, uns drei zu kleiden, zu ernähren und uns in die Schule zu schicken. Mit fünf Dollar in der Woche war das einfach unmöglich. Das Essen wurde immer knapper. Mama entdeckte, daß die alte weiße Frau, die in dem großen weißen zweistöckigen Haus auf dem Hügel wohnte, Sauermilch an Neger verkaufte, vier Liter für fünfundzwanzig Cents. Mama fing an, zwei- oder dreimal in der Woche vier Liter zu kaufen. Jetzt aßen wir die ganze Zeit Milch mit hineingebrocktem Maisbrot. Dann fing Mrs. Johnson an, Mama ihre Essensreste zu geben, und wir aßen diese. Es wurde so schlimm, daß Mama wieder anfing zu weinen. Und sie weinte, bis die Ferien kamen.

Eines Abends ging ich wieder Sauermilch holen, und die alte weiße Dame bat mich, ihre Veranda und den Gehsteig vor ihrem Haus zu kehren. Als ich fertig war, gab sie mir ein Fünfundzwanzig-Cent-Stück und nahm die fünfundzwanzig Cents, die Mama mir für die Milch gegeben hatte, nicht. Als ich nach Hause kam und es Mama erzählte, lachte sie, bis ihr die Tränen kamen. Danach schickte sie mich jeden Tag, um zu fragen, ob die alte Dame die Veranda gekehrt haben wollte. Ich war neun Jahre alt, und dies war meine erste Arbeitsstelle. Ich verdiente jede Woche fünfundsiebzig Cents und acht Liter Milch.

Bald nachdem ich angefangen hatte, für die alte Frau zu arbeiten,

hörte ich auf, ihre Milch zu trinken. Eines Abends, als ich die Hinterveranda putzte, wo sie die Milch aufbewahrte, kam ein kleiner Negerjunge, um acht Liter zu holen. Sie kam die Milch holen, während der Junge im Hinterhof wartete. Sie verwahrte die Milch in drei alten Fliegenschränken mit Drahtgittertüren. Ich sah, wie sie einen öffnete und Milch in eine große Schüssel goß. Dann ging sie in den Hof und ließ die Schranktür offen. Nun hatte diese alte Frau acht Katzen, die sich immer auf der Hinterveranda aufhielten. Fünf von ihnen flitzten in den offenen Schrank und fingen an, die Milch aus der Schüssel zu schlecken. Die Alte war sehr versessen auf ihre Katzen, darum schrie ich sie nicht an oder jagte sie weg. Ich ließ sie einfach saufen. ›Sie wird sie wegjagen und die Milch wegschütten, wenn sie zurückkommt‹, dachte ich.
Aber als sie zurückkam, ließ sie die Katzen einfach weitersaufen. Als sie genug hatten, schob sie sie von der Milch weg und schloß die Schranktür. Ich stand da, sah mir das an, und es fiel mir ein, wie oft ich schon von dieser Milch getrunken hatte. ›Ich will lieber verhungern, als nochmal davon trinken‹, dachte ich.
Ich konnte es kaum erwarten, Mama davon zu berichten, aber sie wollte mir nicht glauben. »Wahrscheinlich gibt sie den Rest der Milch auch den Katzen. Ich kann nicht glauben, daß die Frau uns Milch verkauft, an der die Katzen getrunken haben«, sagte Mama. Ich widersprach ihr nicht. ›Ich werde die Milch weiter nach Hause bringen‹, dachte ich, ›ihr alle könnt sie trinken, aber ich nicht.‹
Diesen Job behielt ich nicht lange. Das große weiße Haus hatte die größten Veranden, die ich je gesehen hatte. Es hatte Veranden im unteren und auch im oberen Geschoß, die um das ganze Haus herumliefen und dem Haus etwas Abgerundetes gaben. Bald ließ die alte Dame mich auch das Innere des Hauses im unteren Stockwerk fegen, wo sie wohnte. Ich mußte auch die Möbel abstauben. Sie fing an, mich den ganzen Tag dazubehalten. Mama gefiel das nicht. Eines Tages hielt sie mich bis nach dem Dunkelwerden fest. Mama kam herauf und holte mich.
»Was hat sie dich tun lassen, daß sie dich den ganzen Tag festgehalten hat?« fragte Mama, als wir nach Hause kamen.
»Ich hab die Veranden und die Wohnung unten gefegt und Staub gewischt. Und ich hab Strümpfe gewaschen«, sagte ich ihr.
»Morgen gehst du rauf und sagst ihr, du kommst nicht mehr, hörst du? Die wird dich noch zu Tode hetzen für fünfundsiebzig Cents und das bißchen Scheiß-Milch, das sie dir gibt.«

Am nächsten Morgen ging ich, kehrte die Veranden, putzte die Wohnung und blieb den ganzen Tag da. Als ich fertig war, sagte ich ihr, was Mama mir zu sagen aufgetragen hatte. Ich hatte eigentlich keine Lust, die Arbeit aufzugeben. Es machte mich froh, jede Woche die fünfundsiebzig Cents und die acht Liter Milch zu verdienen. Es machte mich froh, daß ich Adline und Junior je ein Fünfundzwanzig-Cent-Stück geben und eins für mich behalten konnte.

Als die Schule wieder anfing, ging es uns immer noch ziemlich mies, deshalb veranlaßte Mrs. Johnson eine ihrer Freundinnen, Mrs. Claiborne, mir einen Job zu geben. Mrs. Claiborne lehrte Hauswirtschaft an der Schule für Weiße. Ich arbeitete jeden Abend nach der Schule für sie und samstags den ganzen Tag. Ich tat diese Arbeit sehr gern, denn ich verdiente fast soviel wie Mama. Mrs. Claiborne gab mir drei Dollar in der Woche, und die Arbeit war leicht, verglichen mit der, die ich für fünfundsiebzig Cents getan hatte. Jetzt konnte ich jeden Samstag unsere Kinokarten bezahlen und dann noch Mama zwei Dollar geben, für die sie Brot und Erdnußbutter für unser Frühstück kaufte. Außerdem lernte ich eine Menge bei Mrs. Claiborne. Sie lehrte mich, was eine ausgewogene Mahlzeit ist und wie man einen Tisch deckt, und ich lernte Gerichte kochen, die wir zu Hause nie bekamen. Eine Mahlzeit mit Fleisch, Gemüse und Salat hatte es bei uns nie gegeben. Es machte mir Freude, diese Dinge zu lernen, wenn ich auch zu Hause nichts damit anfangen konnte. Zum Beispiel deckten wir nie den Tisch, weil wir immer nur eine Gabel oder einen Löffel für jeden hatten; wir hatten keine Messer und brauchten sie auch nicht, weil es bei uns nie Fleisch gab.
Mrs. Claiborne hatte es übernommen, bei den Fußball- und Basketballspielen, die am Freitagabend in ihrer Schule stattfanden, Bonbons, Erdnüsse und heiße Würstchen zu verkaufen. Wenn ich samstags zur Arbeit kam, gab sie mir die übriggebliebenen Würstchen und auch Bonbons und Erdnüsse. Abends lief ich dann den ganzen Weg nach Hause mit dem, was sie mir gegeben hatte. Adline und Junior saßen immer schon auf der Straße und warteten auf mich. Ich gab ihnen einen Teil der Erdnüsse und Bonbons und brachte Mama die Würstchen. Sonntags machte sie sie uns dann heiß. Durch die Würstchen und die drei Dollar, die ich in der Woche verdiente, mußten wir in der Schule oder zu Hause nicht mehr Hunger leiden.

Mrs. Claibornes Mann war ein Geschäftsmann. Das einzige, was ich damals von Geschäftsleuten wußte, war, daß sie Aktentaschen trugen, Zigarren rauchten und jeden Tag einen richtigen Anzug anhatten. Mr. Claiborne war nett, darum dachte ich, alle Geschäftsleute seien nett. Eines Samstags deckte ich ihnen den Tisch, und er sagte mir, ich solle auch für mich ein Gedeck auflegen. Ich setzte mich zu ihnen – es waren die ersten Weißen, mit denen ich je an einem Tisch gegessen hatte. Ich war sehr nervös. Wir aßen schweigend. Dann wurde der Nachtisch aufgetragen, und sie fingen an, mit mir zu sprechen.

»Essie, wie gefällt es dir in der Schule?« fragte Mr. Claiborne.

»Oh, ganz gut«, antwortete ich.

»Was für Noten hast du denn?«

»Ich habe eine Eins in allen Fächern außer Rechnen, und darin habe ich eine Zwei«, sagte ich.

»Siehst du, ich habe dir doch gesagt, daß sie sehr intelligent ist«, sagte Mrs. Claiborne.

»Was möchtest du denn tun, wenn du die Schule hinter dir hast?« fragte er.

»Ich weiß nicht. Mama sagt, ich könnte eine Lehrerin werden wie Mrs. Claiborne und Mrs. Johnson«, sagte ich. Mr. Claiborne nickte nur mit dem Kopf.

Als ich das Geschirr wusch, kam Mrs. Claiborne, um mir zu helfen, und sie sagte mir, sie und ihr Mann hielten mich für sehr begabt. Sie sagte, sie kenne nicht viele zehnjährige Mädchen, die arbeiten gingen, um sich selber, einer Schwester und einem Bruder den Schulbesuch zu ermöglichen. Nach diesem Samstag aß ich immer mit ihnen zusammen, wenn ich zu einer Mahlzeit in ihrem Hause war. Sie behandelten mich von da an, als sei ich ihr eigenes Kind. Sie verbesserten mich, wenn ich falsch sprach, und Mrs. Claiborne erzählte mir von den Orten, die sie auf ihren Reisen gesehen und von den Menschen, die sie dort getroffen hatte. Ich lernte sehr viel bei ihnen. Ob ich krank oder gesund war, immer ging ich zur Arbeit. Ich hatte Angst, etwas zu verpassen, wenn ich zu Hause blieb.

Eines Tages kam ich von der Arbeit heim, und Mamas Bauch schien über Nacht dick geworden zu sein. Ich wußte, daß sie wieder ein Kind kriegen würde. Und ich wußte auch, daß es von Raymond war. Jetzt, da sie so dick geworden war, kam er nicht mehr. Er war fast einen Monat lang nicht mehr bei uns gewesen. Wieder fing

Mama an, jeden Abend zu weinen, so wie sie es getan hatte, als Junior ein Säugling war und mein Papa die ganze Zeit bei Florence blieb. Da glaubte ich, Raymond hätte Mama wegen der gelben Frau verlassen, mit der seine Familie ihn verheiraten wollte. Wenn ich Mama abends weinen hörte, war ich so traurig. Sie weinte erst, wenn wir alle im Bett waren und sie dachte wir schliefen. Jeden Abend lag ich stundenlang wach und hörte sie still in ihr Kissen hineinschluchzen. Je dicker sie wurde, desto mehr weinte sie, und ich weinte auch. Ich weinte, weil ich dachte, sie würde mich aus der Schule nehmen, damit ich den ganzen Tag für Mrs. Claiborne arbeitete und uns alle ernährte. Es schien, als müsse sie selbst jetzt bald aufhören zu arbeiten.

Einmal hatte ich bis spät abends bei Mrs. Claiborne gearbeitet, und als ich nach Hause gehen wollte, regnete es. Ich hatte weder einen Schirm noch sonstwas. Als ich nach Hause kam, war ich klatschnaß. Ich war wütend, denn ich hatte ein neues Kleid an, das erste in zwei Jahren. Mama hatte im Ausverkauf für einen Dollar fünf Meter von einem hübschen rosageblümten Stoff gekauft. Sie hatte von einer Frau daraus Kleider für mich und Adline machen lassen. Wir hatten beide die Kleider an diesem Tag in der Schule angehabt. Nun war meins ganz naß und hatte seine Neuheit verloren. Auf dem ganzen Weg dachte ich an mein naß herunterhängendes Kleid und an Adlines Kleid, das an der Wand hing und immer noch neu aussah.

Als ich zur Tür hereinkam, hörte ich Mama singen. Ich vergaß mein nasses Kleid. Sonst hatte sie immer niedergeschlagen und krank ausgesehen, jetzt schien sie ganz glücklich. Klatschnaß stand ich lange in der Tür und sah sie an. Ich wußte nicht, warum sie glücklich war, und es war mir eigentlich auch gleich. Ich war einfach froh, sie so zu sehen. Sie ging umher und trug ihren dicken Bauch, als sei er so leicht wie eine Feder.

»Zieh das nasse Kleid aus, ehe du dich erkältest«, sagte sie, als sie mich in der Tür stehen sah. Früher hätte sie etwa gesagt: ›Schau wie naß du bist! Konntst du denn nich warten, bis der Regen aufhört?‹ An diesem Abend horchte ich, ob sie weinen würde, aber sie weinte nicht. So brauchte ich also an diesem Abend auch nicht zu weinen.

Drei oder vier Tage ging sie in dieser glücklichen Stimmung umher. Dann kam ich eines Abends von der Arbeit und fand Raymond zu Hause. Als ich zur Tür hereinkam, rieb er ihr den Bauch, und sie wurde ganz rot. Ich wurde so wütend, daß ich zu zittern anfing. Ich wäre am liebsten hingegangen und hätte seine Hand von ihrem

Bauch weggerissen. Ich dachte: ›Jetzt lacht Mama, aber ich weiß, sie wird wieder weinen, wenn ihr Bauch flach geworden ist und er ihn wieder dick macht.‹ Als sie mich in der Tür stehen und sie mißbilligend anstarren sahen, zog er sofort die Hand weg. Mama war nicht mehr rot. Sie wußten beide, daß mir das gar nicht gefiel. Als Raymond gegangen war, sagte ich tatsächlich kein Wort zu Mama. Ich ging im Haus herum und machte mir zu schaffen, damit ich nicht mit ihr zu sprechen brauchte. Raymond hatte Bonbons für uns mitgebracht. Adline und Junior lutschten ihre und schmunzelten dabei, aber ich rührte die Süßigkeiten, die Mama für mich aufgehoben hatte, nicht an. Ich dachte: ›Wenn Adline und Junior wüßten, was ich weiß: daß Raymond Mama jeden Abend zum Weinen gebracht hat, dann würden sie diese Bonbons auch nicht essen.‹
Als ich später am Abend mein Bad in der Zinkwanne nahm, kam Mama in die Küche. Ohne ein Wort zu sagen, kniete sie nieder und wusch mir den Rücken; ihr Bauch stieß dabei an die Wanne. Sie war immer noch froh, aber sie wußte, daß ichs nicht war. Sie seifte meinen Rücken tüchtig ein und schrubbte und rieb ihn heftig. Sonst schimpfte sie immer, daß wir zuviel Seife brauchten.
»Wir ziehen bald wieder um«, sagte sie.
Ich saß ganz steif da und sagte nichts. ›Die Johnsons haben ihr wahrscheinlich gekündigt, weil sie zu schwerfällig zum Arbeiten wird‹, dachte ich. Sie schrubbte immer noch meinen Rücken.
»Ray hat uns ein neues Haus gebaut«, sagte sie.
»Was?« schrie ich und fuhr fast aus der Wanne.
»Und sobald wir umziehen, kannst du aufhören, für Mrs. Claiborne zu arbeiten«, sagte sie.
»Mrs. Claiborne ist gut zu mir und ich will nicht aufhören, für sie zu arbeiten«, sagte ich.
»Auch gut. Du kannst weiter für sie arbeiten, wenn du willst. Aber Ray wird jetzt für uns sorgen können«, sagte sie.
An diesem Abend weinte ich vor Glück. Ich haßte Ray nicht mehr, weil er Mamas Bauch befühlt hatte. Die ganze Nacht lag ich wach und dachte mir aus, wie Mama sich fühlen mußte, jetzt wo jemand ein Haus für sie baute, nachdem sie sich über sieben Jahre lang fast totgeschuftet hatte und sie so oft die Stelle hatten wechseln müssen, um uns zu ernähren und zur Schule zu schicken und all das. Seit sie und Papa sich getrennt hatten, waren wir sechsmal umgezogen. Jetzt würde sie ein eigenes Haus haben. Und wahrscheinlich würden wir für immer von den Anwesen weißer Leute wegziehen.

4. Kapitel

Bis zum Ende des Sommers blieben wir in dem Haus der Johnsons. Dann eines Tages zogen wir aus. Raymond hatte das Haus am unteren Ende des sogenannten Eschenviertels, gleich am Highway 24, gebaut. Wir waren jetzt direkte Nachbarn von Miss Pearl und Raymonds anderen Verwandten. Irgendwie war es Raymond und seiner ganzen Sippe mit Hängen und Würgen gelungen, dort entlang dem Schotterweg, der die Hauptstraße war, Land zu kaufen. Schon am allerersten Tag, als wir einzogen, zeigte Mama Zeichen von Nervosität.

Raymond hatte mit Hilfe seiner Brüder das Haus für uns mit eigenen Händen gebaut. Es war ein grünes Holzhaus mit einer grauen Veranda davor. Es hatte fünf Räume, mehr als wir je bewohnt hatten: ein Wohnzimmer, drei Schlafzimmer und eine Küche. Der einzige Fehler war, daß wir zum Klo immer noch nach draußen mußten. Raymond und seine Brüder hatten auch das Haus für Miss Pearl gebaut, und dieses Haus hatte ein Badezimmer. Raymond sagte, er würde später auch an unser Haus ein Badezimmer anbauen. Wir hatten auch kein fließendes Wasser im Haus, aber die Leitung war bis zu unserem Haus gelegt worden, und im Vorderhof befand sich ein Wasserhahn. Wenigstens hatten wir reichlich Wasser, um die bewußte Zinkwanne zu füllen.

Als wir einzogen, war das Haus innen noch nicht ganz fertig. Raymond und seine Brüder arbeiteten jeden Tag daran und verkleideten die Wände mit Leichtbauplatten. Als alle Platten angebracht waren, ging ich mit Mama in die Stadt, und wir kauften hübsche geblümte Tapeten für alle Zimmer, außer der Küche. Dann mußten die neuen Möbel ausgesucht werden. Mama nahm mich immer mit, wenn sie Sachen für das neue Haus kaufte.

»Mama, laß uns zuerst die Betten kaufen«, sagte ich, als wir das einzige Möbelgeschäft in Centreville betraten.

»Gut«, sagte sie, »aber erinnere mich an den Kühlschrank.« Ich glaube, Mama hatte ein bißchen Angst, denn sie kaufte zum ersten Mal Möbel. Früher hatten wir nur die ausgedienten Möbelstücke anderer Leute gehabt. Wir sahen uns alle Betten an, und Mama hatte sich schnell für ein Bett entschieden. Sie wählte eins mit einem massiven Mahagoni-Kopfende, das zu einer Mahagoni-Schlafzimmergarnitur gehörte. Aber ich konnte das Bett, das ich mir für mein Zimmer wünschte, immer noch nicht entdecken.

»Haben Sie kein Bett mit großen hohen braunen Pfosten?« fragte ich die Verkäuferin.

»Ja«, sagte sie, »wir haben eins mit Pfosten. Hier, wie gefällt dir dies?« und sie zeigte auf ein kleines Mahagonibett mit niedrigen geraden Pfosten.

»Das ist nicht das richtige«, sagte ich zu ihr. »Ich will eins mit ganz hohen Pfosten und oben einem Betthimmel.«

»Wo hast du denn so ein Bett gesehen?« fragte sie und sah mich an, als wäre ich verrückt.

»Die Dame, für die ich gearbeitet habe, hatte ein solches Bett«, sagte meine Mutter schnell.

»Haben Sie so eins?« fragte ich die Verkäuferin noch einmal.

»Nein, wir führen solche Betten nicht, und es wäre für dich auch zu teuer. Wie alt bist du?« fragte sie kalt.

»Elf. Nächste Woche werde ich zwölf«, gab ich zur Antwort.

Die Verkäuferin schien wütend zu sein, und Mama auch. Deshalb entschied ich mich für das Bett mit den kurzen braunen Pfosten. Mama wählte noch eine grüne Couchgarnitur für das Wohnzimmer, die aus einem Sofa und zwei Sesseln bestand. Mama fragte nach einer Eiskiste, aber sie hatten keine. Ich war froh darüber, denn ich hoffte, sie würde einen schönen großen Kühlschrank kaufen, wie die Johnsons und die Claibornes einen hatten. Aber sie tat es nicht. Sie gab der Verkäuferin eine Anzahlung auf die Möbel, und wir verließen das Geschäft. Auf dem Heimweg erklärte sie mir immer wieder, ich dürfte nicht alles so haben wollen wie die weißen Leute. Sie sagte, daß Miss Olas Bett mehr als unser ganzes Haus koste.

»Miss Ola und Mrs. Claiborne haben dich verdorben«, behauptete sie. Ich hatte oft das Gefühl, daß Mama es gar nicht mochte, wenn Mrs. Claiborne mich wie ihre eigene Tochter behandelte. An der Art, wie sie das ›sie haben mich verdorben‹ betonte, merkte ich, daß es ihr gar nicht recht war, wenn sie mich wie ihresgleichen behandelten. Ich weiß noch, daß ich ihr einmal erzählt hatte, ich äße am Tisch mit den Claibornes, und daß sie mich fragte: »Was sagen sie denn zu dir, wenn ihr eßt?« Und ich antwortete: »Wir essen eben und reden miteinander.« »Essen und reden miteinander!« sagte sie. »Was hast du schon mit den Weißen zu reden?«

Nachdem die Möbel angeliefert worden waren, kamen wir zur Ruhe. Es gab nur ein paar Dinge, die uns noch vom Mittelstand unterschieden: das Außenklo, der Holzherd und die Zinkwanne. Immerhin, wir hatten Mahagonimöbel, und Raymond besaß ein kleines Bankguthaben vom Militär her und ein Auto.
Jetzt, da wir in seinem Haus wohnten, brachte Ray auch James zu uns. James war inzwischen vier Jahre alt. Er hatte sich an Miss Pearl gewöhnt und wollte zuerst gar nicht bei uns bleiben. Jeden Abend weinte er, bis Mama und Raymond ihn zum Schlafen zu Miss Pearl schickten.
Als die Schule wieder anfing – es war die alte Willis High School –, war ich zwölf Jahre alt und in der sechsten Klasse. Adline war in der dritten Klasse und Junior in der zweiten. Wir nahmen nicht mehr nur je ein Butterbrot mit zur Schule, wir hatten jetzt zwei und auch nicht immer bloß Erdnußbutter darauf. Manchmal war es Wurst. Alles in der Schule schien jetzt anders. Es machte mir großen Spaß, mein Wurstbrot sehen zu lassen und die Cola zu trinken, die ich mir jeden Tag am Imbißschalter kaufte.
Aber mein neues Glück währte nicht sehr lange. Wir lebten jetzt schon drei Monate mitten unter Raymonds Familie, und keiner von ihnen hatte sich mit Mama angefreundet. Adline, Junior und ich wurden akzeptiert, wenigstens von den Kindern. Wir alle hatten in der Schule Freundschaft geschlossen. Raymonds Schwester Darlene war in meinem Alter und in derselben Klasse, und seine Schwester Cherie war gleichaltrig mit Adline und auch in deren Klasse; dazu hatte Raymond fünf oder sechs kleine Neffen, die mit Junior spielten. Aber die Erwachsenen sprachen kaum mit Mama. Miss Pearl und Raymonds ältere Schwestern gingen an Mama vorüber, ohne auch nur ein Wort zu sagen, und Mama war sehr gekränkt. Manchmal saß sie auf der Veranda und starrte zu dem Haus hinüber, als wünsche sie, sie könnte einfach hingehen und mit ihnen reden. Ich glaube, Mama hoffte die Erwachsenen durch uns Kinder dazu zu bringen, sie zu akzeptieren. Sie fing an, uns bei den Hausaufgaben doppelt anzutreiben. Ich machte meine Aufgaben immer noch allein, aber Raymond paukte mit Adline und Junior jeden Abend immer und immer wieder dieselbe Lektion. »Kleiner Mann, wo ist dein Buch«, pflegte er zu Junior zu sagen, oder: »Los, Junior, du hast jetzt keine Zeit zu spielen.« Wenn er mit Junior fertig war, hatte er es manchmal so satt, daß er sich nicht mehr mit Adline befassen wollte, und so mußte ich Adline bei ihren Aufgaben helfen, ehe ich

mit meinen anfing. Schon nach einem Monat half ich beiden, denn Raymond konnte mit Junior üben soviel er wollte, er lernte nichts. Ich hatte jetzt sehr wenig Zeit für meine eigenen Aufgaben. Aber es gelang mir immer noch, unter den besten Schülern meiner Klasse zu sein.

Nachdem Raymond Adline und Junior aufgegeben und Mama gesagt hatte: »Das sind die dümmsten Kinder, die ich je gesehen habe«, lag Mama mir in den Ohren. Immer wieder erklärte sie mir: »Ihr müßt alle gut in der Schule sein. Darlene und Cherie dürfen nicht besser sein als ihr. Die halten sich für was Besseres, nur weil sie gelb sind.« Wenn sie das sagte, dann wußte ich, sie meinte nicht ›ihr‹, sie meinte mich. Sie hatte Adline und Junior genauso aufgegeben wie Raymond.

Ich bekam jetzt schon bessere Noten als Darlene. Aber als ich merkte, daß Mama sich darauf verließ, daß ich Darlene übertraf, strengte ich mich noch mehr an. Bald entwickelte sich zwischen uns ein ganz offener Wettstreit. Ich weiß noch, daß wir uns im Unterricht bemühten, einander auszustechen, mehr Antworten zu geben, mehr Aufgaben zu lösen, und die eine versuchte sogar schneller zu lesen als die andere. Cherie und Adline vertrugen sich gut. Sie waren nicht ehrgeizig. Darlene und ich aber kamen nach einiger Zeit gar nicht mehr gut miteinander aus. Sie arbeitete doppelt so fleißig wie ich und haßte mich wie die Pest, weil ich trotzdem bessere Noten bekam.

Weil ich so gute Noten hatte, glaubte ich es mir leisten zu können, den Junioren der Basketball-Mannschaft beizutreten. Es war dies die einzige Möglichkeit, sich außerhalb der lehrplanmäßigen Stunden zu betätigen, die den Schülern der sechsten Klasse geboten wurde. Mrs. Willis, die Frau des Direktors, die auch eine der aktivsten Lehrerinnen der Willis High School war, trainierte mich. Sie war die Klassenlehrerin der Achten, verwaltete mittags die Imbißtheke, und jetzt hatte sie auch noch die Junioren-Basketball-Mannschaft organisiert. Weil ich das größte Mädchen in dieser Mannschaft war, trainierte sie eifriger mit mir als mit den anderen und drillte mich besonders im Springen und in der Verteidigung. Ich übte jeden Tag nach der Schule eine Stunde lang, dazu an den beiden Abenden in der Woche, an denen ich nicht für Mrs. Claiborne arbeitete. Als wir uns für das erste richtige Spiel vorbereiteten, war ich die beste Spielerin der Mannschaft; aber ich war auch die aufgeregteste, da Mrs. Willis so viel von mir erwartete.

Unser erster Wettkampf sollte an einem Donnerstag im November gegen eine kleine Landschule stattfinden, von der ich noch nie gehört hatte. Ich hoffte bis zuletzt, daß das Spiel abgesagt würde. Es regnete am Mittwoch, und am Donnerstagmorgen war es kalt und wolkig. Ich weiß noch, daß ich beim Aufstehen betete, das Spielfeld in der anderen Schule möge zu naß zum Spielen sein. Aber es kam nicht so. Als Mrs. Willis anrief, um sich nach dem Spielfeld zu erkundigen, sagte der Sportlehrer dort, es sei in gutem Zustand und er erwarte uns.
Wir kamen mit Verspätung an. Das andere Team lief sich schon warm. Als ich einen Blick auf die Mädchen warf, schwand das bißßen Mut, den ich mühsam zusammengerafft hatte, dahin. Das waren die größten Mädchen, die ich je gesehen hatte. Sie waren größer als die, die bei uns im Team der Höheren Schule spielten. Sie sahen aus wie Erwachsene.
»Das sind aber Riesenmädchen«, sagte Mrs. Willis zu uns, als ob wir das nicht schon selber gesehen hätten. Ich fühlte, wie mir das Blut in den Adern erstarrte. »Ihr müßt sie genau im Auge behalten«, riet sie uns, »und wenn möglich dazu bringen, viele Fouls zu machen. Versucht auch, sie vom Tor wegzuhalten.« Dann sah sie mich an und wollte etwas sagen, ließ es aber, als sie merkte, wie ich zitterte.
Der Schiedsrichter pfiff, und die Mädchen beider Mannschaften gingen zur Mitte des Spielfeldes und stellten sich um ihn herum. Und plötzlich stand ich auch zwischen ihnen. »Ihr Mädchen kennt alle die Spielregeln?« fragte er, und wir nickten. »Denkt daran, daß ihr nicht mehr als fünf Fouls machen dürft, danach müßt ihr ausscheiden. Ihr dürft den Ball nur dreimal auftippen lassen, ehe er an das nächste Mädchen weitergegeben wird.« Als das Spiel anfangen sollte, pfiff der Schiedsrichter noch einmal und warf den Ball einem Mädchen aus meiner Mannschaft zu. Sie gab den Ball an die zweite Stürmerin ihr gegenüber weiter, und die warf ihn mir zu. Ich hätte jetzt den Ball zurückwerfen und zurücklaufen sollen, um Flügelmann zu spielen. Aber ich tat es nicht. Ich blickte zu dem großen Mädchen auf, das mich deckte, und erstarrte. Ich hörte Mrs. Willis' schrillen Schrei: »Wirf den Ball, Moody!« Ich hob den Ball, als wollte ich ihn weitergeben. Aber wieder erstarrte ich. »Wenn du jetzt den Ball nicht wirfst...« hörte ich Mrs. Willis. Ich blickte zum Korb hin, und nun fiel mir ein, daß ich da hinein zielen mußte. Ich ließ den Ball nicht auftippen und gab ihn nicht weiter. Ich lief

auf das Ziel zu, den Ball hoch über dem Kopf und zielte. Die ganze Zeit, während ich lief, pfiff der Schiedsrichter, und die Zuschauer, die das Spielfeld umstanden, lachten wie besessen. Mrs. Willis nahm mich während des ersten Viertels schon aus dem Spiel. Wir verloren. Und alle gaben mir die Schuld und verspotteten mich auf dem ganzen Rückweg. Ich brauchte ein Jahr, um die Schande dieses Spiels zu verwinden.
Nun saß ich jeden Tag nach der Mittagspause in meiner Klasse und sah den anderen Mädchen beim Training zu. Ein paarmal bat Mrs. Willis mich, wieder in die Mannschaft zu kommen; aber ich wollte nicht. Es war eine Sache, mit Leuten zu spielen, die man kannte, aber eine andere, gegen Fremde zu spielen.

Kurz vor Weihnachten kam ich eines Abends von der Arbeit nach Hause und fand dort Mamas Schwester Alberta vor. Als ich eintrat, lief sie herum, als komme sie sich ganz verloren vor. Mama lag im Bett. Ich sah sie an und bemerkte, daß ihr dicke Schweißtropfen übers Gesicht liefen. Ihre Augen waren geschlossen, und sie biß sich auf die Lippen, als leide sie große Schmerzen. Ich stand da und betrachtete sie lange, bevor Alberta mich bemerkte.
»Essie Mae, komm her und hilf mir ein paar saubere Lappen suchen«, sagte sie.
»Was hat Mama denn?« fragte ich sie.
»Sie ist kurz davor, das Kind zu kriegen«, sagte sie und wühlte in den Wäscheschubladen.
»Schau mal in der großen Kiste hinter Juniors Tür nach«, sagte ich. »Mam bewahrt da einen Haufen Lappen auf.«
»Hoffentlich macht Raymond schnell, sonst kriegt Toosweet das Kind, und ich weiß nicht, was ich tun soll«, fuhr sie fort und weinte beinahe.
Als ich das hörte, lief ich zurück ins Zimmer, um nach Mama zu sehen. Ihre Augen waren immer noch geschlossen, sie lag flach auf dem Rücken und klammerte sich an die Seitenstangen des Bettes. Ich blickte auf ihren Bauch und sah, wie er sich bewegte. Ich dachte, jetzt kommt das Baby bestimmt gleich. Ich machte den Mund auf, um Alberta zu rufen, aber ich war so entsetzt, daß die Worte nicht kommen wollten. »Essie Mae«, brüllte Alberta mich an, »komm her! Geh nach draußen und sieh nach, ob das Wasser heiß ist.« Alberta brüllte, aber ich war nicht imstande, mich zu rühren. ›Was will sie mit dem heißen Wasser?‹ dachte ich. »Geh auf den Hof und sieh

nach dem Wasser, Essie Mae!« Alberta schob mich durch Juniors Zimmer hindurch und aus der Küchentür. Ich ging nach draußen und sah, daß unter dem Waschkessel ein großes Feuer brannte. Es war jetzt dunkel, und das Feuer erhellte den ganzen Hof. Ich stand da und starrte auf den Kessel voll Wasser und die Flammen, die daran hochschlugen. Die ganze Szene sah nach nächtlichem Schweineschlachten aus.

Während ich dastand, kam Raymond angefahren. Er bremste so scharf, daß die Steine spritzten. Er lief um den Wagen herum und öffnete die Tür, um einer alten Frau herauszuhelfen. Sie trug eine verschlissene schwarze Arzttasche und sah so verhutzelt aus, daß man hätte denken sollen, sie könne kaum gehen. Raymond führte sie zur Haustür. Da sah er mich im Hof stehen. »Essie Mae«, rief er mir zu, »was machst du da? Geh hinüber zu Pearl, da sind auch Adline und Junior.«

Ich trat aus dem Hof und machte mich auf den Weg die Straße hinunter auf Miss Pearls Haus zu, aber auf halbem Wege drehte ich mich um und ging zurück. Ich stand lange Zeit hinter Raymonds Wagen, spähte und lauschte. Zuerst war es ganz still. Sie hatten alle Lichter gelöscht bis auf das eine in Mamas Zimmer. Ich konnte niemanden sich drinnen bewegen sehen. Eine Weile danach hörte ich Mama schreien und brüllen und jammern. Raymond kam in den Hof herausgelaufen und holte einen Eimer heißes Wasser aus dem Waschkessel. Vom Haus her hörte ich nur Mamas Gebrüll. Sonst war alles still.

Ich stand da und dachte mir, daß es doch schrecklich weh tun müsse, ein Kind zu bekommen. Ich wollte nie ein Kind haben, wenn ich so schreien und jammern mußte wie Mama. Und diese alte Frau! Was wußte die schon vom Kinderkriegen? Wenn sie nun etwas falsch machte, und Mama starb daran? Wenn Mama starb, würde ich Raymond umbringen. ›Er hätte Mama ins Krankenhaus bringen sollen‹, dachte ich. ›Statt dessen ist er aufs Land gefahren und hat diese alte Frau geholt, um Mamas Kind auf die Welt zu bringen.‹

Als Mama endlich aufhörte zu schreien, ging ich zu Miss Pearls Haus. Lange nach Mitternacht kam Raymond herüber und sagte, wir könnten jetzt nach Hause kommen. Er hatte noch nicht zu Ende gesprochen, da rannten Adline, Junior und ich los. Wir liefen den ganzen Weg nach Hause, um das Baby zu sehen. Zum erstenmal fürchteten wir uns nicht, so spät bei Nacht die dunkle Straße hinaufzulaufen. Ich kam als erste zu Hause an. Als ich zur Tür hereinkam, saß die alte Frau neben dem Bett, und die kleine schwarze Tasche stand zu ihren Füßen. Als ich nähertrat, um das Kind zu sehen, blickte sie auf und lächelte mich an, und etwas Kaltes kroch mir den Rücken hinauf, und ich begann zu zittern. ›Warum ist sie immer noch da‹, dachte ich. ›Etwas muß nicht in Ordnung sein mit Mama.‹ Aber dann sah ich, daß Mama schlief.

Adline kam zur Tür herein, und Junior folgte ihr auf den Fersen.

»Ist das Baby da?« fragte Adline.

»Macht nicht solch einen Krach«, rief Alberta von der Küche her. Ich wunderte mich, daß Alberta auch noch da war. Adline, Junior und ich standen nebeneinander am Fußende von Mamas Bett, und die alte Frau saß da und lächelte. ›Mama muß krank sein‹, dachte ich.

»Ist Mama krank?« fragte ich Alberta, die jetzt ins Zimmer trat.

»Du Dummkopf! Natürlich ist sie krank, wo sie gerade ein Kind gekriegt hat.«

Da öffnete Mama die Augen und sah uns alle, mich, Adline, Junior und Alberta am Fußende ihres Bettes stehen.

»Toosweet«, sagte Alberta, »zeig ihnen das Baby, dann können sie zu Bett gehen.« Da lag es dicht neben Mama. Sie schlug die Decke zurück, und Adline, Junior und ich gingen zum Kopfende des Bettes und schauten es an. Es war ein Mädchen. Es sah gar nicht aus wie ein neugeborenes Kind, sondern als sei es schon vier oder fünf Monate alt.

»Die ist aber groß«, sagte ich.

»Sie ist groß«, sagte Mama. »Sie wiegt fast zehn Pfund.«

»Das ist soviel wie ich wiege, nich, Mama?« fragte der kleine Junior.

»Dein Bauch allein wiegt soviel«, sagte Mama zu ihm.

»Du hast genausoviel gewogen, als du kamst, Essie Mae«, sagte die alte Frau zu mir.

Ich konnte mir nicht vorstellen, wieso sie wußte, was ich gewogen hatte. Ich wollte sie fragen, hatte aber zuviel Angst. Etwas an ihr war mir unheimlich. »Deine Mama bringt große Kinder zur Welt«, sagte die alte Frau. »Jedes ihrer Kinder hat zwischen acht und zehn Pfund gewogen.« Ich sah sie ganz entsetzt an, es wurde mir klar, daß sie uns alle geholt hatte. ›Kein Wunder, daß sie alt aussieht‹, dachte ich.

Raymond kam jetzt zur Tür herein. »Tante Caroline, bist du soweit?« fragte er sie.

»Ja, ich denke schon, und mit Toosweet ist alles in Ordnung«, sagte die alte Frau.

»Ihr geht jetzt alle ins Bett«, befahl Raymond, und er und die alte Frau gingen weg.

Am nächsten Morgen stand ich früh auf, denn ich wollte mit Mama sprechen und mir das Baby richtig ansehen, ehe ich zur Arbeit ging. Mama schlief, als ich in ihr Zimmer trat. Sie kam mir jetzt ganz verändert vor – so ruhig und so jung. Sie hatte schon lange nicht mehr jung ausgesehen. Vielleicht kam es daher, daß sie jetzt glücklich war. Früher war sie nie glücklich gewesen, wenn sie ein Kind bekam. Ich erinnerte mich noch daran, daß sie immer weinte, nachdem Junior und James geboren worden waren. Ich dachte, es wäre so weit mit ihr gekommen, daß sie Kinder haßte.

Lange Zeit stand ich da und sah sie an. Ich wollte sie nicht aufwecken. Ich wollte mich an diesem ruhigen, friedvollen Ausdruck in ihrem Gesicht erfreuen und ihn nicht zerstören, ich wollte so gerne glauben, daß sie immer so glücklich sein würde, damit auch ich nie mehr unglücklich zu sein brauchte. Adline und Junior waren noch zu klein, um zu fühlen, was ich fühlte und um so viel über Mama zu wissen wie ich. Sie konnten sich nicht mehr erinnern, wie sie sich von Papa trennte. Sie hatten sie nie bei Nacht weinen hören, sie hatten nicht gearbeitet und ihr geholfen, als wir Hunger litten. Nein, sie wußten nicht, was Mama gelitten hatte. Nicht einmal Raymond wußte es. Mama liebte ihn zu sehr, um mit ihm zu streiten oder zu weinen, wenn er dabei war.

Aber noch während ich dastand und von dem immerwährenden Glück träumte, das ich für Mama wünschte, wußte ich tief drinnen im Herzen, daß es nicht dauern würde. Ganz tief innen wußte ich, daß sie auch jetzt nicht glücklich war, daß sie es nicht gewesen, seit wir hierhergezogen waren. Ich hatte sie zu oft auf der Veranda sitzen und zu Miss Pearls Haus hinüberschauen sehen – mit haßerfüllten Augen. Ich wußte auch, daß Raymonds Familie Adline, Junior und auch mich nicht wirklich akzeptiert hatte, obgleich wir oft zu ihnen gingen und mit ihren Kindern spielten. Aber mein größter Kummer war, daß Raymond Mama immer noch nicht geheiratet hatte. Jetzt hatte sie zwei Kinder von ihm und drei von meinem Papa und immer noch keinen Ehemann. Mama dachte, ich wüßte das nicht, aber ich wußte es. Ich wußte: obwohl sie mit Raymond in einem Haus lebte und obwohl er für unseren Haushalt sorgte, gab es doch keine Sicherheit für sie, solange sie nicht mit ihm verheiratet war.

Sonntagnachmittags ging Raymond manchmal zu Miss Pearl. Mama war unruhig, solange er dort war. Und wenn Raymond schlechtge-

launt nach Hause kam, so murmelte Mama vor sich hin: »Ich weiß, die sitzen da drüben nur und reden über mich.« Ich hatte immer Angst, Raymond könne eines Tages dazu gebracht werden, sich von ihr zu trennen. Das würde sie bestimmt nie verwinden. Sie hatte so lange auf ihn gewartet.
Ich wurde ganz aufgebracht, als ich so dastand, über Mama nachdachte und über all das, was wir durchgemacht hatten. Ich hatte jetzt nicht einmal mehr Lust, das Baby zu sehen oder mit Mama zu sprechen. Ich brauchte nicht zur Schule, weil Weihnachtsferien waren, und ich half Mrs. Claiborne beim Weihnachtshausputz. Ich ließ also Mama schlafen und ging zur Arbeit.

An diesem Abend kam ich ein wenig früher als sonst nach Hause und sah Raymond und Miss Pearl die Straße herauf auf unser Haus zugehen. ›Sie kann uns doch nicht besuchen kommen‹, dachte ich. ›Sie spricht doch nicht mit Mama.‹ Aber es sah tatsächlich so aus, als komme sie uns besuchen. Als ich das Haus erreicht hatte, stürzte ich hinein. Mama hatte sich in ihrem Bett aufgesetzt.
»Raymond und Miss Pearl kommen die Straße rauf«, sagte ich. »Es sieht so aus, als wollten sie uns besuchen.«
»Was?« fragte Mama, als könnte sie es nicht glauben. Sie wurde ganz aufgeregt. Tausend Empfindungen huschten über ihr Gesicht, während sie anfing, ihr Haar zu ordnen, die Bettdecken glattzuziehen und nachzusehen, ob das Kind trocken war.
Es schienen kaum ein paar Augenblicke vergangen zu sein, als Raymond und seine Mutter durch die Tür kamen. Ich blieb am Fußende von Mamas Bett stehen, um zu sehen, was geschah.
»Komm herein«, hörten wir Raymond zu Miss Pearl sagen.
»Wo ist denn mein kleines Mädchen?« gurrte Miss Pearl, während sie in Mamas Zimmer trat.
Mama sah mich an, schlug dann die Decke von dem Kind zurück.
Miss Pearl kam nicht ganz in Mamas Zimmer hinein. Sie stand in der Tür und ging keinen Schritt weiter. Sie tat so, als sei Mama gar nicht da. Raymond nahm den Säugling auf und brachte ihn seiner Mutter.
»Sie sieht genau aus wie ihre Großmutter«, sagte Miss Pearl. Sie schüttelte den Säugling und konnte sich in Lobsprüchen nicht genug tun.
»Ich hab dir doch gesagt, daß sie dir ähnlich sieht«, sagte Raymond. Dann zog er einen Stuhl aus dem Wohnzimmer heran, damit sie sich setzen konnte.

Ich sah Mama an, wie sie darauf wartete, daß Miss Pearl mit ihr sprach. Miss Pearl hätte wenigstens fragen können, wie Mama sich fühlte, auch wenn es ihr gleichgültig war. Aber Miss Pearl dachte nicht einmal daran.
»Ich hab keine Zeit, mich zu setzen, Ray, ich muß Mittagessen machen«, sagte sie schnell und gab Raymond den Säugling zurück. Dieser nahm das Kind und reichte es Mama. Dann verließen die beiden das Haus.
Sobald sie draußen waren, fing Mama an zu schimpfen. »Die hat vielleicht Nerven, in mein Haus zu kommen und nicht mit mir zu sprechen. Wie kann Ray es wagen, sie herzubringen, damit sie auf mir herumtrampelt.« Ich sah Mama an. Tränen liefen ihr übers Gesicht. Ich sagte kein Wort zu ihr, drehte mich um und ging aus dem Zimmer auf die Vorderveranda. Miss Pearl und Raymond standen auf der Straße und sprachen miteinander. Ich setzte mich auf die Stufen und starrte zu ihnen hinüber.
Ich dachte an das stille, friedliche Gesicht Mamas am Morgen, bevor ich zur Arbeit ging. Nachdem ich sie so bald schon hatte weinen sehen, wußte ich, daß Raymonds Leute sie zum Weinen bringen würden, sooft sie konnten. ›Raymond ist ein Narr‹, dachte ich. ›Er ist überhaupt kein Mann. Er könnte dem leicht ein Ende machen. Aber er hat Angst, die Gefühle seiner Familie zu verletzen.‹ Ich saß da auf den Stufen und wünschte, Mama wäre nie zu ihm gezogen. Wie ich ihn jetzt sah, wußte ich, daß er niemals um Mamas willen mit seiner Familie brechen würde und daß die sie nie akzeptieren würde, wie sehr er sich auch darum bemühte.
Einige Tage später kam Tante Caroline, um nach Mama zu schauen und zu hören, wie sie das Kind nennen wollte. Sie brachte Formulare mit, die Mama ausfüllen und wegschicken mußte, um die Geburtsurkunde des Kindes zu bekommen. Ich hatte Mama und Raymond darüber reden hören, daß sie das Kind nach Miss Pearl nennen wollten. Aber ich wußte, daß Mama das jetzt nicht mehr tun würde. Mama nannte das Kind Virginia nach Mrs. Johnson und sagte, es solle Jennie Ann gerufen werden, genau wie Mrs. Johnson.
Nachdem Tante Caroline wieder gegangen war, erzählte mir Mama, daß sie auch Adline und Junior auf die Welt hatte bringen helfen, ebenso wie alle Kinder meiner Großmutter. Tante Caroline und Tante Mary Green, die mich und James geholt hatten, waren die beiden Hebammen, die seit vierzig Jahren alle Negerkinder zwischen Woodville und Centreville auf die Welt holten. Tante Caroline

entband sogar Frauen, die aus dem Bezirk weggezogen waren. Als Mama mir berichtete, daß Tante Caroline ihr nur zehn Dollar berechnet habe, rechnete ich mir aus, daß sie viele Kinder holen mußte, um ihren Lebensunterhalt zu verdienen. Nachdem ich all das von Tante Caroline gehört hatte, kam sie mir nicht mehr unheimlich vor. Im Gegenteil, ich hielt sie jetzt für eine großartige alte Frau. Es mußte ihr Freude machen, Kinder in die Welt zu holen, weil sie es für so wenig Geld und bis in ein so hohes Alter hinein tat.

Eine Woche später feierten wir unser erstes Weihnachtsfest im neuen Haus. Als ich am Heiligen Abend mit der Arbeit fertig war, gab Mrs. Claiborne mir fünf Dollar als Weihnachtsgeschenk und sieben Dollar Lohn, weil ich ihr beim Weihnachtsputz geholfen hatte. Dazu schenkte sie mir noch etwas, das so hübsch eingepackt war, daß ich das Päckchen am liebsten gar nicht aufgemacht hätte. Zwölf Dollar, so viel Geld hatte ich noch nie beisammengehabt. Als Mrs. Claiborne sie mir gab, wäre ich ihr am liebsten um den Hals gefallen. Die Claibornes und die Johnsons waren die nettesten Weißen, die ich je gekannt hatte.

Auf dem ganzen Heimweg dachte ich darüber nach, wie nett diese Leute zu uns waren. Mrs. Claiborne war eine Weiße, aber sie und ihr Mann behandelten mich wie ihre eigene Tochter. Immer machten sie mir kleine Geschenke und ermutigten mich, fleißig zu lernen und mir möglichst viel Wissen anzueignen. Mrs. Johnsons Mutter, Miss Ola, hatte das gleiche getan. Als ich in die erste Klasse ging, brachte sie mir Lesen bei; sie half mir bei den Schulaufgaben, weil meine eigene Mutter es nicht konnte. Dann dachte ich an Miss Pearl und Raymonds Familie, wie sie Mama haßten, und das nur, weil sie ein paar Schattierungen dunkler war als die anderen Mitglieder ihrer Familie. Aber sie waren Neger, und auch wir waren Neger. Ich verstand einfach nicht, wie Neger andere Neger so hassen konnten.

Als ich nach Hause kam, war Alberta da, backte Kuchen, und Mama saß bei ihr in der Küche. Alberta und Mama verstanden sich sehr gut. Alberta hatte geheiratet und war vor etwa zwei Wochen in die Nachbarschaft gezogen. Ich freute mich darüber, denn Mama würde endlich jemanden haben, mit dem sie reden konnte. Jetzt brauchte sie nicht mehr auf der Veranda zu sitzen und nach Miss Pearls Haus hinüberzuschauen. Sie und Alberta konnten einander besuchen.

Als ich am folgenden Morgen aufstand, roch es im ganzen Haus nach Äpfeln und Orangen. Die Küche duftete nach frischgebackenem Kuchen, und aus dem neuen Radio kamen Weihnachtslieder. Ich dachte an die Vergangenheit, an alle die anderen Weihnachtsfeste. Dies schien mir das erste richtige Weihnachten zu sein.

5. Kapitel

Obwohl Mama nicht mehr in die Mount-Pleasant-Kirche ging, nachdem wir vom Land in die Stadt gezogen waren, bezahlte sie doch immer noch ihren Gemeindebeitrag dort. Raymond und Miss Pearl gehörten zur Baptistengemeinde von Centreville, der größten Negerkirche in der Stadt. Mama dachte daran, jetzt, da wir bei Raymond wohnten, auch seiner Gemeinde beizutreten, und hoffte, daß sie vielleicht ihre Beziehungen zu Miss Pearl verbessern könne, wenn sie regelmäßig deren Kirche besuchte.
Eines Samstags im Frühling ging sie in die Stadt und kaufte sich ein neues Kleid und einen Hut. Bevor wir an diesem Abend zu Bett gingen, erklärte sie uns, wir müßten am nächsten Morgen früh aufstehen, denn wir würden in die Baptistenkirche in Centreville gehen. Ich konnte lange nicht einschlafen, immer mußte ich daran denken. Raymond hatte uns einmal im Auto mitgenommen und uns die Kirche gezeigt. Es war ein großes weißes Holzgebäude auf einem Backsteinsockel und mit Zementstufen über die ganze Front. Die Kirche hatte riesige Fenster, die in verschiedenen Schattierungen von Blau und Grün angestrichen waren. Während ich einschlief, fragte ich mich, wie es wohl innen aussah.
Als uns Mama am nächsten Morgen weckte, war sie schon angezogen, und das Frühstück stand auf dem Tisch. Sie trieb uns während des Essens zur Eile an und half uns dann in unsere besten Sonntagskleider. »Sie sollen nicht sagen können, daß wir halb angezogen oder irgendwie sonst auffällig zur Kirche kommen«, sagte sie. Während des Kirchweges saßen wir hinten im Auto, und sie drehte sich dauernd nach uns um. »Hör auf, an der Schleife rumzufummeln, sonst geht sie noch auf!« tadelte sie Adline, die mit dem Band in einem ihrer drei Zöpfe spielte. Mama war so nervös. Einmal schaute sie nach hinten, Junior hatte seine Hand im Mund, und sie gab ihm einen Klaps. Raymond saß lächelnd am Steuer und tat so, als wäre er gar nicht nervös, aber ich merkte, wie sehr er es war.
Wir kamen zu spät. Alle waren schon drinnen, und wir konnten sie singen hören. Als wir durch die Tür gingen, kamen uns zwei Platzanweiser entgegen. Der eine leitete Raymond zur Abteilung der

Männer auf der rechten Seite. Der andere führte uns auf der linken Seite entlang, wo eine Gruppe von Frauen und Kindern saß. Etwa in der Mitte entdeckte ich Miss Pearl, die mit Cherie und Darlene und ihren älteren Schwestern Betty und Vera in den Stühlen am Mittelgang saß. Der Platzanweiser führte uns zu Sitzen, die etwas rechts hinter ihnen lagen. Als sie uns bemerkten, fingen sie an sich anzustoßen und zu tuscheln, und ich wußte, daß sie über uns sprachen. Ich konnte sie jetzt gut sehen und war froh, daß der Platzanweiser uns hierher gesetzt hatte. Ich schaute immerfort zu ihnen hin, und manchmal drehten sie sich um und blickten zu uns zurück. »Hör auf, immer rüberzuschauen«, sagte Mama, als sie mich dabei ertappte, daß ich Cherie und Darlene zulächelte. Es tat mir leid, daß ich gelächelt hatte, denn sie lächelten nicht zurück. Jetzt, da sie in der Öffentlichkeit mit Miss Pearl und Betty zusammenwaren, taten sie so, als kennten sie uns nicht. ›Ich werde nie mehr mit euch spielen‹, dachte ich.

Nachdem wir eine Weile dagesessen hatten, vergaß ich sie und schaute mich um. Da es ein Pastoral-Sonntag war, der Sonntag, an dem Pastor Polk immer predigte, war die Kirche überfüllt. Genau wie in Mount Pleasant erschien jedes Gemeindemitglied, um seine Abgabe zu entrichten und beim Pfarrer einen guten Eindruck zu machen. Ich suchte jede Einzelheit mitzukriegen, um zu vergleichen, ob es in einer Stadtkirche anders war.

Zwei Diakone begannen den Gottesdienst, indem sie zwei lange, langweilige Gebete sprachen. Wenn einer von ihnen fertig war, summte er ein Lied, und die Gemeinde summte mit. In Mount Pleasant sangen die Männer durch die Nase, und hier taten das die Diakone: sangen durch die Nase, schrien und schrien. In Mount Pleasant hatte ich Männer gesehen, die wie Frauen weinten, wenn sie ihr Gebet beendet hatten. Diese Männer weinen wenigstens nicht, dachte ich, aber sie machen genauso einen Spektakel. Und genau wie in Mount Pleasant konnte ich kein einziges Wort der Lieder verstehen. Aber die alten Frauen kannten den Text. Sie summten alle mit.

Während die Kollekte für die Kranken gehalten wurde, sang der Chor ein paar Lieder. Ich war zum erstenmal in einer Kirche, in der es einen Chor gab. Ich hatte manchmal Chöre im Radio gehört, aber dieser klang genau so gut. Sie sangen ›Rock of Ages‹ und ›Stand by Me‹. – Unter den Sängern waren junge Mädchen. Ein paar sahen nicht älter aus als ich. Ich saß da, hörte ihnen zu und hoffte, Mama würde hier Mitglied werden. ›Dann könnte ich auch im Chor singen‹, dachte ich. ›Hier will ich Gemeindemitglied werden. Mount Pleasant jedenfalls gefällt mir gar nicht.‹

Als der Chorgesang vorüber war, verkündete einer der Diakone, wieviel die Kollekte für die Kranken erbracht hatte. Dann erhob sich Pastor Polk, der im Chor in seinem bequemen Pastorenstuhl gesessen hatte, zu beiden Seiten einen Diakon. Er hob die Hände, und alle standen auf. Der Chor sang ›Sweet Jesus‹, und die Gemeinde stimmte ein. Als das Lied zu Ende war, trat Pastor Polk zum Pult, auf dem eine große offene Bibel lag. Es war die größte Bibel, die ich je gesehen hatte.

Pastor Polk war ein Geistlicher mittleren Alters mit schneeweißem Haar. Ich konnte mir nicht erklären, warum sein Haar so weiß war. Der einzige andere Mensch, bei dem ich solches Haar gesehen hatte, war Miss Ola. Ihr Haar war weiß, weil sie sehr alt war, aber Pastor Polk sah nicht halb so alt aus wie sie. Sobald er seinen Mund öffnete, fingen die Frauen in der Kirche an, ohnmächtig zu werden, zu schreien, zu stöhnen und sich sonst auffällig zu benehmen. Eine dicke Frau sprang von ihrem Platz auf und fiel stocksteif aus der Bank. Mindestens fünf Diakone waren nötig, um sie nach draußen zu bringen. Fast alle Frauen in der Kirche schienen zu weinen. Ich schaute zu Miss Pearl hinüber und sah Tränen in ihren Augenwinkeln. ›Die sollte auch weinen‹, dachte ich. ›Die dürfte nicht einmal in der Kirche sein, sie spricht nicht mit Mama und wohnt doch im Haus nebenan.‹ Ich sah Mama an. Sie weinte nicht, aber sie sah aus, als würde sie jeden Augenblick anfangen.

Ich konnte nicht verstehen, warum alle diese Frauen weinten. Ich hatte kein Wort von dem gehört, was Pastor Polk sagte. Es war, als hielte er eine Predigt in einem Film, und der Ton war ausgefallen. Ein paarmal hob er die Hände, und die Frauen schrien noch lauter. Sie schrien mindestens noch fünfzehn Minuten lang, nachdem er aufgehört, seinen Mund zu bewegen, und sich gesetzt hatte. Sie konnten also nicht über etwas weinen, das er gesagt hatte. ›Wahrscheinlich weinen sie alle, weil sie irgendein Unrecht tun‹, dachte ich. ›Vielleicht sprechen sie nicht mit ihren Nachbarinnen, wie Miss Pearl, und *sie* weint ja auch. Sie müssen etwas Böses getan haben, und jetzt denken sie, der liebe Gott wird ihnen den Atem aus der Brust drücken, während sie in der Kirche sind.‹

Etwa nach einer Stunde war der Gottesdienst vorbei, und auch das gefiel mir an der Centreviller Baptistenkirche. In Mount Pleasant und den anderen Landkirchen, die ich besucht hatte, dauerte der Gottesdienst den ganzen Tag. Auf dem Land wurden auch dauernd Kollekten abgehalten, und hier in Centreville hatte es nur zwei Kollekten gegeben. Wie gewöhnlich, wenn irgendwo die Kirche aus ist, standen die Leute auf dem Gelände um die Kirche herum und sprachen miteinander. Ich hatte so ein komisches Gefühl, als ich dort stand. Es schien, daß jeder irgendeinen kannte und mit ihm sprach, nur wir nicht. Mama, Adline, Junior und ich standen neben dem Wagen – ganz allein. Ich bemerkte, daß Miss Pearl, Betty und die anderen bei der Gemeinde beliebt zu sein schienen. Mama stand da, schaute zu ihnen hin und hatte Tränen in den Augen. Sie hatte gehofft, daß sie wenigstens mit ihr sprechen würden. Aber sie taten so, als sähen sie uns gar nicht. Ihr Auto stand direkt neben unserem. Sie stiegen ein und fuhren davon, ohne auch nur einen Blick in unsere Richtung zu werfen. Raymond hatte sich mit Bettys Mann und einem Diakon unterhalten. Jetzt kam er zum Wagen, und wir fuhren los.

»Wie hat euch denn der Pastor Polk gefallen?« Er richtete das Wort an keinen von uns im besonderen, denn er merkte, daß Mama nicht in der Stimmung war, sich zu unterhalten.

»Warum ist sein Haar so weiß?« fragte ich.

»Es ist so, seit er aus dem Gefängnis zurück ist«, sagte Raymond.

»Gefängnis? Ein Prediger? Was hat er denn getan?«

»Er hat einen Mann umgebracht. Dann hat es ihm so leid getan, daß sein Haar weiß geworden ist. Schon als er noch im Gefängnis war, hat man ihn zum Prediger berufen.«

»In der Bibel steht: Du sollst nicht töten! Wie kann er einen Mann töten und dann den Leuten predigen, was in der Bibel steht?« fragte ich Raymond.

»Warum mußt du immer alles wissen und immer fragen«, tadelte mich Mama. Ich sah, daß sie wirklich böse war, und hielt darum den Mund.

Während des ganzen Heimwegs sagte ich kein Wort mehr, aber das hinderte mich nicht, über Pastor Polk nachzudenken. Er hatte einen Menschen getötet, und jetzt brauchte er in der Kirche nur die Hand zu heben, und rechts und links fielen die Frauen in Ohnmacht. Damals kam es mir vor, als gingen wir in die Kirche, um einen Mörder das Evangelium Christi verkünden zu hören. Und dann sitzt man neben seinen Nachbarn und Spielkameraden, und die sprechen nicht mit einem. Das war doch keine Kirche. Jedenfalls nicht so, wie Christus es gewollt hatte; dieser Christus, von dem Mama uns immer so viel Gutes erzählte.

Mama ging nie wieder in die Centreviller Baptistenkirche. Aber Adline, Junior und ich gingen am nächsten Sonntag wieder hin, und auch an allen folgenden Sonntagen. Mama schien sich damit abgefunden zu haben, daß man sie nicht akzeptierte, aber sie war entschlossen durchzusetzen, daß Raymonds Familie uns akzeptierte, sogar in ihrer eigenen Kirche. Jeden Sonntag mußten wir unsere Aufgabe für die Sonntagsschule genauso gewissenhaft lernen wie unsere normalen Schulaufgaben. Ehe ein Monat vorüber war, gingen wir nicht nur in die Sonntagsschule, sondern auch zum Elf-Uhr-Gottesdienst und zur B.T.U. (Baptist Training Union).
Später war Mama auch nicht mehr damit zufrieden, daß wir einfach so zur Baptistenkirche von Centreville gingen; an jedem kirchlichen Feiertag mußten wir auch Reden halten und an jedem Kinder- und Jugendprogramm teilnehmen. Es waren nicht immer ›wir‹, die im Programm vertreten waren, aber es war immer ›ich‹. Mama hatte Adline und Junior, auch was die kirchlichen Veranstaltungen anbetraf, aufgegeben. Sie waren in der Kirche noch weniger zu gebrauchen als in der Schule. Sie lernten die Reden, die sie aufsagen sollten, nie rechtzeitig. Wenn ich eine aufbekam, so wußte ich sie nach ein paar Tagen auswendig. Und wenn ich sie dann während der Veranstaltung aufsagte, so vergaß ich nichts, wie die anderen, und blieb kein einziges Mal stecken.

Während wir uns so in der Baptistenkirche von Centreville betätigten und das Wohlwollen aller Gemeindemitglieder erwarben, entschloß sich Mama, wieder nach Mount Pleasant zu gehen. Raymond wünschte zwar, daß sie Mitglied der Baptistengemeinde in Centreville würde, aber Mama konnte es nicht über sich bringen, mit Miss Pearl und denen in derselben Kirche zu sitzen. Wenn sie über diesen Punkt stritten, sagte sie immer: »Du denks wohl, ich geh in dieselbe Kirche wie die Heuchler, nur weil du zu denen gehörst? Scheiße, die sprechen nich mal mit mir. Warum soll ich da hingehn, damit sie sichs Maul über mich zerreißen. Da sitzen sie und gucken mich an un rollen die Augen un stubsen sich an un reden über mich, s macht mich so verrückt, ich kann nich mal aufpassen, was der Pastor sagt.« Raymond hatte nichts zugunsten von Miss Pearl und denen vorzubringen, darum sagte er: »Geh nur, geh nur in die Kirche, wo du gern hingehst, geh nur, wenn du da draußen in Mount Pleasant glücklicher bist, dann geh nur wieder hin.«
Obgleich Mama immer wieder sagte, daß sie nach Mount Pleasant

zurückkehren werde, vergingen doch viele Monate, und sie war immer noch nicht dagewesen. Ich verstand, was sie gegenüber Miss Pearl und denen fühlte, aber ich wünschte trotzdem, daß sie der Baptistengemeinde in Centreville beitrat. Da wir nun einmal in Centreville wohnten und Adline, Junior und ich dort zur Kirche und zur Sonntagsschule gingen, kam es mir verrückt vor, daß Mama den weiten Weg aufs Land machen sollte, um dem Gottesdienst beizuwohnen. Trotz Miss Pearl und denen hätte sie wieder zur Baptistenkirche in Centreville gehen sollen, statt nach Mount Pleasant zu laufen und sie merken lassen, daß ihr Verhalten ihr naheging. Außerdem war ich jetzt so weit, daß es mir wirklich Spaß machte, in Centreville zur Kirche zu gehen, denn hier, in Darlenes eigener Gemeinde, stach ich sie aus.

Manchmal kam ich von der Sonntagsschule nach Hause und erzählte begeistert, wie gut ich die Lesung erklärt hätte, und Mama sagte kein Wort. Sie sah mich nur an. Ich hatte das Gefühl, daß sie wohl wünschte, daß ich Darlene übertraf, aber zuviel Spaß sollte es mir auch wieder nicht machen, in die Baptistenkirche in Centreville zu gehen. Ich merkte, daß sie sich wünschte, Adline, Junior und ich würden mit ihr wieder nach Mount Pleasant gehen. Wenn ich also etwas Gutes über die Centreviller Baptistenkirche sagte, so wußte sie noch etwas Besseres über Mount Pleasant.

Im August fing Mama schließlich wieder an, nach Mount Pleasant in die Kirche zu gehen. Inzwischen hatte ich mich in der Centreviller Gemeinde so eingelebt, daß ich fest entschlossen war, auf keinen Fall in Mamas Kirche Mitglied zu werden. Als Mama uns dann eines Morgens befahl, uns fertigzumachen, wir würden nach Mount Pleasant in die Kirche gehen, erwiderte ich kein Wort. Sie hatte gesagt, daß wir nach der Kirche zu Tante Cindy gehen würden, und als ich an den Spaß dachte, den wir dort immer bei den Spielen im Wald gehabt hatten, schien es mir der Mühe wert mitzugehen, selbst wenn ich den halben Tag in der Kirche sitzen mußte. ›Außerdem‹, dachte ich, ›kann sie mich ja nicht zwingen, der Gemeinde da draußen beizutreten.‹

Als Raymond in Mount Pleasant vorfuhr, stellte ich fest, daß sich nicht viel verändert hatte, und genau das hatte ich erwartet. Es war ein verhangener Tag, und der Kirchhof sah genauso aus wie damals, als ich in der Schule saß und die Grabsteine zählte. Ganz von selber wanderte mein Blick von den Grabsteinen zu dem kleinen schäbigen Schulhaus. Die Ritzen im Holz schienen noch breiter, die ganze Schule

sah aus, als würde sie gleich zusammenfallen. Ich war sicher, daß sie nicht mehr benutzt wurde, aber als Raymond den Wagen vor der Kirche parkte, blickte ich durch die Tür und sah, daß die Sonntagsschule für die kleineren Kinder immer noch dort gehalten wurde. Mama, Adline, Junior und ich kletterten aus dem Wagen. Dann fuhr Raymond davon, Jennie Ann auf dem Schoß und James auf dem Sitz neben sich, und mir wurde mehr denn je bewußt, daß wir zwei Familien waren, die unter demselben Dach lebten.
Wir traten in die Kirche und setzten uns in die hinteren Reihen. Vorn wurde Sonntagsschule für Teenager und Erwachsene abgehalten. Ich beobachtete die Klasse der Teenager eine Weile und stellte fest, daß keiner von ihnen den Mund aufmachte. Ihre Gedanken schienen weit weg. Die alte Dame, die sie unterrichtete, murmelte die Lektion daher, als spräche sie mit sich selbst. Mir fielen unsere lebhaften Diskussionen in der Baptistenkirche in Centreville ein, und ich dachte: ›Und Mama will, daß ich hierher zur Sonntagsschule komme!‹
Nach einer Weile war die Sonntagsschule aus, und die Kirche füllte sich mit Erwachsenen. Mama kannte fast jeden, der hereinkam. Sie lächelte und winkte, als wäre sie nach langen Ferien wieder nach Hause gekommen. Als die Erwachsenen alle saßen, fing der Gottesdienst an. Der neue Geistliche, Pastor Tyson, war klein, dunkel, und hatte eine sanfte Stimme, ganz das Gegenteil von Reverend Cason. Er hielt eine kurze Predigt und sprach dann von der Mission, die in einer Woche beginnen sollte. Der Blick, den Mama mir zuwarf, als er von ›Mission‹ sprach, ließ in mir eine Ahnung aufsteigen, warum sie gerade einen Monat vor den Taufen wieder zur Kirche ging.
Sobald die Predigt vorüber war, wurde die erste Kollekte abgehalten. Ich blieb während zweier Kollekten sitzen, aber als dann eine dritte begann, glaubte ich eine Pause zu brauchen. Da Pastor Tysons Predigt nur zwanzig Minuten gedauert hatte, nahm ich an, Mount Pleasant wäre ›modern‹ geworden wie die Baptistenkirche in Centreville, und würde uns bald entlassen. Jetzt merkte ich, daß ich mich getäuscht hatte und ging hinter die Kirche zu demselben alten Klo, auf das ich immer geflüchtet war, als ich noch hier zur Schule ging. Ich entdeckte ein paar der Bilder von Reverend Cason, die ich vor sechs Jahren an die Wand gekratzt hatte. Auf dem Rückweg traf ich eine von Tante Cindys Töchtern, und wir blieben unter der Eiche neben dem Klo stehen und schwätzten fast zwei Stunden miteinander. Schließlich glaubte ich, die Kollekten wären jetzt vorbei und ging in die Kirche zurück.

Als ich eintrat, sagte der Diakon Brown schon wieder eine Kollekte an, diesmal für die ›Kranken und Siechen‹. Ich stand hinten in der Kirche und wußte nicht, ob ich bleiben oder gehen sollte.

»Schwestern und Brüder, wir haben diesen guten Geistlichen hier heute predigen hören«, schrie Diakon Brown, »und es war eine gute Predigt, nicht wahr?«

»Ja... aber sicher... Dank sei dem Herrn«, antworteten ein paar alte Schwestern.

»Also gut, wir sollten froh sein, dem Herrn danken, daß wir *imstande* sind, heute hierher zu kommen und Bruder Tyson zu hören.«

»Ja, Herr... Ja, Herr.«

»Und ihr alle wißt, daß wir viel besser dran sind als diejenigen unserer Brüder und Schwestern, die heute auf dem Krankenbett liegen.«

»Ja, Herr.«

»Und ihr kennt alle unsere geliebte Schwester Turner, die jetzt schon viele viele Monate auf dem Krankenlager liegt...«

»Ja.«

»Laßt uns in die Tasche greifen und Schwester Turner zeigen, daß wir an sie denken. Ich fange diese Kollekte mit einem Dollar an. Ich möchte, daß ihr alle es mir gleichtut. Los jetzt, wir wollen Schwester Turner zeigen, was sie uns wert ist.«

»Hier ist mein Dollar, Bruder«, rief jemand.

»Und meiner... Hier drüben fünfzig Cents.«

In ein paar Minuten hatte Diakon Brown fast zwölf Dollar zusammen. Jetzt wollte er fünfzehn Dollar. Als er fünfzehn Dollar und sechsunddreißig Cents hatte, versuchte er es auf zwanzig Dollar zu bringen. Gerade als ich wieder nach draußen ging, sah ich, daß Mama eine ernste Unterredung mit der alten Schwester Jones hatte, die neben ihr saß. Ich wußte, sie bemühte sich, Mama zu überreden, mich dazu zu bringen, der Gemeinde Mount Pleasant beizutreten. Während der Missionszeit versuchten gewöhnlich ältere Schwestern der Gemeinde, Taufkandidaten zu gewinnen, und Schwester Jones war dabei immer erfolgreicher als die anderen. An ihrem Stock humpelte sie von Haus zu Haus und überredete die Gemeindemitglieder, die noch ungetaufte Kinder über zehn hatten, diese der Gemeinde beitreten zu lassen. Viele Eltern brachten ihre Kinder dazu, sich taufen zu lassen, indem sie behaupteten, Schwester Jones würde sie in üble Nachrede bringen, wenn sie sich weigerten. Jetzt sah ich, daß Mama zu allem, was Schwester Jones sagte, mit dem Kopf nickte.

›Ich wette‹, dachte ich, ›Mama wird mir berichten, daß Schwester Jones sagt, ich soll der Gemeinde beitreten. Aber ich will nicht! Ich hab keine Angst vor der alten Hexe! Ich will der Baptistenkirche in Centreville beitreten.‹

Ich ging wieder zum Hintereingang hinaus und versuchte mir einzureden, daß Schwester Jones gar nicht die Macht hatte, Leute in ›üble Nachrede‹ zu bringen. Ich ging wieder zu dem großen Baum neben dem Klo. Plötzlich wurde mir schlecht. Ich redete mir ein, daß es vom Hunger kam. Ich wollte mir die Angst nicht eingestehen.

Endlich, um halb fünf, war die Kirche aus. Anders als in Centreville hatte Mama hier viele Freunde, die mit ihr sprachen. Sie war in der Nachbarschaft von Mount Pleasant geboren und war Mitglied der Gemeinde seit ihrem vierzehnten Lebensjahr. Sie war regelmäßig zum Gottesdienst gegangen, bis wir nach Centreville verzogen. ›Sie gehört wirklich hierher‹, dachte ich, ›aber ich nicht.‹

Ehe Raymond uns holen kam, hatte sie mir etwa fünfzig Leute gezeigt, die unsere Vettern oder Cousinen oder sowas sein sollten. Hier draußen schien fast jeder irgendwie mit uns verwandt zu sein. Ich wußte, daß sie mich ihnen allen vorstellte, damit ich das Gefühl bekommen sollte, auch ich gehöre hierher. Aber ich kannte niemanden außer Tante Cindy und den Ihren, und ich wollte die anderen auch gar nicht kennen.

Während der ganzen Woche, die noch vor der Mission lag, versuchte ich Mama aus dem Weg zu gehen. Jedesmal, wenn ich ihr in Hörweite kam, fing sie an mir zuzusetzen, ich solle der Mount-Pleasant-Gemeinde beitreten. Um ihr nicht zu begegnen, arbeitete ich bei einem Pflanzer in der Nachbarschaft in der Baumwollernte. Aber irgendwie gelang es ihr immer wieder, mich festzunageln.

»Seht euch das an! Seht euch das an! Geht rum und zieht ne Schnute. Von keinem läßt du dirn Wort sagen. Ich rat dir, tritt lieber der Kirche bei.« So schimpfte Mama.

»Ich will ja auch der Kirche beitreten, aber nicht der Mount-Pleasant-Gemeinde. Was sollen wir denn so weit draußen? Wir gehen jeden Sonntag zur Baptistenkirche in Centreville, wir gehen da zur Sonntagsschule, zum Gottesdienst und alles. Warum wirst du denn nicht dort Mitglied?« fragte ich verärgert.

»Du brauchst mir nich zu sagen, wo ich Gemeindemitglied sein soll. Wann willst du denn der Gemeinde in Centreville beitreten? Die taufen erst irgendwann im nächsten Jahr. Im nächsten Monat wirst

du dreizehn. Ich bin nich mehr für deine Sünden verantwortlich, wenn du über zwölf bist. Schwester Jones hat mir gerade von einem Mädchen erzählt, das ...«
»Schwester Jones! Was hat die denn damit zu tun? Die mischt sich immer in anderer Leute Angelegenheiten.«
»Schimpf du nich auf diese alte Frau. Gott wird dich strafen, in diesem Augenblick!«
Als Mama merkte, daß ihr Bohren nichts half, hörte sie damit auf. Die Mission sollte am Montag der kommenden Woche anfangen, und jeden Tag erwartete ich, sie würde versuchen, mich zur Teilnahme zu überreden. Als der Mittwoch vergangen war und sie immer noch nichts gesagt hatte, war ich überzeugt, sie habe aufgegeben. Am folgenden Tag, dem Donnerstag, ging ich strahlend und singend im Haus herum, sicher, sie geschlagen zu haben. Zum erstenmal seit Tagen setzte ich mich wieder zu ihr an den Tisch.
»Ray, könntest du uns nicht morgen abend zur Mission fahren«, sagte sie ganz beiläufig. »Pastor Bridge predigt.«
›Also, darum hat sie so ein gutes Essen gekocht‹, dachte ich. »Wer ist denn Pastor Bridge?« fragte ich. Es war sicher so jemand wie Schwester Jones.
»Du hast doch von dem Geistlichen gehört, wo jeder hingeht, wenn er predigt, weißt du, so über dürres Gebein und den Adler in seinem Nest. Es ist der beste Prediger weit und breit.«
»Ach, *das* ist Pastor Bridge. Ich wußte nicht, daß sie den in Mount Pleasant haben würden.« Ich saß da und dachte eine Weile nach. Ich wußte, daß Mama damit, daß ein so berühmter Geistlicher nach Mount Pleasant kam, auf mich Eindruck machen wollte. Ich sollte Lust bekommen, zu der Mission zu gehen. Und ich hatte Lust. Ich war wirklich auf den berühmten Pastor Bridge neugierig. ›Und im übrigen‹, dachte ich, ›ist es der letzte Abend der Mission, und keiner kann mich zwingen, der Gemeinde beizutreten.‹
Am folgenden Abend brachte Raymond mich, Mama und Adline nach Mount Pleasant hinaus. Wie gewöhnlich fuhr er davon, nachdem er versprochen hatte, uns nach dem Gottesdienst wieder abzuholen. Als wir hineinkamen, war der Raum voll, aber ich war überrascht, daß er nicht überfüllt war, wo doch Pastor Bridge kommen sollte. Wir saßen in der Mittelreihe. Als der Gottesdienst anfing, fragte ich Mama, wo denn Pastor Bridge sei.
»Ich hab gehört, daß er heut abend nich kommen kann«, sagte sie und versuchte ein enttäuschtes Gesicht zu machen.

»Er kommt nicht?« sagte ich stirnrunzelnd. »Wer hat dir denn gesagt, daß er nicht kommt?«
»Das ist doch egal, wer es mir gesagt hat. Hör jetzt auf, mich dauernd was zu fragen. Immer mußt du alles wissen. Halt jetzt den Mund. Die Kirche fängt an.«
Ich war so wütend auf Mama, daß ich während der Gebete und der Bekenntnisse dasaß, ohne ein Wort zu verstehen. Als Pastor Tyson aufstand, um zu predigen, dachte ich: ›Jetzt bin ich den ganzen Weg gekommen, um deine scheißlangweilige Predigt zu hören! Hör dir das an, hör dir *das* an‹, murmelte ich vor mich hin, als er seine gewohnten sanft-süßen Töne anschlug.
»Heute abend, Brüder und Schwestern, weil es der letzte Abend der Mission ist und weil ich weiß, daß noch viele heute abend hier sitzen, die sich nicht entschließen können, Christus zu dienen, nehmen wir als Text Matthäus 4. Ich möchte, daß ihr alle da draußen, die ihr vom Teufel versucht werdet, der Kirche fernzubleiben, euch einmal *gut* anseht, was unser Herr Christus durchgemacht hat, und euch an seinen Mut und seine Stärke angesichts großer Versuchung erinnert.«
Er schlug ganz langsam die Bibel auf, räusperte sich leicht und fing an zu lesen:
»›Dann wurde Jesus vom Geist in die Wüste geführt, damit er vom Teufel versucht würde, und als er *vierzig Tage und vierzig Nächte* gefastet hatte‹, Brüder und Schwestern, vierzig Tage und vierzig Nächte, ›hungerte ihn. Da trat der Teufel zu ihm und sagte, wenn du der Sohn Gottes bist, so befiehl diesen Steinen, daß sie zu Brot werden. Aber er antwortete‹, und hört, hört! ›und er sagte...‹«
»Ja, ja! Was sagte er denn?«
»›Es steht geschrieben, der Mensch lebt nicht vom Brot allein, sondern von jedem Wort, das aus dem Munde Gottes kommt.‹ Habt ihr das gehört, Brüder und Schwestern?« schrie er.
»Ja.«
»Wir brauchen nicht so feine Autos! Wir brauchen nicht so schicke Kleider!«
»Ja, Jesus! Ja, Herr! Ja! Amen!« schrie und brüllte die Menge.
Ich saß da und dachte: ›Wer von euch hier hat denn ein feines Auto und schicke Kleider?‹
Er ließ sie brüllen und Amen schreien und eine Weile lang toben, dann sagte er und trocknete sich dabei das Gesicht mit dem Taschentuch: »Wenn ihr *das* für mutig haltet, dann hört euch mal *folgendes*

an: ›Dann trug der Teufel Jesus über die Heilige Stadt und stellte ihn auf die Spitze des höchsten Tempels und sagte zu ihm‹, zu Christus selbst, ›wenn du der Sohn Gottes bist, so stürze dich hinunter, denn es steht geschrieben, seine Engel wachen über dich, und auf ihren Händen sollen sie dich tragen, damit dein Fuß an keinen Stein stoße. Und Jesus sagte zu ihm‹ – Hört, was er sagte, Kinder! – ›Es steht geschrieben, du sollst den Herrn deinen Gott nicht versuchen‹, und der Teufel, der immer noch nicht aufgab«, sagte Pastor Tyson und machte die Bibel zu, »nahm Jesus diesmal auf den *höchsten* Berg und zeigte ihm *alle* Königreiche unten, *all* die großen Häuser, *all* die feinen Autos, *all* die schönen Kleider und sagte, ›wenn du niederfällst und mich anbetest, will ich dir all diese Dinge geben‹.« Er schrie jetzt, am äußersten Rande der Kanzel stehend, und Speichel sprühte in alle Richtungen.

»Und diesmal wurde Jesus ein wenig ärgerlich«, sagte er und kam durch die Bankreihen hinunter. »Und Jesus sagte, ›Weiche von mir, Satan!‹« schrie er, warf die Arme hoch und wies mit dem Finger in meine Richtung.

Überall sprangen schreiende Frauen auf, brüllten und kreischten. Diakone liefen umher, packten ohnmächtige Frauen und schrien an den richtigen Stellen »Amen«.

»›Weiche von mir, Satan‹«, sagte er noch einmal. »›Denn es steht geschrieben, du sollst den Herrn deinen Gott anbeten und ihm allein dienen.‹« Er machte eine Pause, atmete tief ein, und ich hatte den Eindruck, alle in der Kirche würden gleich ohnmächtig umfallen.

»›Dann verließ der Teufel Jesus, und Engel kamen und dienten ihm‹«, sprach der Pastor beinahe flüsternd, und jeder in der Kirche beugte sich vor, um seine Worte zu hören. Plötzlich hob er die Arme.

»Er kämpfte gegen den Teufel«, schrie er und fiel auf die Knie. »Er bekämpfte die Versuchung!« sagte er und stand wieder auf. »Und Gottes *Engel* kamen zu ihm!«

Er ging an unserer Bankreihe vorbei, und als ich mich umdrehte, um ihn zu beobachten, traf mein Blick den von Schwester Jones. Ich konnte meine Augen nicht von ihrem runzligen Gesicht mit den tiefliegenden Augen lösen.

»Seid ihr bereit, den Teufel aufzugeben und heute abend noch zu Christus zu kommen?« schrie Pastor Tyson. »Wer kommt? Wer ist bereit? *Haben* wir heute abend jemanden? Kommst du? Kommst du?« flehte er. Währenddessen begann Schwester Jones zu singen,

und alle anderen Schwestern fielen ein. Ich drehte mich um und sah Mama an, und Tränen strömten ihr aus den Augen. Sogar Adline sah aus, als würde sie gleich zu weinen anfangen.
»Komm zu Jesus, komm zu Je–e–sus, komm zu Je–e–sus heute«, sangen alle.
»Er wird dich re–et–ten«, sang Pastor Tyson, während er zur Kanzel zurückging.
»Er wird dich re–et–ten, Er wird dich re–et–ten, Er wird dich re–et–ten heute«, sang die ganze Kirche.
Pastor Tyson betrat die Kanzel und wandte sich der Gemeinde zu.
»Wir stehen alle auf«, sagte er und machte ein Zeichen mit den Händen. Alle standen auf und fuhren fort zu singen »Komm zu Jesus«. Aus allen Stimmen hörte ich nur die von Schwester Jones heraus.
»Alle *Christen* sollen sich jetzt setzen!« schrie Pastor Tyson über die singenden Stimmen hinweg. »Und alle *Sünder* sollen stehenbleiben. Und *lügt* jetzt den Herrn nicht an!«
Die Leute fingen an, sich zu setzen.
»Wenn du ein *Sünder* bist, so *bereue* noch diesen Abend! Steh auf und laß mich sehen, wer du bist!«

>»Komm zu Jesus,
Komm zu Jesus,
Komm zu Jesus heute!«

Ich hatte das Gefühl, in der Luft zu schweben, und sah nicht mehr, wo ich mich befand. Etwas war hinter mir, das mich vorwärtsstieß. Ich hörte nichts als das Singen von Schwester Jones und Pastor Tysons Stimme: »Kommst du? Kommst du heute abend?« Ich fühlte, wie ich mich bewegte, und ich wußte nicht, wohin ich ging oder was ich tat. Ich sah niemanden.
Dann war alles still, und das Singen hatte aufgehört, ich blickte um mich und sah, daß ich in der ersten Bankreihe ganz vorn in der Kirche stand, an der Armsünderbank, zusammen mit ein paar anderen Taufaspiranten. Ich stand Pastor Tyson genau gegenüber.
»Wie heißt du, kleines Fräulein?« fragte er sanft.
»Essie Mae Moody«, stammelte ich.
»Sprich laut, mein Kind, sag dem Herrn deinen Namen.«
»Essie Mae Moody«, sagte ich ein wenig lauter.
»Du willst also Mitglied dieser Gemeinde werden, Schwester Moody?« fragte er.

Ich sagte nicht ja. Ich nickte nur.

»Brüder«, sagte er feierlich, »sollen wir Schwester Moody als Kandidatin für die Taufe annehmen, damit sie ein Mitglied dieser Gemeinde wird?«

»Bruder Pastor«, sagte Diakon Brown, der neben uns stand, »wir nehmen Schwester Moody als Kandidatin an, damit sie am zweiten Sonntag des nächsten Monats durch die Taufe in die Kirche zu Mount Pleasant aufgenommen wird.«

Als Pastor Tyson mit dem letzten Kandidaten fertig war, machte er uns ein Zeichen, daß wir uns auf unsere Plätze zurückbegeben sollten. Ich zögerte. Ich wollte nicht zurückgehen und Mama ins Gesicht sehen. Als ich merkte, daß ich ganz allein noch vorn stand, drehte ich mich um und ging langsam zurück. Als ich bei Mama ankam, schaute ich sie nicht an. Ich stolperte in die Reihe hinein und setzte mich. Adline beugte sich vor und flüsterte hörbar: »Du bist in die Kirche eingetreten.«

Jetzt sah ich Mama an. Sie lächelte mir zu, und ich hätte sie am liebsten umgebracht, sie und Schwester Jones.

Während der nächsten Wochen sprach ich kaum ein Wort mit Mama. Da ich gedroht hatte, vor der Taufe wegzulaufen, brauchte ich ihr nicht aus dem Wege zu gehen, da sie mir auswich. Sie freute sich so darüber, daß ich mich bereit erklärt hatte, Mitglied der Kirche von Mount Pleasant zu werden, daß sie Angst hatte, irgend etwas zu sagen, das mich so wütend machen würde, daß ich wirklich weglief.

Die Taufe war das größte Ereignis des Jahres in Mount Pleasant. Manche Leute sparten das ganze Jahr, um sich für diesen Tag eine komplette neue Ausstattung zu kaufen. Mama fing an zu planen, was wir beide tragen würden. Sie ging zu dem einzigen Kaufhaus in Centreville, das Negern Kredit gab, und kaufte für sich selbst ein graues Herbstkostüm und ein Paar Schuhe. Die Taufkandidaten mußten ganz weiß angezogen sein, deshalb ließ Mama mir ein weißes Kleid machen und kaufte mir noch ein blaues für die Feier danach. Als sie ausführte, das weiße Kleid sei ein Symbol dafür, daß ich mit reinem Herzen in die Kirche einträte, und das blaue bedeute, daß ich der Kirche immer treu anhängen würde, hatte ich noch mehr Lust wegzulaufen.

Am Samstag, dem Tag vor der Taufe, regnete es. Ich hatte gehofft, es würde eine Überschwemmung geben, so daß die Taufe aufgeschoben werden mußte, aber so schlimm regnete es nun wieder nicht. Am Sonntagmorgen, dem Tauftag, hatte der Regen aufgehört, als ich erwachte. Ich war die letzte, die aufstand. Alle anderen hatten schon gefrühstückt, sich angezogen und waren fertig. Als ich sah, daß Mama die Taufkleider am Fuß meines Bettes ausgebreitet hatte, saß ich da und überlegte, ob ich nicht aus dem Fenster springen und für immer verschwinden sollte. Statt dessen betrachtete ich dieses *weiße* Kleid, diese *weißen* Socken, diesen *weißen* Unterrock und dieses *weiße* Höschen und dachte: ›Diese Scheiße bedeutet, daß ich von meinen Sünden reingewaschen worden bin.‹

»Meine Sünden!« rief ich und stieß mit dem Fuß wie eine Verrückte das ganze Zeug auf den Boden.

In diesem Augenblick kam Mama herein.

»Mädchen! Sieh was du da gemacht hast! Das weiße Kleid ist ganz schmutzig! Los, raus aus dem Bett!« kreischte sie wütend und hob das weiße Kleid auf, als hätte ich es verwundet. »Wie willst du denn getauft werden, wenn du da im Bett rumliegst, ne Schnute ziehst und die Kleider auf den Boden schmeißt. Gott wird dir die Luft wegdrücken, wenn du ihm so mitspielst! Steh auf! Bade und zieh die Kleider hier an. S is halb zehn, und ich muß dich vor elf hingebracht haben«, fügte sie hinzu und schimpfte auf dem ganzen Weg zur Küche. »Was soll man bloß mit diesen hartgesottenen Blagen machen?«

Ich stand auf, sah mir die weißen Sachen an und dachte: ›Reingewaschen!‹ Ich zog meinen Schlafanzug aus und stieg in den Schlüpfer. »Reingewaschen«, sagte ich und streifte den Unterrock über. »Reingewaschen«, sagte ich lauter und zerrte an den Socken. »Re–e–e–eingewaschen!« schrie ich und zog das Kleid über den Kopf.

»Zieh das Zeug aus und bade erst!« kreischte Mama, gerade als ich die Arme durch die Ärmel des Kleides stecken wollte, das ich noch über dem Kopf hielt, und stieß mich aufs Bett. Als ich auf das Bett fiel, hörte ich ein lautes Krachen.

»Seht euch das an, seht euch das an! Hat das verdammte Kleid zerrissen! Mädel, ich könnt dich umbringen! Los rein da mit dir, und du badest jetzt, und ich flick dir das Kleid! Du verdammtes Aas!« schrie sie und stieß mich aus dem Zimmer.

Schließlich hatte ich das weiße Kleid an, und wir waren auf dem Weg nach Mount Pleasant. Alle hatten die Kirche schon verlassen und waren auf dem Weg zum Taufweiher, außer dem Dutzend Kandidaten, die noch auf mich warteten. Ich kam fast eine Stunde zu spät.

Ein paar Diakone brachten uns mit ihren Autos zum Teich. Wir fuhren an dem Teich vorüber, wo gewöhnlich die Taufen stattfanden, und bogen in die alte Schotterstraße ein, über die mein Schulweg mich so oft geführt hatte, und ich fragte Diakon Brown, zu welchem Teich wir führen.

»Sie haben einen neuen Teich angelegt, genau vor Miss Roses Haus. Da ist es besser, weil ihr euch nachher in Miss Roses Haus umziehen könnt.«

Diakon Brown parkte seinen Wagen vor dem Haus von Miss Rose und sagte: »Oh, sie scheinen alle hier zu sein. Das ist ein wirklich großer Tag heute.«

Ich stieg aus dem Wagen und schaute den Abhang hinunter und sah Hunderte von Menschen am Anlegesteg eines großen neuen Teiches stehen. Dem Steg gegenüber, auf der anderen Seite des Teiches, stand eine Kuhherde. Die Kühe sahen aus, als gehörten sie zur Feier.

Wir gingen durch ein Gatter auf den Teich zu. Ich fühlte, wie feucht der Boden noch vom gestrigen Regen war. Es war ein düsterer, kühler Septembermorgen, und es sah aus, als würde es wieder regnen. Als wir näher an die Menschengruppe kamen, schien mir, als drängten sie sich zusammen, um sich aneinander zu wärmen. Ihr Anblick ließ mich noch mehr frieren. Die Mädchen in ihren fröhlich bunten Nylonkleidern zitterten. Die kleinen Jungen standen still da in ihren dünnen Anzügen, die Hände in den Taschen. Den alten Weibern war es sogar zum Schwätzen zu kalt. Ich entdeckte in der Menge Mama in ihrem neuen Herbstkostüm und dachte: ›Wenigstens versteht sie es, sich anzuziehen.‹

Als wir zum Rand des Teiches gekommen waren, wo Pastor Tyson mit zwei Diakonen stand, mußten wir uns in einer Reihe aufstellen. Ich warf einen Blick zu den wartenden Leuten hinüber und stellte fest, sie hatten sich so verteilt, daß jeder gut sehen konnte. Es waren viel mehr Menschen, als ich gedacht hatte. Als ich all diese Kleider und Hüte in ihren leuchtenden Farben sah, die langen Ohrgehänge und Perlenketten und die phantasievollen Frisuren, den blutroten Lippenstift, der so dick aufgelegt war, daß er auf manchen Lippen fast purpurn wirkte, da wurde es mir noch deutlicher bewußt, daß wir ganz in Weiß waren, sogar die Jungen. Ich kam mir vor wie ein weißes Plüschkaninchen in einer Osterparade.

Wir standen jetzt alle in einer Reihe und mußten die Schuhe ausziehen. Dann wurde Pastor Tyson von zwei Diakonen ins Wasser geführt. In dem Augenblick, als sein Fuß das Wasser berührte, hörte

ich Schwester Jones' Stimme ganz laut und klar anstimmen: »Führ mich zu den Wassern...«
Sofort fielen alle anderen ein, die den Teich umstanden:

>»Führ mich zu den Wa–as–sern,
>Führ mich zu den Wa–as–sern,
>Daß getauft ich werd...«

Als die Leute für den nächsten Vers Atem schöpften, hörte man Muhen. Das Muhen wurde so laut, daß das Singen einen Augenblick unterbrochen wurde. Pastor Tyson, der jetzt bis zu den Knien im Wasser stand, wandte sich gegen die Kühe und hob die Hände, als wolle er ihnen Schweigen gebieten. Als sie aufhörten zu muhen, lachten alle. Das Singen begann von neuem.
Pastor Tyson und die beiden Diakone standen jetzt bis zur Brust im Wasser, und der erste Kandidat wurde hinausgeführt. Alle sangen weiter »Führ mich zu den Wassern...«, aber viel leiser. Die meisten Kandidaten sahen aus, als hätten sie Angst, besonders das Mädchen vor mir. Ich konnte nicht unterscheiden, ob sie vor Angst zitterte, oder weil sie fror, oder beides. Ich hörte Jack, einen der wildesten Jungen weit und breit und den mit dem dreckigsten Maul, hinter mir flüstern: »Sieh mal, all die Kuhscheiße im Wasser!« Ich blickte in das Wasser hinunter und sah große Fladen Kuhdung darin herumschwimmen. Bei dem Gedanken, daß ich in diesem Wasser untergetaucht werden sollte, wurde mir speiübel. Das Wasser war so verdreckt, es sah aus wie ein riesiger Schlammkuchen. Dann blickte ich auf das Mädchen, das zwischen Pastor Tyson und einem der Diakone stand.
»Ich taufe dich im Namen des Vaters, im Namen des Sohnes und im Namen des Heiligen Geistes, *Amen*«, sagte Pastor Tyson und zog die letzte Silbe lang, während er das Mädchen schnell unter Wasser tauchte. Sie kam hustend und spuckend hoch, ihr weißes Kleid war jetzt dunkelbraun. Ihr Haar troff von Schlamm. All die anderen Kandidaten starrten sie an, während die Diakone sie an den Rand des Teiches zurückführten. Sie zitterte und machte ein Gesicht, als hätte sie am liebsten bitterlich geweint. Alle Kandidaten kannten die Redensart, wenn man bei der Taufe huste, bedeute das, daß der Teufel aus einem ausfahre. Ich wußte, daß das Mädchen verlegen war, weil es gehustet hatte.
›Ganz in Weiß gekleidet. Reingewaschen! Seht euch das an‹, dachte ich, während ich sie betrachtete.

Während das Mädchen vor mir hinausgeführt wurde, beugte Jack sich vor und flüsterte: »Denk dran, Moody, hust lieber nich da draußen. Sonst sagt Schwester Jones, du wärst ne *Sünderin*. Hi-hi-hi.«

»Du hast mehr Grund zu husten als ich«, sagte ich. Ich sah zwei Diakone auf mich zukommen. Als ich ins Wasser watete, fühlte ich, wie sich der Schlamm um meine Beine legte. Ich war rasend vor Wut, und ich hörte die Stimme von Schwester Jones im Chor der anderen singen »Allein die Gerechten...«, und ich dachte: ›Allein die Gerechten, so ne Scheiße!‹

Ich war so wütend, daß ich kaum hörte, wie Pastor Tyson rief: »Ich taufe dich im Namen des Vaters, im Namen des Sohnes und im Namen des Heiligen Geistes, *A–men*!« Plötzlich legte sich eine nasse Hand über mein Gesicht, und ich fühlte, wie der Schlamm sich über mir schloß und mich niederzog. Gerade als ich die Schwere des Schlammes zu spüren begann, wurde ich aus dem Wasser gehoben. Ich versuchte, die Augen zu öffnen, aber Schlamm verklebte mir die Lider, so ließ ich sie einfach geschlossen. Ich hatte das Gefühl, ganz mit Mist bedeckt zu sein. Als sie mich aus dem Wasser führten, konnte ich die Kühe muhen, Jack lachen und die Gemeinde singen hören »Führ mich zu den Wassern«. Alles schien weit entfernt. Ich brauchte einen Augenblick, um festzustellen, daß auch meine Ohren voller Schlamm waren.

Nachdem der letzte Kandidat getauft war, wurden wir schleunigst zu Miss Roses Haus gebracht, wo man uns wusch und umzog. Auch dann roch ich noch nach nassem Schlamm, und dieser Geruch blieb wochenlang haften.

6. Kapitel

Während dieses ganzen zweiten Winters im neuen Haus saß Raymond herum und redete davon, daß er ein großer Farmer werden, viele Kinder aufziehen, eine Masse Geld verdienen und sein eigener Herr sein wolle. Anfang März sah er sich nach einem Stück Land und einem Maultier um. Innerhalb einer Woche hatte er beides gefunden, und zwar denkbar billig. Er kaufte von einem Freund ein ausgedientes altes Maultier für fünfundzwanzig Dollar in der Hoffnung, daß es wenigstens eine Saison durchhalten würde. Er pachtete einen Streifen billiges Brachland, das zu einem alten Truppenübungsplatz gehörte. Es lag an einem Abhang, der sich zu einem Wäldchen hin senkte. Da auf dem Land nur ein kleiner Baum und nur wenig Gras wuchs, glaubte Raymond, das Pflügen würde leicht sein, und er habe einen wirklich guten Handel gemacht. Während der ersten Tage, an denen er pflügte, ging er stolz und grinsend umher und sagte sogar, wie nett es doch von Mr. Pickett gewesen sei, ihm das Land so billig zu lassen. Das Pflügen machte ihm Spaß, und er war von Sonnenaufgang bis Sonnenuntergang auf dem Feld. Müde und verschwitzt kam er dann nach Hause und zerrte das arme alte Maultier hinter sich her.
Eines Abends kam er etwas früher, rasend vor Wut und fluchte und schimpfte. Er stieß mit dem Eßkorb, den er vor sich hertrug, die Küchentür auf.
»Guckt mal, guckt mal her! Dieser gottverdammte Schweinekerl! Ich hätt wissen solln, daß er mir das Land nicht umsonst gibt. Bei der ganzen Senke is es, als wenn man durch Stahl pflügt. Seht euch diese Scheiße an!« Sagte er und kippte den Inhalt seines Frühstückskorbes auf den Tisch.
Wir alle standen um den Tisch herum und sahen uns die Bescherung an. Mama hob einen großen runden Brocken auf, der mit Erde bedeckt war.
»Was is das denn für ne Scheiße?« fragte sie und kratzte den Dreck von dem Brocken.
»Laß das Ding nich fallen, es könnt noch *lebendig* sein«, schrie Raymond.

»Lebendig«, kreischte Mama, streckte die Hände gegen die Decke und ließ dabei den Gegenstand fallen. Er fiel mit einem dumpfen Plumps zu Boden und rollte unter den Herd. Raymond ging auf Zehenspitzen hinterher, die Arme vorgestreckt, als wolle er einen Säugling in Empfang nehmen. Er ging in die Knie, faßte unter den Herd und holte das Ding vorsichtig heraus.

»Was fällt dir ein, son Zeug ins Haus zu bringen! Was soll das heißen, es ist lebendig?« sagte Mama und starrte auf den Gegenstand in Raymonds zitternden Händen.

»Lebendig? Scheiße! Das ist ne verdammte *Handgranate*. Das ganze Stück unten ist voll davon. Manche sehen aus, als hätte sie noch nie einer angefaßt.«

»*Handgranate!* Du meinst ne *Bombe?*« fragte Mama.

»Natürlich, die Stelle unten am Abhang muß ein Übungsplatz oder sowas gewesen sein. Seht mal her«, sagte er und nahm eine große Kugel in die Hand. »Wenn der Stahlpflug die richtig trifft, dann bin ich Mus.«

»Wenn die Dinger seit dem Krieg da gelegen haben, dann taugen sie bestimmt nichts mehr«, meinte Mama und blickte auf den Haufen Granaten und Kugeln auf dem Tisch. »Laß die Finger von dem Zeug, Junge«, schrie sie Junior an, der sich gerade eine von den Granaten nehmen wollte. »Ray, bring den verdammten Kram hier raus!«

Von da an pflügte Ray mit großer Vorsicht. Jedesmal, wenn er jetzt aufs Feld ging, stellte er sich an, als könne es sein letzter Tag auf Erden sein. Obwohl Mama beteuerte, daß die alten Kugeln und anderen Dinger nicht ›lebendig‹ seien, so gab sie Raymond doch kein Frühstück mehr mit, sondern bestand darauf, daß er mittags nach Hause kam. Und jeden Abend ging sie voller Unruhe in der Küche auf und ab, bis er da war. Nachdem Raymond ein paar Tage lang ohne Explosion gepflügt hatte, begannen er und Mama sich ein wenig zu entspannen.

»Im nächsten Jahr brauch ich nicht mehr durch all die Scheiße durchzupflügen«, sagte Raymond zu Mama.

»Scheiße, nächstes Jahr pflanzt Mr. Pickett seine eigene Baumwolle da draußen«, meinte Mama.

Es waren noch keine Ferien, und ich arbeitete immer noch für Mrs. Claiborne. Sie lehrte mich so vieles, und sie war so gut zu mir, daß ich die Arbeit für sie nicht aufgeben wollte. Aber ich wußte, sobald Ferien waren, mußte ich den ganzen Tag auf dem Felde helfen. Ich hatte schreckliche Angst davor. Ich hatte nie viel in der Sonne sein können, ohne Kopfschmerzen zu bekommen, und ich hatte von vielen Leuten gehört, die auf dem Feld am Sonnenstich und anderen Sachen gestorben waren.

Eines Abends kam ich von der Arbeit nach Hause und sah Mama, Raymond und die andern unter dem Nußbaum beisammenstehen. Ich trat zu ihnen. Das Maultier lag ausgestreckt auf dem Boden, Schaum stand vor seinem Maul, und Raymond fluchte.

»Warum konnte das verdammte Aas nicht *nächste* Woche krepieren? Bring Wasser, Junior! Hol den Schlauch und schließ ihn an! Tu Wasser in die Wanne! Verdammt, mach schnell! Dies Aas! Nur noch eine Woche pflügen, un das verdammte Biest krepiert jetzt! Scheiße!«

»Du überanstrengst ihn, Ray. Warum nimmst du dir nicht Zeit. Du hast ja nur noch ein bißchen zu pflügen. Du mußt dem Tier ein wenig Ruhe gönnen. So ein altes Vieh kann nich mehr soviel pflügen! Übrigens, Jim un die haben das Maultier ganz nett abgeschunden, eh du es gekriegt hast!« sagte Mama, während Junior die Wanne mit Wasser füllte.

»Aber die verdammte Baumwolle muß gepflanzt, der Boden umgebrochen werden. Bei all den andern kommt die Baumwolle schon bald raus!« schrie Raymond, während er Junior half, die Wanne mit Wasser an das Maultier heranzuziehen. Dann packte er den Kopf des Tieres und versuchte, es zum Trinken zu bringen, aber der Kopf war ganz schlaff, und die Augen verdrehten sich. Das Tier sah aus, als wisse es gar nicht, wo es war. Als Raymond es nicht zum Trinken bringen konnte, ließ er den Kopf des Tieres hart auf den Boden aufschlagen. Ich stand da und hatte Mitleid mit dem armen alten Maultier, gleichzeitig sagte etwas in mir: ›Hoffentlich stirbt's, hoffentlich stirbt's, hoffentlich stirbt's!‹ Ich ging am Abend zu Bett und betete, daß das Maultier sterben möge, denn ich wollte meine Arbeit für Mrs. Claiborne nicht aufgeben, um aufs Feld zu gehen und einen Sonnenstich zu bekommen. Aber als ich am nächsten Morgen aufstand, stand das verdammte Tier da, scharrte mit den Hufen und war bereit, wieder aufs Feld zu gehen.

Raymond wurde schließlich mit dem Pflügen fertig und auch mit der Baumwollaussaat. Sie brauchte viel Regen, um aufzugehen, so beteten Mama und Raymond jeden Tag um Regen. Sie beteten und beteten, aber der Regen kam nicht. Raymond ging mürrisch und fluchend herum, er war mit Gott und der Welt zerfallen. Jeden Tag

ging er hinaus und sah nach der Baumwolle. Wenn er dann nach Hause kam, fing er an zu schreien: »Der Boden ist so hart da draußen, er ist von der Sonne ganz geborsten! Die verdammte Baumwolle verbrennt im Boden! Verdammte Scheiße! Man kann sich anstrengen, soviel man will, es reicht einfach nicht zum Leben. Alles ist gegen mich, sogar diese gottverdammte Sonne!«
Und jedesmal, wenn ich Raymond fluchen hörte, dachte ich: ›Bitte, laß den Boden verbrennen! O bitte, laß den Boden verbrennen!‹
Mama saß den ganzen Tag auf der Veranda und wippte im Schaukelstuhl und beobachtete den Himmel. Jedesmal, wenn ein Wölkchen erschien, fing sie an zu schreien: »Es kommt, es kommt! Sieht ganz so aus, als sollten wir heut nacht Regen kriegen.«
Dann fing ich natürlich an zu beten, daß kein Regen kommen solle. Manchmal träumte ich nachts von großen Überschwemmungen, daß von überall her Wasser geströmt kam und Berge und Bäume und alle Baumwolle wegschwemmte.
Aber schließlich regnete es doch, und die Baumwolle begann zu sprießen. Jeden zweiten Tag oder so nahm uns Raymond mit nach draußen und zeigte uns die Baumwolle. Wir durften das Feld nicht betreten, solange die Baumwolle nur eben aus dem Boden kam, denn er war abergläubisch und fürchtete, wir könnten das ›Werk der Natur‹ stören. Statt dessen parkte er den Wagen an der Straße, und wir blieben darin sitzen und betrachteten das Baumwollfeld.
»Junge, Junge, guck mal da, Toosweet. Sie wächst ganz bestimmt!« sagte Raymond und grinste dabei wie ein Verrückter.
Mir schien, er habe den Verstand verloren. Ich konnte überhaupt keine Baumwolle entdecken. Ich sah nur ein großes, leeres Feld.

Die Ferien begannen, und ich verabschiedete mich traurig von Mrs. Claiborne. Raymond hatte gesagt, daß wir am Montagmorgen, dem ersten Ferientag, anfangen würden, die Baumwolle auszudünnen. Ich war böse, denn ich hatte geglaubt, bei Mrs. Claiborne bleiben zu können, bis die Baumwolle gepflückt würde. Ich wußte überhaupt nicht, daß man ausdünnen mußte. Ich dachte, wenn man die Baumwolle gesät hat, brauche man sie nur noch zu ernten.
Am Wochenende machten Mama und Raymond alles für das Ausdünnen bereit. Mama ging in die Stadt und kaufte eine Menge Lebensmittel und für jeden von uns einen Strohhut, und Raymond sorgte für die Hacken. Den ganzen Sonntag saß er unter dem Nußbaum und schärfte die Hacken. Adline und ich mußten zu ihm kom-

men und so tun, als ob wir hackten, damit er Stiele in der richtigen Größe machen konnte. Als ich Adline so tun sah, als hacke sie, dachte ich: ›Herr erbarme dich! Die kleine Adline und hacken!‹

Als ich an diesem Abend zu Bett ging, fiel mir ein, wie heiß es den ganzen Tag gewesen war. Es waren bestimmt an die vierzig Grad. Ich wußte, daß es am nächsten Tag bestimmt genauso heiß sein würde, und ich sah mich schon da draußen stehen und über meiner Hacke schwitzen. Mit dem Gedanken an das Hacken in glühendheißer Sonne schlief ich ein und hatte einen schrecklichen Traum.

In meinem Traum waren wir in einer ganzen Gruppe auf dem Baumwollfeld, oben auf dem Hügel, wo dieser einzige Baum stand, den Raymond als Schattenspender hatte stehenlassen. Wir hackten langsam den Abhang hinunter, als die Sonne plötzlich so groß wurde, daß sie den ganzen Himmel zu füllen schien. Sie kam ganz nahe und sah aus wie ein großer Mund, der uns verschlingen wollte. Der ganze Himmel und alles um uns herum war rot. Mir war schrecklich heiß, und große Schweißtropfen liefen überall an mir herunter. Ich schaute zu dem Bäumchen hin, das auf dem Hügel stand, und es fing an zu verdorren, sich zu krümmen und dann zu nichts zusammenzuschrumpfen. Ich schaute in die Ferne, die Bäume brannten, der ganze Wald stand in Flammen, die Bäume stürzten nur so zusammen. Ich sah mich nach den andern auf dem Baumwollfeld um, nach Raymond und all den andern, und sie waren alle tot, sie lagen zwischen den Reihen. Ich lehnte auf meiner Hacke und schwankte, und die Sonne kam noch tiefer herunter. Ich war die letzte, die noch stand, und ich wußte, die Sonne kam mich holen. Ich warf einen schnellen Blick auf all die Toten, die um mich herum verdampften. Und ich fühlte, wie ich selber unter der Hitze der Sonne zerfiel. Da wachte ich auf.

Als ich an diesem Morgen aufstand, schwitzte ich und zitterte, als hätte ich die Fallsucht. Ich konnte mein Frühstück nicht anrühren. Mama fragte immer wieder, was mir denn fehle, aber ich hatte zuviel Angst, ihr von dem Traum zu erzählen, ich murmelte nur, ich fühle mich nicht wohl. Ich hatte gehofft, sie würde sagen, ich solle zu Hause bleiben, aber statt dessen gab sie mir ein paar Aspirintabletten und schickte mich mit den andern aufs Baumwollfeld.

Raymond nahm Adline, Alberta und mich zum Hacken mit und Junior und James als Wasserträger. Ich war überrascht, als Raymond vor Miss Pearls Haus anhielt und Cherie und Darlene in Blue jeans, langärmeligen Hemdblusen und Strohhüten herausgelaufen kamen. Sie waren genauso angezogen wie wir. Ich hätte nicht geglaubt, daß

Raymond Miss Pearl dazu überreden könne, die kostbare kleine Darlene und Cherie zum Baumwollhacken gehen zu lassen. Ich vermutete, daß er ihr etwas Schönes versprochen hatte für den Fall, daß er mit der Baumwolle gut abschnitt.
Als Darlene und Cherie zu uns in den Wagen kletterten, vergaß ich eine Weile meinen Traum. Aber als wir den Abhang zum Baumwollfeld hinauffuhren, fiel mir alles wieder ein. Ich sah mich nach den andern im Wagen um und dachte: ›Heute morgen werden wir alle sterben.‹ Es war halb sieben, und die Sonne war noch nicht aufgegangen, aber an den rosa Wölkchen und dem heller werdenden Horizont konnte ich erkennen, daß sie auf dem Wege war. Raymond fuhr zum Gatter und hielt. Als Junior aus dem Wagen sprang, um es zu öffnen, wäre ich am liebsten auch herausgesprungen und davongerannt. Ich hatte das Gefühl, für immer auf dem Baumwollfeld festgebannt zu sein, wenn ich durch das Gatter ging. Aber ich konnte mich nicht rühren. Es war genau wie damals, als Mama ein Schwein geschlachtet hatte und wir eine Menge frisches Schweinefleisch gegessen hatten. Ich war damals eingeschlafen und kurz vor Tagesanbruch aufgewacht. Auch da konnte ich mich nicht rühren. Ich hatte um Hilfe rufen wollen, aber mein Mund blieb verschlossen. Ich schrie und schrie, aber kein Wort kam heraus. Ich versuchte, mit den Zehen zu wackeln oder meinen Arm zu bewegen, aber ich konnte mich nicht rühren, ich konnte nicht einmal die Lider aufschlagen. Nach einer Weile ging es vorüber. Als ich es Mama erzählte, sagte sie, ich hätte zu viel Schweinefleisch gegessen und ›Die Hexe habe mich geritten‹. ›Die Hexe‹ war das Böse in dem Schweinefleisch, das mein Blut zum Stillstand gebracht hatte.
Als Raymond durch das Gatter fuhr, saß ich da und schrie um Hilfe. Aber ich wußte, daß kein Laut herauskam, denn niemand sah sich nach mir um. Als er den Wagen dann genau unter dem Bäumchen neben dem Feld geparkt hatte und alle ausstiegen, saß ich immer noch da und schrie. Ich hörte, wie Raymond nach mir rief, konnte aber nicht antworten. Schließlich sah ich ihn zu mir zurückkommen.
»Mädchen, was is denn mit dir? Du tust heut morgen, als hättst du den Verstand verloren«, schrie Raymond.
Ich sprang aus dem Wagen und lief an ihm vorbei zu Alberta und den andern, die aufs Feld gingen. Als Raymond mich anschrie, hatte ich einen Augenblick lang meinen Traum vergessen. Dann fiel mir plötzlich ein, daß wir genau auf *jenem* Abhang hacken würden, und der Traum kam zurück. Ich blieb stehen und wartete auf Raymond.

Als er kam, sagte ich: »Warum fangen wir nicht unten an zu hacken?«
»Du hast wohl überhaupt keinen Verstand, Mädchen? Weißt du nicht, daß es schwerer ist, einen Berg hinaufzugehen als hinunter? Warum sollten wir denn unten anfangen und bergauf arbeiten?«
»Da unten ist es kühler«, sagte ich bittend und sah zum Himmel.
Er schüttelte den Kopf, als sei ich nicht bei Trost und ging davon. Ich folgte zögernd.
Raymond und Alberta waren die einzigen, die wußten, wie man Baumwolle ausdünnt. Deshalb gingen sie die Reihen hinauf und hinab und zeigten es uns. Die Baumwolle war dicht gesät. Wir mußten die Pflanzen vereinzeln, damit sie genug Erde und Luft hatten, um zu gedeihen. Darlene und ich hatten es bald begriffen und konnten allein hacken. Raymond und Alberta blieben zurück, weil sie Adline und Cherie helfen mußten. Ich vergaß alles andere bei dem Versuch, schneller zu hacken als Darlene. Bald hatte ich drei oder vier Reihen fertig und war ihr weit voraus. Immer wieder schaute ich mich um, um festzustellen, wie weit sie hinter mir zurückgeblieben war. Als ich sie um eine ganze Reihe überholt hatte, blieb ich stehen, um die Arme zu recken. Ich fühlte den Schweiß von den Achselhöhlen herunterlaufen.
Ich hatte Angst, zum Himmel aufzublicken, weil ich wußte, daß die Sonne inzwischen aufgegangen war. Mein Herz fing an, laut zu trommeln. Ich zitterte an allen Gliedern. Ich konnte beinahe fühlen, wie die Sonne am Himmel aufstieg. So blieb ich eine Weile stehen und gab Darlene Gelegenheit, mich einzuholen. Dann hackte ich ein paar Stunden langsam vor mich hin und tat so, als ob die Sonne gar nicht existiere. Von Zeit zu Zeit brachten Junior oder James einem von uns Wasser. Ich wollte sie nicht ansehen, denn ich wußte, daß es immer heißer wurde, und jeder Gang, den sie machten, erinnerte mich an die Sonne.
Dann, gegen halb elf oder elf, fühlte ich, wie mir das Hemd am Körper klebte wie eine nasse Riesenkrabbe. Bis zur Taille war ich tropfnaß. Ich sah nicht auf, aber ich wußte, daß die Sonne da oben stand, genau wie in meinem Traum. Wasser lief mir unter dem Hut her übers Gesicht. Das Hacken wurde immer schwerer. Jedesmal, wenn ich die Hacke hob, um ein paar Baumwollpflänzchen auszujäten, schien sich die Reihe wie eine lange, hin- und herschnellende Schlange von mir wegzubewegen. Ich sah mich nach den anderen um, und auch sie schienen sich auf dem Feld zu schlängeln, genau wie die Baumwollzeile vor mir. Sie sahen aus, als würden sie gleich

umfallen, genau wie in meinem Traum. Ich hatte Angst, sie anzuschauen. Ich blickte zur Sonne auf und war einen Augenblick lang ganz geblendet. Dann wußte ich, daß die andern tot waren. Ich konnte die Sonne wieder sehen. Sie hielt meine Augen fest. Ich fühlte, wie ich, auf meine Hacke gestützt, mich drehte und schwankte.
»He, Junior, komm her, Junge! Bring Wasser! Das Mädchen hier wird mir gleich ohnmächtig oder sowas«, schrie Raymond.
Das nächste, woran ich mich erinnere: Ich saß auf dem Boden, und Raymond versuchte, mir Wasser einzuflößen. Alle andern hatten zu hacken aufgehört und standen um mich herum.
Raymond riet mir, mich ein bißchen unter dem Baum auszuruhen. Aber mir fiel ein, wie der Baum in der Sonne verdorrt war, und ich hatte Angst, in seiner Nähe zu sein. Ich glaubte bestimmt sterben zu müssen, wenn ich es täte. Als Raymond rief, daß wir in einer halben Stunde zum Mittagessen nach Hause fahren würden, hob ich meine Hacke wieder auf und hackte mit den andern weiter. Nach dem Essen fühlte ich mich besser, und als wir aufs Feld zurückkamen, schien die Sonne nicht mehr so heiß.
Nach ein paar Tagen war immer noch keiner gestorben, und mein Traum begann zu verblassen. Bald fing die Arbeit sogar an, mir Spaß zu machen. Ich zog die Schuhe aus und ließ beim Hacken die heiße Erde über meine Füße rieseln. Ein warmes Gefühl lief dabei durch meinen ganzen Körper. Auch die Sonnenhitze erschreckte mich nicht mehr, sie schien mir sogar Kraft zu geben. Und wenn wir dann nach Hause kamen, hatte Mama eine gute warme Mahlzeit bereit. Während der ersten Tage des Baumwollhackens aßen wir besser als je zuvor in unserem Leben. Mama tat alles, um uns bei Kräften und bei Laune zu halten. Am ersten Tag kochte sie ein Festessen. Es gab mindestens fünf Hühner, zwei Laib Brot, eine Menge Reis und grüne Bohnen und sogar mehrere Kokoskuchen. Als wir vom Feld kamen, fanden wir einen Tisch unter dem Nußbaum vor, hoch beladen mit Speisen. Ich hatte Raymond nie so glücklich gesehen wie am Kopfende dieses Tisches, der mit guten Dingen beladen war, umgeben von seinen ›Arbeitern‹; er lachte und aß und hörte Mamas deftigen Witzen zu. Während wir zu Tisch saßen, dachten wir nicht einmal mehr an das Feld. Und als wir zurückgingen, hatten wir das Gefühl, als habe der Tag eben erst begonnen. So ging es tagelang weiter, aber dann war das Geld aus der kleinen Bankanleihe, die Raymond gemacht hatte, verbraucht, und es gab wieder Brot und Bohnen wie sonst.

Schließlich war die Baumwolle auf Raymonds Feld gehackt. Jetzt nahmen Alberta, Darlene und ich unsere Hacken und hackten für zwei Dollar pro Tag Baumwolle für große Pächter des Bezirks, von denen einige mit Raymond verwandt waren. Sie gehörten zu den wenigen Negern, die sich in jahrelanger Arbeit gutgehende Höfe aufgebaut hatten. Als dann ein paar Wochen später die Zeit kam, wo die Baumwolle gejätet werden mußte, kehrten wir zu unserem Feld zurück. Wir mußten das Unkraut entfernen, das um die Baumwollstauden herum gewachsen war; danach konnten die Pflanzen sich ungehindert bis zur Reife entwickeln.

Außer der Baumwolle, die für den Markt bestimmt war, hatte Raymond Mais und Kartoffeln für unseren eigenen Gebrauch angebaut. Innerhalb weniger Monate lernte ich, eine Hacke richtig zu handhaben. Wenn ich nicht Baumwolle hackte oder jätete, hackte ich Mais oder half Mutter im Garten. Ich hatte eine Menge über Feldarbeit gelernt, aber je mehr ich darüber erfuhr, desto bestimmter wußte ich, daß ich selber keine Bäuerin werden wollte. Ich wollte nicht so vollständig vom Regen, von der Sonne, vom Boden abhängig sein wie die meisten Leute auf dem Land. Ich sah, wie Mama und Raymond die ganze Zeit im Haus herumliefen und beteten; sie kamen mir völlig verrückt vor. Die Landarbeit war wie ein Fieber, daß sie nicht loswerden konnten. Als sie die Baumwolle gesät hatten, beteten sie um Regen. Als die Baumwolle herausgekommen war, brauchten sie keinen Regen mehr und beteten um Sonne, damit sich die Baumwollkapseln öffnen konnten. Wenn die Kapseln sich geöffnet hatten, ängstigten sie sich wegen der Kapselkäfer und gaben viel Geld für Schädlingsmittel aus. Als das Mittel nicht wirkte, fingen sie wieder an zu beten. Immer war irgend etwas los.

Mama und Raymond waren an den Boden gefesselt, seit sie Kinder waren, und ich hatte das Gefühl, besonders bei Mama, daß sie versuchten, auch mich daran zu binden. Manchmal half ich Mama im Garten hacken, dann erzählte sie mir, wieviel Baumwolle sie immer gepflückt, wie sie dies und wie sie das getan hatte. Sie stapfte barfuß in der Erde herum, rühmte ihren Grünkohl und wie ›Mutter Natur‹ für alle sorgte – »Sieh dir den Senf hier an! Herrgott! Vor zwei Wochen wars nur ein Samenkörnchen. Jetzt kann mans schon essen.« Sie bohrte die Zehen in die Erde und sagte: »Junge, steck irgendeinen Samen hier in die Erde – eh du dich versiehst, hast du was zu essen.« Ich merkte, wie glücklich sie in ihrem Garten war und daß das meiste von dem, was sie erzählte, stimmte. Sie hatte den schönsten Garten, den ich je gesehen habe. Es war wirklich faszinierend: Samen aussäen, die eigene Nahrung anbauen, Regen, Sonne und Erde zu nutzen, sogar der Gedanke, daraus einen Lebensunterhalt zu machen, war faszinierend. Aber es war auch die schwerste Art, seinen Lebensunterhalt zu verdienen, die ich kannte.

Wenn Mama also mit einem ihrer langen Vorträge über die Freuden des Ackerbaus anfing, so dachte ich an Mrs. Claiborne, all die Reisen, die sie gemacht, die Leute, die sie kennengelernt hatte. Mrs. Claiborne hatte mir gesagt, daß ich begabt sei, und was ich alles erreichen könne, wenn man mir die Gelegenheit bot. Ich wußte, wenn ich mich an die Landarbeit hielt, würde ich genauso werden wie Mama und die andern, dann würde ich nie die Gelegenheit bekommen, etwas Besseres zu lernen.

Als die Baumwollernte vorüber war, stand es für mich fester denn je, daß ich nie eine Bäuerin werden wollte. All die Arbeit mit der Baumwolle erbrachte nicht einmal genug Geld, um neue Schulkleider zu kaufen. Wir hatten nur einmal pflücken können, nicht mehr. Das Land war nichts wert. Wenn Raymond nicht Mais und Kartoffeln angebaut hätte und Mama nicht so fleißig im Garten gewesen wäre, so hätten wir in diesem Winter verhungern können.

7. Kapitel

Wir begannen das neue Schuljahr in alten Kleidern und abgetretenen Schuhen. Ich lief eine Woche lang herum und suchte eine Stelle; ohne Erfolg. Ich ging zu Mrs. Claiborne zurück, aber sie hatte inzwischen eine andere Hausgehilfin. Sie sagte, sie werde bei ihren Freunden herumfragen, ob jemand eine Hilfe brauchte. Ich fragte jeden Tag nach, aber niemand brauchte mich. Dann kamen wir eines Tages aus der Schule, und Mama hatte einen Stapel Säcke auf der Veranda liegen.
Als ich ins Haus trat, rief sie: »Mach schnell, Essie Mae, und iß. Mr. Wheeler ist heut vorbeigekommen. Wir sollen für ihn Pecannüsse sammeln. Er sagt, der Boden ist dick bedeckt damit. Wir könnten genug Geld verdienen, um euch Schulkleider zu kaufen.«
Sobald wir gegessen hatten, packten wir die Säcke und rannten den ganzen Weg zu Mr. Wheelers Haus. Er wohnte in einem großen weißen Haus auf der anderen Seite des Wohnviertels. Er war Viehzüchter und besaß viel Land in der näheren Umgebung. Am Fuß des Hügels, auf dem sein Haus stand, hatte er eine große Pecanplantage. Als wir den kiesbestreuten Fahrweg zu seinem Haus hinaufgingen, konnten wir ihn hinter dem Haus mit seinen Kindern spielen sehen.
»Hoffentlich hat er nicht schon andere die Nüsse aufheben lassen«, sagte Mama. »Ich habe ihm gesagt, wir sind hier, sobald ihr aus der Schule kommt. Offenbar hat er vergessen, daß wir kommen.«
»Elmira, wo willst du denn mit dem Baby hin? Es kriegt nur lauter Zecken da unten im Gras«, sagte Mr. Wheeler zu Mama, als er uns kommen sah.
Ich freute mich so darauf, Nüsse zu sammeln, daß ich gar nicht bemerkt hatte, daß Mama Jennie Ann auf dem Arm trug.
»Mein kleiner Junge hier paßt auf sie auf, während ich Nüsse sammle«, sagte Mama. »Ich wollte sie nicht allein zu Hause lassen.«
»Oh, ihr habt euch eure eigenen Säcke mitgebracht. Gut! Los, ich bring euch mit dem Wagen nach unten. Hebt erst alle die neben der Straße auf, denn meine Jungs laufen immer hin und holen sie sich.« Mr. Wheeler setzte seine beiden Jungen vorn in den Transporter, und wir andern drängten uns alle hinten hinein: Mama, ich,

Adline, Junior, James und das Kleine. Als Mr. Wheeler an seinem Vieh vorbeifuhr, sagte Mama: »Junge, Junge, seht euch all die Milch in den Eutern an. Verflixt, wenn ich all die Kühe hätte, könnt ich dauernd Steaks essen und Milch trinken.« Dann fuhren wir durch die Nußplantage und sahen die Nüsse dicht gesät auf dem Boden liegen. »Sieh mal, wie er mit dem Wagen durch die Nüsse fährt! Wir hätten doch hier schon runtergehen können«, sagte Mama und machte ein Gesicht, als wäre sie am liebsten vom Wagen gesprungen, um gleich anzufangen. Als der Wagen hielt, war sie die erste unten.
Es hatte am Tag zuvor schwer geregnet, und fast alle Nüsse waren gefallen. Wir hatten jeder einen Vier-Liter-Eimer und konnten den beinahe füllen, indem wir die Nüsse einfach damit vom Boden aufschaufelten. Sogar die kleine Jennie Ann, die erst ein Jahr alt war, torkelte herum und hob Nüsse auf. »Los, Jennie Ann! Sieh mal hier! Hilf deiner Mama Geld verdienen«, lachte Mama jedesmal, wenn Jennie Ann ein paar Nüsse in ihren Eimer fallen ließ.
Es war beinahe dunkel, als Mama Junior zum Haus hinaufschickte, um zu sagen, daß wir fertig seien. Als Mr. Wheeler herunterkam, standen wir alle da mit lehmverschmierten Armen und Beinen. Jennie Ann war dreckig von oben bis unten. Wir sahen aus wie eine Clownstruppe, als wir da so hinter unseren vier vollen Säcken standen.
Mr. Wheeler sagte: »Junge, Junge, man hat ja fast den Eindruck, als habe euch das hier Spaß gemacht. Donnerwetter, ich hab noch nie jemanden gehabt, der so schnell arbeitet. Seht euch all die Nüsse an!« Die Säcke waren so schwer, daß wir alle ihm helfen mußten, sie auf den Wagen zu heben.
Wir hatten die Nüsse auf Halbpart gesammelt. Da wir vier Säcke hatten, erwartete ich, Mr. Wheeler würde uns zwei überlassen. Statt dessen wog er sie nach, Gramm für Gramm, um sicherzugehen, daß wir auch keinen Fitzen mehr hatten als er. Er hielt uns zwei Stunden auf, bis er alle Nüsse nachgewogen hatte. Wir kamen erst um acht nach Hause. Am nächsten Tag nach der Schule gingen wir wieder hin und machten die Arbeit fertig. Am Samstag fuhren Raymond und Mama die Nüsse nach Woodville, wo sie achtzehn Cent für das Pfund bekamen statt fünfzehn, die man in Centreville bezahlte. Wir hatten im ganzen für hundertzwanzig Dollar Nüsse gesammelt. Mama benutzte das Geld, um uns Schulkleider zu kaufen – Schuhe, Kleider und Hosen.
In der folgenden Woche sammelten wir Nüsse für Miss Minnie,

eine alte Dame, die gegenüber von Mr. Wheeler wohnte. Als wir fertig waren, bat mich Miss Minnie, die Veranda zu kehren, dann fragte sie mich, ob ich ihr an einigen Abenden helfen könnte; so begann ich, für sie zu arbeiten. Ich mußte den Abfall verbrennen und dann die Veranden und Flure des Hauses fegen. Sie gab mir drei Dollar die Woche und erlaubte mir, die wenigen Nüsse, die nach der ersten Ernte übriggeblieben waren, zu sammeln. Ich verkaufte sie und verdiente während der Saison sechs Dollar in der Woche. Als die Pecanernte vorüber war, fing ich an, für Mr. und Mrs. Jenkins, ein junges Paar, das neben Miss Minnie zur Miete wohnte, das Kind zu hüten. Sie hatten ein kleines Mädchen namens Donna, das gerade zu laufen anfing, ein zweites Kind war unterwegs.

Da Mrs. Jenkins bei Donnas Geburt Schwierigkeiten gehabt hatte, war sie wegen dieser zweiten Schwangerschaft außerordentlich ängstlich. Sie erwartete das Kind in zwei Monaten und war so dick, daß alle glaubten, sie würde Zwillinge bekommen. Sie konnten sich eigentlich gar keine Hilfe leisten, aber die kleine Donna wurde Mrs. Jenkins allmählich zuviel. So stellten sie mich an, damit ihr das Kind nicht immer um die Beine wuselte. Ich ging mit der Kleinen spazieren, las ihr Geschichten vor und erfand Spiele für sie. Wir brachten Stunden unter Miss Minnies Nußbaum zu, spielten und lasen Nüsse auf.

Es kam mir komisch vor, daß ich Mrs. Jenkins ›Mrs. Jenkins‹ nennen mußte, denn sie sah nicht viel älter aus als ich. Sie merkte, daß mich etwas störte, und erklärte mir, ihr Vorname sei Linda Jean, und wenn ich sie Mrs. Jenkins nenne, so erinnere sie das zu sehr an ihre Mutter, die von jedem, besonders von Negern, verlange, daß sie sie Mrs. nannten. Seit dieser Zeit gewann ich Linda Jean wirklich lieb. Sie behandelte mich, als wäre ich eine ihrer Freundinnen, und wenn wir zusammen waren, dachten wir gar nicht an den Unterschied unserer Hautfarbe; erst wenn sie mich bezahlte, fiel mir das wieder ein. Nur dann empfand ich, daß ich ihr Dienstmädchen war. Als ich Linda Jean erzählte, daß ich das älteste von fünf Kindern sei und daß meine Mutter wieder ein Baby erwarte, sagte sie: »Donnerwetter, da müßtest du ja mehr von kleinen Kindern verstehen als ich.« Wenn sie manchmal ihre Anfälle von Übelkeit hatte, fragte sie mich sogar, was sie tun sollte, als sei ich eine Spezialistin fürs Kinderkriegen.

Sie war so nett zu mir, daß ich ihr auch bei der Hausarbeit half, wenn ich sah, daß sie gar nicht damit fertig wurde. Ich tat das, obwohl ich nur dafür bezahlt wurde, auf Donna aufzupassen. Ein paar Wochen bevor sie niederkommen sollte, begann sie, mich für die gesamte Hausarbeit zu bezahlen und zusätzlich für die Beaufsichtigung des Kindes. Im ganzen gaben sie mir zwölf Dollar die Woche; soviel hatte ich noch nie verdient. Ich fühlte mich ein wenig schuldig, daß ich soviel Geld von ihnen annahm, denn ich wußte, daß sie es sich nicht leisten konnten, aber zu Hause ging es so schlecht, daß ich dazu gezwungen war.

Eines Tages stand ich in der Küche und wusch Geschirr, während Linda Jean vor dem Haus mit der Nachbarin aus dem großen weißen Holzhaus sprach. Diese war eine hübsche, große, schlanke Frau mit meliertem Haar. Ich hatte eben den Mixer gespült und wußte nicht, wo ich ihn hinstellen sollte.

»Linda Jean«, rief ich, »wo kommt der Mixer hin?«
»Ganz oben links in den Schrank«, rief sie zurück.
Einen Augenblick später erschien die Nachbarin in der Küche.
»So nennst du also Mrs. Jenkins – Linda Jean!« sagte sie böse.
Ich sah sie verwirrt an und dachte: ›Verdammtnochmal, was will die denn?‹
Plötzlich war Linda Jean da und schrie:
»Mama, Essie arbeitet bei *mir*! Ich hab dir oft genug gesagt, daß du dich nicht in meine Angelegenheiten mischen sollst!«
Sie stand hinter der Dame in der Tür. Ich merkte jetzt, daß es ihre Mutter war. Linda Jean war so aufgebracht, daß sie zitterte. Ihre Mutter starrte sie einen Augenblick lang an, dann ging sie.
Linda Jean hatte sich so aufgeregt, daß sie sich hinlegen mußte. Während ich den Rest des Geschirrs wusch, überlegte ich, warum Linda Jeans Mutter, die ich in ihrem Hof hatte Blätter zusammenrechen sehen, während ich mit Donna unter dem Nußbaum spielte, mich nie angesprochen hatte. Ich hatte nicht einmal vermutet, daß sie Linda Jean überhaupt *kannte*.
Als ich mit dem Geschirrspülen fertig war, klopfte ich leise an Linda Jeans Tür. Sie war wach und bat mich, hereinzukommen.
»Ich bin mit der Küche fertig. Soll ich noch etwas anderes tun, solange Donna schläft?« fragte ich.
»Hör mal, Essie, reg dich nicht wegen Mama auf. Sie muß ein für allemal lernen, daß ich anders bin als sie«, sagte sie, ohne auf meine Frage einzugehen. Sie redete weiter, und ich stand nur da und hörte zu.
»In der allerletzten Minute kommt sie herüber und fragt, ob sie mir

helfen kann! Sie wollte nicht, daß ich Bill heirate, und sie hat mir überhaupt nicht beigestanden, als es mir mit Donna so schlecht ging. Sie wollte sogar, daß ich das Kind abtreiben solle. Bill und ich gingen einfach von zu Hause fort und heirateten, und danach hat sie monatelang nicht mit mir gesprochen. *Jetzt* will sie mir helfen! Bill will sie gar nicht im Haus haben.«

Am folgenden Samstag war Mrs. Burke, Linda Jeans Mutter, wieder da. Sie kam in dem Augenblick herein, wo Linda Jean mich bezahlte. Sie sagte nichts, aber als ich nach Hause gehen wollte und auf der Hinterveranda stehenblieb, um ein paar Handtücher aufzuheben, die von der Leine gefallen waren, hörte ich zufällig, wie sie zu Linda Jean sagte: »Ich verstehe dich nicht. Wenn du kein Geld hast, warum zahlst du ihr denn zwölf Dollar. Die reichsten Leute in der Stadt geben ihren Dienstboten nicht soviel. Mehr als sechs Dollar zahlt *keiner*.«

»Aber Mama, sie tut *alles* hier. Du bist ungerecht! Ich tue *überhaupt* nichts im Haus«, hörte ich Linda Jean sagen.

Ich war überrascht, daß ich mehr verdiente als irgendein Dienstmädchen in Centreville, und ich fühlte mich Linda Jean noch mehr verbunden. Gleichzeitig bedrückte es mich noch mehr, das Geld anzunehmen. Auf dem Heimweg war ich ganz sicher, daß Linda Jean sich von ihrer Mutter nicht überreden lassen würde, mir weniger zu zahlen. Aber am nächsten Samstag gab sie mir nur sechs Dollar. Ich war so betroffen, daß ich nichts sagen konnte. Ich nahm das Geld einfach und ging nach Hause. Ich dachte viel darüber nach und wäre beinahe nicht mehr hingegangen. Aber da wir sogar diese sechs Dollar so nötig brauchten, ging ich am Montagnachmittag wieder hin.

Mir schien, daß Linda Jean und Mrs. Burke ein wenig besser miteinander auskamen, denn Mrs. Burke war viel häufiger da. Ich vermutete, daß Mrs. Burke sie jetzt finanziell unterstützte. Ich wußte, daß Linda Jean nicht so war wie ihre Mutter und sie immer noch nicht ausstehen konnte, aber sie versuchte des Geldes wegen mit ihr auszukommen.

Ein paar Tage später kam Linda Jean ins Krankenhaus. An diesem Samstag ging ich hin und putzte das Haus gründlich von oben bis unten. Mrs. Burke paßte auf Donna auf. Ich war früh mit meiner Arbeit fertig, aber da ich auf Mr. Jenkins warten mußte, der mir meinen Lohn geben sollte, ging ich zu Miss Minnie hinüber, um zu sehen, ob sie etwas für mich zu tun hatte. Während ich Wäsche für sie spülte, erwähnte sie zufällig, daß Mr. Jenkins der Sohn des Sheriffs von Woodville war. Ich hatte viel Schlimmes über diesen Sheriff gehört. Er war als ›Niggerhasser‹ bekannt und einer der gemeinsten Sheriffs in der ganzen Gegend. Der Gedanke, daß ich für den Sohn eines so bösen Menschen arbeitete, erschreckte mich.

Als ich mit Miss Minnies Wäsche fertig war, suchte ich mir etwas anderes zu tun, denn ich hatte Angst, in das Nachbarhaus zurückzugehen. Schließlich hörte ich Mr. Jenkins mit seinem großen Tankwagen vorfahren. Jetzt fiel mir ein, wie er an manchen Abenden heimkam, von Kopf bis Fuß schwarz verschmiert und nach Benzin und Öl stinkend und mit einem Gesicht, als hasse er es, seinen Lebensunterhalt mit Benzinfahren verdienen zu müssen. Je schmutziger er war, desto wütender sah er aus. Wenn er in dieser Stimmung war, schlich Linda Jean ganz still um ihn herum. Er sprach kaum je mit mir, daher konnte ich nicht wissen, was er über Neger dachte, aber jetzt, wo ich wußte, daß er der Sohn dieses Sheriffs war, konnte ich ihn mir nur gemein und grausam vorstellen.

Ich wußte, daß er, wenn er abends nach Hause kam, zuerst das klebrige Öl und den Schmutz von seinen Händen schrubbte. Deshalb blieb ich bei Miss Minnie, bis ich annahm, er habe seine Wäsche beendet. Ich wollte nicht herumstehen und auf mein Geld warten. Als ich schließlich hinüberging, stand er in der Küche, noch ganz schmutzig, und kramte in einer Werkzeugkiste. In einer Hand hielt er einen großen Schraubenschlüssel, und mit der anderen wühlte er in der Kiste. An der Art, wie er wühlte, sah ich, daß er wütend war. Schweißperlen standen auf seiner beginnenden Glatze. Ich betrachtete ihn und überlegte, ob ich ohne Geld nach Hause gehen sollte. In diesem Augenblick sah er auf und sagte: »O Essie, ich dachte, du wärst schon gegangen. Bitte, hol Donna von nebenan und zieh sie an. Ich will sie mit zu Linda Jean nehmen.«

Auf meinem Weg zu Mrs. Burkes Haus stellte ich fest, daß Mr. Jenkins, auch wenn er der Sohn des Sheriffs war, doch nicht unfreundlich mit mir sprach. In den folgenden Wochen vergaß ich allmählich, wer sein Vater war.

Kurz nachdem Linda Jean ihr Kind zur Welt gebracht hatte, bekam auch Mama eins. Und sie hätte es beinahe auf dem Standesamt gekriegt. Ein paar Tage vor ihrer Niederkunft hatte sie den festen Entschluß gefaßt, Raymond zu heiraten, ob nun Miss Pearl zustimmte oder nicht. Länger als eine Woche hatte sie mit Raymond geschmollt.

Dann machten sie sich eines Tages fein. Raymond zog seinen blauen Anzug an, der schon so lange im Schrank gehangen hatte, daß er violett geworden war. Es war einer dieser altmodischen, doppelreihigen Anzüge mit weiten Ärmeln und Hosenbeinen, die nach den zwanziger Jahren aussehen. Mama trug ihr bestes Umstandskleid. Während sie sich anzogen, sprachen sie kaum ein Wort miteinander. Raymond sah düster und verängstigt aus. Ich fand, es ist wirklich Zeit, daß Mama begreift: sie hat jetzt genug Kinder von Raymond, ohne mit ihm verheiratet zu sein. Sie hatte mir gesagt, sie wolle nicht, daß Miss Pearl und die anderen vorher etwas von ihrer Eheschließung erfuhren. Aber ich hätte Lust gehabt, hinüberzulaufen und es Miss Pearl ins Gesicht zu schreien.
Ich saß auf der Veranda und beobachtete, wie sie zum Wagen gingen: Mama mit hochgezogenen Schultern und immer noch schmollendem Mund. Raymond, ein Stückchen hinter ihr, sah aus, als ob er am liebsten geweint hätte. Man hätte glauben können, sie gingen zu einem Begräbnis.
Es schien, als brauchten sie eine Stunde, um bis zum Auto zu gelangen, obgleich es nur ein paar Meter vom Haus entfernt stand. Mama stieg ein, ohne Raymond auch nur einen Blick zuzuwerfen. Sie saß da und starrte gerade vor sich hin. Raymond setzte den Wagen ganz langsam rückwärts aus der Einfahrt. Er hatte keinen Rückspiegel, deshalb drehte er sich gewöhnlich nach rechts und schaute zum Rückfenster hinaus, um die Kehre zu kriegen. Aber heute wollte er den Kopf offenbar nicht Mama zuwenden und setzte den Wagen zurück, ohne einen Blick nach hinten zu werfen. Als er wendete, nahm er die Kurve zu knapp und setzte den Wagen genau in den Graben. Mama rührte sich nicht einmal. Sie saß nur da und schob die Lippen noch ein wenig mehr vor. Raymond polterte aus dem Wagen, fluchte, kletterte wieder hinein, haute auf den Anlasser, und der Wagen schoß aus dem Graben heraus. Ich fragte mich, ob sie in dieser Stimmung überhaupt bis zum Standesamt kommen würden.
Ich saß immer noch auf der Veranda, als sie zurückkamen. Mein erster Gedanke war, daß sie gar nicht bis nach Woodville gefahren sein konnten, so schnell waren sie zurück, aber daß sie verheiratet waren, das konnte ich sehen. Als Raymond den Wagen parkte, dröhnte aus dem Radio Rock'n' Roll. Mama grinste übers ganze Gesicht. Zum erstenmal seit Wochen sprachen sie miteinander. Raymond stieg aus, ohne das Radio auszuschalten, und ging auf den

Schweinestall zu. Es schien ihm langsam zu dämmern, daß er verheiratet war. Mama blieb im Wagen sitzen und lauschte auf den Schlager im Radio. Ganz plötzlich stieg sie aus und fing an, zu dem schnellen Rhythmus zu twisten. Ihr großer schwangerer Leib schwappte von einer Seite zur andern.

»Essie Mae«, rief sie, »sieh mich an.« Als ob ich das nicht sowieso schon tat.

»Hör auf, sonst fällst du noch und brichst dir ne Hüfte oder sonst was«, schrie Raymond, der sich umgedreht hatte. In diesem Augenblick war das Lied zu Ende. Als Mama die letzte Drehung machte, dachte ich, sie würde das Kind auf die Veranda hinaufschleudern.

Das Baby mußte die Nachricht gehört haben, daß es jetzt beruhigt ans Tageslicht kommen konnte, denn ein paar Tage später war es da. Mama liebte Raymond damals so sehr, daß sie das Kind Raymond jr. nannte und ihm den Rufnamen Jerry gab. Mir schien, ich käme nie mehr von schreienden Säuglingen los. Wenn ich zur Arbeit ging, brüllte Linda Jeans Baby Johnny, wenn ich nach Hause kam, war der kleine Jerry dran. Und so blieb es eine lange Zeit.

8. Kapitel

Während ich in der siebten Klasse war, arbeitete ich das ganze Jahr hindurch für Linda Jean. Aber im Frühling und Sommer dieses Jahres versuchte Raymond sich wieder in der Landwirtschaft, und ich konnte ihr nur an den Wochenenden helfen. Als ich im folgenden Herbst in die achte Klasse kam, waren wir ärmer denn je. Raymond hatte mit dem Land noch weniger Glück gehabt als im Jahr zuvor, so konnten wir uns keine neuen Kleider für den Schulanfang kaufen. Ich war so in die Breite gegangen, daß ich mich nur mit Mühe in zwei meiner alten Schulkleider hineinzwängen konnte. Sie waren mir so eng geworden, daß ich mich genierte, sie anzuziehen. Ich hatte im Sommer neue jeans für die Feldarbeit bekommen und trug sie jetzt in der Schule zwei- oder dreimal in der Woche. Aber ich entwickelte mich weiter so schnell, daß auch die jeans bald zu eng wurden. Ich erntete so viele anerkennende Pfiffe von den Jungen in der Klasse, daß die kesseren Mädchen anfingen, jeans zu tragen, die noch enger waren als meine. Dann fingen die Jungen der Oberschule an darüber zu reden, was für tolle Mädchen es in der achten Klasse gäbe, und die Mädchen der Oberschule fingen auch an, enge jeans zu tragen. Ich hatte Blue jeans zur Mode gemacht.
An einem Freitag, Anfang Oktober, sagte Mrs. Willis kurz vor Schulschluß, daß die Klasse am Montagmorgen ihre Königin für die Feier zum Schulanfang wählen solle. Mir gefiel keins der Mädchen so, daß ich es als Königin hätte vorschlagen mögen. Ich dachte, die Jungen werden sich schon zusammentun und eins von den kessen Mädchen vorschlagen. Ich machte mir deshalb weiter keine Gedanken darüber.
Der feierliche Schulbeginn war im November. Alle Klassen von der fünften bis zur zwölften wurden in einem Festzug durch je eine Königin vertreten. Danach fand ein Fußballspiel statt. Die Königin, deren Klasse das meiste Geld sammelte, wurde Miss Willis High, sie wurde während der Halbzeit zur Königin des Schulbeginns gekrönt. Jedes Mädchen in meiner Klasse wußte, daß unsere Königin bestimmt gewinnen würde, denn die Klasse von Mrs. Willis brachte immer das meiste Geld zusammen. Mrs. Willis verstand es besser

als jeder andere Lehrer und jede andere Lehrerin der Schule, Geld zu sammeln.
Als am Montagmorgen die Anwesenheitsliste verlesen war, verteilte Mrs. Willis Zettelchen und bat uns, den Namen unserer Kandidatin daraufzuschreiben. Aus reinem Blödsinn schrieb ich meinen eigenen Namen auf den Zettel. Ich wußte, daß das Ergebnis der Wahl von den Jungen abhing, denn alle Mädchen außer Darlene und mir, die Einzelgänger waren, waren in zwei Gruppen gespalten: die Kessen und die Stillen. Trotzdem würde es ein knappes Ergebnis werden, denn wir waren fast doppelt soviel Mädchen wie Jungen in der Klasse. Den ganzen Tag sah man diese drei Gruppen beieinanderstehen und beraten. Als wir schließlich in der letzten Stunde wieder in Mrs. Willis' Klasse zusammenkamen, waren alle ganz still.
»Kinder, während meiner Freistunde habe ich die Stimmen gezählt«, sagte sie, »und ich bin sehr froh, daß ichs getan habe, denn wir haben drei Königinnen gewählt.«
Es gab Ohs und Ahs und Atemlosigkeit. Alle Mädchen sahen einander an und fragten sich, wer wohl die dritte Königin sei, die, die ohne Zweifel von den *Jungen* gewählt worden war.
»Ich bitte die Königinnen, vorzutreten, so wie ich sie aufrufe«, sagte Mrs. Willis. »Königin Amanda!«
Amanda, das hübscheste Mädchen der stillen Gruppe, ging scheu nach vorn und stellte sich mit niedergeschlagenen Augen neben das Pult.
»Königin Dorothy!« rief Mrs. Willis.
Einige der Mädchen aus der kessen Gruppe klatschten, als Dorothy in ganz engen jeans und mit reichlich selbstbewußter Miene nach vorn flitzte. Dort stellte sie sich neben Amanda, stemmte die Hände in die Hüften und streckte den Hintern raus. Ein paar Jungen machten leise »Buh«, und plötzlich sah sie gar nicht mehr so selbstsicher aus. Ich war über dies »Buh« sehr erstaunt, denn ich hatte geglaubt, daß Dorothy, das kesseste Mädchen der achten Klasse, die Kandidatin der Jungen wäre.
Mrs. Willis räusperte sich. Ich merkte, daß unsere überraschten Gesichter ihr Spaß machten.
»Königin Essie!« sagte sie. Die Mädchen beider Gruppen fielen beinahe in Ohnmacht, aber die Jungen fingen an zu pfeifen und »Hoch« zu rufen. Ich sah mich nach der Königin Essie um. Plötzlich ging mir auf, daß *ich* die Königin Essie war. ›Die Jungen haben mich gewählt!‹ dachte ich und vergaß vor Überraschung, den Mund zuzumachen.

»Königin Essie, wir warten«, sagte Mrs. Willis lächelnd.
»Meinen Sie mich?« sagte ich und zeigte auf meine Brust.
»Du bist doch Essie, oder nicht?« sagte Mrs. Willis.
Als ich mich auf den Weg nach vorn machen wollte und die Jungen immer lauter pfeifen hörte, fielen mir meine engen Hosen ein. Da ließ ich mich wieder auf meinen Sitz fallen. Eins der kessen Mädchen, das mich nicht leiden konnte, flüsterte hinter mir: »Jetzt schämst du dich wohl, deinen Hintern zu zeigen, Moody.« Ich hätte ihr am liebsten ins Gesicht gespuckt, statt dessen stand ich auf und schwenkte den ganzen Weg bis hinauf zu Mrs. Willis' Pult mit Absicht mein Hinterteil. Die Jungen pfiffen wie verrückt. Mrs. Willis lachte, als mache ihr die ganze Sache einen höllischen Spaß.
Als wir drei nun neben ihrem Pult standen, bat sie, eine von uns durch Handaufheben zu wählen, aber die Prozedur zog sich lange hin, ohne daß eine klare Majorität erreicht wurde; deshalb entschied Mrs. Willis, daß die drei Kandidatinnen und ihr Anhang unter sich einen Wettbewerb austragen sollten: Wer in den nächsten drei Wochen das meiste Geld sammelte, hatte gewonnen. In diesen Wochen gingen wir in der ganzen Schule herum und verkauften Popkorn, heiße Würstchen, kandierte Äpfel und allerlei anderes Zeug. Dorothy und ihre Bande taten so, als kriegten sie Millionen Dollar zusammen. Diese Schau war so gut, daß Amanda und ihre Gruppe den Mut verloren, aber ich wußte, daß Dorothy nur bluffte, denn wenn sie und ihre Bande soviel Geld verdient hätten, so hätten sie nicht soviel Geschrei darum gemacht. Ich wußte auch, daß ich einen Vorteil hatte: Die meisten der Jungen arbeiteten nach der Schule, ich auch, und wir steckten jeden Penny, den wir verdienten, in unseren kleinen Handel. Als die drei Wochen vorbei waren, hatten wir fünfzig Dollar mehr zusammengebracht als die beiden anderen Gruppen zusammen, und ich wurde die Schulanfangs-Königin der achten Klasse. Mrs. Willis und die ganze Klasse setzten nun ihren Ehrgeiz darein, mich zur Königin der ganzen Schule zu machen.
Ich hatte früher immer gedacht, daß Mrs. Willis, weil sie die Frau des Schulleiters war, das Geld, das an der Imbißtheke hereinkam, und manches andere dazu benutzte, ihrer Klassenkönigin zum Sieg zu verhelfen. Aber jetzt, da sie uns Tag für Tag zur Arbeit antrieb, merkte ich, daß sie gewann, weil sie besser organisieren konnte als die anderen Lehrer. Sie teilte die Klasse in fünf Gruppen, und jeden Tag in der Woche mußte eine der Gruppen irgend etwas verkaufen. Dazu veranstaltete sie gesellige Abende, an denen auch Geld einkam.

Eine Woche vor der offiziellen Feier des Schulbeginns versammelten wir uns in der Kapelle, und jede Klasse brachte das Geld, das sie gesammelt hatte. Die Gesamtsumme aller Klassen betrug ungefähr siebzehnhundert Dollar, davon hatte die unsere allein fast achthundert Dollar aufgebracht. Damit lagen wir weit über der zweitbesten Klasse. Die Sekretärin der Schule bat die Königin der achten Klasse, auf die Bühne zu kommen und Schulleiter Willis das Geld zu überreichen. Als sie mir das Geld in die Hand gab, hatte ich beinahe das Gefühl, daß ich es ganz allein verdient hätte, so erschöpft war ich. Ich hatte eigentlich gar keine Lust, es Willis zu übergeben, der dastand mit seinem breiten fetten Grinsen auf dem Gesicht, das ich nicht ausstehen konnte,
Als ich an diesem Nachmittag zur Arbeit ging, wurde mir ganz bange, weil mir bewußt wurde, daß das Fest in weniger als einer Woche stattfinden sollte. Ich hatte so schwer geschuftet, um das Geld zusammenzubringen, damit ich Königin wurde, und hatte darüber vergessen, daß sie ein Abendkleid und all diesen Kram brauchte. Alles, was ich an Kleidung besaß, waren ein Paar Blue jeans und zwei zu eng gewordene Kleider.
Als ich bei Linda Jean ankam, war ich zu niedergeschlagen, um richtig arbeiten zu können.
»Was ist denn los, Essie?« fragte sie mich. »Hast du das Rennen verloren?«
»Ich wünschte, ich *hätte* es verloren«, brummte ich.
»Wie, du hast also *gewonnen*? Warum bist du denn so traurig?«
Als ich ihr erklärte, daß ich gar nicht an das Abendkleid gedacht und kein Geld mehr hätte; daß das Fest nächste Woche sei und ich nicht wisse, was ich tun solle, stürzte sie zum Kleiderschrank. Sie kam mit einem alten verblichenen rosa Abendkleid zurück, das aussah, als stamme es aus Mrs. Burkes Jungmädchenzeit. Das Kleid machte mich noch niedergeschlagener; Linda Jean sah mir an, was ich von ihm hielt. Ich brauchte ihr nichts mehr zu sagen. Sie hängte es schnell in den Schrank zurück.
Als ich nach Hause kam, ging ich geradewegs in mein Zimmer und ließ mich aufs Bett fallen. Mama kam gleich hinter mir her. Ich blickte so trübe drein, daß sie dachte, ich hätte verloren. Als ich ihr erzählte, ich hätte gewonnen, stimmte sie ein Geschrei an, als sei *sie* gerade zur Königin gemacht worden oder zu sowas Ähnlichem.
»Warum machst du denn so ne Fresse? Ich seh dich schon auf dem Festwagen sitzen«, sagte sie und betrachtete sich selbst im Spiegel.

»Wie? Etwa in Blue jeans?« sagte ich höhnisch.
»Nun, das *ist* tatsächlich ein kleines Problem«, sagte sie und drehte sich vor dem Spiegel. »Aber das werden wir bald haben.«
»Was soll das heißen: das werden wir bald haben? Wo sollen wir denn Geld herkriegen für ein Kleid, das nach was aussieht?«
»Nun, ich hab vor zwei Wochen Papas Cousine Clara getroffen und ihr gesagt, daß du Königin wirst, und sie hat mir gesagt, daß Diddly in New Orleans Arbeit hat und ne Menge Geld macht, und ich hab ihr deine Kleidergröße genannt und gesagt, sie solle ihm schreiben, er soll dirn Kleid *kaufen*.«
»Aber das Fest ist am Donnerstag, und das Gespräch ist schon zwei Wochen alt«, widersprach ich.
»Mach dir keine Sorgen. Der soll mal wagen, es *nich* zu kaufen.«
Ich wunderte mich, daß sie jetzt so etwas von Papa verlangte, wo sie es doch nicht geduldet hatte, daß er uns half, als wir noch klein und halb verhungert waren. Ich dachte mir: Sie will auf jeden Fall Staat mit mir machen, und da wir pleite sind, hat sie sich bereit gefunden, sich ihren Stolz zu verkneifen, Ich war immer noch nicht ganz beruhigt, weil das Fest so nahe bevorstand, aber sie hatte in einem so drohenden Ton gesagt: »Der soll mal wagen, es dir nicht zu kaufen«; mir schien, Papa würde es wirklich nicht wagen.
Aber der Dienstag verstrich, und ich hatte immer noch nichts von Papa gehört. Ich wurde so nervös, daß ich mich entschloß, Mrs. Willis am nächsten Tag zu sagen, ich könne nicht Königin sein. Aber als ich am Mittwoch in die Schule kam und alle mich wie eine Königin behandelten, änderte ich meine Absicht und entschloß mich, Königin zu werden, und wenn ich Linda Jeans altes verblichenes rosa Kleid tragen müßte. An diesem Abend kam ich nach der Arbeit mit Linda Jeans Kleid unter dem Arm nach Hause. Mama stand auf der Veranda und wartete auf mich.
»Was hast du da in der Schachtel?« fragte sie mich.
Ich gab keine Antwort. Ich ging ins Haus, riß die Schachtel auf, packte das Kleid und hielt es vor mich.
»Wie gefällt dir Frankensteins Braut?« fragte ich und schnitt eine Grimasse.
»Wo hast de denn das Scheißding her?« fragte Mama. »Sieht aus wie was aus dem vierzigsten Jahrhundert!«
»So–o? Nun, für mich ist morgen eben das vierzigste Jahrhundert«, sagte ich, knallte das Kleid aufs Bett und machte ein Geräusch, als müßte ich kotzen.

Plötzlich sagte Mama ganz leise: »Clara sagt, du sollst zu ihnen kommen. Sie hat einen Brief für dich von Diddly.«
»Einen Brief«, schrie ich. »Und der Festzug ist morgen. Was soll ich denn mit nem Scheißbrief?«
»Sst, sst«, sagte Mama und gestikulierte aufgeregt zur Küche hin. Ich wußte, daß Raymond in der Küche war und wahrscheinlich nichts davon wußte, daß Mama mit meinem Papa Verbindung aufgenommen hatte. Ich sagte deshalb nichts mehr und machte mich auf den Weg zu Clara.
Ein paar Minuten später klopfte ich an Claras Tür.
»Wer ist da?« hörte ich meine Cousine rufen.
»Ich bins. Essie Mae.«
»Einen Augenblick, Herzchen!« Drinnen wurde eilig herumhantiert. Dann öffnete sich die Tür.
»Ich hab schon auf dich gewartet. Ich hab schon gedacht, du kämst gar nicht mehr«, sagte Clara und winkte mir, ins Wohnzimmer zu kommen.
»Mama hat gesagt, du hast einen Brief für mich von Papa«, sagte ich und setzte mich aufs Sofa.
»Wart mal. Ich muß ihn eben holen gehen.« Sie verschwand im Schlafzimmer. Einen Augenblick später erschien sie wieder in der Tür und lächelte übers ganze Gesicht.
»Hier ist der Brief. Unterschrieben, versiegelt und ausgehändigt«, sagte sie, streckte den Arm hinter sich und zog jemanden ins Zimmer.
Der Mund blieb mir weit offen stehen, als ich den Jemand erkannte. Es war Papa. Ich hatte ihn nicht mehr gesehen, seit er damals, als Großvater starb, im Hof kauerte. Er stand jetzt grinsend da, in der Hand einen großen Karton. Er sah größer aus, als ich ihn in Erinnerung hatte, und sein Schnurrbart war dichter. Er war schick gekleidet, ganz städtisch, mit einem zum Anzug passenden Pullover. Er sah gut aus. Ich stand da und starrte ihn an.
»Also, du wolltest dir den Brief abholen; hier ist er«, sagte Clara schließlich, um das verlegene Schweigen zu brechen. In diesem Augenblick kam Papa auf mich zu, als hätte er am liebsten den Karton hingeworfen und mich wie ein kleines Mädchen in die Arme genommen. Aber statt dessen stellte er den Karton ungeschickt auf das Sofa und sprach: »Los, mach ihn auf.«
Ich wandte mich von ihm ab, dem Karton zu, froh, daß ich seinem sehnsüchtigen Blick ausweichen konnte. Es war ein großer läng-

licher Karton, der mit blauem Band verschnürt war. Langsam machte ich ihn auf.

»Oh«, da verschlug es mir fast den Atem. In der Schachtel lag ein schönes blaues Abendkleid mit einem Spitzenleibchen. Ich saß da und betrachtete es lange. Am liebsten wäre ich Papa um den Hals gefallen, hätte ihn geherzt und geküßt und mich bedankt, aber ich brachte es einfach nicht fertig.

»Hols heraus. Hols heraus und siehs dir an«, sagte Papa.

Vorsichtig hob ich das Kleid aus dem Karton, stand auf und hielt es vor mich.

»Junge, Junge, du wirst morgen *prima* aussehen«, sagte Clara und zog mich vor den langen Spiegel, der an der Tür zum Schlafzimmer hing. »Diddly, von Kleidern verstehst du was, das muß man dir lassen!«

Als ich in den Spiegel blickte, konnte ich ihn hinter mir sehen, wie er mich lächelnd betrachtete.

»Ist sie nicht einfach reizend«, sagte er zu Miss Clara. Ich merkte, daß er irgend etwas sagen mußte.

»Oh, das Kleid ist *so* schön. Ich danke dir *so* sehr«, sagte ich. Ich wünschte, ich hätte den Mut aufgebracht, ihn Papa zu nennen, wenn auch nur, um ihm eine Freude zu machen. Ich konnte sehen, wie eine leichte Verstimmung über sein Gesicht glitt, aber er ging schnell darüber hinweg, indem er nach Adline und Junior fragte. Wir sprachen nur ganz kurz miteinander, dann lief ich zum Haus hinaus, den Karton fest an die Brust gedrückt. Im Laufen warf ich einen Blick zurück und sah Papa, der mit Clara auf der Terrasse stand und mir nachsah.

Ich wußte, daß zu Hause alle in der Küche saßen, deshalb ging ich durch die Hintertür ins Haus.

»Mama und ihr alle, seht euch das an!« schrie ich und rannte durch die Küche in mein Zimmer. Ich nahm das Kleid heraus und hielt es mir vor, während Mama, Adline und alle Kinder hereinströmten.

»Ooh, wo hast du das denn her?« fragte Adline.

Gerade als ich antworten wollte, blickte Raymond in das Zimmer hinein.

»Wo hast du denn das Kleid nun *tatsächlich* her?« fragte Raymond. Er sah so aus, als wüßte er die Antwort schon.

»Mein *Papa* hat es mir gekauft!« sagte ich.

Er sagte kein Wort. Er drehte sich nur um und ging in die Küche zurück. Mama folgte ihm. Mir war es egal, was er dachte. Während der nächsten Stunden stolzierte ich umher, aber ich war nicht wirklich glücklich. Adline und Junior waren eifersüchtig, weil Papa ihnen nichts geschenkt hatte. Raymond war böse, weil er dachte, Mama habe Papa wiedergesehen, und Mama war bedrückt, weil Raymond bedrückt war. Aber ich war fest entschlossen, mir von ihnen die Freude nicht verderben zu lassen, deshalb wiegte ich mich in Träumen und stellte mir vor, wie ich morgen in diesem Kleid aussehen würde.

Am Donnerstagmorgen stand ich früh auf. Es war mein großer Tag. Da ich eine Königin war, durfte ich nicht hetzen, so meinte ich. Der Morgen in der Schule würde mit dem Schmücken der Festwagen vergehen. Ich mußte zum Friseur und beauftragte deshalb Adline, Mrs. Willis zu sagen, daß ich gegen zwölf in der Schule sein würde. Zum ersten Mal während der ganzen Festvorbereitungen war ich entspannt, da ich wußte, was für ein schönes Kleid ich tragen würde. Der Gang zum Friseur machte den Tag noch mehr zu etwas Besonderem, denn ich war erst einmal im Leben beim Friseur gewesen. Gegen ein Uhr tauchte ich auf dem Schulhof auf. Alles, was man sah und hörte, erinnerte an einen Karneval. Überall standen Wagen, Traktoren, Lastwagen und alle möglichen Gefährte, und Kinder kletterten darauf herum und dekorierten sie mit Kreppapier. Meine Kleiderschachtel fest an mich gedrückt, ging ich durch das Gewimmel und suchte nach meinen Klassengefährten. Der Lärm und das Durcheinander wurden immer größer. Die Mädchen gingen mit hochtoupiertem und in Locken gelegtem Haar herum, die meisten Jungen hatten das Haar frisch geschnitten und trugen ihre besten Anzüge; alle kamen mir wunderschön vor.

Als ich um eine Ecke bog, sah ich Mrs. Willis, die die Kinderschar überragte, auf einer Art Plattform. Nähergekommen bemerkte ich, daß sie auf der Ladefläche eines großen Lastwagenanhängers stand, sie gestikulierte und schrie meinen Klassenkameraden ihre Befehle zu: »Ben, Joe, los, alle Jungens mal her, macht mal voran und macht die Stühle da fest, wo ich die Zeichen gemacht habe. Seht mal, da kommt die Königin! Alles ist heute zu spät! Der Wagen kommt zu spät, die Königin kommt zu spät, und die Dekorationen sind noch nicht mal hier!« Sie schrie, ohne jemanden im besonderen zu meinen.

Ich trat zu einer meiner ›Hofdamen‹, und diese sagte mir, Mrs. Willis sei schlecht gelaunt, wir hätten in letzter Minute den Lastwagen beinahe nicht bekommen. Und die Mädchen, die vor drei Stunden weggegangen waren, um die von Mrs. Willis bestellten Dekorationen abzuholen, seien immer noch nicht zurück. Ich stand eine Weile herum, ohne etwas zu sagen. Die Dekorationen kamen, Mrs. Willis teilte alle außer mir und meinen Hofdamen zur Arbeit am Wagen ein. Als die Arbeit lief, führte sie mich und meine sechs Hofdamen in ihr Haus, wo wir uns umziehen sollten. Wir drängten uns alle in ihr Gästezimmer, und die Mädchen fingen sofort an, ihre Kleiderschachteln zu öffnen und ihre Kleider vorzuzeigen. Wir hatten geplant, daß die sechs alle Weiß tragen sollten, aber ich, die Königin, Blau. Als sie nun herumstolzierten und ihre Kleider vorführten, merkte ich wohl, daß jede das ihre für das allerschönste hielt. Plötzlich mußte ich einfach lachen. Dorothy, das Mädchen, das ich bei der Wahl geschlagen hatte, sah mich lachen und dachte, ich mache mich über sie lustig. Sie sagte laut und patzig: »Was hast du denn zu lachen, Moody? Du denkst wohl, nur weil du die Königin bist, müßtest du n Zimmer zum Umziehen ganz für dich allein haben.«

Ein paar von Dorothys Anhängerinnen lachten. Ich stand da mit der ungeöffneten Kleiderschachtel und lächelte immer noch. Alle Mädchen sahen mich jetzt neugierig an. Eine von Dorothys Freundinnen sagte: »Warum zeigst du uns denn *dein* Kleid nicht, Moody?«

Ohne ein Wort trat ich an eins der beiden Betten, die im Raum standen, stellte den Karton darauf, öffnete ihn vorsichtig und schlug das Seidenpapier zurück. Alle hatten sich um mich geschart, als deckte ich ein neugeborenes Kind auf. Dann hob ich das Kleid aus dem Karton und hielt es mir vor, und dann ging es los: »Ooh« und »Aah« und »Wo hast du *das* denn her?« und ich konnte sehen, daß jetzt keine mehr das eigene Kleid hübsch fand.

»Oh, darum hast du also da gestanden und gelacht und dich über *unsere* Kleider lustig gemacht!« zischte Dorothy. »Und wo hast du es denn *wirklich* her? Du hast es wohl von den *Weißen* geliehen, für die du arbeitest.«

In diesem Augenblick tauchte Mrs. Willis in der Tür auf.

»Schon gut, Mädchen, laßt die Moody in Ruhe. Schließlich ist sie die Königin, und es ist richtig, daß sie das hübscheste Kleid hat! Laßt jetzt das Gehechele und macht euch fertig. Ich hol jetzt ein paar Mädchen aus der Oberschule, daß sie euch beim Make-up helfen. Hast du verstanden, Dorothy, keinen Blödsinn, während ich weg bin!«

Als Mrs. Willis mit den Mädchen zurückkam, saßen wir alle in unseren Kleidern da und warteten nur noch auf das Make-up. Es war kurz vor vier, wo die Parade beginnen sollte, deshalb stürzten die

Mädchen nur so herein, warfen uns Handtücher um und fingen an, uns das Haar zu großen Tuffs hochzubürsten. Ich saß da und fühlte mich ganz wie eine verwöhnte Prinzessin, während sie mir Puder aufstäubten, Wimpern und Augenbrauen nachzogen und die Lippen mit zwei verschieden getönten Lippenstiften malten. Ich saß mit dem Rücken zum Spiegel auf einem Schemel, und da ich noch nie Maskara auf den Wimpern gehabt hatte, fürchtete ich, meine Augen würden gräßlich aussehen, deshalb versuchte ich dauernd den Kopf zu drehen und einen Blick in den Spiegel zu werfen. Aber jedesmal rutschte der Maskarapinsel ab und zog einen dicken schwarzen Strich bis zu meinem Ohr, und das Mädchen, das mich frisierte, packte jedesmal meinen Kopf und schrie: »Moody, wir werden nie mit deinem Haar fertig! Hör auf, dich rumzudrehen. Gleich kannst du in den Spiegel gucken. Sieh dir dein Gesicht an!« Eins der Mädchen tat nichts anderes, als mir dauernd Maskara aus dem Gesicht zu wischen. Sie machte eine Miene, als hätte sie mir am liebsten die Augen ausgekratzt. Sie toupierten mir das Haar vorn ganz hoch und ließen es hinten in langen Locken herunterhängen.
Als sie eben die letzten Handgriffe anlegten, kam Mrs. Willis mit einer Krone in den Händen hereingerannt. »O nein! Ist das *meine* Königin? Wie wunderschön! Hier, setzt ihr das auf! Wenn ihr andern fertig seid, dann geht nach draußen auf den Wagen«, sagte sie zu den andern Mädchen, die herumsaßen und zusahen, wie ich fertiggemacht wurde. Sie standen zögernd auf und gingen hinaus. Ich blieb mit Mrs. Willis und den beiden Mädchen, die mich frisierten, allein.
Als sie die Krone sorgfältig auf meinem Haar festgesteckt hatten, sagte Mrs. Willis lächelnd: »Jetzt dreh dich um, Königin, und schau dich an!«
Ich zog den Schemel ein wenig nach vorn, jetzt, da alles fertig war, hatte ich Angst, in den Spiegel zu schauen. Aber an der Art, wie Mrs. Willis mich ansah, merkte ich, daß sie mich hübsch fand.
Dann drehte ich mich um und mußte mein Gesicht berühren, um festzustellen, ob ich das wirklich war. Ich saß wohl fünf Minuten vor dem Spiegel, starrte mich an, mein aufgetürmtes Haar, meine vollen Brüste und breiten Hüften – ich merkte, daß ich nicht länger ein kleines Mädchen war. Dann tippte Mrs. Willis mir auf die Schulter und machte mir ein Zeichen, es sei Zeit zu gehen. Ich stand auf und warf noch einen Blick auf mein Spiegelbild. In voller Größe schien es noch unwirklicher. Ich sah, wie vollkommen das Kleid

paßte, und mußte an Papa denken. Ich wünschte, er könnte mich darin sehen, wie ich die Hauptstraße von Centreville entlangfuhr, die Königin der Willis High School.
Ich trat hinter Mrs. Willis nach draußen, da traf der kalte Novemberwind meine bloßen Schultern wie ein Schlag und ließ mich erschauern. Aber als ich mich dann umblickte und sah, wie alle meine Klassenkameraden mich anstarrten, wurde mir wärmer. Die Jungen standen da mit offenem Mund und machten »Ooh«, die Mädchen betrachteten mich voller Neid. Mrs. Willis ging neben mir her und lächelte stolz. Als wir uns der Menge näherten, gestikulierte sie mit den Händen, und die Jungen und Mädchen wichen auseinander, um mich durchzulassen. Ich hatte das Gefühl, über einen Samtteppich zu schreiten. Plötzlich erblickte ich den Festwagen. Er war über und über mit blauem und weißem Kreppapier geschmückt. Mein ganzer Hofstaat war darauf und wartete auf mich. Die Mädchen in ihren langen weißen Kleidern saßen, und die Jungen in ihren dunkelblauen Anzügen standen hinter ihnen. Während ich auf den Wagen zuging, trat mein Adjutant, Joe Lee, an den Rand des Wagens. Ich blickte auf und sah, daß er einen Frack trug. Er hatte ihn wahrscheinlich auch aus New Orleans bekommen.
Es stand ein Stuhl dort, über den man auf die Wagenplattform klettern konnte. Gerade als ich das tun wollte, stürzte einer der großen Jungen aus meiner Klasse, der mich sehr mochte, vor, hob mich auf und flüsterte: »Die Königin verdient es, getragen zu werden.« Ein anderer Junge, der verstanden hatte, was vorging, sprang auf den Stuhl. Ich wurde in seine Arme gehoben und vorsichtig auf der Plattform abgesetzt. Als ich dann da saß, meinen Hofstaat hinter mir und Joe Lee in seinem Abendanzug neben mir, fühlte ich mich mehr denn je als Königin.
Sobald ich saß, setzten sich die Wagen hinter die Musikkapelle. Ein paar Minuten später bewegten wir uns langsam auf die Stadt zu. Als wir in die Hauptstraße einbogen, sah es so aus, als seien alle Weißen und alle Neger in Centreville herbeigeströmt, um den Festzug zu sehen. Die Läden waren verlassen, und ich sah die Geschäftsleute, die ich kannte, am Bordstein stehen. Alles winkte und schrie Beifall. Dann sah ich Mama vor der Tankstelle an der verabredeten Stelle. Ich winkte ihr zu und merkte, daß sie mich kaum erkannte. Ich wandte mich ein wenig und sah plötzlich in eine Gruppe weißer Gesichter. Ich sah Linda Jean, auch sie machte ein Gesicht, als erkenne sie mich nicht. Sie fing an zu winken, zögerte dann. Jetzt

winkte ich ihr zu, und sie winkte zurück mit einem Ausdruck, der sagte: ›Nein, wie schön du bist‹, so, als sei sie überrascht, daß eine Negerin so schön aussehen könne. Ich hätte ihr am liebsten geantwortet: ›Ja, Linda Jean, ich bin es. Auch Negerinnen können schön sein.‹ Am liebsten hätte ich es ihr ins Gesicht geschrien, aber statt dessen lächelte ich nur und winkte ihr zu.

Auf der Mitte der Hauptstraße blieb die Kapelle stehen und begann zu spielen. Als ich die ersten Takte von ›Dixie‹ hörte, wäre ich am liebsten gestorben, besonders, als ich einige der bekannten weißen Gesichter sah, die den Text zu brüllen begannen. Unter ihnen stand ein großer dicker Mann, über den sich Joe Lee und die andern auf dem Wagen totlachen wollten. Er war so fett, daß bei jedem Ton sein Bauch, der aussah, als sei der Mann schwanger, auf und ab wackelte. Ich saß eine Weile da und versuchte, kühl zu bleiben und mich nicht so anzustellen, wie die Mädchen hinter mir. Aber als er jetzt die Arme hob und seine Hose unter den dicken fetten Bauch rutschte, vergaß ich, daß ich eine Königin war. Ich konnte mir das Lachen nicht verkneifen. Er war durch das Lied so von Sentimentalität überwältigt, daß er seinen großen roten nackten Bauch einfach wackeln ließ. Und jedesmal, wenn er wackelte, lachten wir lauter. ›Dixie‹ schien alle glücklich zu machen, Neger und Weiße. Nachdem die Kapelle das Lied beendet hatte, spielte sie eine flotte Weise, und die Tambourmädchen führten ihre kleine Parade vor. Dann stimmten die Musikanten ›Swanee River‹ an. Die ganze Stadt schien jetzt gemeinsam zu singen. Während sie sangen, saß ich auf dem Planwagen und hatte ein sehr seltsames Gefühl. Es lief mir kalt über den Rücken, und ich wurde von einer plötzlichen Angst befallen. Auf den Gesichtern der Weißen lag der Ausdruck einer seltsamen Sehnsucht. Die Neger sahen traurig aus. Ich saß da und versuchte zu verstehen, versuchte etwas aus den Worten des Liedes zu verstehen, dem ich aufmerksam folgte:

»Immer wieder wendet sich mein Herz
in die Ferne, weit den ›Swanee‹-Fluß hinunter,
dorthin wo die Meinen sind.
Öd und traurig ist die Welt,
wo immer ich auch geh.
O schwarze Brüder, schwer ist mir das Herz
so fern von den Meinen da unten.«

Es war etwas in ›Swanee River‹, das die meisten dieser alten Weißen berührte, die zur Begleitung der Kapelle sangen. Es war auch etwas darin, das die alten Neger noch trauriger machte. Ich spürte, daß es zwischen den alten Weißen und den alten Negern ein verbindendes Gefühl gab, das die jüngeren Leute nicht kannten oder nicht verstanden.

Diese Stimmung, die das Lied in mir erzeugt hatte, konnte ich den ganzen Abend nicht loswerden, und mir war kalt. Während des ganzen Festzugs zitterte ich. Und als ich am Abend während der Halbzeit des Fußballspiels zur Schulanfangs-Königin gekrönt wurde, fror ich noch mehr. Sobald die Feier vorüber war, ging ich nach Hause. Ich hatte ein Gefühl, als würde ich schwer krank.

9. Kapitel

Bald nachdem ich Königin geworden war, wurde mein Name geändert. Im Mai sollten wir aus der Schule entlassen werden, und Mrs. Willis hatte uns gebeten, ihr unsere Geburtsurkunden für die Schulliste zu bringen. Es stellte sich heraus, daß ich keine Geburtsurkunde hatte. Sie war mit der von Adline und Junior verlorengegangen, als Junior das Haus in Brand steckte. Mama schrieb also nach Jackson um neue Abschriften. Sie kamen einen Monat später. Aber statt einer Urkunde für Essie Mae Moody schickten sie eine für Annie Mae. Mama schickte sie zurück, obwohl alle anderen Angaben außer dem Namen stimmten. Zwei Wochen später kam dieselbe Urkunde wieder, diesmal mit einem langen Brief, in dem stand, daß bei der ursprünglichen Eintragung ein Fehler unterlaufen sein müsse. Es wurde Mama mitgeteilt, sie könne den Namen gegen eine kleine Gebühr ändern lassen, aber es waren jetzt nur noch zwei Wochen bis zur Schulentlassung, und Mrs. Willis hatte alle Urkunden außer meiner. Nach langem Zureden meinerseits entschloß sich Mama, mich den Namen Annie behalten zu lassen. Ich war so froh; es war mir immer so vorgekommen, als sei Essie eher ein Name für eine Kuh oder ein Schwein.
Ich werde nie vergessen, wie ich Mrs. Willis meine Urkunde überreichte und ihr meine Eröffnung machte: »Mrs. Willis, hier ist meine Geburtsurkunde. Mama hat gesagt, es ist zu spät, sie ändern zu lassen, und man soll mich jetzt Annie nennen.«
Mrs. Willis hielt die Urkunde hoch, so daß jeder sie sehen konnte. »Kinder! Kinder!« rief sie. »Die Königin Essie heißt jetzt offiziell Königin Annie.« Als sie das sagte, fühlte ich mich wie eine wirkliche Königin.
Der Namenswechsel bewirkte in der Schule oder zu Hause eigentlich keine Veränderung. Am ersten Tag, als ich die Urkunde mit in die Schule brachte, hatten manche meiner Mitschüler mich damit geneckt, aber ich wurde wie bisher Moody genannt. Und zu Hause war ich immer noch Essie Mae. Mama bestand hartnäckig darauf, daß es Unglück bringe, seinen Namen zu ändern. Deshalb durften nicht einmal Adline und die andern mich Annie nennen.

Ein paar Tage nach dieser Übergabe der Geburtsurkunde verbrachten wir einen ganzen Unterrichtstag damit, die Durchschnittsprädikate der Schüler zu errechnen und danach den Platz eines jeden nach seinen Leistungen zu bestimmen. Mrs. Willis sagte uns, es sei jetzt an der Zeit, festzustellen, wer ›Valedictorian‹ und ›Salutatorian‹ sein werde*.

Ich hatte diese Wörter noch nie gehört. Aber Minuten später hatte ich von meiner Nachbarin erfahren, was sie bedeuteten. Ganz von selbst ging mein Blick zu Darlene hinüber. Sie saß da und schaute so selbstzufrieden drein. Ich fragte mich, was wohl diese Veränderung in ihr bewirkt hatte.
Mrs. Willis zeichnete an der Tafel links oben ein kleines Viereck. Dort hinein trug sie den Zahlenwert für jedes Prädikat, das in Buchstaben ausgedrückt wurde. Danach ging sie in den Hintergrund der Klasse und setzte sich dort in eine Bank. Dann rief sie uns zu je fünfen an die Tafel.
Einer kannte die Endprädikate des anderen nicht. Aber alle in der Klasse erwarteten mich und Darlene auf dem ersten und zweiten Platz, denn wir hatten immer die höchsten Durchschnittsnoten gehabt. Die meisten unserer Mitschüler waren weniger an ihren eigenen Ergebnissen interessiert als an den unseren. Sie saßen gespannt auf ihren Plätzen und warteten darauf, daß unsere Durchschnittswerte errechnet wurden. Das selbstzufriedene Grinsen auf Darlenes Gesicht überzeugte mich davon, sie wußte, daß sie mich diesmal geschlagen hatte. Zu anderen Zeiten hätte mir das nicht soviel ausgemacht, aber diesmal ging es um die Abgangszeugnisse... Sie würde mich das nie vergessen lassen.
Wenn die Schüler von der Tafel zu ihren Plätzen zurückkamen, besprachen sie ihre Ergebnisse mit ihren Freunden. Es wurde immer lauter in der Klasse. Aber als Mrs. Willis erst Darlenes und dann meinen Namen nannte, wurde es ganz still. Man hörte nur Mrs. Willis' Stimme, die die Prädikate nannte. Darlene und ich standen an der Tafel und schwitzten. Als sie noch auf ihrem Platz saß, hatte sie so kühl und selbstsicher gewirkt. Jetzt zitterte sie. Sie hatte den zweiten Platz an der Tafel. Als ihre Prädikate aufgerufen wurden, waren es lauter A- und B-Noten. Als ich das hörte, wurde mir ganz

* ›Valedictorian‹: Schüler, der die Abschiedsrede bei der Entlassungsfeier hält. ›Salutatorian‹: Schüler, der die Begrüßungsansprache hält. (Anm. d. Ü.)

kalt. ›Wenn ich nur ein einziges C oder dreimal B bekomme, habe ich verloren‹, dachte ich. Ich kam als letzte dran. Mrs. Willis nannte mein erstes Prädikat, und es war ein B. Meine Hand zitterte, als ich es an die Tafel schrieb. Ich getraute mich keinen Ton mehr von mir zu geben, bis meine letzte Note aufgerufen worden war. Als ich merkte, daß ich nur A's und B's hatte, atmete ich erleichtert auf und hörte, wie auch die ganze Klasse aufatmete. Dann hatte ich meinen Durchschnitt errechnet und schaute zum Fenster hinaus, denn ich wagte nicht, zu Darlene hinüberzublicken. Plötzlich wurde es laut in der Klasse, und ich hörte jemanden flüstern: »Darlene hat gewonnen.« Ich wäre beinahe umgefallen. »Wie ist dein Durchschnitt, Darlene?« rief Mrs. Willis. Darlene schrie ihr die 97 beinahe ins Gesicht. Dann kam Mrs. Willis zu mir. Mein »96« war kaum zu hören. Ich ging auf meinen Platz zurück und fühlte mich ganz elend. ›Wie konnte ich das geschehen lassen?‹ fragte ich mich immer wieder. Ich schrieb Darlenes Noten auf ein Stück Papier und begann, sie zusammenzuzählen. Aber während ich noch dabei war, schrie jemand: »Betty Posey hat 98.« Alle Augen starrten zur Tafel. Betty stand da, selber fassungslos über ihr Ergebnis. Ich sah nach Darlene hin und bemerkte, daß sie Bettys Noten aufschrieb, genau wie ich es mit den ihren getan hatte. Ich sah, daß ihr Gesicht nicht mehr ganz so strahlte. Betty war immer eine gute Schülerin gewesen, aber Darlene und ich hatten nie gedacht, daß sie uns gefährlich werden könnte. An diesem Tag sollte es noch mehr Überraschungen geben. Betty hatte gewonnen. Sie war Val, Darlene Sal*, und ich sollte die Begrüßungsansprache beim Klassenabend halten. So war das also, und damit war das Semester zu Ende.

In diesem Sommer überredete Mama Raymond, nach Kalifornien zu fahren und sich dort nach Arbeit umzusehen. Ich hätte nie geglaubt, daß es ihr glücken würde, ihn aus seinem Loch herauszubekommen, aber irgendwie schaffte sie es. Seit Jahren hatten seine Verwandten in Los Angeles ihn gedrängt, dorthinzukommen; sie hatten ihm versichert, er könne dort leicht Arbeit finden, aber Raymond hatte darauf bestanden, es als Farmer in Mississippi zu versuchen. Nachdem er mit dem Land zwei Jahre lang so wenig Glück gehabt hatte, gab er es auf. Es blieb ihm jetzt nichts anderes übrig, als sein Glück anderswo zu versuchen.

* siehe Anmerkung S. 104

In Centreville gab es weder Fabriken noch Sägewerke, die ungelernte Negerarbeiter beschäftigten. Die nächstgelegenen Sägemühlen waren in Woodville, Crosby und Natchez. Weiße Geschäfte in unserer Stadt beschäftigten Neger lediglich als Pförtner, und in jedem Geschäft gab es immer nur einen Pförtner. Für einen Neger war es bitter schwer, Arbeit zu finden. Eine Negerin dagegen konnte immer einen Dollar pro Tag verdienen, weil es bei den Weißen immer Bedarf für Köchinnen, Kindermädchen oder Putzfrauen gab.
Raymond blieb etwa einen Monat in Los Angeles. In dieser Zeit schrieb er zweimal nach Hause. Der erste Brief kam etwa zwei Wochen nach seiner Abreise:
»Los Angeles ist eine große Stadt. Aber eine Stelle zu bekommen ist hier ebenso schwer wie in Mississippi. Und die Neger hier leben nicht so gut, wie die Leute zu Hause denken. Ich komme wieder nach Hause.«
Der zweite Brief kam zwei Wochen später:
»Ich komme nach Hause. Hier verschwende ich nur meine Zeit.«
Drei Tage später war er da.
Wir waren alle enttäuscht. Die arme Mama war ganz geschlagen. All ihre Hoffnungen, jemals aus dem Elend herauszukommen, waren zunichte. Als Raymond weg war, hatte sie die ganze Zeit herumgesessen und von Californien geredet. »Da könnt ihr alle mit den weißen Kindern in die Schule gehen und richtig schlau werden«, oder »Da draußen in Californien kriegen wirn richtig feines Haus, weil Raymond da mehr verdienen kann« oder »Essie Mae, da kannst du zehn Dollar am Tag mit Hausarbeit verdienen«.
Die Zukunft sah sehr trüb für uns aus. Wir schienen zu Armut und größerem Elend als je zuvor verdammt.
Raymond hatte keine Arbeit. Und wieder bestand unsere Nahrung aus getrockneten Bohnen und Brot. Zu dem Mangel an Nahrung und Geld kam noch, daß Mama in Kürze wieder ein Kind erwartete. Bald würde sie die Mutter von sieben Kindern sein. Immer suchte sie sich die falsche Zeit zum Kinderkriegen aus. Jedesmal, wenn wir eine Pechsträhne erwischt hatten, bekam sie einen dicken Bauch. Man konnte sie an einem Tag betrachten, und sie war flach, und am nächsten Tag schon schien sie Wehen zu haben, und Tante Caroline wurde ins Haus geholt.
Wie gewöhnlich, wenn sie schwanger war und die Zeiten schlecht waren, weinte Mama viel. Jetzt weinte sie so viel, daß sie uns ganz verrückt machte. Jeden Abend, wenn ich nach der Arbeit nach Hause

kam, prügelte sie die Kinder, und die weinten auch. Raymond konnte kein Wort sagen, ohne daß sie ihn anbrüllte.
Während dieses Familientiefs arbeitete ich immer noch für Linda Jean und trug fünf von meinen sechs Dollar zur allgemeinen Sache bei. Aber fünf Dollar halfen nicht viel. Es waren einfach zu viele Mäuler zu stopfen, und bald kamen auch meine sechs Dollar nicht mehr. Mr. Jenkins hatte länger als ein Jahr auf dem Land an einem Haus gebaut, und das war jetzt beinahe fertig. Sobald die Jenkins umzogen, würde ich ohne Arbeit sein. Ich sah diesem Zeitpunkt mit großer Angst entgegen. Ich fing an, mich zu fragen, für welche weiße Frau ich wohl demnächst arbeiten würde. Die fünf, für die ich bis dahin gearbeitet hatte, waren gut zu mir gewesen. Aber ich wußte, daß nicht alle weißen Frauen in Centreville ihre Dienstmädchen gut behandelten.
Als die Zeit von Linda Jeans Umzug gekommen war, hatte Raymond sich mit ein paar anderen Männern zusammengetan und angefangen, Holz zur Zellstoffherstellung zu schlagen und zu verladen. Er hatte irgendwo einen brüchigen alten Lastwagen aufgetrieben, und der größte Teil seines Geldes ging für Reparaturen drauf, die fast jeden Tag vorgenommen werden mußten. Aber ein wenig Geld blieb doch übrig, jedenfalls genug, um Lebensmittel zu kaufen. Jetzt würde ich mir eine oder zwei Wochen Zeit lassen können, um mir eine gute Stelle zu suchen.
Aber am Tag vor Linda Jeans Umzug wurden alle meine Pläne über den Haufen geworfen. Mama bekam ihr Kind – es war wieder ein Junge, den sie Ralph nannte. Außerdem brach der Lastwagen endgültig zusammen. An diesem Abend ging ich zu Bett und betete, es möchte etwas geschehen, damit Linda Jean und sie alle noch eine Woche in dem alten Haus bleiben mußten.

Aber als ich am nächsten Morgen zur Arbeit ging, wußte ich, daß mein Gebet nicht erhört worden war. Linda Jean und Mr. Jenkins waren dabei, alles Porzellan in Zeitungspapier zu wickeln. Ich stand in der Küche und sah sie an.
»Guten Morgen, Essie«, sagte Linda Jean, als sie mich bemerkte. »Ich habe Donna und Johnny zu Mama rübergebracht. Sie hält sie da, bis wir mit Packen fertig sind. Um zwei kommt der Mann mit dem Wagen, wir haben also bis dahin noch viel zu tun. Herzchen«, sagte sie zu Mr. Jenkins, »Essie kann mir mit dem Geschirr helfen.«
Nachdem wir das Geschirr eingepackt hatten, bat Linda Jean mich,

drei Gläser zu Mrs. Burke hinüberzubringen und nachzusehen, was Donna und Johnny machten. »O sag doch Mama, sie soll uns zu Mittag ein paar Butterbrote machen, ich hab keine Zeit dazu«, sagte sie.

Ich nahm die Gläser und machte mich auf den Weg zu Mrs. Burke. Wenn ich zu ihrem Haus ging, hatte ich immer das Gefühl, auf Flugsand zu gehen. Ich hatte keine Lust, mich mit Linda Jeans Mutter einzulassen. Wir mochten einander nicht. Aus der Art, wie sie mich zu behandeln versuchte, erkannte ich ihre Einstellung zu Negern. Sie war eine der Weißen, die eher ihren Hund am Tisch sitzen lassen würden als einen Neger.

Als ich jetzt dem großen weißen Haus gegenüberstand, zitterten mir die Knie. ›Warum zitterte ich denn so?‹ dachte ich, während ich die hölzernen Stufen zur vorderen Veranda hinaufstieg. Ich nahm eine Stufe zu kurz und wäre beinahe gefallen. Ich blieb vor der Fliegendrahttür stehen und versuchte, meine Ruhe wiederzugewinnen. ›Wovor habe ich denn Angst? Linda Jean ist morgen nicht mehr da, ich werde diese Frau nie wiedersehen.‹ Ich klopfte.

»Ja?« hörte ich sie sagen, während sie den Flur entlangkam. »Willst du Johnny und Donna holen?« rief sie hinter der Tür.

»Nein, Linda Jean schickt Ihnen diese Gläser und läßt Sie bitten, uns zu Mittag Butterbrote zu machen, weil sie keine Zeit hat«, antwortete ich.

Mrs. Burke machte jetzt die Tür auf und nahm mir die Gläser ab. »Möchte *Mrs. Jenkins*, daß ich die Kinder herüberbringe, oder kommst du sie holen?« Ihre Stimme klang empört.

»Sie hat nichts davon gesagt, aber ich kann sie ja holen«, sagte ich ahnungslos.

»Sag *Mrs. Jenkins*, sie soll mir ein paar Windeln für Johnny schikken«, sagte sie, als ich die Verandastufen wieder hinunterging.

Ein paar Minuten später kam ich mit den Windeln zurück, und sie erwartete mich lächelnd in der Tür. Ich stand da und starrte sie an. Ihre veränderte Haltung verwirrte mich sehr.

»Komm herein, Essie, du könntest Johnny eben eine frische Windel anziehen. Ich telefoniere gerade«, sagte sie in freundlichem Ton.

Ich folgte ihr durch den langen breiten Flur, der geräumiger war als unser ganzes Haus. Das einzige Möbelstück darin war ein Schreibpult mit dem Telefon darauf.

»Die Kinder sind im Eßzimmer, Essie«, sagte Mrs. Burke und nahm den Hörer auf.

Ich stand da und fragte mich, wo denn das Eßzimmer wohl sei. ›Woher, glaubt sie, soll ich das wissen‹, dachte ich, als ich in ein Schlafzimmer geriet. »Da drüben, Essie«, sagte Mrs. Burke und zeigte auf eine Tür auf der anderen Seite der Diele. Ich ging hinein und kam mir ein bißchen blöd vor.
Donna und Johnny saßen in einer Ecke des Eßzimmers, still wie die Mäuschen. Sie sahen aus, als seien sie zu Tode erschrocken. In diesem Augenblick wurde mir klar, wie eklig Mrs. Burke war. Donna und Johnny machten zu Hause Lärm für zehn und blieben keinen Augenblick still sitzen.
Mrs. Burke kam herein, als ich gerade Johnnys Windeln gewechselt hatte. Sie stand da und sah mir lächelnd zu.
»Essie, hast du vor, eine andere Stelle anzunehmen, jetzt, wo Linda Jean umzieht?« fragte sie. Ich sah sie mit offenem Mund an. Sie hatte absichtlich »Linda Jean« gesagt.
»Wenn du Arbeit suchst – ich könnte etwas Hilfe gebrauchen«, sagte sie schließlich, immer noch lächelnd.
Ich war zu überrascht, um zu antworten.
»Nun, du kannst es dir überlegen und mir nachher, ehe du nach Hause gehst, Bescheid sagen.«
In den nächsten paar Stunden dachte ich viel über sie nach. Sie war eine seltsame Frau, und ich konnte mir nicht über sie klar werden. Ich mochte mich einfach nicht entschließen, für sie zu arbeiten. Als ich dann aber nach Hause kam und mich wieder einer kranken Mutter gegenübersah, schreienden Kindern, einem arbeitslosen Stiefvater und einem Teller getrockneter Bohnen, da gab es nichts mehr zu entscheiden. Ich wußte, ich mußte die Arbeit annehmen, ich mußte wenigstens diesen Teller mit Bohnen sichern. Am nächsten Morgen ging ich zu Mrs. Burke arbeiten.

An diesem ersten Tag bei Mrs. Burke fühlte ich mich sehr unsicher. Aber dann lernte ich die anderen Mitglieder der Familie kennen und machte die Entdeckung, daß Mrs. Burke die einzige unangenehme darunter war, und da fühlte ich mich schon wohler. Ihre Mutter, Mrs. Crosby, war eine sehr nette, alte Dame mit langen Flechten, die sie wie einen Kranz um den Kopf gesteckt trug. Sie hielt mich für ein schönes Mädchen und zeigte von Anfang an ein lebhaftes Interesse für mich. Wayne, Mrs. Burkes Sohn, war im gleichen Alter wie ich und ging in die gleiche Klasse. Er glich Linda Jean sehr, insofern, als er mich wie eine Gleichberechtigte behan-

delte. Es wurde mir sehr schwer, mir vorzustellen, daß Linda Jean und er Mrs. Burkes Kinder waren. Ihren ältesten Sohn Dennis, der ihr Liebling war, lernte ich nicht kennen, aber ich wußte, wenn er ihr Liebling war, dann mußte auch er böse sein und den Negern gegenüber eine ablehnende Haltung einnehmen. Wie Mr. Burke, ihr Mann, war, konnte ich nicht feststellen. Er war selten zu Hause, und wenn er da war, sagte er kaum ein Wort.
Mrs. Burke, eine ehemalige Lehrerin, war eine typische Matriarchin. Sie beherrschte ihre Angehörigen und versuchte, auch mich zu beherrschen. In ihrem Haushalt wurde alles auf eine festgesetzte Art und Weise gemacht, vom Kehren angefangen bis zum Tischdecken. Ich vermutete, daß alle Mädchen, die sie bis dahin gehabt hatte, sich ihren Wünschen gebeugt hatten. Aber ich hatte nicht die Absicht, es zu tun, und fand meine eigenen Wege, wie ich mich ihren Regeln widersetzen konnte. Als ich zum erstenmal Hemden gebügelt hatte, brachte sie mir alle fünfzehn zurück: ich sollte sie noch einmal bügeln. »Du mußt die Fältchen hier wegkriegen, Essie. Wayne kann die Hemden so nicht tragen. Ich habe dir zugesehen und festgestellt, daß du keine bestimmte Methode hast, Hemden zu bügeln. Ich werde es dir jetzt zeigen, wie man es macht.« Ich trat beiseite und sah zu, wie sie das erste Hemd bügelte. Dann ging ich über die restlichen vierzehn. Aber in der nächsten Woche bügelte ich die ganze Wäsche und alle Hemden wieder auf meine Weise, und Mrs. Burke sah, wie ich es tat. Aber diesmal brauchte ich die Hemden nicht noch einmal bügeln. Sie sagte nicht einmal etwas.
Wenn ich kam oder aus dem Hause ging, hatte ich bisher immer den Vordereingang benützt. Am Morgen nach dem zweiten Bügeltag kam ich zur Vorderveranda und entdeckte, daß die Fliegendrahttür verschlossen war.
»Wer ist da?« rief Mrs. Burke, als sie mich klopfen hörte.
»Ich bins, Essie«, antwortete ich.
»Geh hinten herum, Essie, die Hintertür ist offen«, schrie sie mir zu.
Am Ton ihrer Stimme merkte ich, daß dies wieder eine Maßnahme war, um mich zu demütigen. Ich ging an diesem Morgen zur Hintertür. Aber am nächsten Morgen ging ich wieder zum Vordereingang und klopfte. Mir schien, ich klopfte schon zehn Minuten, und sie hatte immer noch nicht geantwortet. Aber ich hörte nicht auf zu klopfen. Schließlich kam Mrs. Crosby zur Tür und ließ mich ein. Vom Flur aus bemerkte ich, daß Mrs. Burke in ihrem Lieblingssessel im Wohnzimmer saß, es war dies der erste Raum links von der

Diele aus. Ich wußte, sie mußte mein Klopfen gehört haben. ›Schon gut‹, dachte ich, ›morgen werde ich wieder an der Vordertür klopfen und übermorgen auch.‹

Als ich am nächsten Morgen klopfte, stand Mrs. Crosby in der Diele und wartete schon auf mich. Sie machte mir auf und ließ mich auch danach immer um halb acht ein.

Mrs. Burke entschloß sich nun, mich die Arbeit nach meinem Gutdünken machen zu lassen. Hätte sie es nicht getan, so wäre ich gegangen, und ich glaube, das wußte sie auch. Da sie sich nicht über meine Arbeit beklagen konnte, ließ sie mich in Ruhe. Ich setzte meinen Ehrgeiz daran, sie zufriedenzustellen. Sie war die erste Frau dieser Art, der ich begegnete.

Zweiter Teil   Oberschule

10. Kapitel

Mein Eintritt in die Oberschule erfolgte nicht nur unter einem neuen Namen, sondern auch mit einer völlig neuen Einsicht in das Leben der Neger im Staate Mississippi. Ich arbeitete jetzt für eine der gemeinsten weißen Frauen der Stadt, und eine Woche, bevor die Schule anfing, wurde Emmet Till ermordet.

Bis zu seinem Tode hatte ich wohl von Negern gehört, die man in einem Fluß treibend gefunden hatte oder sonst irgendwo, tot, von Kugeln durchlöchert. Aber ich kannte damals das Geheimnis nicht, das hinter diesen Morden stand. Ich weiß noch, als ich gerade sieben Jahre alt war, hörte ich Mama und eine meiner Tanten von einem Neger reden, der zu Tode geprügelt worden war. »So wie diese gemeinen Schweine ihn umgebracht haben, so werden sie auch uns umbringen«, hatte Mama gesagt. Als ich sie fragte, wer den Mann getötet habe und warum, sagte sie: »Ein böser Geist hat ihn ermordet. Du mußt ganz brav sein, sonst bringt er dich auch um.« Daher hatte ich, seit ich sieben war, in Angst vor diesem ›bösen Geist‹ gelebt. Ich brauchte acht Jahre, um zu erfahren, was dieser böse Geist war.

Als ich von Emmet Tills Tod hörte, war ich auf dem Heimweg von der Schule. Wir waren eine ganze Gruppe von Jungen und Mädchen. Eine von sechs Jungen der Oberschule und ein paar Mädchen gingen ein Stück vor uns. Wir lachten und sprachen über irgend etwas, das heute in der Schule geschehen war. Aber die Jungen vor uns sprachen leise. Gewöhnlich machten sie Lärm genug, aber heute gingen sie ruhig daher und sprachen leise miteinander. Ganz plötzlich begannen sie einander anzuschreien.

»Mensch, verdammtnochmal, was willst du damit sagen?«

»Was ich sagen will: Diese gottverdammten Weißen werden hier irgendnen Mist anfangen, das wirst du sehen.«

»Der Junge war erst vierzehn, und sie haben ihn umgelegt. Was kann denn schon n vierzehnjähriger Junge mit ner weißen Frau anfangen? Vielleicht hat er ihr nur nachgepfiffen, weil er gedacht hat, die Nutte ist hübsch.«

»Sieh dir all die weißen Männer hier an, die unsere Frauen vögeln.

Jeder weiß es doch, und was tut man? Seht doch, wie viele weiße Kinder bei uns herumlaufen. Und deren Mütter sind kein bißchen weiß. Scheiße, der Junge war von Chikago, da vögelt jeder jeden. Dem ist wahrscheinlich nicht mal aufgefallen, daß die Hure weiß war.«

Was sie sagten, traf mich sehr. Ich kannte alle diese Jungen und hatte sie noch nie so reden hören. Wir gingen eine Weile hinter ihnen her und hörten ihnen zu. Fragen schossen mir durch den Kopf: wer getötet worden war, wo und warum. Ich holte einen der Jungen ein.

»Eddie, welcher Junge ist umgebracht worden?«

»Moody, wo lebst du denn?« fragte er mich. »Jeder spricht doch von dem vierzehnjährigen Jungen, der in Greenwood von ein paar weißen Männern umgebracht worden ist. Du weißt wohl bloß, was in deinen Schulbüchern steht?«

Ich stand da vor den anderen Mädchen und kam mir sehr blöd vor. Es wurde mir klar, daß ich wirklich wenig von dem wußte, was um mich her vorging. Nicht daß ich taub gewesen wäre, aber seit ich neun Jahre alt war, hatte ich nach der Schule zur Arbeit gehen und meine Aufgaben in der Mittagspause machen müssen. Ich hatte einfach keine Zeit, mit jungen Menschen meines Alters herumzustehen und etwas zu erfahren. Und die Erwachsenen sagten einem ja nichts.

Als ich an diesem Abend auf dem Weg zu Mrs. Burke zu Hause hereinschaute, hörte ich Mama singen. An anderen Tagen hätte sie Adline und Junior angeschrien, sie sollten ihre Schulsachen ausziehen. Ich fragte mich, ob sie wohl über Emmet Till Bescheid wüßte. An der Art, wie sie sang, merkte ich, daß irgend etwas sie beschäftigte und daß es nichts Angenehmes war.

>»Ich hab nen Schuh, du hast nen Schuh.
Alle Gotteskinner ham Schuh.
Wenn ich in Himmel komm, zieh ich mein Schuh an
und trampel dem lieben Gott über sein Himmel.

Wenn ich in Himmel komm, zieh ich mein Schuh an
un geh durch dem lieben Gott sein ganzen Himmel.«

Mama stand am Tisch und schöpfte Bohnen aus, als merke sie gar nicht, wer zu Hause war. Adline, Junior und James hatten ihre Bücher hingeworfen und sich an den Tisch gesetzt. Ich aß sonst nicht mit den anderen, bevor ich zur Arbeit ging. Aber ich wollte Mama

wegen Emmet Till fragen. Deshalb setzte ich mich hin und aß und dachte darüber nach, wie ich die Frage stellen könnte.
»Die Bohnen sind aber gut, Mama«, sagte ich, um festzustellen, in welcher Stimmung sie war.
»Warum ißt du denn hier? Du kommst zu spät zur Arbeit. Du weißt doch, wie Mrs. Burke ist«, sagte sie.
»Ich hab heute abend nicht viel zu tun. Ich kann es fertig kriegen, ehe ich weggehe«, sagte ich.
Danach brach das Gespräch wieder ab. Dann fing Mama wieder an, das Lied zu summen.

> »Wenn ich in Himmel komm, zieh ich mein Schuh an
> und trampel dem lieben Gott über sein Himmel.«

Sie stellte für Jennie Ann und Jerry einen Teller auf den Boden.
»Jennie Ann! Du und Jerry setzt euch hier unten hin und eßt und schmiert nicht die ganzen Bohnen über den Fußboden.«
Ralph, der Säugling, fing an zu schreien, und sie ging ins Schlafzimmer, um ihm die Flasche zu geben. Ich stand auf und ging ihr nach.
»Mama, hast du von dem vierzehnjährigen Negerjungen gehört, der vorige Woche von weißen Männern ermordet worden ist?« fragte ich.
»Wo hast du das denn gehört?« fragte sie böse.
»Hör mal, alle denken, ich wäre doof oder taub oder sonstwas. Ich hab gehört, wie Eddie und die drüber redeten, als wir heute abend aus der Schule kamen.«
»Eddie und die sollten lieber aufpassen, statt hier rumzugehen und zu reden. Wenn die Weißen das merken, werden sie noch Schwierigkeiten kriegen«, sagte sie.
»Warum sollen sie denn Schwierigkeiten kriegen, Mama? Die Leute haben doch ein Recht zu reden, oder nicht?«
»Mach, daß du auf die Arbeit kommst, ehe es zu spät ist. Und laß ja Mrs. Burke nicht merken, daß du was von dem toten Jungen weißt. Tu nur deine Arbeit, als ob du nichts wüßtest«, sagte sie.
»Der Junge hats jetzt im Himmel viel besser als hier«, fügte sie hinzu und fing wieder an zu singen.
Als ich an diesem Abend zu Mrs. Burke ging, gingen mir Mamas Worte im Kopf herum. »Tu deine Arbeit, als ob du nichts wüßtest.« ›Warum hat Mama solche Angst?‹ dachte ich. ›Und was ist, wenn Mrs. Burke erfährt, daß wir es wissen? Warum soll ich so

tun, als wüßte ich nichts? Warum bringen diese Menschen Neger um? Was hat Emmet Till getan, außer daß er hinter dieser Frau hergepfiffen hat?‹

Als ich zu meiner Arbeitsstelle kam, hatte ich mich in eine ziemliche Erregung gesteigert. Ich zitterte, als ich die Veranda betrat. ›Tu deine Arbeit, als ob du nichts wüßtest.‹ Aber als ich drinnen war, hätte ich mich nicht benehmen können, als sei nichts gewesen, selbst wenn Mrs. Burke mich dafür bezahlt hätte.

Ich war so aufgeregt, daß ich den größten Teil des Abends allen aus dem Wege ging; ich ging im Haus herum, fegte und staubte ab. Alles ging einigermaßen gut, bis das Essen serviert wurde.

»Don, Wayne und Mama, kommt zum Essen! Essie, du kannst schon die Töpfe und Schüsseln im Spülstein abwaschen, dann hast du nachher nicht so viele«, rief Mrs. Burke mir zu.

Wenn ich in diesem Augenblick die Möglichkeit gehabt hätte, mich unsichtbar zu machen, so hätte ich es getan. Sie nahmen die meisten Mahlzeiten am Frühstückstisch in der Küche ein. Das Eßzimmer wurde nur sonntags oder wenn Gäste da waren, benutzt. Ich wünschte, sie hätten heute abend Gäste gehabt und im Eßzimmer gegessen, während ich am Spülstein arbeitete.

»Ich habe das Brot vergessen«, sagte Mrs. Burke, als sie alle saßen. »Bitte, Essie, schneide es und bring es her.«

Ich nahm das Maisbrot, schnitt es in viereckige Stücke und legte es auf eine kleine runde Schüssel. Gerade als ich sie auf den Tisch stellen wollte, schrie Wayne die Katze an. Ich ließ die Platte fallen, und das Brot flog über den Fußboden.

»Macht nichts, Essie«, sagte Mrs. Burke böse, stand auf und holte Weißbrot aus der Brotkiste.

Ich sagte nichts. Ich sammelte das Maisbrot um den Tisch herum auf und ging zu meinem Geschirr zurück. Sobald ich am Spülstein stand, ließ ich eine Untertasse fallen, und sie zerbrach. Keiner sagte ein Wort, bis ich die Scherben aufgesammelt hatte.

»Essie, ich habe ein neues Scheuermittel gekauft. Es steht auf dem Bord im Badezimmer. Sieh mal, ob du damit die Flecken in der Wanne herausbekommst«, sagte Mrs. Burke.

Ich ging ins Badezimmer, um die Wanne zu scheuern. Als ich damit fertig war, war sie schneeweiß. Ich hatte eine ganze Stunde daran herumgeschrubbt. Die Flecken waren schnell beseitigt, aber ich schrubbte weiter, bie sie mit Essen fertig waren.

Nach dem Essen gingen sie wie gewöhnlich ins Wohnzimmer und

setzten sich vor den Fernsehapparat; da rief mich Mrs. Burke zum Essen. Ich nahm einen sauberen Teller aus dem Schrank und setzte mich. Gerade als ich den ersten Bissen in den Mund steckte, kam Mrs. Burke in die Küche.

»Essie, hast du von dem vierzehnjährigen Jungen gehört, der in Greenwood getötet worden ist?« fragte sie und setzte sich auf einen Stuhl mir gegenüber.

»Nein, davon hab ich nichts gehört«, sagte ich und erstickte fast an dem Bissen.

»Weißt du, warum er getötet wurde?« fragte sie, und ich gab keine Antwort.

»Er wurde getötet, weil er einer weißen Frau gegenüber vergessen hat, wo sein Platz ist. Ein Junge aus Mississippi hätte das nicht vergessen. Dieser Junge war aus Chikago. Neger aus dem Norden haben keinen Respekt vor den Leuten. Sie glauben, sie könnten sich alles erlauben. Er kam nach Mississippi und setzte den Jungen hier allerlei Flausen in den Kopf und brachte ne Menge Durcheinander«, sagte sie erregt.

»Wie alt bist du, Essie?« fragte sie nach einer Weile.

»Vierzehn. Ich werde bald fünfzehn«, sagte ich.

»Siehst du, der Junge war auch gerade vierzehn. Es ist eine Schande, daß er so früh sterben mußte.« Sie war so rot im Gesicht, es sah aus, als stünde sie in Flammen.

Als sie die Küche verließ, saß ich da mit offenem Mund vor dem unberührten Essen. Ich hätte nichts herunterbringen können, und wenn ich verhungert wäre. ›Tu deine Arbeit, als wüßtest du nichts‹, ging es mir wieder durch den Kopf, und ich begann, das Geschirr zu spülen.

Ich ging nach Hause, zitternd wie Espenlaub. Zum ersten Mal hatte Mrs. Burke ihr Ziel erreicht: ich kam mir vor wie Dreck. Sie hatte schon oft versucht, mir Angst einzujagen, mich zu demütigen – und hatte es dann aufgegeben. Aber als sie von Emmet Till sprach, war etwas in ihrer Stimme, das mir kalte Schauer durch den ganzen Körper jagte.

Bevor Emmet Till ermordet wurde, hatte ich Angst vor dem Hunger gehabt, vor dem Teufel und der Hölle. Aber jetzt hatte ich eine neue, schwarze Angst kennengelernt – die Angst, ermordet zu werden, nur weil ich schwarz war. Diese Angst war die schlimmste von allen. Ich wußte, wenn ich zu essen bekam, verging die Angst vor dem Verhungern. Man hatte mir auch gesagt, wenn ich ein braves

Mädchen wäre, so brauchte ich den Teufel und die Hölle nicht zu fürchten. Aber ich wußte nicht, was man als Neger tun oder nicht tun durfte, um nicht ermordet zu werden. Ich dachte, manchmal ist es wahrscheinlich genug, daß man einfach ein Neger ist.

Ein paar Tage später hatte Mrs. Burke etwa acht Frauen zum Tee eingeladen. Als ich hinkam, saßen sie alle im Wohnzimmer um den Tisch herum. Mrs. Burke sagte mir, sie hätten eine ›Gilde‹-Versammlung, und ich mußte ihr helfen, den Leuten Tee und Gebäck servieren.
Als ich damit fertig war, begann ich, das Haus zu säubern. Zuerst fegte ich immer die Diele und die Veranda. Während ich die Diele fegte, konnte ich ihre Unterhaltung hören. Da fiel das Wort »Nigger«, ich unterbrach meine Arbeit und horchte. Mrs. Burke mußte das gespürt haben, denn sie kam zur Tür.
»Essie, mach jetzt Schluß mit der Diele und mach das Badezimmer sauber«, sagte sie zögernd. »Dann kannst du für heute gehen. Ich koche heute nicht.« Sie ging zu den anderen Damen ins Wohnzimmer zurück.
Bevor sie mich unterbrechen konnte, hatte ich einige Worte verstanden: »NAACP« und »diese Organisation«. Weil sie von Niggern gesprochen hatten, wußte ich, daß ›NAACP‹ etwas mit Negern zu tun hatte. Den ganzen Abend dachte ich darüber nach, was ›NAACP‹ wohl bedeuten mochte.
Später, als ich zu Hause in der Küche bei den Aufgaben saß, entschloß ich mich, Mama zu fragen. Es war schon halb eins. Alle außer mir waren im Bett. Als Mama hereinkam, um Milch in Ralphs Fläschchen zu tun, sagte ich: »Mama, was bedeutet NAACP?«
»Wo haste das denn her?« fragte sie und verschüttete die Milch über den Fußboden.
»Mrs. Burke hatte heute abend eine Zusammenkunft...«
»Was denn für ne Zusammenkunft?« fiel sie mir ins Wort.
»Ich weiß nich. Sie hatte ein paar Frauen drüben – sie sagte, es sei n Gildetreffen«, sagte ich.
»Ein Gildetreffen«, wiederholte sie.
»Ja, sie redeten über Neger, und ich hörte, wie eine Frau sagte ›Diese NAACP*‹ und eine andere ›Diese Organisation‹.«

* NAACP = National Association for the Advancement of Coloured People. (Anm. d. Ü.)

»Was haben sie sonst noch gesagt?« fragte sie mich.
»Das ist alles, was ich gehört habe! Mrs. Burke hat sich wohl gedacht, daß ich horchte, und deshalb hat sie mir gesagt, ich solle das Badezimmer putzen und dann gehen.«
»Du darfst das Wort nie sagen, wenn Mrs. Burke in der Nähe ist oder sonst ne weiße Person, hörsdu! Mach jetz Schluß und mach das Licht aus und geh schlafen«, sagte Mama böse und verließ die Küche.
›Bei soner Mama werd ich nie was erfahren‹, dachte ich, als ich ins Bett kletterte. Die ganze Nacht mußte ich an Emmet Till und an die ›NAACP‹ denken. Ich stand sogar auf, um ›NAACP‹ in meinem kleinen Wörterbuch nachzuschlagen. Aber ich konnte es nicht darin finden.
Am nächsten Tag in der Schule entschloß ich mich, meine Klassenlehrerin Mrs. Rice nach der Bedeutung von ›NAACP‹ zu fragen. Als es zur Mittagspause läutete, blieb ich, während die anderen Schüler nach draußen gingen, auf meinem Platz sitzen.
»Willst du heute wieder während der Pause Aufgaben machen, Moody?« fragte Mrs. Rice.
»Kann ich Sie etwas fragen, Mrs. Rice?« sagte ich.
»Du *darfst* mich etwas fragen, ja, aber ob du es *kannst*, das weiß ich nicht«, sagte sie.
»Was bedeutet das Wort ›NAACP‹?« fragte ich.
»Warum willst du das wissen?«
»Die Dame, bei der ich arbeite, hatte eine Versammlung, und ich hörte zufällig, wie das Wort erwähnt wurde.«
»Und was hast du sonst noch gehört?«
»Nichts. Ich weiß nur nicht, was ›NAACP‹ bedeutet, das ist alles.« Ich hatte das Gefühl, vor Gericht vernommen zu werden oder so etwas.
»Nun, das nächste Mal, wenn deine Chefin wieder eine Versammlung hat, solltest du noch besser hinhören. ›NAACP‹ ist eine Neger-Organisation, die vor langer Zeit gegründet wurde, um den Negern zu helfen, ein paar elementare Rechte zu erlangen«, sagte sie.
»Was hats denn mit dem Mord an Emmet Till zu tun?« fragte ich.
»Sie versuchen, im Fall Emmet Till einen Schuldspruch zu erreichen. Siehst du, die ›NAACP‹ versucht vieles für die Neger zu tun, sie versucht auch, das Wahlrecht für die Neger im Süden durchzusetzen. Das alles dürfte ich dir nicht sagen. Und hüte dich, ein Sterbenswörtchen von dem, was ich dir gesagt habe, weiterzusagen. Es

könnte mich meine Stelle kosten, wenn es herauskommt, daß ich meinen Schülern so etwas beibringe. Jetzt muß ich aber frühstücken, und du solltest auch nach draußen gehen, es ist heute so schön und sonnig«, sagte sie, während sie den Raum verließ, »Wenn ich Zeit habe, reden wir weiter.«
Etwa eine Woche später lud mich Mrs. Rice sonntags zum Essen ein, und ich blieb fast fünf Stunden bei ihr. In dieser Zeit verzehrte ich ein gutes Mittagessen und häufte gleichzeitig einen ganz neuen Vorrat an Wissen darüber an, wie im Süden die Neger von den Weißen meuchlings hingemetzelt wurden. Nachdem Mrs. Rice mir all das erzählt hatte, fühlte ich mich wie das niedrigste Lebewesen auf Erden. Wenn andere Tiere (Schweine, Rinder usw.) vom Menschen getötet wurden, dienten sie als Nahrung. Aber wenn der Mensch vom Menschen getötet oder geschlachtet wurde, wie die Neger von den Weißen, so ließ man sie auf der Straße liegen, oder sie wurden in einem Fluß treibend gefunden oder sonst etwas.
Mrs. Rice wurde für mich so etwas wie eine Mutter. Sie erklärte mir alles, was ich wissen wollte. Und ich versprach ihr, alle die Auskünfte, die sie mir gab, für mich zu behalten. Sie sagte mir, daß sie über diese Dinge mit den anderen Lehrern nicht sprechen könne, vielmehr nicht sprechen wolle, denn diese würden es Mr. Willis sagen, und dann würde sie entlassen werden. Am Ende des Schuljahres wurde sie tatsächlich entlassen. Ich habe den Grund nie erfahren. Ich habe sie seitdem nicht wiedergesehen.

11. Kapitel

Ich war fünfzehn Jahre alt, als ich anfing, die Menschen zu hassen. Ich haßte die Weißen, die Emmet Till ermordet hatten, und ich haßte all die anderen Weißen, die für die zahllosen Morde verantwortlich waren, von denen mir Mrs. Rice erzählt hatte, und für die Morde, an die ich mich aus meiner Kindheit noch unklar erinnerte. Aber ich haßte auch die Neger. Ich haßte sie, weil sie sich nicht erhoben und etwas gegen diese Morde unternahmen. Ich glaube, ich hatte sogar einen stärkeren Widerwillen gegen die Neger, weil sie sich von den Weißen umbringen ließen, als gegen die Weißen selber. Jedenfalls fing ich zu dieser Zeit meines Lebens an, die Negermänner als Feiglinge zu betrachten. Ich konnte sie nicht achten, denn sie lächelten dem weißen Mann ins Gesicht, nannten ihn Mr. Soundso, sagten »Ja, gnä Herr« und »Nein, gnä Herr«, und wenn sie dann zu Hause hinter verschlossenen Türen waren, dann war derselbe Mann ein Hundesohn, ein Bastard oder sonstwas, das besser zu ihm paßte als Herr.
Der Mord an Emmet Till rief unter den Weißen in Centreville viel Ärger und Unruhe hervor. Fast jeden Nachmittag, wenn ich zur Arbeit kam, mußte Mrs. Burke zu einem ›Gilde‹-Treffen. Es kamen mehr Frauen zu ihr als je zuvor. Sie und ihre Freunde hatten eine Werbeaktion gestartet, die durch persönliche Fühlungnahme oder durch telefonische Ansprache neue Mitglieder werben sollte. In wenigen Monaten hatten die meisten Weißen in Centreville sich der ›Gilde‹ angeschlossen. Die Zusammenkünfte wurden zunächst in den Privathäusern abgehalten. Es gab aber auch Gartenfeste und Versammlungen in den Kirchen. Als es dann kalt zu werden begann, verlegte man die Zusammenkünfte in die Aula der Oberschule.
Nachdem die ›Gilde‹ etwa zwei Drittel der Weißen von Centreville geworben hatte, kamen allerlei Vorgänge ans Tageslicht. Gerüchte gingen um. Weiße Hausfrauen fingen an, ihre Hausangestellten zu entlassen und ihren Männern Vorwürfe zu machen, und die Negerviertel schwirrten von geflüstertem Klatsch.
Die meistberedete Geschichte war eine Liebschaft, die der stellvertretende Sheriff, Mr. Fox, mit einer meiner Klassenkameradinnen

unterhielt. Bess war eins der ältesten Mädchen in meiner Klasse. Sie war ein gutgewachsenes, hellbraunes Mädchen von siebzehn Jahren. Sie arbeitete für Fox und seine Frau als Hausmädchen und Kinderpflegerin.

Es war für die jungen Ehepaare in Centreville üblich, daß sie als Hausgehilfin eine ältere Negerin einstellten. Wenn allerdings zwei oder mehr Kinder da waren, schien es vorteilhafter, ein junges Negermädchen zu beschäftigen. Auf diese Weise hatten sie immer jemanden, der abends bei den Kindern bleiben konnte, wenn die Eltern ausgingen. Meine Stelle bei Linda Jean war auch dieser Art gewesen. Ich verwahrte Donna und Johnny an den Sonntagen und blieb abends da, wenn es nötig war.

Obwohl die jungen Negermädchen unter zwanzig für diese Stellen besonders geeignet waren, so traute man ihnen doch in einem jungen Haushalt nicht recht. Die junge weiße Hausfrau wagte nicht, sie mit ihrem getreuen Ehemann im Haus alleinzulassen. Sie hatte Angst, das Negermädchen würde ihn verführen; an den umgekehrten Fall dachte sie nie.

Schon seit einiger Zeit war in Negerkreisen über Bess und Fox geflüstert worden. Fast jeder junge weiße Mann in Centreville hatte eine Negergeliebte. Fox war also nicht schlimmer als die anderen Männer, selbst wenn er stellvertretender Sheriff war. Die Neger sahen wenigstens die Sache so an. Fox war für sie kein besonderer Fall. Aber für die Weißen war es etwas anderes. Der Sheriff und seine Vertreter waren in den Augen ihrer weißen Mitbürger Ehrenmänner. Und man hatte diese Ehrenmänner nicht in ihre Ämter eingesetzt, weil sie die Neger liebten. Als die weißen Kreise daher von dem Verhältnis zwischen Fox und Bess Wind bekamen, waren sie natürlich darauf aus, die Sache hochzuspielen. Wenn die Sache an die Öffentlichkeit kam, würde das die anderen Amtspersonen vor ähnlichen Fehltritten warnen.

Mrs. Fox war ihrem Mann sehr ergeben. Auch sie hielt ihn für einen Ehrenmann und war bereit, alles zu tun, um seine Unschuld zu beweisen. Bald hatte man einen Plan gefaßt. Mrs. Fox sollte ihr Haus so oft wie möglich verlassen. Man hatte ihr hinterbracht, daß jedesmal, wenn sie abwesend war und Bess allein im Haus, Fox irgendeinen Vorwand fand, nach Hause zu kommen. Mrs. Fox ging nun absichtlich verschiedene Male von zu Hause fort, während die Nachbarn auf der Lauer lagen. Sie bestätigten, daß Fox jedesmal nach Hause kam. Mrs. Fox gab also eines Tages ihren Entschluß bekannt,

mit den Kindern ihre Mutter zu besuchen, aber sie ging nur bis zum Nachbarhaus. Bess sollte an diesem Tag einen gründlichen Hausputz halten.
Mrs. Fox wartete etwa eine Stunde bei den Nachbarn, und nichts geschah. Man sagte, sie wäre drauf und dran gewesen, nach Hause zu gehen, sich bei Bess zu entschuldigen, ihren Mann anzurufen und sich auch bei ihm zu entschuldigen. Aber genau in diesem Augenblick fuhr Fox vor und ging ins Haus. Sie wartete weitere dreißig Minuten und ging dann hinüber.
Als sie in ihr Schlafzimmer kam, fand sie die beiden dort, ihren Mann und Bess, eng umschlungen in ihrem Bett. Die arme Bess war so erschrocken, daß sie aus dem Haus rannte wie sie war, nur im Unterrock, ihr Höschen in der Hand. Sie setzte nie mehr einen Fuß in Mrs. Fox' Haus. Auch in der Schule tauchte sie nicht mehr auf. Sie nahm in dem Viertel, in dem sie wohnte, eine Stelle in einem Negercafé an. Aber es ging das Gerücht, daß sie die Stelle gar nicht nötig gehabt hätte. Denn nach dieser peinlichen Sache mit Fox war ihr Ruf endgültig ruiniert, und er fühlte sich verpflichtet, sie zu versorgen. Das letzte, was ich von Bess hörte, war, daß sie immer noch in Centreville wohnt, feine Kleider trägt und so lebt wie eh und je. Wie ich hörte, ist Fox nicht mehr stellvertretender Sheriff, aber er und seine Frau leben noch zusammen.
Nach einiger Zeit stellte sich heraus, daß die vielberedete Kampagne gegen die Dienstmädchen nur dazu diente, zu verschleiern, was wirklich auf diesen ›Gilde‹-Versammlungen vorging. Mitten unter all dem Gerede über weiße Männer, die es mit Negerinnen trieben, tauchte ein neues Thema auf: Neger, die etwas mit weißen Frauen hatten. Dieses Gerede erzeugte eine solche Spannung, daß alle männlichen Neger von Centreville Angst bekamen, auf die Straße zu gehen. Sie wußten zu gut, daß sie nicht so leicht davonkommen würden wie die weißen Männer, die sich mit Negerinnen einließen. Sie brauchten eine weiße Frau nur anzusehen, um aufgehängt zu werden. Der Mord an Emmet Till hatte es bewiesen: Es war ein todeswürdiges Verbrechen, wenn ein Neger in Mississippi auch nur hinter einer weißen Frau herpfiff.
Ich hatte nie von einer Affäre zwischen einem Neger und einer weißen Frau in Centreville gehört. Es war fast unmöglich, daß eine solche Beziehung zustande kam. Ein Neger hatte gar keinen Zugang zu weißen Frauen. Dagegen hatte fast jeder weiße Mann eine Negerin in seiner Küche oder in seinem Kinderzimmer.

Die gespannte Lage dauerte fast einen Monat, bevor etwas geschah. Dann verbreitete sich eines Tages in der Stadt ein Gerücht, daß ein Neger eine weiße Telefonistin wiederholt angerufen und ihr gedroht hatte, sie zu belästigen. Es wurde auch gesagt, daß die Spuren zu einem bestimmten Telefon führten, das jetzt überwacht würde.
Das nächste, was man sich unter der Negerbevölkerung erzählte, war, daß man einen Jungen geschnappt und beinahe zu Tode geprügelt hatte, der angeblich die weiße Telefonistin angerufen hatte. Alle Neger sagten: »Ihr alle wißt, daß der Junge das gar nicht getan hat.« Dieser Junge war mein Mitschüler Jerry. Ein paar Monate später hatte ich Gelegenheit, mit ihm zu sprechen, und er erzählte mir, was geschehen war.
Er hatte das Telefon an der Tankstelle ›Billups and Fillups‹ benutzt und war auf dem Heimweg, als Sheriff Ed Cassidy mit seinem Streifenwagen vorbeikam.
»He, Junge«, rief Cassidy, »gehst du nach Haus?«
»Ja«, antwortete Jerry.
»Spring auf. Ich hab den selben Weg. Ich nehm dich mit.«
Jerry sagte mir, daß sie dann an die Kreuzung bei dem alten Militärlager kamen, wo die Waage ist, auf der die großen Laster immer gewogen werden. Cassidy ließ ihn hier aussteigen und sagte, er hätte noch etwas in der Stadt vergessen, und er müßte noch mal reinfahren und es holen. Bis hierher, sagte Jerry, war ihm noch kein Verdacht gekommen. Er stieg aus und bedankte sich bei Cassidy. Aber sobald der Sheriff weggefahren war, kam ein Wagen vorbei, der anhielt. Vier Männer saßen darin. Eine tiefe Stimme befahl Jerry, in den Wagen zu steigen. Als er erkannte, daß zwei der Männer Jim Dixon und Nat Withers waren, die er in der Stadt oft mit Cassidy zusammen gesehen hatte, rannte er los. Aber die zwei im Wagen sprangen heraus und packten ihn. Sie stießen ihn in den Wagen und fuhren in das Lagergelände hinein. Nach etwa fünf Meilen bogen sie in einen schmalen, dunklen Fahrweg, der von dichten Bäumen beschattet war. Sie stießen Jerry aus dem Wagen hinaus auf den Boden. Er stand auf und stürzte in den Wald, aber sie holten ihn ein und zerrten ihn noch weiter ins Gebüsch. Dann banden sie ihn an einen Baum und verprügelten ihn mit einem langen schweren Lederriemen und einem Stück Gummischlauch.
Ich fragte ihn, ob sie ihm gesagt hätten, warum sie ihn schlugen.
»Nein, zuerst nicht«, sagte Jerry, »aber als ich anfing zu schreien und zu weinen und sie fragte, warum sie mich denn schlügen, sagte

Dixon, ich versuchte, mich herauszureden, und sie schlugen mich immer weiter. Dann fragte mich einer der Männer, die ich nicht kannte: ›Hast du die Frau angerufen, Junge?‹ Ich sagte nein. Ich glaub, irgendwie glaubte er mir, denn er hörte auf, mich zu schlagen, aber die anderen nicht. Die anderen schlugen auf mich ein, bis ich ohnmächtig wurde. Als ich zu mir kam, lag ich auf der Erde, ohne Fesseln, nackt und blutig. Ich versuchte aufzustehen, aber alles tat mir weh, ich konnte mich kaum bewegen. Schließlich kriegte ich meine Kleider wieder an, die die Hundesöhne mir abgerissen hatten, und ich schleppte mich bis zur Autostraße, aber dann wurde ich wieder ohnmächtig. Als ich wach wurde, lag ich zu Hause im Bett. Papa und die andern hatten schreckliche Angst, mich nach Centreville ins Krankenhaus zu bringen. Sie holten nicht mal nen Doktor, denn sie hatten solche Angst, mich zu einem weißen Doktor zu bringen. Knochen oder sonstwas waren nicht kaputt. Aber ich war überall geschwollen. Ich kanns dir zeigen, ich hab immer noch Risse und Narben von dem Riemen, aber ich glaub, sonst bin ich wieder ganz O. k.«

Ich fragte ihn, ob sie in der Sache etwas unternehmen würden. Er sagte, sein Papa hätte einen weißen Rechtsanwalt aus Baton Rouge geholt. Aber nachdem der Rechtsanwalt sich ein paar Tage lang in Centreville umgehört hatte, war er plötzlich wieder verschwunden.

Der Überfall auf Jerry schreckte alle Neger in der Stadt auf. Aber das am meisten empörende und ungerechte Verbrechen von allen ereignete sich ein paar Monate später, zwei Wochen vor Ferienbeginn.

Eines Nachts gegen ein Uhr erwachte ich, wie ich glaubte, aus einem schrecklichen Alptraum. Es war ein leerer Traum, der nur aus schreienden und kreischenden Stimmen bestand. Ich hatte den Eindruck, in einem öden Tal zu sein und zu schreien. Meine Stimme wurde von einem millionenfachen Echo zurückgeworfen und war so laut, daß ich von den Tonwellen in die Luft gehoben wurde. Ich wurde wach und stand zitternd mitten im Zimmer und suchte nach dem Zugschalter. Dann sah ich Mama, die im Nachthemd in die Küche rannte.

»Mama, Mama, was sind das für Stimmen? Wo sind all die Leute? Was ist los?«

Sie kam zur Schlafzimmertür. »Ich weiß nicht«, sagte sie.

»Hör doch! Hör doch!« schrie ich beinahe.

»Sprich nicht so laut, du machst mir die Kinder wach. Da mußn

Haus brennen oder sowas, weil alle so schreien. Da muß auch einem was passiert sein oder sowas. Ray fährt den Wagen raus. Wir gehn mal gucken, was los is«, sagte sie, schon wieder in der Tür.
»Du gehst doch nicht im Nachthemd?« fragte ich.
»Wir gehn ja nich aus dem Wagen. Los, du kannst mitkommen«, sagte sie, »aber knall nich die Tür un mach die Kinder nich wach.«
Ich ging im Schlafanzug hinter ihr her durch den Küchenausgang. Ray setzte gerade den Wagen rückwärts aus der Einfahrt.
Als wir unser Viertel verlassen hatten und um eine Ecke gebogen waren, mußte Raymond langsam am Rand der Straße entlangfahren, an Hunderten von Menschen vorbei, die die Straße hinunterliefen. Alle rannten auf die Feuersbrunst zu, die am Horizont den Himmel rötete.
Die Menschenmenge wurde immer dichter, bis es schließlich unmöglich wurde, zu fahren. Die lange Schlange der Autos kam zum Stillstand. Wir waren jetzt zwei Straßenkreuzungen weit von dem brennenden Haus entfernt. Die Luft war so heiß, daß den Menschen, die an unserem Wagen vorbeieilten, der Schweiß übers Gesicht lief. Das brennende Haus lag an der unbefestigten Straße, die zur Schule führte und von der Straße abzweigte, auf der wir zum Stehen gekommen waren. Deshalb konnten wir nicht sehen, welches Haus es war. Von da aus, wo wir hielten, sah es aus, als könnten es zwei oder drei Häuser sein, die brannten. Ich kannte alle Neger, die in den Häusern an dieser steinigen Straße wohnten. Jeden Tag ging ich auf dem Weg zur Schule und zurück an ihnen vorbei.
Ich saß da in meinem Schlafanzug und wünschte, ich hätte ein Kleid oder sonst etwas übergeworfen und könnte jetzt hinaus.
»Ray, frag doch jemand, wessen Haus es ist«, sagte Mama.
»He! Verzeihung!« Raymond lehnte sich aus dem Wagenfenster und sprach einen Neger an. »Wissen Sie, wessen Haus in Brand steht?«
»Ich hab gehört, das der Familie Taplin. Sie sagen, die ganze Familie ist noch im Haus. Sieht aus, als wärs aus mit denen, so sagt man.«
Keiner von uns sagte ein Wort. Wir blieben einfach schweigend sitzen. Ich konnte nicht glauben, was der Mann da eben gesagt hatte. ›Eine ganze Familie verbrannt – unmöglich!‹ dachte ich.
»Was denkst du, is passiert?« sagte Mama schließlich zu Raymond.
»Weiß nicht. Man kann nie sagen«, sagte Raymond. »Es kommt mir ganz komisch vor.«

Bald strömten die Leute auf der Straße wieder zurück. Das Kreischen und Schreien hatte aufgehört. Die Leute flüsterten jetzt fast nur noch. Alle waren Neger, aber ich war beinahe sicher, daß ich vorher ein paar Weiße hatte vorübergehen sehen. ›Wahrscheinlich nicht‹, dachte ich und fühlte mich ganz krank. Einigen der Frauen, die vorübergingen, liefen die Tränen übers Gesicht, während sie miteinander flüsterten.

»Hast du nicht den Benzingeruch bemerkt?« hörte ich eine der Frauen sagen, die in dem Viertel wohnte.

»In dem Haus ist nicht einfach so ein Brand ausgebrochen. Und wenn man denkt, daß die Schweine eine ganze Familie verbrannt haben«, sagte eine andere Frau. Dann schwiegen sie wieder.

Dann kamen ihre Männer am Wagen vorbei.

»He, Jones«, sagte Raymond zu einem der Männer. »Wie viele sind umgekommen?«

»'s waren acht oder neun, Ray. Man sagt, daß die Alte und eins der Kinder davongekommen sind. Ich hab sie aber nirgends gesehn.«

»Glaubst du, daß der Brand gelegt worden ist?« fragte Ray.

»'s sieht schon so aus, Ray. 's brannte wie nichts. Als ich hinkam, brannte das Haus von allen Seiten. Wenn das Feuer drinnen an einer Stelle entstanden wäre, hätts nich so abbrennen können. Alle Wände sind eingestürzt. 's passieren zuviel seltsame Dinge heutzutage hier in der Gegend.«

Da die meisten Menschen und Wagen jetzt fort waren, fuhr Raymond bis an die kleine steinige Straße heran und parkte da. Ich hätte mich beinahe übergeben, als ich durch einen Windstoß den Gestank von verbranntem Fleisch gemischt mit Benzin ins Gesicht bekam. Das Holzhaus war zu Asche verbrannt. Alles, was geblieben war, waren ein paar eiserne Bettpfosten und Sprungfedern, ein geschwärzter Eisschrank, ein Herd und ein paar Küchengeräte. Wir blieben fast eine Stunde lang im Wagen sitzen, betrachteten schweigend diese Überbleibsel und die Asche, die die neun verkohlten Körper bedeckte. Etwa hundert Menschen standen umher – Neger aus der Nachbarschaft, in ihren Schlafanzügen, Nachthemden und Bademänteln, und sogar ein paar Weiße starrten auf diese schreckliche Szene. Ich werde nie den Ausdruck auf den Gesichtern der Neger vergessen. Fast auf allen lag der gleiche Ausdruck der Hoffnungslosigkeit. Die stillen, traurigen Gesichter beobachteten den Rauch, der von den Trümmern aufstieg, bis er sich fast gänzlich gelegt hatte. Es war etwas Seltsames an diesem

Rauch. Es war der dickste, schwärzeste Rauch, den ich je gesehen hatte.

Schließlich fuhr Raymond davon, aber von diesem Alptraum konnte er mich nicht wegführen. Diese Schreie, diese Gesichter, dieser Rauch würden mich nie verlassen.

Am nächsten Tag machte ich einen weiten Umweg zur Schule. Ich wollte nicht an dem Schauplatz vorbeigehen, der sich mir so in mein Gedächtnis eingeprägt hatte. Ich versuchte mir einzureden, daß während der Nacht gar nichts geschehen sei. Und ich wollte es so gern glauben, ich wollte alles glauben, nur nicht diesen Traum. Aber in der Schule sprachen alle davon. Während aller Unterrichtsstunden wurde unter den Schülern geflüstert. Waren viele meiner Klassengefährten Zeugen des Brandes gewesen? ›Wären sie es doch gewesen, dann würden sie jetzt nicht soviel davon reden‹, dachte ich. Denn ich hatte es gesehen, und deshalb *konnte* ich nicht davon sprechen. Ich konnte es einfach nicht.

Ich war froh, als es zur Mittagspause schellte. Ich nahm meine Bücher und machte mich auf den Heimweg. Ich konnte diese Qual nicht eine Minute länger ertragen. Ich war in solcher Eile, dem Geschwätz in der Schule zu entkommen, daß ich ganz vergaß, den Umweg zu nehmen. Bevor ich das merkte, stand ich da, wo einmal das Haus der Taplins gewesen war. Es sah bei Tage ganz anders aus. Die Asche und die Trümmer waren verstreut worden, als habe jemand nach den Überresten der Körper gesucht. Der schwere schwarze Qualm war völlig verschwunden. Aber ich stand da und starrte auf die Stelle, wo ich ihn hatte aufsteigen sehen, und ich sah ihn wieder, wie er langsam weggetrieben wurde und meinen Augen entschwand. Ich riß mich los und rannte fast den ganzen Weg heim.

Als ich ins Haus trat, fragte Mama nicht einmal, warum ich heimgekommen war. Sie sah mich nur an. Und zum erstenmal merkte ich, daß sie verstand, was in mir vorging, oder daß sie es wenigstens versuchte. Ich nahm zwei Aspirintabletten und ging zu Bett. Ich blieb den ganzen Nachmittag liegen. Als es Zeit war, zur Arbeit zu gehen, kam Mama nicht herein. Sie muß gewußt haben, daß ich an diesem Tag nicht in der Stimmung war, zu Mrs. Burke zu gehen. Ich war zu nichts in Stimmung. Ich hatte mich ganz in mich verkrochen und tat mir Schmerz an mit jedem Gedanken, der mir durch den Kopf ging.

In dieser Nacht glich Centreville einer Geisterstadt. Es war so ruhig und still. Die Stille machte mich beinahe verrückt. Es war in dieser Nacht zu still zum Schlafen, aber es war zu unruhig zum Träumen und zu heiß zum Weinen.

Ein paar Tage später wurde ein Bericht veröffentlicht, daß das Feuer durch eine Petroleumlampe entstanden sei, die Mrs. Taplin bei ihrem neugeborenen Kind hatte brennen lassen. Niemand glaubte diese Geschichte. Jedenfalls niemand von denen, die den Brand aus der Nähe gesehen und das Benzin gerochen hatten. Sie waren sicher, daß mehr als eine Lampe voll Petroleum nötig gewesen war, um das Haus so schnell niederzubrennen.

Wegen des Brandes des Taplinhauses gab es so viele Zweifel und Meinungsverschiedenheiten, daß schließlich Agenten des FBI auftauchten und ganz still eine Untersuchung durchführten. Aber, wie das gewöhnlich in solchen Fällen ist, die Untersuchung wurde fallengelassen, sobald das öffentliche Interesse erloschen war.

Monate später wurde die Geschichte, die hinter dem Brand stand, flüsternd unter der Negerbevölkerung herumerzählt. Einige der Nachbarn der Taplins, die verhört worden waren, fügten die Fetzen von Informationen, die der einzelne besaß, zusammen, und es kam eine Erklärung zustande, die einen Sinn ergab:

Der unmittelbare Nachbar der Taplins war ein Mr. Banks, ein heller Mulatte, der sehr wohlhabend war. Er war unverheiratet, und sein Besitz an Land und Vieh war beträchtlich. Er hatte sich seit einiger Zeit in aller Stille einer weißen Frau angenommen, die von ihrem Mann verlassen worden war und sich mit drei Kindern durchschlagen mußte. Sie wohnte in einer Bodensenke, wo mehrere arme Weiße lebten. Die Gilde hatte während einer ihrer Erkundungszüge die Kinder eines Nachts allein zu Haus vorgefunden – und ebenso an vielen darauffolgenden Nächten. Natürlich fragte man sich, wo die Mutter ihre Nächte verbrachte. Man beobachtete das Tälchen ein paar Tage lang und stellte fest, daß sie wegging, nachdem sie die Kinder zu Bett gebracht hatte, und von Mr. Banks an unverdächtigen Stellen abgeholt wurde.

Als die Familie Taplin verbrannte, entging Mr. Banks seiner Bestrafung. Bald danach verschloß er sein Haus und verschwand. Und auch die weiße Frau aus dem Tälchen verschwand.

Ich konnte es kaum erwarten, bis die Ferien anfingen. Ich hatte Centreville so satt. Ich hatte mich entschlossen, Mama zu sagen, daß ich weg mußte, wenn auch nur für den Sommer. Ich hatte vor, zu meinem Onkel Ed nach Baton Rouge zu fahren, der jetzt verheiratet war und dort mit seiner Familie wohnte.

Ein paar Tage vor Schulschluß saß ich zwischen sechs oder sieben meiner Mitschüler, die darauf bestanden, über die Taplinfamilie zu diskutieren. Als ich nach Hause kam, war ich am Ende mit meinen Nerven; wenn ich nur daran dachte, was einige von ihnen gesagt hatten, konnte ich es nicht mehr aushalten. Ich legte meine Bücher weg, nahm zwei Aspirintabletten und ging zu Bett. Ich glaubte nicht, daß ich an diesem Abend würde zur Arbeit gehen können, ich war zu erregt, um Mrs. Burkes Gegenwart zu ertragen. Seit dem Mord an Emmet Till war ich bei der Arbeit nicht mehr ich selbst gewesen, es war noch schlimmer geworden durch die Art, in der sie von der Familie Taplin gesprochen hatte. Aber Mrs. Burke gab jetzt mehr auf meine Reaktionen acht.

»Was is mit dir. Bist du krank?« fragte Mama.

Ich gab ihr keine Antwort.

»Nimm die Schuhe von der Bettdecke. Steh auf und geh zur Arbeit. Mrs. Burke schmeißt dich noch raus.«

»Ich hab Kopfschmerzen und kann nicht gehen«, sagte ich.

»Was is denn los, daß du dauernd Kopfschmerzen hast?«

Ich entschloß mich, nicht länger zu warten und Mama meinen Plan zu erklären.

»Mama, ich will an Ed schreiben und fragen, ob ich den Sommer über bei ihnen wohnen kann. Ich such mir eine Stelle in Baton Rouge. Ich habs satt, für einen Dollar am Tag für Mrs. Burke zu arbeiten. Ich kann in Baton Rouge fünf Dollar am Tag machen, und hier mach ich nur sechs Dollar in der Woche.«

»Ed und die haben keinen Platz für dich. Nimm die Schuhe vom Bett runter«, sagte Mama und ging hinaus.

Sobald sie draußen war, stand ich auf und schrieb meinen Brief. Fünf Tage später kam die Antwort von Ed. Er sagte, ich sei willkommen. Ich fing also an zu packen, weil ich am nächsten Tag fahren wollte. Mama sah mich an, als sei es ihr nicht recht, daß ich ging. Aber sie wußte, daß es keinen Zweck hatte, mich umstimmen zu wollen.

Ich war fünfzehn Jahre alt und ging zum ersten Mal von Hause weg. Ich war nicht einmal sicher, ob ich in diesem Alter eine Stelle bekommen würde. Aber ich mußte weg, wenn auch nur, um eine etwas andere Luft zu atmen. In Centreville wäre ich erstickt. Ich konnte nicht weiter für Mrs. Burke arbeiten und so tun, als sei ich taub und unwissend, als wüßte ich nicht, was auf ihren ›Gilde‹-Treffen vorging, als wüßte ich nichts von den Schlägen, die Jerry bekommen hatte, vom Verbrennen der Taplins, von all dem andern, was vorging. Ich hatte es satt, mich zu verstellen, satt, meine Gefühle für einen Dollar pro Tag zu verkaufen.

12. Kapitel

Als ich in Baton Rouge aus dem Bus der Greyhoundlinie ausstieg, wartete Ed schon auf mich. Ich hatte ihn lange nicht gesehen. Er sah jetzt anders aus, aber er war schon der alte. Er war immer noch mein Lieblingsonkel und der Verwandte, der mir am nächsten stand. Aber mit seiner Frau Bertha war nicht leicht auszukommen. Sie hatten kein zweites Schlafzimmer, ich mußte also im Wohnzimmer schlafen. Das Sofa war neu, und es war ihr eigentlich nicht recht, daß ich darauf schlief. Am liebsten wäre ich gleich am nächsten Tag nach Hause gefahren, aber ich sagte mir: ›Wenn ich länger als ein Jahr Mrs. Burke ertragen habe, kann ich wohl drei Monate lang mit Bertha auskommen. Ich werde einfach nicht viel bei ihnen essen und werde ihr so viel wie möglich aus dem Weg gehen.‹
Nach drei Tagen hatte ich eine Stelle gefunden, vielmehr die Stelle hatte mich gefunden. Mrs. Jetson, eine Frau, für die Bertha einmal gearbeitet hatte, kam vorbei, um zu fragen, ob Bertha ihre Kinder übers Wochenende hüten könne. Aber Bertha hatte jetzt eine andere Arbeit. Sie arbeitete sechs Tage der Woche in einem Restaurant. Sie schlug Mrs. Jetson vor, mich einzustellen.
›Je eher ich Geld verdiene, desto besser‹, dachte ich. Daher nahm ich die Arbeit an. Als mir aber am Sonntagabend Mrs. Jetson sechs Dollar für die Arbeit von zwei Tagen zahlte, war ich ziemlich enttäuscht. Als sie mich dann fragte, ob ich wohl den ganzen Sommer über für sie arbeiten wolle, sagte ich, ich müßte es mir überlegen.
An diesem Abend schien es mir, als hätte ich für den Heimweg zu der drei Straßenkreuzungen weit entfernten Wohnung Eds nur eine Minute gebraucht. Sobald ich in das Wohnzimmer trat, wo Ed und Bertha vor dem Fernsehgerät saßen, sagte ich: »Bertha! Warum hast du mir nicht gesagt, daß sie nur drei Dollar pro Tag zahlt? Ich dachte, man bekäme hier fünf Dollar pro Tag.«
»Hör mal, Essie Mae. Diese Frau ist arm. Nur die reichen Weißen zahlen hier fünf Dollar pro Tag für Hausarbeit. Du brauchst die Stelle ja nicht zu behalten. Du kannst ja hingehen, bis du etwas Besseres gefunden hast.«
»Ich hab heute mit meinem Chef gesprochen«, sagte Ed. »Seine

Frau versucht, was für dich zu finden. Aber behalt die Stelle, bis du was anderes hast.«

Am nächsten Tag rief ich Mrs. Jetson an und sagte, ich nähme die Stelle für den Sommer an. Ich würde achtzehn Dollar in der Woche verdienen. Ich ging zu Bett mit dem Gedanken, daß ich in zwei Wochen einen anderen Job haben würde.

Mrs. Jetson arbeitete in einem der großen Schuhgeschäfte in der Third Avenue. Ihr Mann war Bauarbeiter. Ich merkte nicht, wie arm sie waren, bis zu jenem Samstag, dem Ende meiner ersten Arbeitswoche. Als sie nach Hause kam, hatte ich alles fertig und saß mit den beiden kleinen Jungen vor dem Fernseher.

»Wenn diese Sendung zu Ende ist, gehe ich, Mrs. Jetson«, sagte ich, um anzudeuten, daß ich auf mein Geld wartete.

»Essie, ich muß dir Ende der kommenden Woche nen Scheck geben. Bis dahin kann ich nichts auf das Konto einzahlen.«

Ich stand da und kam mir wie ein Idiot vor. Aber ich sagte nichts. Ich ging einfach. ›Auf keinen Fall gehe ich am Montag zurück‹, dachte ich. Aber am Montag hatte ich meine Meinung geändert. Ich wußte, wenn ich nicht zurückging, würde ich mein Geld nie kriegen.

Am nächsten Samstag kam ich zur Haustür und fand sie verschlossen. Ich war bestürzt. Dann sah ich, daß an den vorderen Fenstern die Gardinen abgenommen worden waren, und blickte nach drinnen und bemerkte, daß das Haus leer war. Ich konnte es nicht glauben. Ich stand da und schaute mindestens eine halbe Stunde lang durch das Fenster. Dann klopfte ich am Nachbarhaus an.

»Entschuldigen Sie bitte, ich habe gerade bemerkt, daß Mrs. Jetson gestern abend ausgezogen ist. Hat sie vielleicht Geld für mich hinterlassen?« fragte ich.

»Geld! Die haben doch kein Geld. Die wären heute rausgeschmissen worden. Deshalb sind sie gestern ausgezogen. Sie hat dich nicht bezahlt?« fragte die Frau.

»Nein, und sie schuldet mir den Lohn für zwei Wochen.«

»Ruf sie doch am Montag im Geschäft an«, schlug sie vor. »Das hätte sie nicht vergessen dürfen.«

Am Montag rief ich das Schuhgeschäft an und hörte, daß Mrs. Jetson am Freitag die Arbeit niedergelegt hatte. Ich hatte noch nie in meinem Leben so das Gefühl gehabt, hereingelegt worden zu sein. Von allen Frauen, für die ich gearbeitet hatte, war diese die übelste. Sie war sogar schlimmer als Mrs. Burke.

In der folgenden Woche besuchte ich ein Mädchen, das einmal mit mir zur Schule gegangen war und auch hier in Baton Rouge bei einem Onkel wohnte. Susie arbeitete in einem Restaurant. Sie hatte mir versprochen, Bescheid zu sagen, wenn dort eine Stelle frei würde, aber an diesem Abend sagte sie mir geradeheraus: »Essie Mae, sie haben in dem Restaurant schon seit langem niemanden eingestellt, und es sieht auch nicht so aus, als ob sies bald tun würden. Es ist jetzt so schwer, eine Stelle zu finden, die Leute wechseln nicht mehr so schnell.«

Ich ging zu Eds Wohnung zurück und packte meinen Koffer. Ich wäre an diesem Abend noch nach Centreville gefahren, aber Ed wollte mich bis zum nächsten Morgen nicht weglassen.

Ich verschlief und verpaßte den Neun-Uhr-Bus. Der einzige andere Bus nach Centreville fuhr um halb fünf nachmittags. Ich kaufte mir die Fahrkarte mit den fünf Dollar, die Ed mir geschenkt hatte, stellte meinen Koffer in ein Schließfach und ging zu Ed zurück, um zu warten. Als ich hereinkam, sagte Bertha, Susie habe angerufen, sie habe eine Stelle für mich.

Ich rief Susie am Abend an. Sie sagte mir, daß jemand sofort gebraucht würde, und bat mich, gleich am nächsten Morgen mit ihr zusammen mich vorstellen zu gehen. Ich war fest entschlossen, die Stelle zu bekommen. ›Ich werde bei der Vorstellung bestehen‹, sagte ich mir, ›ich weiß, daß ich es kann.‹ Aber vorsichtshalber ließ ich doch meinen Koffer im Schließfach am Busbahnhof.

Als ich Susie traf, trug ich einen Pony und eine Pferdeschwanzfrisur und sah eher wie zwölf aus als wie fünfzehn. Sie steckte mir das Haar auf, und ich mußte mehr Puder und Lippenstift auflegen. »Sag ihnen, du wärst achtzehn oder neunzehn, denn wenn du sagst, daß du fünfzehn bist, nehmen sie dich nicht. Und sag ihnen, du wärst schon aus der Schule«, sagte sie, als wir zusammen aus dem Bus stiegen.

Das einzige, was Susie vergessen hatte: sie hatte vergessen, daß ich wegen meiner Versicherungskarte lügen mußte. Ich wußte nicht einmal, was eine Versicherungskarte ist. Die Neger in Mississippi verdienten nie genug, um Versicherungsbeiträge einbehalten zu bekommen, die ihnen einmal eine Rente brachten. Für sie waren die Zeiten immer schlecht. Und ich vermute, die Weißen dachten sich, daß ein Neger doch nicht lange genug lebte, um in den Genuß einer Rente zu kommen. Jedenfalls sagte ich dem Personalchef des Warenhauses

Ourso, daß ich meine Karte zu Hause in einer anderen Tasche hätte. Sie brauchten so dringend eine Kraft, daß sie mich auch so einstellten, und ich nahm die Arbeit noch am gleichen Tag auf.
In der Mittagspause lief ich sofort zum Restaurant nebenan, um Susie wegen der Versicherungskarte zu fragen. Sie sagte, wir könnten auf dem Heimweg eine besorgen. Wir blieben eine Stunde zusammen und spazierten in dem Viertel herum. Susie zeigte mir verschiedene andere Geschäfte, die den Oursos gehörten: da gab es ein Ourso-Eisenwarengeschäft, ein Restaurant, eine Tankstelle, einen Lebensmittelladen und eine Tiefkühlfirma. Und einer der Oursos war Präsident der American Bank. Ein ganzer Abschnitt der Plank Road gehörte ihnen. Ich hatte nie zuvor von so reichen Leuten gehört. Einer von ihnen wohnte in einer prächtigen Villa, deren Gelände sich über zwei Straßenabschnitte hinzogen. Alle Weißen in Centreville zusammen besaßen nicht so viel wie die Familie Ourso. Ich konnte den Gedanken nicht loswerden, wie ungerecht es doch war, daß eine Familie so viel besaß.
Meine Arbeit bestand im Putzen der Schaufensterscheiben, im Nachbügeln neuer Kleider; ich mußte beim Schaufensterdekorieren helfen und manchmal fegen. Für diese Arbeit waren zwei Kräfte eingestellt. Meine Gefährtin war eine Negerin in mittleren Jahren, die nur halbtags arbeitete. Sie erzählte mir, daß sie schon zehn Jahre für die Oursos arbeite, und wie nett und reich sie wären. Wir bekamen beide vierundzwanzig Dollar in der Woche. Mir kam diese Bezahlung gar nicht gerecht vor. Da sie so reich waren, dachte ich, hätten sie mir mehr – viel mehr geben können.
Bald war ich bei den meisten Mitgliedern der Familie Ourso sehr beliebt. Sie betrachteten mich als ein hübsches, liebes, kleines Negermädchen. Ich hatte eine sehr gute Figur und hübsche lange Beine. Die jungen Frauen der Familie Ourso sagten mir dauernd, sie beneideten mich wegen meiner Figur, und fragten mich, wie ich es fertigbrächte, so schön schlank zu bleiben. ›Wenn ihr fünfzehn wärt, würdet ihr auch schlanker sein‹, dachte ich.
Die Frau, mit der ich zusammen arbeitete, hatte, ehe ich kam, als die Lieblingsnegerin der Oursos gegolten. Innerhalb von zwei Wochen war sie fast ganz in den Hintergrund verdrängt. Die Oursos wandten mir ihre ganze Aufmerksamkeit zu. Eines Tages, als wir zusammen im Bügelzimmer waren und Kleider bügelten, wurde sie sehr vertraulich. Sie erzählte mir alles über ihre Familie, ihren ehemaligen Mann usw. Wir blieben auch während der Mittagspause zusam-

men und amüsierten uns sehr. Ich war so überwältigt von ihrer Freundlichkeit, daß ich ihr auch alles über mich erzählte – daß ich erst fünfzehn war, die Oberschule noch nicht abgeschlossen hatte, aus Mississippi kam und noch einen Monat arbeiten konnte.
Als ich am nächsten Morgen zur Arbeit kam, sagte man mir, der Chef erwarte mich in seinem Büro. Er saß da, hinter seinem Schreibtisch. Er sagte nur: »Hier ist dein Scheck, Anne. Wir brauchen dich nicht mehr. Vielen Dank. Wir waren mit dir zufrieden.«
Ich stand da und fragte mich, was ich wohl getan hatte. Ich hätte ihn so gern gefragt. Aber der Ausdruck auf seinem Gesicht sagte mir, daß es das beste wäre, gleich zu gehen. Das tat ich denn auch. Als ich aus der Tür kam, sah ich meine vertraute Freundin, mit der zusammen ich gearbeitet hatte. Ich wollte auf sie zugehen und mich verabschieden, da wandte sie den Kopf ab. Jetzt wußte ich, was ich falsch gemacht hatte.

Ich kletterte in Centreville aus dem Bus der Greyhoundlinie mit fünfundsechzig Dollar in der Tasche und neuen Schulkleidern. Als ich nach Hause ging und dabei den Koffer schwenkte, kam ich zu dem Ergebnis, daß alles in allem diese Erfahrung doch nicht so schlecht gewesen war. Ich war so in meine Gedanken an Baton Rouge versponnen, daß ich ganz vergaß, daß ich wieder in Centreville war, bis ich beinahe gegen meine Mitschülerin Doris geprallt wäre.
»Moody, wo bist du gewesen? Du bist aber nach Schulschluß schnell verschwunden. Jemand hat gesagt, du wärst in New Orleans.«
»Ich bin nach Baton Rouge gefahren und hab dort bei Ed gewohnt und eine Stelle bekommen. Was ist denn hier so los gewesen?«
»Eigentlich nichts. Sie haben Benty und Mrs. Rosetta und die aus der Stadt gejagt.«
»Warum?« fragte ich.
»Sie behaupten, Benty habe was mit dem armen kleinen weißen Mädchen gehabt, das unten im Loch wohnt«, sagte sie.
»Das Mädchen, das in dem Tälchen wohnt, wo auch die weiße Frau mit den drei Kindern wohnte?«
»Was für eine weiße Frau mit drei Kindern?« fragte sie.
»Die, die Mr. Banks ausgehalten haben soll. Die, die nach dem Brand bei den Taplins weggezogen ist.«
»Ja, das ist das Mädchen. Sie wohnte im Haus neben der Frau«, sagte Doris.

»Du weißt genau, daß Benty nichts mit dem Pack zu tun hat«, sagte ich.
»Sie habens aber gesagt. Jedenfalls sind Benty und die weggezogen.«
»Wohin?« fragte ich.
»Nach Woodville, wie man sagt. Benty war verwandt mit dir, nicht?«
»Ja, er ist mein Vetter, aber kein naher.« Plötzlich fing ich an zu zittern. »Ich muß nach Hause«, konnte ich eben noch sagen. »Mama un die wissen nich mal, daß ich komme.«
Ich fühlte mich so elend, als sei ich den Sommer über gar nicht in Baton Rouge gewesen. Ich dachte, ich fiele hier auf der Straße um, ehe es mir gelingt, nach Hause zu kommen. Wenn in diesem Jahr wieder so etwas wie der Brand bei den Taplins passiert, werde ich bestimmt krank. Wenn ich noch mal etwas aus meinem Bewußtsein verdrängen muß, schnappe ich einfach über.
Ich zitterte immer noch, als ich zur Veranda hinaufstieg, wo Jennie Ann spielte. »Essie Mae is heimkomme!« schrie sie. Sie rannte in die Küche, wo Mama, Raymond und die andern saßen, während ich in mein Zimmer ging, um den Koffer abzustellen und mich zusammenzureißen.
»Sieh sie dir an«, rief Mama, als ich in die Küche trat. »So dünn wien Stock. Haben Ed und Bertha dir nichts zu essen gegeben?«
»Aber ja, ich hab reichlich zu essen gehabt«, sagte ich.
»Wie bist du dann so dünn geworden?« fragte sie.
»Ich weiß nich. Ich bin eben dünn geworden. Das is alles. Ich hab auf dem Heimweg Doris getroffen, und sie hat mir gesagt, daß sie Mrs. Rosetta un Benty un die andern aus der Stadt gejagt haben.«
Raymond stand auf und ging aus der Küche. Als ich Mama ansah, ließ sie den Kopf hängen. Dann sah ich Adline an, James, Junior, Jennie Ann und Jerry. Auch sie kamen mir seltsam vor. Warum war Raymond nach draußen gegangen? Warum wollte Mama mir nicht in die Augen sehen?
Ich sagte zu keinem mehr ein Wort. Ich ging aus der Küche in mein Schlafzimmer und warf mich aufs Bett.
Nach einer Weile kam Mama herein. »Nimm die Schuhe von der Decke!« sagte sie böse.
»Was is denn los mit euch allen? Was is denn los mit Raymond?« fragte ich und schleuderte dabei die Schuhe von den Füßen.
»Mit Ray is gar nix los! Aber was is mit dir los? Kaum bis du im

Haus, dann fängste schon an, mich verrückt zu machen, weil einer aus der Stadt gejagt worden ist. Was mußte dich um so Sachen kümmern?«

»Warum kann ich nich nach Benty un denen fragen? Sie *sind* doch verwandt mit uns? Warum sollen die Leute nich reden, Neger werden von diesen Weißen ermordet, zusammengeschlagen, aus der Stadt gejagt und all das. Aber die Neger können nich mal drüber reden. Ich hätt in Baton Rouge bleiben sollen.«

Mama sagte darauf kein Wort mehr. Sie machte nur ein gekränktes Gesicht und ging hinaus. Ich begann darüber nachzudenken, was Mrs. Rice mir einmal gesagt hatte, als ich mit ihr über die ›NAACP‹ sprach: »Du mußt dich beschäftigen, Essie, das wird deine Gedanken ein wenig ablenken. Es ist nicht gut, wenn du dich zu sehr grämst wegen dieser Morde und Brände und Brutalitäten. Die Neger hier werden gar nichts dagegen tun. Du solltest dich amüsieren wie andere in deinem Alter. Warum lernst du nicht Klavierspielen oder sowas?«

›Ja‹, dachte ich, während ich noch dalag. ›Dieses Jahr lerne ich Klavierspielen. Ich werde Mitglied der Band und spiele wieder Basketball. Ich werde mich von Sonnenaufgang bis Sonnenuntergang beschäftigen. Dann brauch ich nicht mehr dauernd an die Taplins, an Jerry, Emmet Till oder Benty zu denken. Ich brauch dann gar nicht mehr mit Mama und denen zu sprechen oder mich bedrängt zu fühlen, wenn Raymond mich die ganze Zeit anstarrt, denn von jetzt an werde ich so wenig Zeit wie möglich zu Hause sein. Nächsten Sommer gehe ich wieder nach Baton Rouge und suche mir ne Stelle. Und sobald ich die Oberschule hinter mir habe, geh ich endgültig weg von Centreville.‹

13. Kapitel

In dieser Nacht lag ich im Bett und machte Pläne fürs ganze Jahr. Ich dachte an alles, nur vergaß ich seltsamerweise Mrs. Burke und meine Arbeit nach der Schule. Und ich dachte auch nicht an sie, bis sie am nächsten Tag wirklich zu Hause vorbeikam. Mama, Adline und die anderen Kinder saßen auf der Veranda, als sie vorfuhr. Ich war in meinem Zimmer und inspizierte meine alten Schulkleider.
»Essie Mae! Mrs. Burke is hier un will dich sprechen«, rief Mama.
Ich hörte Mrs. Burkes Stimme: »Ist Essie da? Ich bin vorbeigekommen um zu hören, wann sie wiederkommt.«
›Ist Essie hier?‹ äffte ich Mrs. Burke nach und trat auf die Veranda. Warum kam sie gerade heute hier vorbei!
»Du meine Güte! Du bist aber dünn geworden! Wie hat es dir in Baton Rouge gefallen?« fragte sie.
»Es war O. k.«, sagte ich.
»Oh, du hattest mir nicht gesagt, daß du dort arbeiten wolltest. Ich dachte, du machtest Ferien.«
Ich stand da, sah sie an und dachte bei mir: ›Warum bist du so interessiert daran, was ich in Baton Rouge gemacht habe?‹
»Ich hätte gern, daß du wieder für mich arbeitest; wenn du Freitag und Samstag nichts vorhast, möchte ich, daß du mir beim Hausputz hilfst.«
»Ich muß meine Schulkleider in Ordnung bringen, ehe die Schule anfängt«, sagte ich. »Ich könnte Ihnen nächstes Wochenende helfen.«
»Und wann fängt die Schule an?« fragte sie.
»Montag in einer Woche.«
»Aber ich hatte gehofft, du könntest mir *dieses* Wochenende helfen. Wir bekommen am Sonntag Besuch.« Sie wartete auf meine Antwort.
Ich sagte nichts.
»Also gut«, sagte Mrs. Burke schließlich. »Ich seh dich also nächsten Freitag.« Dann fuhr sie davon.
»Wie sprichst du denn mit weißen Leuten?« sagte Mama zu mir, als ich auf die Veranda zurückkam.

»Was hab ich denn zu Mrs. Burke gesagt? Wie *soll* ich denn mit ihr sprechen?« fragte ich.
»Du hast am Freitag und Samstag nicht so viel zu tun, daß du ihr nicht helfen könntest.«
»Ich hab wohl was zu tun. Du hast gehört, was ich ihr gesagt habe. Ich muß meine Schulkleider in Ordnung bringen.«
»Du hast die ganze nächste Woche Zeit für die Kleider«, sagte Mama.
Die Veränderung, die mit Mama vorgegangen war, während ich in Baton Rouge war, verstand ich immer noch nicht. Aber wieder merkte ich, daß Raymond etwas damit zu tun hatte. Er sah mich nicht mehr wie früher sehnsüchtig an. Seit ich von Baton Rouge zurück war, hatte er kaum ein Wort mit mir gesprochen. Immer wenn er in der Nähe war, überkam mich das seltsame Gefühl, daß er mich aus irgendeinem Grund haßte.

Etwa zwei Wochen nach Schulbeginn begannen sich alle meine Pläne zu verwirklichen. Ich war achtzehn Stunden am Tag beschäftigt. Die letzten beiden Schulstunden war ich täglich in der Musik-Band oder im Basketball-Team beschäftigt. Danach ging ich sofort zur Arbeit. Ich war nie vor acht oder neun Uhr abends zu Hause, und sobald ich das Haus betrat, machte ich mich daran, Adline bei den Hausaufgaben zu helfen, damit ich mit Mama oder Raymond gar nicht zu sprechen brauchte. Mittwoch- und Freitagabends hatte ich Klavierstunden. Sonntags unterrichtete ich in der Sonntagsschule und im BTU.
Ich war jetzt so beschäftigt, daß ich für Mrs. Burke arbeiten konnte, ohne über sie und ihre ›Gilde‹-Treffen nachzudenken. Abends fiel ich in Schlaf, ohne die alten, tief eingegrabenen, sich wiederholenden Träume zu träumen. Bis zur Beendigung der Oberschule mußte ich vieles in den Hintergrund drängen.
Als in der Mitte des Semesters die Prädikate verlesen wurden, hatte ich in allen Fächern die Note A. Jetzt schien alles so leicht. Manchmal bekam ich Angst, weil alles zu glatt lief. Früher war mir alles schwer vorgekommen. Aber jetzt tat ich dreimal soviel und hatte doch das Gefühl, als könnte ich die ganze Welt auf die Schultern nehmen, ohne zu ermüden. Sogar im Basketball war ich besser als je zuvor. Ich war sogar die beste Spielerin des Teams.
Mr. Hicks, unser neuer Trainer, hatte nur körperliche Ertüchtigung im Kopf, besonders bei Mädchen. Er haßte Frauen, die unsportlich

waren, und er ließ uns trainieren, bis wir keuchten wie Maulesel, die zu lange gepflügt haben. Manchmal ließ er uns sogar mit den Jungen Fußball spielen, damit wir dieses Spiel kennenlernten. Alle Mädchen, die seine Ertüchtigungsübungen nicht mitmachten oder die dick und faul waren, wurden sofort weggeschickt. Er wollte unbedingt, daß sein Team siegreich sei, und hatte nur für große, schlanke Mädchen Interesse, die beweglich und schnell waren. Ich glaube, so eifrig wie ich trainierte niemand sonst.

Kurz nach der Mitte des Semesters stellte Mr. Hicks eine Mannschaft für Gymnastik und Bodenturnen auf. Alle Basketballspieler sollten mitmachen. Es war nicht schlecht, auf dem offenen Basketballplatz zu rennen und den Ball zu werfen, aber wenn man beim Überschlag, beim Radschlagen und bei der Rolle auf den Boden fiel, so war es, als fiele man auf Stahl.

Mr. Hicks war der unbarmherzigste Mensch, den ich je kennengelernt hatte. In den ersten Wochen konnten manche der Mädchen kaum noch gehen, aber weiter üben mußten sie. »Die einzige Möglichkeit, über diese Steifheit und den Muskelkater wegzukommen, ist, beide wegzuarbeiten«, sagte er immer.

Wir alle lernten Mr. Hicks trotz seiner Härte schätzen, denn am Ende behielt er immer recht. Nach drei Wochen war unsere Steifheit völlig verschwunden, und wir fühlten uns wohl. Ich hielt jetzt diese ganze Geschäftigkeit durch, ohne auch nur einmal den Atem zu verlieren. Ich beendete das Semester mit A-Noten in allen Fächern.

Eines Mittwochs bügelte ich wie gewöhnlich in Mrs. Burkes Eßzimmer, als sie mit ernster Miene eintrat.

»Essie, ich habs so satt und bin so böse mit Wayne«, sagte sie und ließ sich auf einem der Eßzimmerstühle nieder. »Er wäre letztesmal fast sitzengeblieben. Wenn es so weitergeht, macht er die Oberschule nicht durch. Ich weiß nicht, was ich tun soll. Er hat jetzt Algebra und wird einfach nicht damit fertig. Ich hab versucht, einen Privatlehrer für ihn in Mathematik zu finden, aber es ist mir nicht gelungen. Wie ist denn *dein* Mathematiklehrer?« fragte sie.

»Oh, er ist sehr gut, aber er unterrichtet unsere Klasse fast nie. Meist muß ich ihn vertreten«, sagte ich.

»Bist du so gut in Algebra?« fragte sie.

»Ja. Ich hatte in allen Arbeiten ein A, und er sagt, ich wäre eine seiner besten Schülerinnen.«

Sie sah mich einen Augenblick an, als könnte sie es nicht glauben. Dann verließ sie das Eßzimmer.

Bald kam sie mit einem Buch in der Hand zurück. »Hier sind die Aufgaben, mit denen Wayne nicht zurechtkommt. Kannst du sie lösen?«
»Ja. Wir sind schon weiter im Buch. Ich kann sie alle«, sagte ich.
»Sieh mal, ob du die beiden hier herausbekommst«, sagte Mrs. Burke. »Ich werde inzwischen weiterbügeln.«
Ich setzte mich an den Eßzimmertisch und machte mich an die Aufgaben. Ich war fertig, bevor sie das erste Hemd gebügelt hatte.
Ich reichte ihr den Zettel, und sie sah mich wieder an, als ob sie es nicht glauben könne. Aber nachdem sie die Aufgaben geprüft und mit den Antworten hinten im Buch verglichen hatte, fragte sie mich, ob ich Wayne an ein paar Abenden der Woche Nachhilfestunden geben wollte. »Ich bezahle sie extra«, sagte sie, »und manchmal kann ich dir auch beim Klavierüben helfen.«
Ehe eine Woche vergangen war, half ich Wayne und einer Gruppe seiner weißen Freunde jeden Montag-, Dienstag- und Donnerstagabend bei den Algebraaufgaben. Während Mrs. Burke im Wohnzimmer am Fernseher saß, saßen wir um den Eßzimmertisch – Wayne, Billy, Ray, Sue, Judy und ich. Sie waren alle in meinem Alter und wie ich in der zehnten Klasse. Ich glaube, Mrs. Burke war nicht sehr entzückt davon, daß die Gruppe aus einer gleichen Zahl von Jungen und Mädchen bestand. Sie billigte auch die offene Freundschaft nicht, die sich zwischen mir und Wayne entwickelte. Vor allem mißbilligte sie es, daß Wayne jetzt zu mir als zu seiner ›Lehrerin‹ aufsah. Trotzdem duldete sie es für eine Weile. Wenn wir mit den Aufgaben fertig waren, brachte Wayne mich oft mit dem Auto nach Hause.
Dann kam sie eines Abends in dem Augenblick durch das Eßzimmer, als Wayne mir eine Frage stellte. »Sieh mal, Essie«, sagte er, »wie wird das hier gemacht?« Dabei stützte er die Arme auf die Lehne meines Stuhls, und seine Wange kam der meinen sehr nahe.
»Wayne!« Mrs. Burke schrie ihn beinahe an. Wayne und ich rührten uns nicht, aber die andern drehten sich um und starrten sie an.
»Hört zu, was Essie sagt«, sagte sie und versuchte ihre gewohnte Stimmlage zurückzugewinnen.
»Mutter, wir *haben* zugehört!« sagte Wayne ganz entrüstet, ohne seine Stellung zu ändern.
Im Zimmer war es ganz still. Ich hatte das Gefühl, ich müßte etwas sagen, aber es fiel mir einfach nichts ein. Ich wußte, daß Wayne absichtlich versuchte, seine Mutter zu ärgern, darum blieb ich still sit-

zen und versuchte es zu verhindern, daß seine Wange die meine berührte. Ich spürte seinen warmen Atem auf meinem Gesicht. Er starrte sie an, bis sie wegsah und schnell in der Küche verschwand.
Wayne richtete sich einen Augenblick auf und sah alle seine Freunde, die nach einer Erklärung zu verlangen schienen, der Reihe nach an. Sein Gesicht war völlig ausdruckslos. Dann beugte er sich wieder über mich und stellte die gleiche Frage noch einmal. In diesem Augenblick kam Mrs. Burke wieder durch das Eßzimmer.
»Wayne, du kannst jetzt Billy und die andern nach Hause bringen«, sagte sie.
»Wir haben die Aufgaben noch nicht fertig, Mutter. Wenn du es lassen könntest, uns andauernd zu unterbrechen, könnten wir vielleicht fertig werden.«
»Dann macht voran und bring dann Billy und die anderen heim, aber setzt Essie zuerst zu Hause ab«, sagte Mrs. Burke und verließ das Zimmer.
Ich erklärte die Aufgabe, aber ich redete nur wie zum Papier. Alle hatten das Interesse verloren.
Als wir gingen, beobachtete Mrs. Burke, wie wir in den Wagen stiegen und davonfuhren. Keiner sagte ein Wort, bis wir vor unserem Haus hielten. Dann sagte Billy so munter er konnte: »Bis Donnerstag, Essie!« »O. k.«, sagte ich, und Wayne fuhr davon.
Als ich am nächsten Abend zur Arbeit kam, waren weder Mrs. Burke noch Wayne zu Hause. Mrs. Burke ließ durch Mrs. Crosby bestellen, daß ich bügeln sollte, und sie hatte mir so viel Wäsche herausgelegt, daß es, als ich fertig war, zu spät für meine Klavierstunde geworden war. Ich rannte, meine Noten in der Hand, den Weg zur Straße hinunter, als Mrs. Burke und Wayne gerade in die Einfahrt bogen.
»Bist du schon fertig mit Bügeln, Essie?« fragte Mrs. Burke, während sie aus dem Wagen kletterte.
»Ja, gerade«, sagte ich.
»Wo mußt du denn so schnell hin?« fragte Wayne.
»Ich komme schon zu spät zur Klavierstunde«, sagte ich.
»Dann fahre ich dich schnell hin«, sagte er.
»Ich brauche den Wagen gleich, Wayne«, sagte Mrs. Burke spitz.
»Es ist nicht weit«, sagte ich. »Ich kann gehen.« Damit rannte ich den Weg hinunter.
Am nächsten Abend tauchten Sue und Judy nicht auf. Nur die Jungen kamen. Mrs. Burke kam alle paar Minuten durchs Eßzimmer.

Im Augenblick, wo wir mit den Aufgaben fertig waren, kam sie herein und sagte: »Essie, ich muß heute abend noch reinfahren und bei Mrs. Fisher vorbeischauen. Ich setz dich zu Hause ab.«

Ihre dauernden Andeutungen und Quengeleien hingen mir zum Halse heraus, aber ich wußte nicht, was ich dagegen tun sollte. Irgendwie machte es mir Freude, Wayne und seinen Freunden zu helfen. Ich lernte viel von ihnen, ebenso wie sie von mir lernten! Und das zusätzliche Geld war mir auch willkommen. Mrs. Burke gab mir zwei Dollar in der Woche für Wayne, und Waynes Freunde gaben mir jeder einen Dollar. Ich verdiente jetzt zwölf Dollar in der Woche und zahlte davon acht Dollar auf mein Sparkonto. Ich entschloß mich, nichts gegen Mrs. Burke zu unternehmen. ›Sie wird bald einsehen, daß ich mich nicht an Wayne heranmachen will‹, dachte ich.

Am Samstagnachmittag hängte ich auf dem Hof hinter dem Hause Wäsche auf, während Wayne Golfschläge übte.

Als ich fertig war und gerade hineingehen wollte, sagte er: »Essie, würdest du nicht eine Runde gegen mich spielen?«

»Ich kann nicht Golf spielen«, sagte ich.

»Es ist ganz leicht. Ich zeig es dir«, sagte er. »Komm, ich zeig dir etwas.«

Er gab mir den Golfschläger und versuchte mir zu zeigen, wie man stehen muß. Dabei legte er seine Arme um mich, um meine Hände in die richtige Lage auf dem Schläger zu bringen.

»Essie, die Waschmaschine ist schon lange ausgelaufen!« brüllte Mrs. Burke plötzlich vom Haus her.

»Ich zeig es dir, wenn du mit der Wäsche fertig bist«, sagte Wayne, während ich davonging. Ich wandte mich nicht einmal mehr nach ihm um. Während ich ins Haus trat, hätte ich am liebsten geweint. Ich konnte spüren, was in Wayne vorging. Ich wußte, daß er mich sehr gern hatte und gern etwas für mich getan hätte, denn ich half ihm und seinen Freunden bei der Algebra. Aber die Art und Weise, wie er es versuchte, brachte mich in Verlegenheit. Durch ihre Versuche, ihn davon abzuhalten, schürte Mrs. Burke seinen Wunsch nur noch mehr. Ich wußte, daß Wayne mich schätzte und mir nie zu nahe treten würde, wenn ich Abstand hielt und eine kühle Haltung bewahrte. Ich hätte ihm gern gesagt, daß er nichts für mich zu tun brauchte, aber ich wußte nicht wie.

Wayne, Billy und Ray bekamen in den Halbsemester-Prüfungen ein B. Sie waren so froh über ihre Note, daß sie die Prüfungsarbeiten mitbrachten, um sie mir zu zeigen. Ich werde diesen Abend nie vergessen. Nachdem wir die Fehler berichtigt hatten, saßen wir vier um den Tisch herum.
»Wirklich, Essie, du bist ein Schatz«, sagte Billy. »Wayne, eigentlich hätten wir sogar ein A schreiben können. Und wenn wir in der letzten Arbeit ein A schreiben, bekommen wir auf dem Zeugnis ein B.« Wayne sagte lange nichts. Er sah Billy an, dann mich. Als er mich ansah, brauchte er auch gar nichts mehr zu sagen.
»Jungens, wir wollen Sue und Judy anrufen und hören, was sie gekriegt haben«, sagte er schließlich. Dann stürzte er zum Telefon in der Diele, Billy und Ray hinter ihm her.
Ich blieb sitzen und dachte darüber nach, wie es kam, daß Wayne und seine Freunde so nett waren und ihre Eltern so böse und abscheulich.
Sue und Judy kamen wieder und baten mich um Hilfe, denn sie hätten die Prüfung beinahe nicht bestanden. Sobald die Mädchen wiederkamen, schien Mrs. Burke beruhigt. Aber die beiden Mädchen fühlten sich gar nicht wohl. Sie fühlten sich schuldig, weil sie nicht mehr gekommen waren. Eine Zeitlang brachten sie mir immer kleine Geschenke mit, und das machte wiederum mich nervös. Aber dann waren wir wieder wie eine einträchtige kleine Familie.
Das Eßzimmer im Hause der Burkes hatte im Laufe der Zeit vielerlei Bedeutung für mich bekommen. Es symbolisierte Haß, Liebe und Furcht in vielen Spielarten. Der Haß und die Liebe verursachten mir manche Unruhe und Angst. Aber auch Mut wuchs in mir. Allmählich wurde es immer schwerer für mich, nicht zu sagen, was ich dachte. Dann, eines Mittwochs, geschah es.
Immer, wenn ich bügelte, kam Mrs. Burke und besprach mit mir das, was sie scheinbar am meisten bewegte. Diesmal kam sie, setzte sich und fragte: »Essie, was denkst du denn von all dem Gerede über die Integrierung der Schulen im Süden?«
Zuerst starrte ich sie verwirrt mit offenem Mund an. Dann kamen mir Mamas Worte in den Sinn: ›Tu deine Arbeit, als wüßtest du von nichts.‹ Ich gab meinem Gesicht einen möglichst blöden Ausdruck.
»Hast du nicht von der Entscheidung des Obersten Gerichtshofes gehört und von dem ganzen Geschwätz, daß die Schulen integriert werden sollen?« fragte sie.
Ich schüttelte den Kopf, aber es war eine Lüge.

»Nun, es wird hier viel davon geredet, und die Leute wissen scheinbar nicht, was sie tun sollen. Aber ich bin nicht dafür, daß die Schulen nun integriert werden. Wir würden eher nach Liberty ziehen. Ich weiß bestimmt, daß sie es dort nicht wollen. Siehst du, Essie, ich hätte nichts dagegen, daß Wayne mit *dir* zur Schule geht. Aber nicht alle Neger sind wie du und deine Familie. Du würdest doch nicht gern mit Wayne in eine Schule gehen, nicht wahr?« Sie sagte das so ehrlich und mit solcher Besorgtheit, daß ich mich verpflichtet fühlte, ihr die Wahrheit zu sagen.

»Ich weiß nicht, Mrs. Burke. Ich glaube, wir könnten viel voneinander lernen. Ich habe Wayne und seine Freunde gern. Ich sehe keinen Unterschied, ob ich nun Wayne und seinen Freunden zu Hause helfe oder ob wir in einem Klassenraum säßen. Ich habe auch eine Menge von Judy und den andern gelernt. Nicht alle Neger sind so wie ich, aber auch nicht alle weißen Kinder sind wie Wayne und Judy und die. Neulich ging ich zur Post, und eine Gruppe weißer Mädchen hat versucht, mich vom Bürgersteig herunterzudrängen. Und ich habe Judy mit einer von ihnen zusammen gesehen. Aber ich weiß, daß Judy nicht so ist. Sie würde mich oder irgendeinen anderen Neger nicht vom Bürgersteig stoßen.«

»Ich habe dich nur gefragt, ob du mit Wayne zur Schule gehen möchtest«, sagte Mrs. Burke steif. »Ich bin nicht daran interessiert, wie Judys Freundinnen sich dir gegenüber benehmen. Du sagst also, daß du mit Wayne zusammen zur Schule gehen möchtest!« Sie brauste aus dem Eßzimmer, ihr Gesicht glühend vor Wut.

Nachdem sie gegangen war, stand ich am Bügelbrett und wartete – wartete darauf, daß sie zurückkäme, mir mein Geld gäbe und sagte, sie könne mich nicht mehr brauchen. Aber sie kam nicht. Ich sah sie an diesem Abend überhaupt nicht mehr. Zitternd vor Angst ging ich nach Hause.

Als ich am nächsten Nachmittag zur Arbeit kam, fand ich einen Zettel vor, auf dem mir mitgeteilt wurde, daß Mrs. Burke zu einem ›Gilde‹-Treffen gegangen sei und was ich zu tun habe. Das machte alles noch schlimmer. Meine Hand, die den Zettel hielt, zitterte. Meine Augen verfingen sich an dem Wort ›Gilde‹. Als dann auch Wayne und seine Freunde nicht zu unserer kleinen Sitzung auftauchten, wußte ich, daß etwas faul war. Ich wußte nicht, was ich tun sollte. Ich wartete eine Stunde lang auf Wayne, Judy und die andern. Schließlich ging ich an Mrs. Crosbys Tür und klopfte.

Als auch Mrs. Crosby nicht antwortete, blieb mir beinahe das Herz

stehen. Ich wußte, daß sie da drinnen war. Sie war sehr krank und war schon seit einem Monat nicht mehr aufgestanden. Ich hatte sie überhaupt nicht mehr gesehen, denn Mrs. Burke hatte mich gebeten, das Zimmer nicht zu betreten. Schließlich legte ich meine Hand auf den Türgriff und drehte ihn langsam. ›Sie kann nicht tot sein. Sie kann nicht tot sein‹, dachte ich. Ich drückte langsam die Tür auf.
»Mrs. Crosby!« rief ich. Sie saß im Bett, weiß wie ein Gespenst. Ich sah, daß sie geschlafen haben mußte. Ihr sehr langes Haar war nicht wie gewöhnlich geflochten. Es lag um sie herum ausgebreitet auf dem Kissen.
»Wie geht es Ihnen, Mrs. Crosby?« fragte ich und blieb am Fuß des Bettes stehen. Sie winkte mich näher zu sich heran. Dann machte sie mir ein Zeichen, daß ich mich auf die Bettkante setzen sollte. Sie nahm meine Hände und hielt sie zärtlich fest.
»Wie fühlen Sie sich?« fragte ich noch einmal.
»Schwach, aber besser«, sagte sie mit sehr schwacher Stimme.
»Ich sollte heut abend Wayne und denen bei der Algebra helfen, aber sie kommen nicht«, sagte ich.
»Ich weiß«, sagte sie. »Ich hab gehört, wie Wayne und seine Mutter gestern abend gestritten haben. Wayne ist ein netter Junge, Essie. Er und seine Freunde haben dich sehr gern. Aber seine Mutter ist eine sehr unduldsame Frau. Du bist fleißig in der Schule, Essie. Wenn du fertig bist, will ich dir helfen, aufs College zu gehen. Du wirst eines Tages eine tüchtige Mathematiklehrerin sein. Geh jetzt nach Hause. Wayne und seine Freunde kommen heute abend nicht.« Sie drückte meine Hände.
Die Art und Weise, wie sie sprach, jagte mir einen tiefen Schrecken ein. Als es Zeit war, nach Hause zu gehen, und ich auf die Veranda trat, war es dunkel. Ich blieb stehen und hatte Angst, mich zu bewegen. ›Ich kann jetzt nicht über das Baugelände gehen‹, dachte ich. ›Mrs. Burke und die könnten jemanden dort versteckt haben, der mich umbringen soll oder zusammenschlagen wie Jerry. Warum hab ich gestern so mit Mrs. Burke gesprochen?‹ Ich machte einen Umweg nach Hause, der durch beleuchtete Straßen führte. Aber ich zitterte jedesmal vor Angst, wenn ein Wagen vorbeifuhr. Ich war sicher, daß aus jedem Wagen fünf oder sechs Männer springen und mich packen konnten.
Am folgenden Tag ging ich nicht zur Arbeit. Ich ging nicht einmal zur Schule. Ich sagte Mama, ich hätte schreckliche Kopfschmerzen und blieb den ganzen Tag im Bett.

»Essie Mae, es ist vier Uhr. Steh auf un geh arbeiten«, rief Mama.
»Ich hab immer noch Kopfschmerzen. Ich kann mit so argen Kopfschmerzen nicht arbeiten gehen«, jammerte ich.
»Was hast du denn dauernd Kopfschmerzen. Du hast den ganzen Tag im Bett gefaulenzt, Mrs. Burke schmeißt dich raus. Junior, geh hin und sag Mrs. Burke, daß Essie Mae krank is.«
Ich lag im Bett und dachte darüber nach, daß ich irgendwelche anderen Schmerzen erfinden mußte, denn Mama waren meine Kopfschmerzen verdächtig. Wenn ich nur mit ihr hätte über Mrs. Burke sprechen können, dann hätte ich sie nicht dauernd belügen müssen. Mrs. Rice fehlte mir jetzt. Sie hätte mir gesagt, was ich tun sollte. Mit keiner der anderen Lehrerinnen konnte ich sprechen. ›Was soll ich tun?‹ dachte ich. ›Ich kann nicht einfach die Arbeit aufgeben, denn sie wird dafür sorgen, daß ich keine andere Stelle bekomme.‹
Als Junior zurückkam, rief ich ihn in mein Zimmer.
»Was hat Mrs. Burke gesagt?« fragte ich.
»Sie hat nur gesagt, du sollst morgen arbeiten kommen, weil das Haus gründlich geputzt werden muß. Ich soll auch mitkommen und den Rasen mähen.«
Nachdem Junior mir diese Nachricht gebracht hatte, war mir ein bißchen besser. Aber ich konnte mir auf Mrs. Burkes Verhalten keinen Reim machen. Es bedrückte mich, daß sie mich weiter beschäftigen wollte. Vielleicht tat sie das nur, um mir eine Falle zu stellen? ›Ich will sehen, wie sie sich morgen benimmt.‹ Dabei ließ ich es schließlich bewenden.

Am Samstagmorgen um sieben Uhr ging ich mit Junior durch das unbebaute Gelände auf Mrs. Burkes Haus zu. Gewöhnlich benutzte ich diesen Spaziergang, um nachzudenken und zur Ruhe zu kommen, bevor ich die Arbeit begann; aber heute war mein Kopf ganz leer. Ich glaube, ich hatte am Tag zuvor zuviel nachgedacht. Als ich auf die Veranda trat und sie lächelnd in der Diele stehen sah, berührte es mich gar nicht. Ich war einfach da. In diesem Augenblick wurde mir klar, daß ich Mrs. Burke einfach satt hatte.
Ich machte Hausputz wie ein Roboter, bis ich zum Eßzimmer kam. Da begann ich nachzudenken. Ich blieb einen Augenblick stehen und dachte über Mrs. Burke, Wayne und seine Freunde nach. In diesem Augenblick wurde ich mir meiner Gefühle für Wayne bewußt. Ich liebte ihn mehr als einen Freund. Ich stand da und blickte mit Rührung auf den Tisch und den Stuhl, auf dem Wayne gesessen hatte,

wenn ich ihm bei seinen Aufgaben half. Als ich aufschaute, stand Mrs. Burke in der Tür und starrte mich an. Ich sah Haß in ihren Augen.

»Essie«, sagte sie, »hast du, als du hier aufräumtest, mein Portemonnaie gesehen?«

»Nein«, sagte ich, »ich hab es nicht gesehen.«

»Vielleicht ist es mir draußen hingefallen, als ich Junior zeigte, was er tun soll«, sagte sie.

›Auf diese Weise will sie mich also verletzen‹, dachte ich und folgte ihr zur Hintertür. ›Sie soll es nur wagen!‹ Ich stand in der Hintertür und beobachtete, wie sie über den weitläufigen Rasen auf Junior zuging. Zuerst stand sie da und redete eine Minute lang auf ihn ein. Dann gingen sie zu einer Ecke des Rasens und stocherten dort im Gras herum, als suchten sie die Börse. Als sie damit fertig waren, redete sie immer noch auf Junior ein. Er stand da und zitterte vor Angst, sein Gesicht war ganz verstört. Sie schüttelte ihn jetzt und drehte seine Taschen nach außen. Ich machte die Tür auf und rannte die Treppe hinunter. Ich wußte nicht, was ich tun würde, bis ich ein paar Schritte von ihnen entfernt stand.

»Haben Sie die Börse hier draußen gefunden, Mrs. Burke?« fragte ich ganz kalt, um ihr damit zu zeigen, daß ich gesehen hatte, wie sie Junior schüttelte.

»Nein«, sagte sie. Sie sah Junior an, als glaubte sie immer noch, daß er sie genommen hätte.

»Hast du Mrs. Burkes Börse gesehen, Junior?« fragte ich.

»Nein, ich hab sie nich gesehn«, er schüttelte den Kopf, ohne seinen Blick von Mrs. Burke zu wenden.

»Junior hat sie nicht gesehen, Mrs. Burke. Vielleicht haben wir sie im Haus übersehen.«

»Du hast mein Schlafzimmer geputzt, Essie, und hast gesagt, daß du sie nicht gesehen hast«, sagte Mrs. Burke. Aber sie wandte sich zum Haus zurück, und ich folgte ihr.

Im Haus ging sie wieder in ihr Schlafzimmer, um die Börse zu suchen, und ich machte mich wieder ans Putzen. Etwa eine halbe Stunde später unterbrach sie mich wieder.

»Ich hab sie gefunden, Essie«, sagte sie und zeigte mir die Börse.

»Und wo war sie?« fragte ich.

»Ich hatte es vergessen. Wayne und ich haben gestern abend in seinem Zimmer ferngesehen.« Sie lächelte mich schuldbewußt an.

»Ich bin froh, daß Sie sie gefunden haben.«

›Ich muß einfach eine andere Stelle suchen‹, dachte ich. ›Dies ist das letzte Mal, daß ich für dieses Biest arbeite. Es gibt bald Ferien. Dann fahre ich nach Baton Rouge und suche mir ne Stelle. s hat keinen Sinn, daß ich bleibe. Früher oder später könnte etwas wirklich Schlimmes geschehen. Dann wäre ich froh, ich wäre gegangen.‹
»Essie, ich hab nicht genug Geld da, um dich heute zu bezahlen«, sagte Mrs. Burke, die an dem großen Schreibtisch in der Diele saß. Sie musterte den Inhalt ihrer Brieftasche. »Ich geb dir das Geld am Montag. Dann kann ich einen Scheck einlösen.«
»Sie können mir jetzt einen Scheck geben, Mrs. Burke. Ich komme am Montag nicht.«
»Hast du jetzt montags Klavierstunde?« fragte sie.
»Ich komme nicht wieder, Mrs. Burke«, sagte ich langsam und betont. Diesmal mißverstand sie mich nicht.
Sie blickte mich eine Weile an, dann sagte sie:
»Und warum?«
»Ich hab gesehen, was Sie mit Junior gemacht haben. Junior stiehlt nicht. Und ich hab für Weiße gearbeitet, seit ich neun bin. Ich hab für Sie beinahe zwei Jahre gearbeitet, und ich hab nie was gestohlen, weder bei Ihnen noch bei sonst jemand. Wir arbeiten, Mrs. Burke, darum brauchen wir nicht zu stehlen.«
»Nun gut, Essie. Ich geb dir einen Scheck«, sagte Mrs. Burke böse. Sie schrieb hastig einen Scheck aus und gab ihn mir.
»Ist Junior noch hier?« fragte ich.
»Nein. Ich hab ihn bezahlt, und er ist schon weg. Warum?« fragte sie.
Ich gab keine Antwort. Ich ging nur langsam auf die Haustür zu. Als ich sie erreicht hatte, drehte ich mich um und ließ meinen Blick zum letztenmal durch den langen Flur wandern. Mrs. Burke stand am Schreibtisch und starrte mich neugierig an, als ich jetzt wieder auf sie zuging.
»Hast du noch etwas vergessen?« fragte sie, als ich an ihr vorbeiging.
»Ich hab vergessen, Mrs. Crosby zu sagen, daß ich gehe«, sagte ich, während ich immer noch weiterging.
»Mama bezahlt dich nicht. Das tu ich, das tu ich!« schrie sie. Ich klopfte leise an Mrs. Crosbys Tür und öffnete sie.
Mrs. Crosby saß wie gewöhnlich, auf viele Kissen gestützt, im Bett. Aber sie sah viel wohler aus als das letzte Mal, wo ich in ihrem Zimmer gewesen war.

»Wie geht es Ihnen, Mrs. Crosby?« fragte ich und trat an ihr Bett.
»Viel besser, Essie«, antwortete sie. Sie machte mir ein Zeichen, daß ich mich setzen sollte.
»Ich bin nur gekommen, um Ihnen zu sagen, daß ich ab morgen nicht mehr für Mrs. Burke arbeite, Mrs. Crosby.«
»Was ist geschehen? Hat sie dir gekündigt, Essie?« fragte sie.
»Sie hat mir nicht gekündigt. Ich habe mich entschlossen, zu gehen.«
»Ich verstehe, Essie«, sagte sie. »Und sei vorsichtig! Und denk daran: wenn du aufs College gehen willst, laß es mich wissen, dann will ich dir helfen.« Sie drückte meine Hand.
»Ich muß jetzt gehen, Mrs. Crosby«, sagte ich. »Hoffentlich können Sie bald wieder aufstehen.«
»Danke, Essie, und bitte: sei vorsichtig!« sagte sie.
»Das werd ich, Mrs. Crosby. Auf Wiedersehn!«
»Wiedersehn, Essie«, sagte sie. Sie drückte noch einmal meine Hand, dann ging ich aus dem Zimmer.
Mrs. Burke stand immer noch am Schreibtisch in der Diele.
»Vielleicht möchtest du heute abend noch mal wiederkommen und auch Wayne auf Wiedersehn sagen«, sagte sie höhnisch.
Ich gab ihr keine Antwort mehr. Ich ging zum letztenmal an ihr vorbei und zum Haus hinaus. Und ich hoffte, daß ich einmal imstande sein würde, nicht nur Mrs. Burke, sondern allen Menschen ihrer Art ein für allemal den Rücken zu kehren.
Drei Tage später war ich in der Stadt, als mir mein nächster Job zufiel. Ich hatte gerade ein paar Briefe aufgegeben und trat durch die Tür des Postamtes, als Mrs. Marcia Hunt, eine Teilhaberin von ›Hunt und Taylor, Damenmoden‹, hinein wollte.
»Entschuldige, bist du nicht Essie, das Mädchen, das für Mrs. Burke gearbeitet hat?« fragte sie.
»Ja«, sagte ich verwundert. Was mochte sie von mir wollen? Sie war mit Mrs. Burke befreundet, wohnte in der gleichen Straße ihr gegenüber, und bestimmt war sie auch Mitglied der ›Gilde‹.
Einen Augenblick schien sie verdutzt, weil ich ihr so einsilbig geantwortet hatte. »Ich brauche ein Mädchen, das mir ein paar Tage in der Woche im Laden hilft«, sagte sie. »Ich könnte dir zwei Dollar pro Tag zahlen.«
Ich dachte einen Augenblick nach. Mit vier Dollars in der Woche würde ich bis zu den Ferien hinkommen.
»An welchen Nachmittagen würden Sie mich denn brauchen?« fragte ich.

»Dienstags und donnerstags – falls du es dir so einrichten kannst«, sagte sie.
»Wäre es Ihnen recht, wenn ich am nächsten Dienstag anfange?« fragte ich.
»Ja. Das wäre prima! Ich erwarte dich also dann«, sagte sie.
Ich glaubte, der neue Job könnte wirklich Spaß machen. Der Gedanke, wieder in einem Laden zu arbeiten, gefiel mir. Aber als ich am Dienstag nach der Schule hinkam, stellte sich heraus, daß ich nur als Putzhilfe eingestellt war. Ich war bitter enttäuscht. Als erste Arbeit trug Mrs. Hunt mir auf, das Schaufenster zu putzen.
Ich trat, unter einem Arm eine Stehleiter, in der andern Hand einen Eimer mit Wasser, aus dem Laden auf die Straße und lief geradewegs in eine Gruppe meiner Mitschüler hinein. Ich war so verlegen, daß ich am liebsten weggelaufen wäre und mich irgendwo versteckt hätte. Aber ich tat es nicht. Ich stellte den Eimer auf den Bürgersteig und rückte die Leiter zurecht. Die Negerschüler, deren Heimweg durch die Stadt führte, strömten immer noch vorüber, als ich auf die Leiter hinaufstieg. Ich hatte erwartet, sie würden mir kränkende Worte zurufen oder etwas dieser Art, aber sie taten nichts dergleichen. Einige riefen: »He, Moody!« während sie vorbeigingen, andere gingen nur stumm vorüber. Diejenigen, die mir etwas zuriefen oder mit mir sprachen, schienen mich keineswegs verspotten zu wollen. Einmal fiel mir der Schwamm hinunter, und einer der Jungen hob ihn auf. »Bleib nur oben. Ich hol ihn schon«, sagte er.
Gerade als er mir den Schwamm reichte, sah ich Wayne mit seinen Freunden um die Ecke kommen. Ich verlor das Gleichgewicht und wäre beinahe gefallen. »Essie, paß auf, du tust dir noch weh!« rief Wayne, lief auf mich zu und ergriff die Leiter. Er hielt sie fest, bis sie nicht mehr schwankte, und sagte: »Mama hat mir gesagt, daß du jetzt für Mrs. Hunt arbeitest. Aber ich dachte, du arbeitest in ihrem Haushalt. Du solltest das hier nicht tun. Was ist denn mit dem Mann, der das sonst für Mrs. Hunt gemacht hat?« Seine Freunde beobachteten uns neugierig.
»Ich weiß nicht. Wie geht es denn mit der Algebra?« fragte ich. Ich stieg bis auf die erste Stufe der Leiter hinunter.
»Ganz gut. Aber wir vermissen dich. Wir gehen jetzt immer alle Donnerstagabends zu Judy. Vielleicht könntest du vor den letzten Klassenarbeiten einmal hinkommen und uns helfen«, sagte er.
In diesem Augenblick sah ich Mrs. Hunt in der Tür stehen. Sie beobachtete uns mit Argusaugen. Ich war sicher, daß Mrs. Burke über

mich gesprochen hatte. Wahrscheinlich hatte sie mich mehr aus Neugier eingestellt und nicht, weil sie mich so sehr brauchte. Wayne war der Richtung meines Blickes gefolgt und hatte Mrs. Hunt entdeckt. »Ich muß jetzt gehen, Essie. Vor der letzten Klassenarbeit komme ich vorbei und höre mal, ob du uns helfen kannst. Ist das recht so?«
»Natürlich«, sagte ich, und er und seine Freunde gingen weiter.
Ich kletterte jetzt auf meine Leiter und machte mich wieder ans Fensterputzen. Der Ausdruck, den ich auf Waynes Gesicht gesehen hatte, als er Mrs. Hunt gewahr wurde, gab mir zu denken. Er hatte zutiefst erschrocken ausgesehen – nicht seinet-, sondern meinetwegen. Und jetzt bekam auch ich Angst. ›Hier werde ich nicht lange bleiben‹, dachte ich. ›Bald ist die Schule zu Ende, und ich gehe den Sommer über wieder nach Baton Rouge.‹
Nach ein paar Wochen hatte Mrs. Hunt sich ihre eigene Meinung über mich gebildet. Zuerst hatte sie mich so behandelt, als hielte sie mich für ein ganz raffiniertes Ding, das man in seine Schranken weisen muß. Dauernd sagte sie mir, was ich tun sollte, und vergewisserte sich, daß ich es genau so machte, wie sie es wünschte. Dann allmählich ließ sie mich die Dinge auf meine Weise machen. Als ich ihr erzählte, daß ich Geld sparte, um aufs College zu gehen, schien ihr das sehr zu imponieren, und sie bot mir fünf Dollar an, wenn ich samstags ihre Wohnung putzte. Sie vermittelte mich auch an ihre Tochter, deren Kind ich für weitere fünf Dollar an den Sonntagabenden verwahrte. Dann putzte ich noch an den Freitagen die Wohnung ihrer Schwester, Mrs. Taylor, für drei Dollar. Bald verdiente ich alles in allem fünfzehn bis zwanzig Dollar in der Woche, und meine Ersparnisse wuchsen zusehends.
Als die Ferien kamen, stellte ich fest, daß das vergangene Jahr trotz der Vorkommnisse mit Mrs. Burke ein gutes Jahr gewesen war. Ich hatte die zehnte Klasse mit glatten A-Noten abgeschlossen und war die beste Spielerin im Basketball-Team. In der Baptistenkirche von Centreville sang ich im Chor, war Ersatzorganistin in der Sonntagsschule. Ich nahm an allen Aktivitäten teil, von denen ich geträumt hatte, als ich zum erstenmal einen Gottesdienst besuchte.
Ich hatte immer noch den Wunsch, den Sommer über von zu Hause wegzugehen, aber ich zitterte nicht mehr vor Ungeduld wie im Jahr zuvor. Diesmal konnte Mama spüren, wie glücklich ich war, und hatte nichts mehr dagegen, daß ich ging. Sie wußte, daß ich im Herbst zurückkommen würde.

Ich schrieb an Ed und Bertha, aber es stellte sich heraus, daß sie in diesem Sommer keinen Platz für mich hatten. Ed machte mir den Vorschlag, ich sollte an Tante Celia, Mutters Schwester, schreiben, die in New Orleans wohnte. Ich tat es und bekam ein paar Tage später die Antwort, ich sei willkommen, wenn ich bereit wäre, das Bett mit ihrer Schwester Sis zu teilen. Ich schrieb Celia, ich würde gern auf dem Boden schlafen, wenn sie kein Bett für mich hätte. Am gleichen Abend nahm ich den Bus und kam zwei Tage vor meinem Brief in New Orleans an.

14. Kapitel

Ich war in der Absicht nach New Orleans gekommen, Kellnerin in einem großen Restaurant zu werden. Ich hatte gehört, man könne so fünfzig Dollar in der Woche verdienen, und hoffte, in diesem Sommer dreihundert Dollar zu den zweihundert sparen zu können, die ich bereits auf meinem Bankkonto hatte. Ich wußte nicht, daß die meisten großen Restaurants nur geschulte Kellner einstellen, die diese Arbeit als Beruf ausüben. Ich verbrachte zwei Wochen damit, nach einer Stelle als Kellnerin in einem großen Restaurant zu suchen. Als mir das nicht gelang, versuchte ich, eine Beschäftigung als Geschirrabräumerin zu finden. Bei dieser Arbeit konnte man fünfundzwanzig bis fünfunddreißig Dollar außer den Trinkgeldern verdienen.
Bevor ich es merkte, hatte ich einen ganzen Monat mit der Arbeitssuche vertan. Sis arbeitete im Haushalt, bekam fünf Dollar in der Woche und hatte im Juni fast fünfundsiebzig Dollar gespart. Es war inzwischen Juli, und ich hatte noch immer keinen Penny verdient. Sis setzte alles daran, mich zur Hausarbeit zu überreden, aber ich wollte nicht. Ich war nicht nach New Orleans gekommen, um so etwas zu tun. Eher wäre ich nach Hause zurückgegangen und hätte wieder für Mrs. Hunt gearbeitet.
Meine Großmutter Winnie, die auch kürzlich nach New Orleans gekommen war und die auch bei Celia wohnte, arbeitete als Tellerwäscherin im ›Maple Hill‹, einem kleinen Restaurant in der Maple Street. Auch dort wurden nur gelernte Kellner beschäftigt. Aber gelegentlich stellten sie ein Mädchen zum Abräumen ein oder eine zusätzliche Tellerwäscherin. Während der ersten Juliwoche saß ich herum, betete und wartete darauf, daß im ›Maple Hill‹ eine Arbeitskraft ausfiele. Aber es fiel niemand aus, und am Wochenende packte ich meine Sachen, um nach Hause zu fahren.
Am Sonntag, am Tag, bevor ich heimfahren wollte, saßen Sis und ich auf der Hintertreppe und waren traurig. Während des ganzen vergangenen Monats hatten wir unseren Spaß miteinander gehabt. Sis lud mich fast an jedem Wochenende ins Kino ein, und ich hatte versprochen, sie einzuladen, sobald ich verdiente. Nun fühlte ich

mich sehr in ihrer Schuld. Am liebsten wäre ich geblieben, wenn auch nur, um sie einmal ins Kino mitzunehmen und mich dafür zu revanchieren, daß sie so nett zu mir gewesen war.

Wir hatten fast eine Stunde düster und traurig dagesessen, als ein Wagen angefahren kam und vor dem Tor zum Hinterhof hielt. Zwei Jungen stiegen aus. Der eine winkte uns zu, und ich erkannte Little Eddie, einen von Sis' Mitschülern, der vor zwei Jahren von Willis High School abgegangen war.

»Also, wenn das nicht Eddie ist«, schrie Sis, während Eddie und sein Freund durchs Tor kamen.

»Jones' Mama hat mir erzählt, daß du hier bei Celia und Johnny wohnst«, sagte Eddie. »Was zum Kuckuck machste bloß in New Orleans?«

»Bin nur übern Sommer hier. Un wo arbeitst du?« fragte Sis.

»Darum bin ich ja hier«, sagte Eddie, »ich wollt sehen, ob ihr Arbeit habt. Ich bin oben in der Hähnchen-Fabrik. Schon bald ein Jahr. Die brauchen jetzt ne Menge Leute.«

»Wieso denn? Sin denn alle weggegangen?« fragte Sis.

»Ja, vorige Woche haben ne Menge Leute die Arbeit hingeschmissen. Sie waren nich bei Trost, sone Arbeit aufzugeben. Die Frauen da kriegen vierzig oder fünfzig Dollar in der Woche. Un wir fünfundsechzig bis achtzig. Zu Hause mußte ich von Sonnenaufgang bis Sonnenuntergang den Weißen ihren Rasen mähen, um fünfzehn Dollar in der Woche zu haben. Jetzt erreiche ich manchmal fünfundsiebzig bis achtzig Dollar die Woche. Die sin verrückt, wenn se denken, sone Arbeit geb ich auf.«

»Vierzig oder fünfzig Dollar in der Woche!« sagte ich – ich schrie es beinahe.

»Haste Arbeit, Essie Mae?« fragte er ganz harmlos.

»Nein, und ich wollte morgen nach Hause zurück. Meinst du, die stellen mich da oben ein?« fragte ich flehend.

»Bestimmt, die brauchen ganz dringend Leute, un wenn ihr wollt, könnt ihr morgen anfangen.«

»Ich hab jetzt ne Stelle im Haushalt un krieg fünfundzwanzig Dollar in der Woche, aber die geb ich natürlich auf, wenn ich fünfzig verdienen kann.«

»Ihr wollt also morgen anfangen?« fragte Eddie.

»Ich weiß, was ich tu, ich ruf die Frau an, bei der ich arbeite, und sag, ich bin krank, um Essie Mae un ich können dann morgen in die Hähnchen-Fabrik. Du willst doch, Essie Mae?« fragte sie mich.

»Aber sicher, wenn du gehst ...« antwortete ich.
»Wir holen euch morgen früh ab«, sagte Eddie. »Wann kommste hier vorbei, Buck?« fragte er seinen Freund.
»So gegen sechs. Wißt ihr, wir müssen früh da sein, eh die Leute anfangen zu gehn – wir müssen dann schon drinnen in der Fabrik sein un arbeiten«, sagte Buck. »Könnt ihr um sechs fertig sein?«
»Bestimmt«, sagte Sis. »Nicht, Essie?« Sie sah mich an, und ich nickte.
Während sie zum Wagen zurückgingen, saß ich da mit geschlossenen Augen und zurückgeworfenem Kopf. Ich dankte Gott, denn ich wußte, dies war die Antwort auf alle Gebete der letzten Woche. Ich dachte an Mamas Ausspruch: »Er kommt vielleicht nicht, wenn du es willst, aber er kommt immer zur rechten Zeit.«

Am nächsten Morgen standen Sis und ich auf, zogen uns an und setzten uns auf die Stufen vor der Haustür. Hier warteten wir auf Buck von Viertel vor sechs bis halb sieben, dann gingen wir wieder ins Haus. Wir sprachen kein Wort miteinander. Sis saß mit niedergeschlagener Miene auf dem Bettrand, während ich meinen Koffer holte und wieder zu packen anfing. Ich war fast zur Hälfte fertig, als wir draußen ein Auto hupen hörten. Sis rannte zum Fenster, aber ich packte weiter. Man hörte so oft hupen vor dem Haus.
»Er ists«, schrie Sis.
Ich ließ den offenen Koffer auf dem Bett, nahm meine Handtasche und folgte Sis nach draußen. Buck saß hinter dem Steuer eines Wagens, der wie ein Lieferwagen aussah, und lächelte uns entgegen. Sis machte die Tür des Führerhauses auf.
»Wartet«, sagte er. »Ihr müßt hinten rein.« Er stieg aus und führte uns zur Rückseite des Wagens. Er klopfte zweimal an die Tür, und jemand machte auf.
Als wir ins Innere spähten, war es, als blicke man aus dem Tageslicht in düstere Nacht. Es war fast völlig dunkel drinnen und höllisch heiß, denn der Wagen hatte keine Fenster. Wir sahen etwa ein Dutzend Leute, die schon drinnen zusammengepfercht waren.
Sis erkannte plötzlich eine andere Mitschülerin. »Rosemary, was machst du denn hier?«
»Scheiße«, schrie Rosemary. »Wo wollt ihr beiden denn hin?«
»Rein mit euch«, sagte Buck. »Ich bin schon spät dran und muß noch mehr Leute holen.« Sobald wir aufgesprungen waren, machte er die Tür zu und schloß ab.

»Scheiße«, sagte Rosemary, während wir nach einer Sitzgelegenheit suchten, »sieht so aus, als ob alle Nigger aus Mississippi draußen in der Hähnchenfabrik arbeiten.«

»Eins weiß ich genau«, sagte ein Mädchen. »Ich hab solche Angst! Die Leute, die draußen auf und ab gehen, schienen letztes Mal richtig wütend auf uns zu sein. Sie haben Autoscheiben eingeschlagen und Leute verprügelt.«

Nach diesen Worten wurden alle ganz still. Sis und ich sahen uns an. Ein komisches Gefühl überkam mich. Ich hatte irgendwie den Eindruck, daß wir etwas Unrechtes taten. Ich kam mir vor wie eine Verbrecherin und wußte nicht einmal warum.

Buck hielt noch zweimal, bevor wir zur Fabrik kamen, dann öffnete er schließlich die Tür und sagte: »Da wären wir.« Wir kletterten alle hinaus und sahen, daß wir uns schon innerhalb der Fabrik befanden, auf einer Art Verladehof. Das kam mir irgendwie komisch vor. Ich hätte die Fabrik gern von außen gesehen, denn ich war noch nie in einer großen Fabrik gewesen. Jetzt kam ich mir noch mehr wie eine Verbrecherin vor.

Sis und ich stellten uns mit den anderen in einer langen Schlange an. Ich war überrascht, daß alle Menschen in der Schlange Neger waren. Ich hatte mir immer vorgestellt, daß in einer großen Fabrik Neger und Weiße zusammen arbeiteten, wenigstens sah man das auf den Bildern von Fabriken in den Illustrierten. Ich konnte überhaupt keinen Weißen sehen, bis ich an den Kopf der Schlange kam. Dort saßen zwei weiße Männer in einer Türöffnung an einem improvisierten Schreibtisch. Sie fragten uns nach Namen und Anschrift und schrieben sie auf. Als wir diesen Schreibtisch passiert hatten, waren wir im Innern der Fabrik. Es herrschte großer Lärm. Ich blickte nach oben und sah Hunderte von toten gerupften Hähnchen von der Decke hängen. Sie bewegten sich langsam an einem Fließband vorbei an einer Reihe von etwa fünfzig Arbeitern. Die Arbeiter sahen so müde aus – sie taten mir leid. Manche schienen so tot wie die Hähnchen. Während wir dastanden, kam ein dicker weißer Mann mit heiserer Stimme auf uns zu. Ich fand später heraus, daß es der Vorarbeiter war. »Geht alle da rüber zu den Trögen und sucht euch nen Platz«, sagte er. Dann wurden ein paar junge Neger herbeigerufen, die uns helfen sollten. Sie stellten sich neben uns und zeigten, was wir tun sollten, bis wir es begriffen hatten. Dann gingen sie weiter zu anderen Neulingen, die hereinkamen und einen Arbeitsplatz suchten.

Zuerst hatten mir die Leute, die ich hier arbeiten sah, leid getan. Aber nach zwei Stunden waren wir es, die ihnen leid taten, ja, sie lachten uns ganz offen aus. Im Anfang hatte sich die Reihe der Hähnchen nur langsam bewegt. Jetzt wurde die Geschwindigkeit verdoppelt. Ich stand da, und der Schweiß troff mir im Gesicht und an den Beinen herunter. Es war so heiß, daß ich glaubte, ohnmächtig zu werden. Die Hähnchen bewegten sich jetzt so schnell, bei jedem Augenzwinkern war ein neues da. Ich stand am Ende des Troges, wo die Eingeweide herausgezogen wurden. Wir standen zu fünfen an dieser Stelle. Ich griff nach oben und riß die glühend heißen Eingeweide mit den bloßen Händen heraus, so schnell ich konnte. Aber ich war nicht schnell genug. Je schneller sich die Hähnchen bewegten, desto übler wurde mir. Mein Gesicht, die Arme und die Kleider waren mit Blut und Hühnerscheiße bespritzt. Mein Ekel wurde so groß, daß ich etwa ein Dutzend Hähnchen halb voll mit Kot vorbeigehen ließ. So viele Hähnchen verließen den Trog nur halb gesäubert, daß der Vorarbeiter uns fünf wegholte und durch erfahrenere Arbeiter ersetzte. Vor der Zehn-Uhr-Pause war ich fünfmal an einen anderen Platz gestellt worden.

Sobald das Förderband für die viertelstündige Pause angehalten wurde, lief ich nach draußen. Ich befand mich in einer Gruppe von Neulingen. Halb erstickt stürzten wir auf die Tür zu, als müßten wir um unser Leben rennen.

»He! Wo wollt ihr hin? Ihr könnt nicht nach draußen!« rief ein großer schwarzer Kerl. Er stand direkt vor dem Ausgang, durch den wir in die Fabrik hineingekommen waren.

Wir hielten erschrocken an. Ein paar Meter vor dem Fabrikgebäude gingen Männer und Frauen in einer langen Reihe mit Plakaten auf dem Rücken auf dem Bürgersteig auf und ab. Sie fingen jetzt an, auf uns einzuschreien.

»Schweine! Streikbrecher! Idioten! Schwarzes Bauernpack! Geht zurück nach Mississippi!«

Ich hatte nie in meinem Leben eine so wütende Horde von Negern gesehen. Wir standen da, starrten sie fassungslos an und wichen langsam in die Fabrik zurück. Als ich mich umdrehte, sah ich, daß die älteren Arbeiter gar nicht versucht hatten, nach draußen zu gehen. Sie saßen auf Hockern und Kisten. Ich setzte mich einfach mit dem Rücken gegen die Wand hin. Sis kam und setzte sich zu mir. Wir wechselten kein einziges Wort. Wir saßen nur da und starrten hinaus auf die Menschen, die auf dem Bürgersteig auf und ab gingen.

Auf einigen der Plakate hieß es: »KEINE SKLAVENARBEIT MEHR! WIR WOLLEN HÖHERE LÖHNE!« und auf einigen stand einfach: »STREIKBRECHER!«
Auch während der Mittagspause durften wir nicht nach draußen. Etwa fünf starke Neger-Laufburschen wurden ausgeschickt, um belegte Brote für uns zu holen. Bis wir alle etwas zu essen bekommen hatten, war die Mittagspause zu Ende. Wir arbeiteten an diesem Abend bis acht. Wir hatten drei- bis viertausend Hähnchen ausgenommen, und immer noch standen zwei Anhänger voll da, die nicht fertig geworden waren.
Als Buck vor Celias Haus hielt, um Sis und mich aussteigen zu lassen, stolperten wir beide halb blind vor Müdigkeit aus dem Lieferwagen. Ich wäre am liebsten auf allen vieren die Stufen zur Haustür hinaufgekrochen.
»Mein Gott, ihr seid ja ganz dreckig, und wie ihr stinkt«, sagte Celia. »Setz dich nicht auf den Stuhl, Sis, zieh die dreckigen Sachen aus.«
Ich war zu müde, um ein Wort zu sagen. Ich ging geradewegs durch die Wohnung ins Bad. Als Sis hereinkam, saß ich bis zum Hals im warmen Wasser.
»Celia sagt, Johnny ist ganz schön wütend auf uns«, erklärte sie.
»Weswegen?« fragte ich.
»Weil wir den Streik in der Hähnchenfabrik gebrochen haben«, antwortete sie.
»Morgen breche ich ihn nicht mehr«, sagte ich.
»Was soll das heißen?« fragte sie.
»Morgen geh ich da nicht mehr hin. Die Arbeit ist mir zu schwer. Mir tun alle Knochen weh«, antwortete ich.
»Buck meint, wenn wir das mit den Hähnchen raus haben und dran gewöhnt sind, ists nicht mehr so schwer«, sagte Sis und sah mich etwas unsicher an. »Weißt du, daß wir heute 9,60 Dollar gekriegt haben?«
»Trotzdem lohnt es sich nicht«, erwiderte ich.
Als Sis gegangen war, legte ich mich in der Wanne zurück und schloß die Augen. Ich wäre beinahe eingeschlafen, aber dann hörte ich Johnny brüllen.
»Warum mußten du und Essie Mae da rausgehen? Die Leute haben die Arbeit schließlich nich hingeschmissen, nur weil sie keine Lust mehr hatten. Sie haben das getan, weil sie da draußen nen Dreck verdienen. Das is Sklavenarbeit«, sagte er. »Ihr beiden geht morgen da

nich mehr hin, hört ihr! Ich hab grad nen Streik am Hafen hinter mir, un Celia un die andern haben gehungert, bis wir die Arbeit wieder aufnahmen. Jetz klaut meine eigene Schwester hungrigen Kinderchen s Brot vorm Mund weg. Wo ist Essie Mae?« fragte er Sis.
»Die badet grade«, antwortete Sis.
Johnny kam an die Badezimmertür und klopfte. »Essie Mae, hör mal, du gehst morgen nich mehr mit Sis in die Hähnchenfabrik, haste verstanden?« schrie er.
»Ich hab verstanden«, schrie ich zurück.
Später am Abend, nachdem ich zwei Stunden geschlafen hatte, saß ich im Bett und dachte an die 9,60 Dollar, die wir verdient hatten. Ich sagte mir immer wieder, daß es sich nicht lohnte. Und zudem war es Johnny gelungen, mich zu überzeugen. Morgen würde ich in den Bus nach Centreville steigen. Aber am nächsten Morgen rüttelte Sis mich an der Schulter. Sie sagte kein Wort. Ich glaube, sie hatte die ganze Zeit gewußt, daß ich wieder in diese verdammte Fabrik gehen würde. 9,60 Dollar waren eben nicht überall zu verdienen.
Sis und ich zogen uns im Badezimmer an, als Celia an die Tür klopfte. »Essie Mae, was macht ihr beide da. Ihr geht nich in die Hähnchenfabrik. Ihr wißt beide, was Johnny gestern abend gesagt hat.«
Nachdem wir fünf Minuten versuchten, ihr klar zu machen, wie nötig wir das Geld brauchten, warteten wir draußen auf Buck.

Ich arbeitete etwa einen Monat in der Hähnchenfabrik. In dieser Zeit lernte ich den ganzen Laden kennen. Ich werde das Schlachthaus niemals vergessen – die Männer, die den blutenden Hähnchen die Federn ausrupften, platschten bis zu den Knien im Blut herum; Blutstropfen rannten ihnen von den Gummischürzen direkt in die Stiefel. Die verzerrten Gesichter der beiden Männer, die an der Tür standen, gehen mir immer noch nach. Sie standen da, packten die Hähnchen beim Hals und stachen sie ab, eins nach dem andern; ihre Augen funkelten – wie mir schien vor Vergnügen. Während der Pausen hörte ich diese Männer oft Witze reißen: »Ich muß schon dreitausend von den Scheißbiestern kaltgemacht haben«, prahlte der eine. »Scheiße, ich hör die Biester Tag und Nacht quieksen. Die machen mich noch wahnsinnig«, sagte der andere. Mir wurde jedesmal übel, wenn ich in das Schlachthaus hineinschaute oder die Männer sah, die dort arbeiteten.

Aber es gab etwas, das mir noch mehr Ekel verursachte – die elenden Hähnchen, die ganz mit Schorf bedeckt hereinkamen. Ich sah, wie Frauen sie packten, die Schwären und schorfigen Stellen abschnitten und die Reste in Dosen packten. Diese Frauen bekamen oft schreckliche Ekzeme an den Händen von dem heißen Blut und dem kranken Fleisch.

Jahrelang, nachdem ich in dieser Fabrik gearbeitet hatte, konnte ich nicht einmal an Hähnchen denken, und bis auf den heutigen Tag esse ich keine Hähnchen aus Dosen.

15. Kapitel

Als ich in diesem Herbst wieder zur Schule ging, merkte ich, daß die Hähnchenfabrik mir nicht nur die Hähnchen verleidet, sondern mir auch Appetit auf das Leben gemacht hatte. Jetzt, da ich wieder bei meinen alten Lehrern und Mitschülern war, empfand ich Langeweile. Die Spielchen, die wir oft in der Klasse getrieben hatten, kamen mir jetzt so dumm vor. Und alle Mädchen hielt ich für albern und die Jungen für kindisch. Sogar die Lehrer schienen stumpfsinnig. Oft, wenn irgendein Lehrstoff erklärt wurde, saß ich da und dachte: ›Das weiß doch jeder!‹ oder ›Kannst du dir nicht was Neues einfallen lassen?‹ Ich bekam in allem das Prädikat A, ohne halb soviel zu arbeiten wie früher. Ich glaube, Darlene ödete mich noch mehr an als die anderen Mitschüler. Sie war jahrelang meine einzige Rivalin gewesen. Jetzt kam sie mir genauso töricht vor wie die andern. Manchmal, wenn ich mich in der Klasse langweilte, blickte ich zu ihr hinüber und fühlte Haß, weil sie mir keine Gefechte mehr lieferte. Ich vermißte die Spannung, die ich gespürt hatte, wenn ich versuchte, sie zu schlagen. Jetzt hatte ich das Gefühl, ganz allein in der Klasse zu sein, und das gefiel mir nicht. Ich fühlte mich einsam.

Da der Unterricht keinen Anreiz mehr bot, blieben für meinen Ehrgeiz nur noch Basketball, Leichtathletik, Turnen und die Kirche. Ich verlegte mich mit aller Intensität auf diese Beschäftigungen und ließ keine Trainingsstunde aus. Dann kaufte ich mir von einer Mitschülerin für fünfzig Dollar ein Klavier und übte in jeder freien Minute. Nach einigen Monaten wurde ich amtierende Pianistin der Baptistengemeinde von Centreville. Ich spielte für die Sonntagsschule und die BTU, und die Gemeinde zahlte mir jeden Sonntag vier Dollar. Ich arbeitete immer noch für Mrs. Hunt, so daß ich eine ganze Menge verdiente.

Am Ende des Schuljahres veranstaltete Mr. Hicks zum ersten Mal in der Geschichte der Schule eine Gymnastikvorführung mit Bodenturnen. Im Bodenturnen war ich das einzige Mädchen im Programm. Als es vorüber war, kamen mehrere Zuschauer hinter die Bühne, drängten sich um mich und sagten: »Wir wollten nur mal sehen, ob du überhaupt Knochen im Körper hast.« Ich kam mir so blöde vor und wurde verlegen. Ich hatte beinahe das Gefühl, wie ein Tier im Zoo besichtigt zu werden.

Aber Mr. Hicks, mein Trainer, strahlte. Und auch Mama strahlte, als sie hinter die Bühne kam. Sie versuchte auf ihre Weise besonders nett zu mir zu sein.

»Zieh was an, eh du dich erkältest. Du bist ja ganz naß!« sagte sie und half mir beim Anziehen.

»Nun, Mama, wie hat Ihnen Ihr Töchterchen gefallen? Sie ist schon was Besonderes, wie?« sagte Mr. Hicks zu Mama.

»Glaubs auch«, erwiderte Mama und wurde rot.

Auf dem ganzen Heimweg redete Mama von Mr. Hicks. »So Lehrer wie Mr. Hicks sollts noch mehr geben. Das war das beste Programm, das sie je hatten.« Sie sagte tausend kleine Liebenswürdigkeiten über Mr. Hicks und kein Wort über mich. Aber ich wußte, wie glücklich es sie machte, daß ich der Star des Abends gewesen war.

Ein paar Tage nach der Turnveranstaltung fand ein Elternabend unserer Klasse statt. Ich trug zwei Nummern zum Programm bei, auf die ich sehr stolz war. Ich hatte eine Komödie in einem Akt geschrieben mit dem Titel ›Mamas Schürzenbänder‹. Sie handelte von drei jungen Mädchen, deren Vater in der Armee war und die vierundzwanzig Stunden am Tag von der Mutter unter strenger Aufsicht gehalten wurden. Jeden Abend führte eins der Mädchen die Mutter an der Nase herum, während die beiden andern Hilfestellung leisteten. Jede brachte es fertig, sich einmal in der Woche mit einem Freund zu treffen, ohne daß die Mutter es merkte. Das Spiel endete damit, daß eins der Mädchen eines Abends hinausschlüpfte und entdeckte, daß an den Abenden, wo sie gedacht hatten, die Mutter anzuführen, diese in Wirklichkeit die Mädchen angeführt hatte und selbst dreimal in der Woche abends ausgegangen war. Das Spiel war ein Riesenerfolg – besonders bei den jungen Mädchen, die etwas daraus lernen konnten.

Meine zweite Nummer erregte einen wahren Sturm unter der Zuschauerschaft. Als sieben Mädchen, ich unter ihnen, in ganz kurzen schwarzen Kreppapierröckchen über schwarzen Bikinihöschen, die den Nabel freiließen, und schwarzen Papierbüstenhaltern auf die Bühne kamen und an zu wackeln fingen, wackelte das ganze Auditorium mit. Ich hatte das Ganze einen ›Exotischen afrikanischen Tanz im Kaffeehausstil‹ genannt. Direktor Willis bekam fast einen Herzanfall, ehe es ihm gelang, nach vorn vorzudringen und uns Einhalt zu gebieten. Er kam durch den Mittelgang gelaufen, schwenkte die Arme, und Speichel tropfte ihm aus den Mundwinkeln. Während er auf die Bühne zulief, öffnete und schloß sich sein Mund unaufhörlich. Ich glaube, niemand hörte ihn, denn die Luft war erfüllt von den Pfiffen der Jungen und den empörten Schreien der alten Damen. Der Direktor kletterte auf die Bühne und stürzte auf uns zu, als ob er uns hinter die Bühne treiben wollte. Ich schaute in die Menge und rief: »Das wärs, Leute«, und wir wippten unter dem brüllenden Gelächter der Zuschauer davon.

Ehe ich die Stufen hinter der Bühne hinunterging, drehte ich mich um. Die Menge strömte nach draußen, und ich sah durch den Seiteneingang, wie Mama auf mich zukam. Ihre Augen sprühten Feuer. »Zieh dich an, Mädchen. Komm nach Haus!« schrie sie mich an. Sie nannte mich selten ›Mädchen‹; ich wußte daher, daß sie wirklich wütend auf mich war. »Was fällt dir ein, so nackt auf die Bühne zu kommen«, sagte sie.

»Ich hab dir doch von dem Tanz erzählt und dir gesagt, daß er aus Afrika kommt.«

»Was weißt du schon von nem afrikanischen Tanz. Du weißt überhaupt nichts von Afrika. Hast nie im Leben nen Afrikaner gesehn«, schrie sie.

Die anderen Mädchen waren starr vor Angst. Sie waren fuchsteufelswild auf mich; ebenso der Direktor und meine Klassenlehrerin. Hinter der Bühne hielten sie sich alle aus Mamas Reichweite. Sie fürchteten wohl, sie würde sie verprügeln oder noch was Schlimmeres, so riß sie an meinen Kleidern und zerrte mich herum. Die ganze Zeit über hielt sich meine Lehrerin hinter dem Vorhang versteckt. Sie verbarg sich vor Mama und auch vor dem Direktor.

Auf dem Heimweg hielt Mama sich dran: »Das is dir innen Kopf gestiegen mit dem Turnabend un das die Leute sagen, wie gut du bist. Die machen noch, daß de ganz überschnappst.«

Zwei Tage später gab es Ferien, und ich saß wieder im guten alten Greyhoundbus, auf dem Weg nach New Orleans zu Tante Celia. Ich suchte drei Wochen nach einem Job. Bevor ich mich versah, war ich aus lauter Verzweiflung wieder in der Hähnchenfabrik. Als ich dort hörte, daß sie niemanden einstellten, war ich froh. Ich wollte New Orleans wieder aufgeben und an meinen Vetter Ivory Lee in Cansas City schreiben, als eines Abends Winnie zu mir kam.

»Einer von den Jungens, die mit mir Geschirr abwaschen, ist krank«, sagte sie. »Er wird wohl zwei Wochen fehlen, und ich hab Mr. Steve gesagt, daß du vielleicht seine Stelle willst. Sie zahlen nur sechsundzwanzig Dollar in der Woche. Du kannst ja mal für zwei Wochen arbeiten, und wenn Ivory Lee dir dann schreibt, hast du wenigstens das Fahrgeld verdient.«

Ich wußte, daß die Arbeit mir nicht gefallen würde, aber ich war entschlossen, sie anzunehmen. ›Wenn ichs zwei Wochen aushalte, dann ist das viel‹, dachte ich.

Als ich zum erstenmal durch den Seiteneingang des ›Maple Hill‹ trat, über dem »NUR FÜR ANGESTELLTE« stand, wäre ich am liebsten gleich wieder gegangen. Die kleine, schmale Küche war überfüllt und heiß. Ich sah Winnie dastehen und schmutzige Teller in einen Geschirrspülapparat ordnen. Ihre Kleider waren naß bis zur Taille, und große Schweißtropfen liefen ihr übers Gesicht. In dem engen Raum zwischen den Herden und der Warmhaltetheke stießen die beiden Köche dauernd zusammen. Der eine war ein großer dicker Mann, der mindestens drei Zentner wog. Der andere war höchstens einsfünfzig groß. Kellner liefen durch die Türen ein und aus, die in andere Räume des Restaurants führten. Sie nahmen die Teller mit Speisen so schnell auf, wie die beiden fluchenden Köche sie hinstellten. Ein hochgeschossener Junge kam herein und stellte ein großes Aluminiumtablett mit schmutzigem Geschirr auf ein Eisengestell neben Winnie. Sie waren alle zu beschäftigt, um mich da in der Tür zu bemerken.

»Scheiße, Howard, dies verdammte Steak ist roh«, sagte der kleine Koch zu dem großen.

»Wer führt die verdammte Küche hier, Mike? Halt dein Maul, sonst tunk ich dir den Kopf in das heiße Fett da«, sagte der Dicke.

»Das is meine Bestellung, Waite«, schrie ein großer dürrer Kellner, während er hinter einem alten Kellner herrannte, der gerade einen Teller genommen hatte.

»Zum Teufel mit deiner Bestellung! Geh, frag Howard!«

Ich stand da und dachte: ›Was ist das für ein Laden? Es ist schlimmer als die Hähnchenfabrik. Scheiße, ich geh nach Hause!‹

»Essie Mae! Bist du grad gekommen?« rief Winnie. »Komm, hilf mir mit dem Geschirr. Der Mittagsrummel hat angefangen, un die Teller häufen sich wie verrückt. Mike un Howard, guckt mal. Das ist meine älteste Enkelin«, sagte Winnie und zeigte auf mich.

»Hübsch, wie? Genau wie ich in ihrem Alter.«

»Mama, hätt ich dich doch in deinen jüngeren Jahren gekannt«, sagte Howard und grinste mich frech an. »Biste sicher, daß de so gut ausgesehn hast, Mama?«
Mike und Howard musterten mich ausgiebig, und in den nächsten Stunden kamen auch alle anderen Angestellten des Restaurants herein, um einen Blick auf mich zu werfen. Ohne mit jemandem ein Wort zu wechseln, fing ich an, Geschirr zu waschen. Das Geschirr kam auch so schnell herein, daß ich wirklich keine Zeit dazu gehabt hätte. Alle zwei Minuten brachte der Abräumer ein neues Tablett. Mir wurde so heiß in der engen Küche, wo jedermann herumrannte und Herde und Backöfen in voller Glut standen, daß ich froh sein wollte, wenn ich wenigstens während des Hochbetriebs durchhielt. Beim Wegkratzen der Essensreste von den Tellern in die Abfallkübel dachte ich an all die hungrigen Menschen, die ich kannte; wie konnten die Weißen nur so viel Essen wegwerfen.
Gegen zwei Uhr war der Hochbetrieb vorbei, und wir konnten endlich aufatmen. Winnie und ich kamen mit dem Tellerberg zu Ende und machten eine Mittagspause. Wir durften uns eins der Tagesgerichte auswählen. Plötzlich gefiel mir die Stelle.
In der Mittagspause saßen Winnie und ich an einem kleinen Tisch in der Anrichte, wo die Angestellten gewöhnlich aßen. Während wir dort saßen, wurde ich wieder von allen eingehend gemustert. Das Restaurant wimmelte von Männern. Dorothy, das Mädchen in der Anrichte, Winnie und ich waren die einzigen Frauen. Vier Kellner und der Abräumer arbeiteten im Speisesaal, zwei Kellner und ein Koch an der Theke und zwei Köche in der Küche. Sie waren alle Neger außer Mike, dem Schwiegersohn des Besitzers. Wie die Männer mich anstarrten, hätte man denken sollen, sie hätten nie zuvor ein hübsches Mädchen gesehen. Einige waren ganz übermäßig nett zu mir, trotz des ›Hände-weg!‹-Ausdrucks auf meinem Gesicht. Percy und Jack, die beiden großen jungen Kellner von der Theke, und P. J., der dicke heisere Kellner aus dem Speisesaal, kamen dauernd gelaufen und stellten mir Fragen über die Schule, und ob ich lange bleiben würde, und ob sie Eis, Kuchen oder Torte von der Theke für mich klauen sollten. Ich wurde es leid, von ihren Blicken ausgezogen zu werden. Gerade als ich vor Wut aus der Haut fahren wollte, ergriff Winnie das Wort.
»Percy! Ihr alle laßt Essie Mae in Ruh. Sie is nich hergekommen, um mit euch rumzuhampeln, sie is nur zum Arbeiten hier. Du sollst dich schämen mit ner Frau un nem Stall voll Kinner zu Haus.«

»Mama, was hackste denn immer nur auf mir rum? Was mußtes denn inner ganzen Welt rumposaunen, daß ich *verheirat* bin?« fragte Percy wütend. Die anderen Männer lachten. »Was haste denn zu grinsen, Schneeweißchen?« fragte Percy einen Neger mit chinesischem Einschlag, der im Speisesaal arbeitete.

»Du versuchst deine gewöhnliche Tour, was, Percy?« sagte Schneeweißchen mit hoher, femininer Stimme. »Hast recht, Mama, schütz du deine Enkelin vor diesen Wüstlingen hier.« Er kicherte und ging durch den Raum, wobei er seinen Hintern vor Percys Nase schwenkte.

»Wegen dir braucht sich Mama allerdings keine Sorgen zu machen. Du meinst ja, du hättst alles, was diese da hat«, sagte Percy und zeigte auf mich. Wieder lachten alle.

Ich saß da und konnte meine Augen nicht von Schneeweißchen wenden. Er sprach so sehr wie eine Frau, daß ich es einfach nicht fassen konnte. Und er schien auch mit Percy zu flirten.

»Laß dir den Strolch nich zu nah kommen, Herzchen«, sagte Schneeweißchen zu mir, als spräche er von Frau zu Frau.

»Los, Essie Mae«, sagte Winnie zu mir und nahm ihren Teller vom Tisch, »sonst wachsen uns die Teller wieder übern Kopf.«

Winnie hatte eigentlich bis fünf Dienst, aber das Geschirr kam wieder so schnell herein, daß sie sich entschloß, zu bleiben und mir zu helfen, bis ihre Ablösung kam. Immer wieder sah sie zur Uhr und sagte: »Lola sollt jetz kommen. Ich bin seit acht hier.« Kurz nach sechs Uhr erschien eine große schlanke Gestalt vor der Fliegendrahttür.

»Mama, mach die Tür auf!« rief eine dünne Mädchenstimme Winnie zu.

»Ist auch Zeit, daß du kommst, Lola«, antwortete Winnie und ging ihr die Tür aufmachen. Lola hatte langes, braunes welliges Haar, das ihr bis auf die Schultern fiel, und trug ein Sporthemd, das ebensogut ein Herrenhemd wie eine Hemdbluse sein konnte, und hautenge Hosen. Ich war verdutzt, als ich sie in den Männerwaschraum stürzen sah.

»Winnie, ist das eine Frau oder ein Mann?« fragte ich unsicher.

»Ein Mann. Hier wimmelts ungeheuerlich von denen«, antwortete sie bestimmt.

Ich machte den Mund auf, um zu fragen: »Wovon wimmelts?«, aber ich sagte nichts, ich war zu verblüfft. Winnie stapelte die Teller fertig auf, die sie aus der Maschine genommen hatte. Dann ging sie in

den Damenwaschraum, um sich umzuziehen, und ließ mich allein an der Spülmaschine zurück.
Bald kam Lola aus dem Männerwaschraum. Er steckte das Haar mit ein paar Klemmen hoch und schob noch einen Kamm hinein, so daß über der Stirn eine Tolle entstand. Er sah, wie ich ihn anstarrte.
»Du bist Mamas Enkelin?« fragte er kalt.
»Ja«, murmelte ich.
Schneeweißchen erschien in der Tür. »Wo bisse gewesen, daß de zwei Stunden zu spät kommst?« fragte er und schwenkte in die Tür zur Anrichte.
»Was gehten dich das an, solang ich nich mit dir schlafe?« zischte Lola und warf den Kopf in den Nacken. Dabei fiel der Kamm aus dem Haar. Er bückte sich anmutig danach und steckte ihn wieder an seinen Platz.
»Was bisse denn so *nervös?* Has wohl Angst, Jimmy kriegt raus, daß de jeden Tag zwei Stunden zu spät zur Arbeit kommst?« fragte Schneeweißchen.
»Komm nur nich auf die Idee un sags ihm!« zischte Lola zurück.
»Wollt ihr zwei Mädchen jetzt aufhören! Was soll denn Mamas Enkelin denken?« sagte der dicke Howard und grinste, denn er sah, wie aufmerksam ich diese Unterhaltung verfolgte.
Ich hatte Winnie ganz vergessen, die jetzt den Kopf durch die Tür steckte. Sie hatte sich umgezogen und wollte fort.
»Mama, geh jetzt heim und ruh dich aus«, sagte Schneeweißchen und tätschelte Winnies Schulter. »Du siehst ganz müde aus.«
»Kein Wunder! sist sieben durch. Ich glaub, ich setz mich ein bißchen und ruh mich aus. Du hast bald frei, Essie Mae, dann können wir zusammen zum Bus«, sagte Winnie zu mir.
»Ah, Mama, Lola tut deiner Enkelin schon nix«, sagte Schneeweißchen und hielt sich die Hände vor den Mund, während er lachend davonflitzte.
Ich sah, daß Winnie böse war. Sie sagte nichts. Sie drehte sich um, ging in die Anrichte und ließ mich mit Lola an der Spülmaschine allein.
Lola tat jetzt so, als sei sie böse auf mich. Sie schob mich beiseite und fing an, die schmutzigen Teller abzukratzen und in die Maschine zu stapeln. Ich sagte nichts. Ich trat einfach an die andere Seite der Maschine, nahm die sauberen Teller heraus und stapelte sie auf das Wandbrett. Wir sprachen kaum ein Wort, bis ich ging.
Ich konnte es nicht abwarten, bis wir draußen waren; ich brannte

darauf, Winnie wegen Lola und Schneeweißchen und den andern zu fragen. Aber ich brauchte gar nicht erst zu fragen. Winnie fing von selber an und sagte mir alles, was ich wissen wollte, und noch mehr.

»Essie Mae, mach dir nix aus den Dingern da im Restaurant. Tu deine Arbeit und kümmer dich nich um die, dann lassense dich auch in Ruh. So junge Menschen wie du sollten in soner Bude gar nich arbeiten. Ich bin alt un hab so alles gesehn un gehört, wasses so gibt. Un die lassen mich in Ruh, weil ich alt bin. Aber ne junge alleinstehende Person sollt eigentlich nich da arbeiten. Wenn die nich am End ne Hure wird für die nixnutzigen verheirateten Männer da und Steve se dann rausschmeißt, dann ekeln Lola un die Sorte se raus. Ich wünscht schon, Ivory Lee ließ dich zu sich kommen, denn in New Orleans findste keine anständige Arbeit. Vielleicht fändste was in Cansas City«, sagte sie und seufzte müde.

Wir gingen schweigend zur Bushaltestelle. Während wir noch auf den Bus warteten, holte Winnie ihr Taschentuch hervor und putzte sich die Nase. Ich dachte, sie weinte, aber es war so dunkel, daß ich es nicht genau sehen konnte. Als wir in den Bus stiegen, sah ich, wie ihr die Tränen übers Gesicht liefen.

Ich saß neben ihr und dachte an den Tag, an dem ich zu ihrem Haus gekommen war und ihre beiden weißen Söhne Sam und Walter gesehen hatte. Ich wußte, daß sie von ihren dreizehn Kindern die einzigen waren, die sie bei sich behalten hatte. Nur meine Mama hatte von zu Hause aus geheiratet, denn sie war die älteste. Wenn die anderen heranwuchsen, hatte Winnie sie eins nach dem anderen an Negerfamilien gegeben, die auf Mr. Carters Pflanzung Pächter waren und wenige Kinder hatten. Winnie war nie verheiratet. Deshalb hatte sie auch nicht auf dem Feld gearbeitet, sondern war über zwanzig Jahre Mr. Carters Köchin gewesen. Sam und Walter stammten von einem der weißen Arbeiter.

Sie liebte Sam und Walter mehr als irgendeins der anderen Kinder. Alles, was sie besaß, hatte sie für ihre Erziehung ausgegeben. Von ihnen erwartete sie ihr Heil. Sie sollten die höhere Schule beenden und im Leben Erfolg haben. Aber sie waren im Jahr zuvor beide von der Schule abgegangen und nach New Orleans gefahren, um sich Arbeit zu suchen, und Winnie war ihnen gleich nachgezogen.

Ich sah sie verstohlen an. Auf ihrem Gesicht konnte ich die Geschichte eines ganzen Lebens voll Bitterkeit lesen. Die Enden ihres ergrauenden krausen Haares kamen unter dem Kopftuch vor. Die Haut

hing in Säcken unter den hohen indianischen Backenknochen, die mit den Jahren immer schärfer hervortraten. Ihre tiefen traurigen Augen waren mit Tränen gefüllt.
Ich hatte das Gefühl, daß wir beide an das gleiche dachten – die langen Jahre auf Mr. Carters Pflanzung, dreizehn Kinder und kein Mann, und immer die Hoffnung, daß es besser werden würde. Und jetzt war sie im ›Maple Hill‹ gelandet, wusch Geschirr in Gesellschaft von zwei fluchenden Köchen und einem Schwarm seltsamer Männer, die sich für Frauen hielten.

Während meiner zweiten Woche im ›Maple Hill‹ kam eines Tages Steve, der Eigentümer, mit einer Uniform und einer Schürze in der Hand in die Küche. Er sagte mir, ich solle für den Tag im Speisesaal arbeiten. Ich zog die Uniform an und dachte: ›Endlich bin ich Kellnerin‹, und ging mich bei Waite, dem Oberkellner, melden.
»Hm, die Uniform steht dir aber«, sagte er lächelnd. »Hast du schon mal Tische abgeräumt?«
»Tische abgeräumt? Soll ich das etwa tun?« fragte ich enttäuscht.
»Oh, s is gar nich schwer. Komm, ich zeigs dir.« Er trat an einen Tisch, wo ein Paar gerade seine Mahlzeit beendet hatte. »Paß auf«, sagte er, während er begann, das schmutzige Geschirr wegzunehmen. Die beiden schauten auf, und Waite sagte zu ihnen: »Oh, ich lerne nur grad ne Neue an.« Die beiden lächelten, aber ihre Augen sagten: ›Du mußt ziemlich blöde sein, wenn du nicht mal Geschirr abräumen kannst.‹ Plötzlich fühlte ich, daß ich nicht als Abräumerin geeignet war. Wenn alle Weißen, die in dem Restaurant aßen, mich so ansahen, würde ich wahrscheinlich alles Geschirr zerbrechen.
Im Speisesaal bedienten drei Kellner: Waite, P. J. und Schneeweißchen, und alle hatten gerade einen Gast, als ich mit dem Abräumen anfing. Ich holte das schmutzige Geschirr von jedem Tisch, stellte es auf ein Tablett und trug dies in die Küche. Ein neues Paar kam herein, und Waite befahl mir, ihnen Wasser zu bringen. Er ging in die Anrichte und zeigte mir, wo das Eis und die Gläser waren. Als ich mit den beiden Gläsern zurückkam, waren beinahe alle Tische im Speisesaal besetzt, und ich kriegte einen Schrecken. Ich stand vor der Pendeltür, die Gläser mit Wasser in der Hand, während Waite und die andern an mir vorbeirannten und in der Anrichte Salate bestellten. Ich stand immer noch da, als sie zurückkamen.
»Los, Annie, bring das Wasser zum Tisch und hol Wasser für die anderen Tische«, sagte Waite, als er an mir vorbeiging.

Ich stellte die beiden Gläser mit Wasser vor den nächstbesten Leuten hin. Dann lief ich in die Anrichte zurück, nahm ein kleines Tablett und füllte schnell zehn weitere Gläser mit Wasser. Gerade als ich durch die Pendeltür hinauswollte, indem ich mit der Schulter gegen den einen Flügel drückte und dabei das Tablett vor mich hielt, kam P. J. durch die andere Türhälfte nach drinnen und wischte alle zehn Gläser vom Tablett. Sie knallten mit einem schrecklichen Krach zu Boden, Eisbrocken, Splitter und Wasser spritzten nach allen Richtungen. Während ich in der Tür stand, das leere Tablett immer noch in Händen, drehten sich alle Gäste um, um zu sehen, was passiert war.

»Du darfst bei Hochbetrieb nicht seitwärts durch die Tür kommen. Stoß die Tür mit dem Fuß auf, wenn du die Hände voll hast«, schrie Waite mir zu, als er an mir vorbeikam. »Das is ja n netter Schlamassel!« Ich stürzte hinter ihm her: die Scherben aufzulesen.

»Laß das! Das macht Willie schon! Man hebt doch Scherben nicht mit den Fingern auf. Hol Wasser für die Gäste draußen.«

Ich füllte schnell noch einmal das Tablett und betrat wieder den Speisesaal. Diesmal vergewisserte ich mich, daß mir niemand von der anderen Seite der Tür entgegenkam. Als ich durch die Tür trat, kam es mir so vor, als ob mich alle anstarrten. Ich blieb einen Augenblick stehen, um meine Sicherheit wiederzugewinnen. Dann begann ich, das Wasser auszuteilen, als sei nichts geschehen. Es gelang mir ohne weitere Zwischenfälle. Während sie aßen, stand ich vorn neben den Kellnern und hatte Gelegenheit, die Gäste zu betrachten. Ich sah, daß die meisten Studenten waren. Neben vielen Tischen lagen Stapel von Lehrbüchern auf dem Boden. Ein paar Studenten arbeiteten sogar während des Essens.

»Die müssens denen im Tulane-College ziemlich schwer machen, wie?« sagte P. J., der bemerkte, wie ich einen der Burschen beim Aufgabenmachen beobachtete. Er hatte zum ersten Mal mit mir gesprochen, ohne frech zu werden. Ich glaube, es tat ihm leid, daß er mir die Gläser aus der Hand geschlagen hatte. »Ich kann mir vorstellen, daß du auch so fleißig bist, wenn du mal aufs College gehst«, sagte er und versuchte, eine Unterhaltung mit mir anzufangen. »Ich wünscht, ich wär auch einer von den Studenten, die da sitzen. Die meisten hier kommen aus dem Norden. Die haben so stinkreiche Eltern oben in New York un so, die schicken ihnen nen Haufen Geld, un was tun die: liegen nur auf ihrem faulen Arsch un machen mit diesen kessen Bienen rum...«

»Halt die Schnauze, P. J.«, sagte Waite in lautem Flüsterton. »Geh in dein eigenes Revier und mach da deinen Quatsch, wenn du willst. Bring mir hier meine Trinkgelder nicht durcheinander.«
Eine lange Schlange von Studenten wartete in der Nähe des Eingangs. Sobald ein Tisch frei wurde, räumte ich ihn schnell ab. Ich bemerkte, daß die meisten Studenten ein Trinkgeld von mehr als fünfundzwanzig Cent zurückließen. »Donnerwetter, wenn ich Kellnerin wäre, dann könnte ich Geld scheffeln«, dachte ich.
»Heh, Junge, warte, du hast dein Kleingeld vergessen«, rief P. J. hinter einem weißen Jungen her, der gerade von einem Tisch aufgestanden war. Der Weiße tat, als habe er P. J. gar nicht gehört, und ging weiter zur Kasse, um seine Rechnung zu bezahlen.
»Siehst du diesen Scheißkerl? Der kommt aus Mississippi«, knurrte P. J., während er zehn Cent vom Tisch aufnahm. »Annie, deine Stiernacken aus Mississippi kannst du geschenkt haben. Wir haben nen Schwarm von Telephonarbeitern hier, die alle aus Mississippi kommen. Die essen n dickes Steak, denn die Telephongesellschaft bezahlt das Essen. Dann stehen diese billigen Arschlöcher auf und lassen zehn Cent Trinkgeld da. Scheiße!« Er spuckte aus, während er mir half, den Tisch abzuräumen.
Als ich abends nach Hause ging, tat mir der Rücken weh vom Heben der schweren Tabletts voller Geschirr. Ich war froh, daß ich am nächsten Tag wieder in der Küche arbeiten konnte. Noch froher war ich bei dem Gedanken, das Restaurant in der folgenden Woche zu verlassen. Als ich aber am nächsten Morgen zur Arbeit kam, hörte ich, daß der Abräumer gekündigt hatte. Man bat mich abzuräumen, bis sich jemand anders für die Stelle gefunden hatte. Die Woche verging, und sie hatten immer noch keinen Ersatz. Inzwischen hatte ich mich an die Arbeit gewöhnt, und sie fing sogar an, mir Spaß zu machen – besonders der Unterschied im Lohn, der fünfzehn Dollar betrug. Immer wenn ich im Speisesaal war, hatte ich das Gefühl, jemand zu sein, ein Mensch zu sein, denn ich hatte mit lebendigen Menschen zu tun. Aber wenn ich in der Küche arbeitete und die Spülmaschine bediente, kam ich mir selber wie eine Maschine vor. Außerdem bewegte ich mich gern zwischen den Studenten. Wenn ich sie beobachtete, freute ich mich aufs College, darauf, daß ich dann nicht mehr zu Hause wohnen, daß ich die Freiheit haben würde, die sie hatten.
Nach meiner zweiten Woche im Speisesaal kündigte P. J. Zuerst bedienten Waite und Schneeweißchen allein. Dann war der Saal eines

Tages sehr überfüllt. Steve warf mir einen Block zu und sagte, ich solle Bestellungen entgegennehmen. Er war so zufrieden mit meiner Arbeit, daß er mich von diesem Tag an zur Kellnerin beförderte. Ich verdiente jetzt mehr Geld als je zuvor.

Bevor der Sommer zu Ende war, hatte ich in allen Abteilungen des Restaurants gearbeitet. Ich hatte alles gelernt, vom Kochen bis zum Anrichten der Salate. Was noch wichtiger war, ich hatte viel über die Menschen erfahren, mit denen ich arbeitete, besonders über Schneeweißchen und Lola.

Zuerst lernte ich Schneeweißchen kennen. Er erzählte mir, daß er eigentlich James hieß, und ich durfte ihn außerhalb des Speisesaals James nennen. Während der Pausen unterhielten wir uns oft. Er sprach meist über sein Nachtleben und über seine Karriere als ›exotischer‹ Tänzer. Schneeweißchen war sein Bühnenname. Er berichtete mir, wie schön und glatt sein Körper sei, und daß er auf der Bühne einen hellen Puder benutze, so daß er, wenn er unter den Scheinwerfern strippte, schneeweiß aussah. Er prahlte so sehr mit seiner Tanzkunst, und daß die Männer alle verrückt auf ihn seien, daß ich mich einverstanden erklärte, eine seiner Vorführungen zu besuchen.

Der neue Abräumer, Robert, war ein erstes Semester vom Dillard-College. Er kam auch aus Mississippi und hatte kaum Erfahrung mit Typen wie James und Lola. Er sagte mir, er wüßte, wo James auftrat, und würde mich gern mitnehmen. Ich hatte das Gefühl, daß er, was James betraf, neugieriger war als ich, aber er hatte Angst, allein zu der Vorstellung zu gehen, weil er fürchtete, James könnte denken, er hätte Interesse an ihm.

Eines Samstags entschlossen wir uns, James in seiner Mitternachts-Show anzusehen.

Wir kamen zehn Minuten zu spät, und als wir hereinkamen, wurde James gerade von einem großen, hübschen, gut gekleideten Neger angesagt. Eine kleine Combo trat vor und fing an, Striptease-Musik zu spielen. Während wir uns einen Weg durch die Gäste bahnten, bemerkte ich, daß die meisten von ihnen Homos waren. Es waren kaum Frauen darunter, und diese sahen mir aus, als könnten sie ebensogut Männer in Frauenkleidern sein.

»Meine Damen und Herren, heute abend können wir Ihnen wieder die berühmte Miss Lily White ankündigen«, sagte der große Ansager. Robert und ich hatten gerade einen leeren Tisch gefunden.

Ich blickte zur Bühne und war verblüfft. James sah gar nicht wie

James aus. Sein runder Bauch war vollständig verschwunden. Er trug ein Kleid und eine Perücke, und wenn ich ihn nicht gekannt hätte, hätte ich geschworen, er wäre eine Frau. Als er nach vorn kam, begannen die Leute im Lokal zu pfeifen und »Lily White« zu rufen und alle möglichen Witze zu reißen. »Los, Lily, zeig uns, was du hast«, schrie jemand.
»Die alte Lily hat ne Menge«, gab jemand zur Antwort, und alles lachte.
James wackelte auf der Bühne, als wolle er es ihnen allen recht machen. Er schien das Johlen der Menge unten zu genießen. Ich stand immer noch da und starrte zu ihm hinauf, als er mit Strippen anfing. Ich war schrecklich gespannt, ob sein Körper wirklich so weiß war, wie er gesagt hatte.
»Komm, Mama, setz dich auf deinen hübschen Arsch. Er is nich durchsichtig, weißdu«, rief eine mädchenhafte Stimme hinter mir empört. Ich drehte mich um, um zu sehen, wer gemeint war, und merkte, daß ich die einzige war, die stand. Darum ließ ich mich eilig auf einen Stuhl neben Robert fallen. An dem Ton der Stimme merkte ich, daß sie mich wahrscheinlich für eine der ihren hielt.
»Scheiße, alle hier scheinen schwul zu sein«, flüsterte Robert mir zu.
Der Trommler der Combo schlug einen Wirbel auf seiner Trommel, und alle Lichter erloschen langsam bis auf einen Scheinwerfer, der auf James gerichtet war. Die Augen fielen mir beinahe aus dem Kopf, während ich zusah, wie James Stück für Stück seiner Kleidung ablegte. Jedes Teil, das er auszog, verursachte eine Welle lauter Seufzer, Pfiffe und Schreie aus dem Publikum. Ich blickte auf James' aufgesetzte Brüste und konnte sie nicht von wirklichen unterscheiden. Er zog alles aus bis auf einen Schamgürtel und wandte sich dann um. Ich glaubte, meine Augen spielten mir einen Streich, als sein schneeweißer Hintern im Scheinwerfer aufleuchtete. Das ganze Lokal schwankte und schaukelte im Takt mit, als er in seinen ›Schlangentanz‹ glitt. Robert und ich waren sprachlos.
Am nächsten Tag wußte das ganze Restaurant, daß wir James gesehen hatten. Ich hatte gedacht, sie würden uns necken, und zwar den ganzen Tag lang, aber sie stellten nur die Tatsache fest. Ich hatte den Eindruck, die meisten wären gern selber zu der Vorstellung gegangen, hatten aber nicht den Mut gehabt. Jedenfalls entschlossen sich nach unserem Besuch die meisten anderen, sich James' Vorführung auch mal anzusehen. James schien sich wirklich darüber zu freuen,

daß wir dagewesen waren. Als ich ihm sagte, daß er gut gewesen sei, dachte ich, er würde vertraulich werden, aber er lächelte nur. Wir wurden danach gute Freunde, und er erzählte mir viel von Lola.
Lola war vorbestraft und als gefährlich bekannt, deshalb ließen ihn alle im Restaurant in Frieden. Als er die Arbeit im ›Maple Hill‹ aufnahm, war er gerade aus dem Staatsgefängnis von Louisiana entlassen worden, wo er wegen Raub und Überfall drei Jahre verbüßt hatte. Er hatte eine Rasierklinge in seinem Gaumen verborgen ins Gefängnis geschmuggelt. Während seiner Strafzeit war dort eine schwere Schlägerei zwischen den Homos und den normalen Männern ausgebrochen. Lola hatte in der Zelle drei oder vier mit der Klinge verletzt und sich dadurch den Namen ›Killer‹ erworben.
Lola schien im ›Maple Hill‹ schrecklich einsam zu sein. Er sprach, außer mit James, mit keinem Menschen. Anders als James hielt er sich wirklich für eine Frau. James benahm sich im Restaurant niemals wie ein Schwuler, außer wenn er angeheitert war. Lola aber war der hilflose, zarte, zerbrechlich-feminine Typ. Wenn man ihn im Restaurant arbeiten sah, war es schwer zu glauben, was James von seiner Zähigkeit und Gewalttätigkeit berichtet hatte. Alle im Restaurant wußten von seinem Kampf im Gefängnis, und ich hatte gesehen, wie er James einmal seine Rasierklinge aus dem Mund entgegenstreckte. Er hatte die Gewohnheit, seinen Mund so gebläht zu halten, als sei er voller Nahrung. James erzählte mir, daß er dann die Klinge auf der Zunge liegen habe, und wenn man ihn anspräche, könne man sehen, wie er die Klinge erst gegen den Gaumen drücke, ehe er antworte.
Eines Tages saß ich allein in der Anrichte an dem kleinen Tisch, an dem die Angestellten gewöhnlich aßen, als Lola hereinkam und sich neben mich stellte. Er stand da eine Weile, ohne etwas zu sagen. Ich begann mich zu verkrampfen, denn ich wußte nicht, was er im Schilde führte.
»Warum trägst du dein Haar eigentlich so?« sagte er offensichtlich mit dem Wunsch, nett zu sein.
»Hm«, antwortete ich mit zitternder Stimme.
»Hast du Angst vor mir?« fragte er und wartete auf meine Antwort. »Ich bin kein Ungeheuer, auch wenn du das glaubst. Du brauchst also keine Angst vor mir zu haben.«
»Das hab ich gar nicht von dir gedacht«, sagte ich abwehrend.
»Warum machst du nicht mehr aus dir? Du könntest viel besser aussehen, auch wenn jeder hier dich für nen steilen Zahn hält.«

»Was meinst du damit?« fragte ich ernstlich interessiert.
»Sieh mal, wie du dein Haar in dem kleinen Schwänzchen hinten aufgesteckt hast. Wenn du das Haar kurz tragen willst, dann schneid doch das Stückchen ab. Was soll es denn eigentlich dahinten. Es ist nicht lang genug, um irgendwas damit anzufangen. Und dann sieh dir deine ungeschminkten Augen an. Manche Frau gäbe alles um deine langen Wimpern. Ein bißchen Maskara könnte dir nicht schaden. Frauen wie dich verstehe ich nicht. Du bist hübsch und scheinst es auch zu wissen. Aber du ziehst dich an wie n Aschenputtel. Du erinnerst mich zu sehr an meine Schwester«, sagte er, dann eilte er in die Küche zurück, während Waite in die Anrichte trat.
Ich wußte nicht, was ich von Lola halten sollte. Es machte mir Angst, daß er sich so für mein Aussehen interessierte. Zuerst dachte ich, er fühle sich von mir angezogen, aber ein paar Minuten später sah ich, wie er vor einem Mann herumscharwenzelte. Ich dachte darüber nach und kam zu dem Schluß, daß er einfach versuchte, nett zu mir zu sein und sich mit mir anzufreunden.
Am nächsten Morgen ging ich zur Arbeit und hatte mein Haar wieder zu einem Entenschwänzchen – wie Lola es nannte – aufgesteckt. Ich hatte eine halbe Stunde lang versucht, eine andere Frisur hinzukriegen, aber ich konnte nichts mit dem Haar anfangen und steckte es schließlich einfach wieder auf. Lola hielt mir eine richtige Standpauke, weil ich darauf bestände, häßlich zu sein. Er besprach mein Äußeres von Kopf bis Fuß. Er machte Bemerkungen über mein Haar, die sackigen Kleider, die ich trüge, um meinen Körper zu verbergen, und sogar über meine Schuhe. Schließlich überzeugte er mich, daß ich viel besser aussehen könnte. An diesem Abend ging ich zum Friseur, ließ mir das Haar schneiden und kaufte Maskara. In kurzer Zeit hatte mich Lola auch so weit gebracht, daß ich anliegende Kleider und Büstenhalter trug.

16. Kapitel

Als im Herbst die Schule wieder begann, lernte ich erst richtig schätzen, was Lola für mein Aussehen getan hatte. Die meisten meiner Mitschüler und Lehrer äußerten sich darüber, wie ich mich verändert hätte und wie gut ich aussähe. Nachdem ich Kellnerin geworden war, hatte ich gut an Trinkgeldern verdient und mir eine Menge billiger Kleider gekauft. Ich nahm sie alle in dem Schnitt, von dem Lola gesagt hatte, er sei für mich am günstigsten, und fast einen Monat lang ging ich jeden Tag anders gekleidet zur Schule. Die Kleider brachten meine Figur zur Geltung, so wie Lola es empfohlen hatte. Ich sah wirklich gut aus, besonders mit den getuschten Wimpern und den neuen Frisuren nach Lolas Vorschlag.

Ich sah so gut aus, daß es ein bißchen problematisch wurde. Wenn ich in die Stadt ging, starrten mich weiße Männer in Grund und Boden. Eines Samstags ging ich mit Mama einkaufen, als eine Gruppe weißer Männer uns folgte. Einer von ihnen trat zu mir und fragte mich, wo ich wohne. »Was geht euch das an, wo sie wohnt? Das geht euch gar nix an! Und warum lauft ihr überhaupt hinter uns her. Wenn ihrs noch mal tut, dann sag ichs Ed Cassidy.« Mama hatte gesprochen, bevor ich ein Wort sagen konnte. Sie sprach mit solcher Autorität, daß die weißen Männer davongingen.

Als sie weg waren, sagte Mama zu mir: »Die denken, jede Negerin in Centreville, die nach was aussieht, sollte ihnen in den Arsch kriechen un mit ihnen rumhuren.« Sie warnte mich, im Dunkeln allein durch die Stadt zu gehen; und wenn ich noch mal von Weißen angesprochen würde, dann sollte ich einfach weitergehen, als ob ich taub und stumm wäre.

Es war leicht für mich, die weißen Männer in der Stadt zu ignorieren. Aber es war nicht so leicht, Mr. Hicks, meinen Basketballtrainer, zu ignorieren, den einzigen ledigen Lehrer an der Schule. Ich hatte auch früher gewußt, daß Mr. Hicks mich sehr gern mochte, denn ich war seine beste Bodenturnerin und Basketballspielerin. Ich hatte nie vermutet, daß er Zukunftspläne mit mir hatte oder mich physisch begehrte. Wenn er mir jetzt einen Blick zuwarf, war es ein Blick voll Zärtlichkeit, und wenn er mit mir sprach, dann im Ton eines Liebhabers. Fast jeden zweiten Sonntag kam er wie zufällig am Haus vorbei und fragte, ob ich daheim sei, oder sagte irgend etwas über die Pläne für die nächste Woche, oder er zeigte mir irgendwelche neuen Tricks im Basketball, oder er gab vor, zufällig durch das Viertel gekommen zu sein. Er tauchte so oft auf, daß Mama anfing, Bemerkungen darüber zu machen, wie gern er mich mochte. Ich hatte das Gefühl, daß ihr das gar nicht unrecht war. Sie schien sogar erfreut darüber. Einmal saßen wir auf der Veranda, als Hicks vorbeifuhr und winkte, und Mama sagte: »Ich wünscht, ich hätt nen Lehrer geheiratet.« Nun wußte ich genau: sie hoffte, ich würde Hicks heiraten.

Es wurde auch in der Schule für alle deutlich, daß Hicks mich mochte, und viele Mädchen in der Basketballmannschaft wurden eifersüchtig. Früher hatten wir ausgezeichnete Teamarbeit geleistet. Jetzt versuchten die Mädchen, mich beim Training kaltzustellen. Wenn Hicks dann schimpfte, weil sie mir den Ball nicht zugeworfen und das Spiel fast immer verdorben hatten, dann warfen sie mir den Ball so hart sie konnten zu, oder sie zielten über meinen Kopf. Es wurde so schlimm, daß Mr. Hicks drohte, das Mädchenteam ganz aufzulösen. Eines Tages stieß mich eins der Mädchen beim Training zu Boden und trampelte dann über mich weg, als wäre ich gar nicht vorhanden. Ich war so wütend, daß ich aufsprang und hinter ihr herrannte, um sie zu verprügeln. Gerade als ich sie gepackt hatte, trat Mr. Hicks zwischen uns und verpaßte uns an Ort und Stelle eine Predigt. Wir sollten mal darüber nachdenken, warum wir Sport trieben. Er fragte uns, warum wir uns zankten, wenn wir ernsthaft vorhätten, Basketball zu spielen, und wenn wir wollten, daß unsere Mannschaft gewönne. Dann schickte er uns weg. Wir sollten eine Woche lang über seine Fragen nachdenken.

Im Laufe dieser Woche kam das Mädchen, das mich umgestoßen hatte, zu mir und entschuldigte sich, und die Mannschaftsführerin ging zu jeder einzelnen Spielerin und fragte sie, ob man die Mannschaft auflösen solle. Als Hicks uns wieder zusammenrief, stand die Mannschaftsführerin auf und sagte, die Mädchen stimmten einhellig dafür, daß weitergespielt würde. Nach diesem Vorfall behandelte Hicks mich genauso wie die anderen Mädchen. Er gab mir keine Kosenamen mehr und versuchte nicht mehr, mich bei jeder Gelegenheit zu berühren. Ich konnte ihn jetzt wieder achten. Ich glaube, ich selber war froher über seine veränderte Haltung als irgendeins der anderen Mädchen.

Gleich nachdem Hicks mir gegenüber kühler geworden war, begannen meine Probleme mit Raymond. Immer wenn ich abends von der Arbeit kam, lungerte er ums Haus herum. Manchmal saß er unter dem Nußbaum auf dem Hof, und wenn ich hinauskam, starrte er mich lange und eindringlich an. Eines Abends saß ich in meinem Zimmer vor dem Spiegel und kämmte mein Haar. Ich trug eine tief ausgeschnittene Bluse. Er war aus der Küche an mein Schlafzimmerfenster gekommen, und plötzlich sah ich im Spiegel, wie er draußen stand und mich anstarrte. Ich tat so, als sähe ich ihn nicht. Er blieb lange Zeit da stehen und sah mich begehrlich an. Nach diesem Vorfall hatte ich ein wenig Angst vor ihm. Ich trug keine ausgeschnittenen Blusen mehr und vermied es sogar, in seiner Gegenwart Shorts oder enge Hosen zu tragen. Aber er warf mir immer noch begehrliche Blicke zu. Ich hatte das Gefühl, er glaube, ich hätte in New Orleans mit Männergeschichten angefangen, und wäre deshalb so reif geworden. Auch er wußte, daß Hicks mich gern hatte, weil er so oft vorbeigekommen war. Und ich wußte, daß er auf Hicks eifersüchtig war und nicht wollte, daß irgend jemand mir nahekam.

Einmal saßen Mama, Raymond und alle Kinder vor dem Fernsehapparat. Ich kam herein und setzte mich auch. Raymond warf mir einen gereizten Blick zu, stand auf, murmelte etwas vor sich hin und rannte aus dem Zimmer. Mama blickte ihm nach und machte ein gekränktes Gesicht. Ich merkte, sie wußte genau, was mit Raymond los war. Sie stand auf und ging ihm nach, und ich hörte in der Küche einen erregten Wortwechsel. Während ich dasaß, fiel mir ein, daß ich eines Tages Lola gegenüber meinen Stiefvater erwähnt hatte, und wie Lola sagte:

»Stiefväter sin ne verdammte Plage. Meine Kusine hat wieder geheiratet, irgendsonen Taugenichts, und ihm ihre halberwachsene Tochter anvertraut. Eines Tages kommt sie nach Haus und findet das Schwein mit ihrem Kind im Bett.«

»Alle Stiefväter sind nicht so«, sagte ich aufgebracht.

»Von wegen! Hat er dich nie angefaßt oder gestreift oder dich komisch angeguckt?«

»Raymond ist nicht so. Übrigens, auch wenn er mich gern hätte, er würde nie mit mir anbändeln, denn er weiß, daß ich ihn nicht ausstehen kann.«

»Aber warum kannst du ihn denn nicht ausstehen?« hatte Lola gefragt.

Da erzählte ich ihm von Miss Pearl und denen, und wie schlecht sie

Mama behandelt hätten. Ich sagte ihm auch, daß ich Raymond hasse, weil er es zuließ, daß sie Mama wie Dreck behandelten.
Jetzt wußte ich, daß Lola recht hatte, und ich wußte, wenn es schlimmer wurde, mußte ich Centreville verlassen.

Zwei Wochen später wurde Samuel O'Quinn ermordet. Als er eines Tages die paar Straßen vom Stadtzentrum zu seiner Wohnung ging, wurde er aus nächster Entfernung mit einer doppelläufigen Flinte erschossen. Die Explosion hatte in seiner Brust ein Loch hinterlassen, in das man eine Faust hineinstecken konnte.
Sein Tod weckte die Erinnerung an all die anderen Morde, an die Schläge und die Beleidigungen, die den Negern von Weißen angetan worden waren. Zwei Tage nach diesem Mord lag ich im Bett und dachte daran, wie die Taplins verbrannt, wie Jerry zusammengeschlagen, wie Emmet Till ermordet worden war und wie ich für Mrs. Burke gearbeitet hatte. Ich haßte mich und alle Neger in Centreville, weil wir diesen Morden nicht Einhalt geboten oder wenigstens dagegen kämpften. Ich dachte daran, ganz allein einen Protestfeldzug gegen die Morde zu beginnen, wenn kein anderer mitmachen wollte. Ich wollte von meinen Ersparnissen ein Maschinengewehr kaufen, damit die Hauptstraße von Centreville hinuntergehen und jeden Weißen, den ich sah, umlegen. Dann wurde mir klar, daß ich nicht zum Töten gemacht war, und ich zog mich langsam wieder in mich selbst zurück.
Am nächsten Sonntag ging ich zur Baptistenkirche über denselben Gehsteig, auf dem Samuel O'Quinn gestorben war, der Gehsteig, auf dem ich jeden Sonntag ging. Während ich da stand und auf die blutbesudelte Stelle niederblickte, wo er gestorben war, traf mich der Zorn wie ein Blitz, der alles Gefühl in mir lähmte. Als später in der Kirche der Prediger wie nebenbei »das Hinscheiden von Mr. O'Quinn« erwähnte, fühlte ich überhaupt nichts.
Samuel O'Quinn war gerade von einem längeren Aufenthalt im Norden zurückgekehrt. Einige Wochen nach seiner Ermordung wurde unter den Negern das Gerücht herumgeflüstert, er sei ermordet worden, weil er Mitglied der NAACP war. Während er sich im Norden aufhielt, war er Mitglied geworden. Er hatte den Plan gehabt, nach Centreville zurückzukehren, um dort die Neger zu organisieren. Wahrscheinlich hatte er alle Tatsachen gekannt, die dem Brand bei den Taplins und den anderen geheimnisvollen Morden in und um Centreville und Woodville zugrunde lagen. Als er aber

zurückkam und Neger suchte, denen er vertrauen konnte, fand er nur wenige. Und von diesen wenigen hatte einer ihn verraten. Ehe er seine erste Versammlung organisieren konnte, war er tot. Die anderen Männer, die mit ihm zu tun gehabt hatten, verhielten sich still oder verließen aus Angst um ihr Leben die Stadt.
Weitere Ermittlungen unter den Negern brachten zutage, daß Direktor Willis einer der schlimmsten Onkel Toms im Süden war. Er sollte derjenige gewesen sein, der Samuel O'Quinn verraten, der sogar geholfen hatte, seine Ermordung zu planen. Später bekannte ein Neger auf seinem Sterbebett, daß er und ein anderer Neger, der heute noch lebendig und gesund herumläuft, fünfhundert Dollar für die Ermordung von Samuel O'Quinn bekamen und daß das Geld von Willis ausgezahlt wurde. Es kam nie heraus, wer von den Weißen hinter dem Mord stand, aber jeder glaubte, daß es dieselbe Clique war, die auch die anderen auf dem Gewissen hatte. Jedesmal wenn ich danach Willis in der Schule sah, haßte ich ihn wie die Pest. Ich träumte oft, ich brächte ihn um.
Nach der Ermordung von Samuel O'Quinn wurde ich eine richtige Einzelgängerin. Ich verbrachte den größten Teil meiner Zeit in der Schule, auf der Arbeitsstelle oder in der Kirche. War ich einmal zu Hause, so blieb ich in meinem Zimmer, um Raymond aus dem Wege zu gehen. Ich stellte sogar das Klavier in mein Zimmer. Außerhalb des Unterrichts hatte ich keinen Kontakt mit Mitschülern oder Lehrern. Bei der Arbeit sprach ich kaum ein Wort mit Mrs. Hunt. Sie war ein Mitglied der weißen Gesellschaft von Centreville, und da sie deren Vorgehen nicht verdammte, war sie für mich ebenso schuldig wie diejenigen, die die Morde ausgeführt hatten.
Es wurde beinahe unmöglich für mich, zur Schule oder zur Arbeit zu gehen. Ich hatte gehofft, zuerst die höhere Schule abschließen und dann Centreville endgültig verlassen zu können. Jetzt machte ich Pläne, schon zu Ende des Semesters wegzugehen. Ich wollte nach New Orleans, im Restaurant arbeiten und die Abschlußprüfung auf einer Abendschule ablegen und Adline mitnehmen, damit sie nicht in Raymonds Nähe blieb.
Eines Sonntagmorgens Anfang November gingen Adline und ich wie gewöhnlich zur Sonntagsschule und zum Gottesdienst. Die Kirche war gegen zwei Uhr aus, und ich machte mich auf den Heimweg, um den Rest des Tages in meinem Zimmer am Klavier zu verbringen. Als ich nach Hause kam, waren Mama und Raymond auf der Veranda. Mama saß da, besah sich in einer kleinen Spiegelscherbe

und suchte mit einer Nähnadel nach Pickeln in ihrem Gesicht. Das tat sie jeden Sonntag. Als ich die Stufen zur Veranda hinaufstieg, zupfte ich Mama aus Spaß am Haar. Sie schlug nach mir, und ich rannte an ihr vorbei ins Haus. Ich ging geradewegs in mein Schlafzimmer, setzte mich ans Klavier und begann ›Does Jesus Care‹.
»Essie Mae, ich sing, und du spielst, soll ich?« schrie Mama von der Veranda her.
»O. k. Ich zieh mich schnell um, dann kommst du hier herein«, antwortete ich.
Als ich mir etwas Bequemes angezogen hatte, fing ich wieder an zu spielen und wartete auf Mama. Ich spielte ein paar Lieder, und sie war immer noch nicht gekommen. Deshalb ging ich auf die Veranda, um ihr zu sagen, daß ich fertig sei. Ray saß allein da. Ich ging in den Hinterhof hinunter und suchte sie unter dem Nußbaum. Als ich sie auch dort nicht fand, setzte ich mich auf die Kante der untersten Stufe und blickte unter dem Haus durch, um zu sehen, ob sie vor dem Haus sei. Ich sah auf und traf Raymonds Blick. Gerade wollte ich ihn nach Mutter fragen, als er aus dem Schaukelstuhl sprang und fluchend ins Haus stürmte.
»Verdammt noch mal! Laßt einen doch in Ruhe«, rief er und knallte die Fliegendrahttür hinter sich zu.
Irgendwas in mir platzte.
»Du Hurensohn! Du hängst mir zum Halse raus! Was soll das? Man soll dich in Ruhe lassen? Was hab ich dir getan? Du bist derjenige, welcher. Man läßt dich nicht in Ruhe, und du gehst die ganze Zeit hier rum und schimpfst und fluchst.« Ich lief auf die Veranda hinauf und nahm die Spiegelscherbe, die Mama dort liegengelassen hatte. »Ich bring dich um, du Hund. Wenn du doch tot wärst!« schrie ich und stürzte auf die Fliegendrahttür zu.
Ich war ganz besinnungslos vor Wut. Als ich auf die Tür zustürmte, schob Raymond schnell von innen den Riegel vor. Er stand dahinter und machte ein Gesicht, als wolle er mich schlagen. Aber er wußte, sobald er die Tür aufmachte, würde ich mit der Scherbe auf ihn losgehen. Ich weinte wie von Sinnen. Ich konnte kaum sehen, so strömte mir das Wasser aus den Augen. Ich riß und zerrte an der Tür, als Mama hinter ihm auftauchte.
»Was ist los, Essie Mae? Tu den Spiegel weg! Du bist wohl verrückt geworden«, schrie sie mich an.
»Ich hab nichts getan. Ich kam auf die Veranda und wollte dich holen, und dieses Schwein fängt an, ich treibe ihn zum Wahnsinn

und lasse ihm keine Ruhe. Verdammt, was hab ich denn getan? Ich bin die Scheiße hier leid. Ich geh weg, und das sofort! Mach die Tür auf! Laß mich meine Sachen holen!« Ich brüllte und zerrte wieder mit aller Gewalt an der Tür.
Sie wollten nicht aufmachen, und ich lief um das Haus zur Hintertür, fand aber auch diese verrammelt. Die anderen Kinder hatten auf dem Abhang gespielt und kamen jetzt zum Haus gelaufen. Als ich auf die Vorderveranda kam, machte Mama gerade die Tür auf, aber Raymond zerrte sie ins Haus zurück, als er mich sah, und verriegelte die Tür wieder.
»Mach die Tür auf!« schrie ich, zerrte an der Klinke und trat gegen die Füllung.
»Halt die Schnauze!« schrie Mama. »Was is denn los? Sei still! Die ganze Nachbarschaft kann dich hören!«
»Das is mir scheißegal, ob die Leute mich hören! Ihr alle in dieser beschissenen Stadt seid nen Dreck wert. Ich habe die Scheiße satt. Was hab ich Raymond getan? Was hab ich ihm denn getan? Ich weiß, was mit ihm los is. Ich weiß, was bei dem los is ...«
»Sei still, Mädchen, sei still! Alle können dich hören!«
»Ich habs dir gesagt, Mama! Ich hab dir gesagt, daß der nichts taugt! Der taugt nichts. Ich hör, wie er dich jeden Morgen ankotzt, und du sagst nichts! Was sagst du? Du sitzt nur da, nimmst alles hin und läßt ihn auf dir rumtrampeln. Ich habs satt, daß er auf dir rumtrampelt und so tut, als wären wir alle Dreck. Wenn du mich nicht meine Kleider holen läßt, dann geh ich eben ohne. Ich brauch sie auch gar nicht. Ich geh einfach weg, Mama. Ich geh weg und bring mich um.« Ich ging die Verandastufen hinunter. Ich war so außer mir, daß ich mit mir selbst redete.
»Schon gut, Mama. Ich geh. Ich verlaß diese Stadt. Hier taugt kein Mensch was, schwarz oder weiß.«
»Wo willst du hin, Mädchen?« schrie Mama vom Haus her. Aus ihrer Stimme hörte ich Sorge.
»Ich weiß nicht, Mama, ich weiß nicht«, murmelte ich vor mich hin.
Ich ging auf Miss Pearls Haus zu, wo alle auf dem Vorplatz standen und mich anstarrten. Ich hätte sie alle umbringen können. ›Sie sinds nicht mal wert‹, dachte ich und ging an ihnen vorbei. Sie starrten mich an, als sei ich verrückt geworden. Ich ging bei Miss Pearls Haus um die Ecke und schlug den Weg zur Hauptstraße ein. Meine Kusine, Miss Clara und alle andern waren auf der Straße.
»Essie Mae, was issen los? Was is da unten los?« Miss Clara trat auf

mich zu. »Komm rein un sag mir, was los is«, sagte sie und führte mich ins Haus. Sie brachte mich nach drinnen und wischte mir mit einem Handtuch das Gesicht ab. Ich lag auf ihrem Sofa und weinte ein Weilchen, während sie mir den Rücken tätschelte.
»Essie Mae, was is passiert? Was war das fürn Krach un Geschrei?« fragte Mr. Leon, ihr Mann.
»Ich hab mit Raymond Krach gehabt, un ich bleib nich mehr länger da.«
»Hat er dich geschlagen?« fragte er aufgebracht.
Ich schüttelte nur den Kopf.
»Sollen Clara und ich dich zu Diddly bringen?«
»Ich will meine Kleider«, sagte ich, »aber Mama un die wollen mich nicht ins Haus lassen.«
»Soll ich hingehen und die Kleider holen?« fragte Leon.
»Nein, Raymond und Mama geben sie dir nicht. Sie würden nur wütend auf dich sein.«
»Dann geh doch einfach weg un laß Diddly sie holen«, sagte er.
»Mein Papa geht da nicht hin. Und ich will auch nicht, daß er hingeht, denn wenn Papa hingeht, wird Raymond nur wütend auf Mama.« Ich saß da und dachte eine Weile nach. »Ich weiß was. Bring mich zum Sheriff. Der fährt mit mir hin, und ich krieg meine Kleider. Mama würd sie sonst niemandem geben.«
Mr. Leon und Miss Clara brachten mich im Auto zu Ed Cassidys Haus. Sie schienen Angst zu haben, aber ich hatte keine Angst. Wenn niemand sonst die Kleider herauskriegte, der Sheriff würde sie herauskriegen. Ich war alt genug, um von Hause wegzugehen. Ich hatte alle Kleider von meinem eigenen Geld gekauft.
Mr. Leon und Miss Clara warteten im Wagen, während ich die Stufen zu Cassidys Veranda hinaufstieg. Als ich klopfte, weinte ich immer noch. Mrs. Cassidy kam an die Tür.
»Ja?« fragte sie. »Was kann ich für dich tun?« Sie stand hinter der Fliegendrahttür und starrte mich mißtrauisch an.
»Ist Mr. Cassidy daheim?« fragte ich. Dabei liefen mir die Tränen immer noch übers Gesicht.
»Ja. Aber er ißt gerade. Ist es dringend?« fragte sie.
»Ja. Es *ist* dringend. Und ich möchte ihn jetzt sofort sprechen«, sagte ich.
»Es tut mir leid, er ist grade beim Abendessen. Es dauert noch ein bißchen. Du kannst dich da in den Schaukelstuhl setzen und auf ihn warten«, sagte sie und ging ins Haus zurück.

»Wie lange wirds denn dauern?« fragte ich.
»Fünfzehn oder zwanzig Minuten«, gab sie zur Antwort, ohne sich umzudrehen.
Aber Cassidy kam gleich heraus. Wahrscheinlich hatte sie ihm gesagt, daß ich weinte.
»Was ist los?« fragte er und sah mich an, als versuche er, sich an meinen Namen zu erinnern.
»Ich hab Krach mit Raymond gehabt und bin von Hause weggegangen. Sie wollen mir meine Kleider nicht rausgeben, und ich hab sie mir alle selber gekauft. Es sind meine Kleider, und ich will sie haben, und ich krieg sie auch. Wenn Sie jetzt nicht mit mir gehen und sie holen, dann geh ich allein zurück, und wenn Raymond mich anrührt, dann bring ich ihn um, und da sind Sie dann schuld, denn ich habs Ihnen gesagt. Ich will meine Kleider, und Sie sollten lieber mit mir gehen.«
»Und du weißt genau, was du tust?«
»Ich bin alt genug zu wissen, was ich tu. Ich war alt genug, um nach New Orleans und Baton Rouge zu gehen und zu arbeiten und die Kleider zu kaufen. Ich bin auch alt genug, um alles für die Schule zu bezahlen. Ich bin Raymond überhaupt nichts schuldig, und ich will meine Kleider.«
»Und was meint deine Mama dazu?«
»Mama hat überhaupt nichts damit zu tun.«
»Wart nen Augenblick. Ich esse eben fertig. Dann fahr ich mit dir runter und spreche mit Ray. Bist du sicher, daß du von Hause weg willst?«
»Ich weiß, was ich tue«, sagte ich scharf.
Er sah mich komisch an und ging ins Haus zurück. Ich sagte Mr. Leon und Miss Clara, die immer noch im Auto warteten, sie könnten nach Hause gehen. Sie fuhren davon, und ich ging zurück und setzte mich auf Cassidys Verandastufen und wartete, daß er mit dem Essen fertig würde. Während ich da saß und weinte, dachte ich darüber nach, wie sehr ich Raymond haßte und ihn umbringen wollte, und wie sehr ich Centreville haßte. Dann fiel mir ein, daß ich auf Ed Cassidys Treppe saß und daß er Jerry auf das Lagergelände gebracht hatte, wo er von Withers und denen zusammengeschlagen werden konnte. Da haßte ich ihn mehr als alle Weißen in Centreville. Die Vorstellung, daß er mich irgendwohin fahren sollte, erfüllte mich mit Abscheu. Aber ich wußte: Mama und Raymond würden mir die Kleider nicht geben, wenn ich allein kam.

Nach kurzer Zeit trat Cassidy aus der Tür, setzte seinen kleinen Bereitschaftswagen aus der Einfahrt auf die Straße und machte mir die Tür auf. Ich sprang auf den Sitz neben ihn, ohne ihn anzusehen. Er fuhr durch das Negerviertel. Alle Neger saßen auf ihren Vorplätzen oder auf den Veranden. Sie starrten mich an, wie ich da in Cassidys Kombiwagen saß.
»Ich kenne Ray«, sagte Cassidy. »Das sieht Ray gar nicht ähnlich. Mit Ray haben wir nie Schwierigkeiten gehabt. Ich kann das nicht verstehen. Was is da nur los? Is Ray nich dein Papa?«
»Nein, er is nich mein Papa«, antwortete ich kalt. Ich wußte, daß er wußte, daß Raymond nicht mein Papa war.
»Wo is denn dein Papa?« fragte er.
»Mein Papa wohnt in Woodville...«
»Un du gehst zu deim Papa?«
»Ich weiß nicht«, sagte ich kurz, um anzudeuten, daß ich an einer Unterhaltung mit ihm nicht interessiert sei. Eine Weile fuhren wir schweigend weiter.
»Sieht aus, als wärn heut abend alle draußen«, sagte er und ließ seinen Blick über all die Neger streifen, die uns im Vorüberfahren anstarrten. Ich hielt den Blick fest auf die Straße vor mir gerichtet. Als wir unser Haus erreichten, hielt er genau vor dem vorderen Hoftor. Raymond saß unter dem Nußbaum, und die meisten Kinder waren auf dem Hof. Ich sprang aus dem Wagen.
»Warten Sie, ich hol meine Kleider. Ich leg sie hinten in den Wagen«, sagte ich zu Cassidy, der auch ausgestiegen war.
»He, Ray! Komm mal n Augenblick her. Ich muß mit dir reden«, rief Cassidy Ray zu.
Ich blieb am Tor stehen und sah, wie Raymond langsam auf den Sheriff zuschlurfte. Er grinste schief, als hätte er Angst. Statt durch das Tor an mir vorbei zu gehen, ging er über die Einfahrt. Ich lief den Weg hinauf ins Haus. Mama stand gleich hinter der Tür des Wohnzimmers.
»Was fällt dir ein, Cassidy zu holn? Ich wett, alle Leut in der Nachbarschaft sitzen draußn un gucken. Die wern alle quatschen. Was stells dir eintlich vor?«
»Was ich mir vorstell: ich geh hier weg, weil ich die Scheiße satt hab. Mama, s tut mir leid, ich kanns einfach nich mehr aushalten. Ich kann den Mist einfach nich mehr aushalten.«
»Was fürn Mist? Was hat Ray dir getan?« fragte sie mich, die Augen voller Tränen.

»Was er getan hat? Du weißt, was er getan hat. Außerdem kann er mich nich *ausstehn*. Ich hör ihn jeden Morgen auf dir rumhacken. Adline solls auch hören«, sagte ich. Adline stand mit traurigem Gesicht dabei. Als ich ihren Namen nannte, begann sie zu weinen.
»Hol nur ja nicht die Kleider hier raus!« schrie Mama.
»Das sind *meine* Kleider! Ich hab jedes einzelne davon gekauft. Raymond und du, ihr habt keinen Pfennig dazugetan. Und ich nehm sie mit un laß kein einziges da«, sagte ich, während ich die Kleider von den Haken, aus der Zedernkommode riß und nach meinen Schuhen suchte. »Wo sin meine Schuhe? Ich will alles, was hier im Haus mir gehört! s tut mir leid, Mama, aber ich komm nie mehr hierher zurück. Ich wünsch dir n langes glückliches Leben mit Raymond. Und wenn ich dich je wiedersehe, dann nicht hier.«
Adline weinte noch lauter, als ich sagte, ich würde nie wiederkommen, und Mama fing an, mir die Kleider wegzureißen. Ich merkte, daß sie mich am liebsten geschlagen hätte, aber sie hatte Angst, weil Cassidy draußen stand. Ich zerrte ihr die Sachen aus den Händen.
»Nein sowas.« Mama weinte jetzt. »Das Weibsstück is verrückt. Einfach übergeschnappt. Die Leute wern noch *jahrelang* drüber reden.«
»Es ist mir ganz egal, was die Leute reden, Mama. Einfach egal! Die können reden, was sie wollen. Ich habs *satt*. Kein Mensch in dieser beschissenen Stadt taugt was. Ich wer diese verdammte Stadt jetz gleich verlassen!«
Ich hatte meine Kleider aufs Bett gehäuft. Jetzt holte ich einen Armvoll nach dem andern und warf sie hinten in Cassidys Wagen. Alle paar Minuten kam ich mit einer neuen Ladung aus dem Haus. Mama und Adline standen am Fußende des Bettes und rührten sich nicht. Ihre Augen folgten jeder meiner Bewegungen. Einmal warf ich mein Kleiderbündel zu weit, und es flog auf der anderen Seite neben den Wagen, wo Raymond und Cassidy standen. Ich lief hin, um es aufzuheben.
»Schau mich nicht an!« brüllte ich Raymond an, der dastand und zusah, wie ich die Kleider aufhob. »Ich bring dich um! Wag nicht, mich anzusehen. Das sind meine Kleider. Wärst du doch eben im Haus gewesen, dann hätt ich dich umgebracht.«
»Ruhig, ruhig! Du gehst ja jetzt weg, was willste ihn dann noch umbringen?« fragte Cassidy.
Ich gab ihm keine Antwort. Ich drehte ihm den Rücken und ging wieder ins Haus.

»Ich hab nich gesagt, daß sie gehn soll. Sie geht von allein. Aber wenn se jetz geht, dann sollse auch ja nicht mehr zurückkomm. Machtn Theater wegn gar nix«, sagte Raymond, laut genug, daß ichs hören konnte.
»Wegn gar nix? Du weißt genau weswegen.«
»Beruhig dich, Mädchen, sei jetzt ruhig. Ich hab jetzt genug davon«, sagte Cassidy, während ich dastand und Raymond anschnaubte. Ich drehte mich um, weil ich noch eine Ladung aus dem Haus holen wollte. Miss Pearl und alle Anwohner der Straße standen auf ihren Vorplätzen und starrten herüber. *Alle Welt* starrte. Endlich hatte ich alles, was mir gehörte, geholt und stieg in den Bereitschaftswagen.
»Ich bin fertig, wir können fahren!« sagte ich zu Cassidy.
»Wir können fahren. Wohin denn! Nach Woodville?« fragte Cassidy, während er in den Wagen kletterte.
Jetzt fiel mir ein, daß ich eigentlich gar nicht wußte, wohin ich gehen sollte.
»Bring Sie mich zu Mr. Leon und Miss Clara«, sagte ich schließlich. Wir fuhren davon und ließen Raymond auf der Straße stehen.
Miss Clara und Mr. Leon standen vor dem Haus, als Cassidy vorfuhr. Sie halfen mir, meine Sachen aus dem Wagen zu holen. Cassidy saß einfach da, während wir abluden, und sagte nichts. Als wir fertig waren, bedankte ich mich, und er fuhr davon. Ich saß eine lange Zeit in Miss Claras Haus und versuchte, mir darüber klarzuwerden, was ich tun sollte. Ich wollte das Schuljahr gern in Centreville zu Ende bringen und dachte darüber nach, bei wem ich wohl in den nächsten sechs Wochen wohnen könnte. Es fiel mir niemand ein. Miss Clara und Mr. Leon boten mir an, bei ihnen zu bleiben, aber ich wollte nicht. Sie wohnten zu nahe bei Mama, Raymond und Miss Pearl. Ich wollte auf keinen Fall in dieser Gegend bleiben. Ich war nahe daran, die Fassung zu verlieren, als Miss Clara vorschlug, mit ihnen zu meinem Papa zu fahren und ihn um Rat zu bitten.
Während wir nach Woodville fuhren, fielen mir Papas alte Laster alle wieder ein – Trinken, Spielen, Weiber. Ich sah ihn noch, wie er auf dem Fußboden würfelte und wie er Mama Florences wegen verließ. Mit was für einer Frau lebte er jetzt – war sie gelb wie Florence oder braun wie Mama? Ich wußte, daß Papa nicht verheiratet war, und ich fragte mich, ob er diese Frau bald wieder einer anderen wegen verlassen würde.
Als Mr. Leon in Papas Hof fuhr, faßte ich den Entschluß, auf kei-

nen Fall bei ihm zu wohnen. Das kleine verkommene L-förmige Holzhaus, das er auf dem Anwesen meiner Cousine Hattie gemietet hatte, erinnerte mich zu sehr an all die kleinen Buden, in denen wir früher gewohnt hatten.
»Sieht aus, als wär keiner da«, sagte Mr. Leon, während er auf die Hupe drückte.
»Es ist schon nach zehn. Sie sind wahrscheinlich im Bett. Du weißt, Emma und Diddly gehen beide früh zur Arbeit«, erwiderte Clara und blickte auf ihre Uhr.
Eine gelbhäutige Frau spähte zur Tür heraus. »Wer ist da?«
Ich wurde sofort wütend, als ich sie sah. ›Das ist also Emma, Papas neue Frau‹, dachte ich. ›Sie ist genau wie Florence – gelb, glattes, schwarzes Haar und so.‹
»He Clara«, rief sie. »Steigt aus und kommt rein. Diddly und ich wollten grad ins Bett gehen. Wen habt ihr denn da bei euch?« fragte sie, als wir aus dem Auto kletterten.
»Wir dachten, ihr beiden, du und Diddly, brauchtet ein bißchen Gesellschaft, wir haben euch also welche mitgebracht«, sagte Mr. Leon und trat ins Haus.
»Ja, wir kommn uns wirklich n bißchen allein vor. Aber was is denn das für ne Gesellschaft?« fragte Emma und warf mir einen neugierigen Blick zu.
»Das is Diddlys Älteste. Das sieht man doch. Das is Essie Mae«, sagte Miss Clara.
»O, ihr wollt mich aufn Arm nehmen. Diddly kann unmöglich son hübsches Kind machen«, sagte sie und tat so, als könnte sie nicht glauben, daß ich wirklich Essie Mae sei. »Kommt alle hier in die Küche. Diddly sitzt dahinten und weicht seine Hühneraugen«, sagte sie und führte uns in die Küche.
Das Äußere des Hauses war verkommen, und der Verandaboden gab unter unseren Schritten nach; darum hatte ich erwartet, auch im Inneren alte ramponierte Möbel zu finden. Aber als Emma uns durch das Haus in die Küche führte, sah ich voller Überraschung, daß die Ausstattung sehr behaglich war. In dem kleinen Wohnzimmer standen ein großer Sessel, ein Plüschsofa, hübsche Lampen und andere Gegenstände, die ganz neu schienen. Im Schlafzimmer bemerkte ich ein großes Bett mit hohen Pfosten und einer schönen weißen Decke.
Papa saß in der Küche neben dem Gasherd, die Füße in einer Wanne mit dampfendem Wasser. Ich hatte ihn zum letztenmal gesehen, als

ich in die achte Klasse ging. Nichts an ihm hatte sich verändert; nur sein Schnurrbart war noch dichter geworden. Er war immer noch so schlank wie an dem Tag, als er Mama verlassen hatte, und sah kein bißchen älter aus.
»Diddly, rat mal, wer da is?« fragte Emma Papa. »Clara, setzt euch doch«, sagte sie und wies auf die kleine Eßecke.
»Essie Mae, was is los?« fragte Papa, nachdem er mich prüfend betrachtet hatte. Ich stand da und sah ihn an, als sei er ein völlig Fremder, der die Nase in meine Angelegenheiten stecke. Ich hatte ihn immer, auch als er uns verließ, als meinen Vater betrachtet. Aber jetzt kam er mir gar nicht so vor. Ich stand da und bereute heftig, daß ich zu ihm gelaufen war.
»Was haste eintlich?« fragte er ärgerlich.
Ich antwortete immer noch nicht. Da ergriff Mr. Leon das Wort und erzählte ihm, daß ich Streit mit Raymond gehabt hätte und von zu Hause weggegangen sei. Ich hörte seiner Erzählung zu und hatte das Gefühl, als handele es sich gar nicht um mich. Papa machte ein verdutztes Gesicht, als ihm Leon erzählte, ich hätte Sheriff Cassidy geholt, um meine Kleider zu kriegen. Plötzlich wurde mir klar, wen ich um Hilfe gebeten hatte: Cassidy, den stillen ›Niggerhasser‹.
»Hat Raymond dich angefaßt?« fragte Papa, indem er Leons Bericht unterbrach.
»Nein«, sagte ich.
»Also, was hat er dir dann getan?« fragte er.
»Nichts. Aber er kann mich einfach nicht ausstehen. Läuft im Haus rum und flucht die ganze Zeit«, antwortete ich.
Darauf sagte Papa kein Wort, und alle in der Küche schwiegen. Ich merkte, daß er wütend war. Plötzlich sah er mich an und sagte: »Is mir gar nich recht, daß Toosweet mit den Davisens zu tun hat. Keiner von den taugt was. Wie behandelt Raymond Adline un Junior?«
»Er haßt sie nich so, wie er mich haßt.«
Während dieser Unterredung mit Papa kam er mir langsam wieder näher. Er schien nicht mehr so rastlos, und seine alte Sucht zu spielen und den Weibern nachzulaufen schien verschwunden. Sein Verhältnis zu Emma wirkte gut und redlich. Ich sah, wie fürsorglich Emma sich ihm gegenüber verhielt, und fing an, auch sie gern zu haben. Sie schien sich nicht wie Florence etwas darauf einzubilden, daß sie gelb war und glattes Haar hatte. Sie war die erste hellhäutige Negerin, die nicht so tat, als sei sie besser als die dunkleren Neger. Emma und Papa schienen beide zu wünschen, daß ich bei ihnen

blieb. Sie hatten ein freies Zimmer und sagten, sie würden es gern für mich möblieren. Da es aber bis zum Ende des Semesters nur noch sechs Wochen waren, kamen wir überein, daß ich bis dahin weiter zur Willis High School gehen und bei meiner Tante Alberta wohnen würde. Es war besser für mich, das Semester in Centreville zu beenden, bevor ich die Schule wechselte; selbst auf die Gefahr hin, Raymond über den Weg zu laufen.

Erst lange nach Mitternacht verließ ich mit Miss Clara und Mr. Leon meinen Papa. Ich hatte Angst, daß Alberta mich vielleicht nicht aufnehmen würde. Sie und Mama verstanden sich gut, und vielleicht wollte sie mit meinem Weggehen von zu Hause nichts zu tun haben, besonders da Mama so dagegen war. Als wir zu ihr kamen, waren Alberta und ihr Mann noch auf. Mr. Leon hupte, und Alberta kam nach draußen gelaufen, als habe sie mich schon erwartet. Sie hatte Mama am Abend besucht und wußte schon alles. Ohne eine Frage zu stellen, nahm sie mich auf. Sie hütete sich sogar, Raymond zu erwähnen. Sie sagte nur, Mama habe sich schon gedacht, daß ich zu ihr kommen und bei ihr wohnen würde; sie selber habe es auch gewünscht. Ich war wütend, daß Mama mich so gut durchschaut hatte, aber ich entschloß mich, trotzdem zu bleiben.

Am andern Morgen stand ich wie gewöhnlich auf und ging zur Schule. Ich ging früh, denn ich erwartete, daß man in der ganzen Schule über mich sprechen und auf mich zeigen würde. Aber als ich durch die Reihen der Schüler vor den Klassenräumen hindurcheilte, war von Flüstern oder Fingerzeigen nichts zu bemerken. In der Klasse empfand ich wohl, daß alle meine Mitschüler wußten, daß ich von zu Hause weggegangen war, aber keiner verlor darüber auch nur ein Wort. Der ganze Morgen verging ohne Zwischenfall. Aber in der Mittagspause lief ich Direktor Willis in die Arme. Er fragte, ob es wahr sei, was er da gehört habe. Als ich bejahte, bot er mir gleich sein Gästezimmer an. Ich schaute ihn an, wie er da stand und tat, als sei er so um mich besorgt. Da mußte ich an Samuel O'Quinn denken und fühlte einen tiefen Haß gegen ihn.

Der nächste, der mir in den Weg lief, war Adline. Ihr Anblick traf mich sehr. Sie sah so traurig aus, und ihre Augen waren rot, als hätte sie viel geweint. Ich wußte, daß sie meinetwegen geweint hatte. Sie wußte nicht, was sie mir sagen sollte. Ich erzählte ihr, daß ich bei Alberta wohne, und bat sie, mich sonntags zu besuchen. Da lächelte sie ein bißchen. Als ich am Abend zu Alberta zurückkam, fand ich einen Zettel von Mama vor:

»Essie Mae, wenn du nicht nach Haus kommst, bring ich mich um. Ray is nicht bös auf dich. Er sagt, er tut dir nichts, wenn du nach Haus kommst. Bitte komm nach Haus. Ich vermisse dich.

Mama«

Ich wußte nicht, was ich dazu sagen sollte. Ich war aber sicher, daß es auf lange Sicht besser sei, wenn ich nicht mehr zu Hause wohnte. Ich beantwortete den Brief nicht.

Ein paar Tage später regnete es, und ich stellte fest, daß ich meinen Regenmantel und den Schirm zu Hause gelassen hatte. Ich schickte Albertas kleine Tochter mit einem Briefchen zu Mama und bat, dem Kind die Sachen auszuhändigen. Mama schickte mir Regenmantel und Schirm und alles, was ich sonst noch vergessen hatte. Sie hatte ein zweites Briefchen beigelegt: wenn sich noch etwas fände, würde sie es mir schicken, ich solle nicht dauernd jemanden schicken, um Sachen zu holen. Es wurde mir klar, daß Mama mich nicht in Ruhe lassen würde, solange ich bei Alberta wohnte. Sie würde mir dauernd Zettelchen oder sonstwas senden und versuchen, Mitleid zu erregen und mir das Gefühl zu geben, es sei unrecht gewesen, von zu Hause wegzugehen.

An diesem Abend kam ich mit meinen Lehrern überein, daß sie mir ein vorläufiges Zeugnis geben sollten, und zog zu meinem Papa.

Papa freute sich, daß ich wiederkam. Er wußte gar nicht, wie er mit mir umgehen sollte. Er gab sich große Mühe, nett zu sein, und behandelte mich, als sei ich ein Kind. Ich sah, wie froh er war, mich um sich zu haben. Manchmal ertappte ich ihn dabei, wie er mich lächelnd betrachtete, als könne er es gar nicht fassen. Ich wußte, daß er wünschte, ich solle ihn Papa nennen. Ich brachte es nicht fertig. Aber jedesmal, wenn ich ihn Diddly nannte, machte er ein trauriges Gesicht, und ich fühlte mich abscheulich. Ein paarmal brachte ich es fertig, ein ›Papa‹ herauszuwürgen. Schließlich nannte ich ihn weder Papa noch Diddly, ich sagte einfach ›He, hör mal‹ oder ›Du‹, wenn ich seine Aufmerksamkeit auf mich lenken wollte.

Emma machte die Sache noch schlimmer, indem sie mich geradeheraus bat, sie Mama zu nennen. Dauernd erzählte sie mir von ihrer ›kleinen Lillian‹, ihrem einzigen Kind. Lillian war fünfundzwanzig Jahre alt, verheiratet und wohnte in Baton Rouge. »Lillian ist ganz verrückt auf Diddly«, sagte Emma immer wieder. »Sie herzt und küßt ihn und nennt ihn Papa und denkt sich gar nichts dabei. Wie kann ich erwarten, daß du mich Mama nennst, wenn du nicht mal

deinen eigenen Vater Papa nennst.« Aber ich nannte sie weiter Emma, und schließlich gewöhnte sie sich daran.
Emma und Papa gingen beide arbeiten; Emma in eine Fabrik für Kartoffelprodukte in einer nahegelegenen Stadt im Staat Louisiana, und Papa war einer von vier Teilhabern einer selbständigen Holzhandlung. Das Angenehmste am Zusammenleben mit ihnen war, daß ich keine Stelle anzunehmen brauchte. Die beiden verabscheuten die meisten Weißen in Woodville leidenschaftlich und wollten nicht, daß ich bei ihnen arbeitete.
»Ich will nicht, daß du dich für diese schuftigen weißen Arschlöcher hier abrackerst«, sagte Papa erbittert. »Die haben nix zu tun, als sich an die Negermädchen ranzumachen, die in ihrem Haushalt arbeiten.«
Ich wußte genug über Negerdienstmädchen und weiße Männer aus Centreville und konnte ihm nicht widersprechen. Ich war es zufrieden und nahm das Angebot der beiden an, die mir in der Woche zehn Dollar Taschengeld gaben. Dafür besorgte ich den Haushalt und mähte den Rasen.
Es war an einem Donnerstag, als ich Alberta verließ und zu Papa zog. Bevor er am Samstag darauf zur Arbeit ging, erzählte er mir, er habe Emma Geld gegeben, um mit mir in der Stadt Möbel für mein Zimmer einzukaufen. Er sagte, er habe ihr so viel Geld gegeben, daß ich mir kaufen könne, was mir gefiele. Ich war ganz aufgeregt. Zum erstenmal im Leben sollte ich mein eigenes Zimmer haben – ich war siebzehn Jahre alt. Den ganzen Morgen überlegte ich, wie ich den Raum ausstatten wollte. Es sollte aussehen wie die Studentenzimmer, die ich in Illustrierten abgebildet gesehen hatte: ein Bett, ein Bücherbord mit Büchern und ein Schreibtisch mit einer ordentlichen Lampe. Da ich den größeren Teil des Geldes auf Bücher verwenden wollte, hatte ich die Absicht, die Möbel in einem Gebrauchtmöbelladen zu kaufen. Aber als wir in die Stadt kamen, stellte ich fest, daß Emma andere Vorstellungen hatte. Sie ging geradewegs zum teuersten Möbelgeschäft in Woodville. Ich sagte: »Da sollen wir das Zeug kaufen? Gibt es denn keinen Gebrauchtwarenhändler in der Stadt?«
»Gebrauchtwaren? So ne Scheiße will ich nich im Haus haben, wo andre Leute schon drin geschlafen haben. Wir können uns Möbel von hier leisten!« sagte sie empört und schaute sich nach dem Verkäufer um.
»Da wär ich wieder, Mr. Brooks«, sagte sie zu einem großen schlan-

ken, rothaarigen Verkäufer, der Emma erkannt hatte und angelaufen kam. »Habt ihr schon die Hollywoodschlafzimmer reinbekommen?«

›Ein Hollywoodschlafzimmer in der kleinen Bruchbude‹, dachte ich.

»Gewiß«, sagte der Verkäufer und führte uns in die Abteilung für Schlafzimmermöbel, »Se ham also Diddly so weit gekriegt, daß er die Garnitur kauft? Ich dachts mir schon, und hab Sie bei der Bestellung im Auge gehabt.«

Seit ich bei ihnen wohnte, war ich nicht mehr so sicher, ob Emma mich wirklich da haben wollte, auch wenn sie am Anfang so freundlich gewesen war. Wahrscheinlich hatte die Art, wie Papa mich behandelte, sie ein wenig eifersüchtig gemacht. Jetzt dachte ich: ›Sie nimmt mich zum Vorwand, um Geld für Möbel aus Papa rauszuholen.‹

Ich fragte den Verkäufer, ob er Einzelbetten habe. Er tat so, als habe er mich gar nicht gehört. Er war zu beschäftigt, eine cremefarbene Schlafzimmergarnitur vorzuführen, die aussah, als sei sie für einen Filmstar bestimmt. Der Schrank schien mir breiter als der ganze Raum, in den Emma ihn hineinstellen wollte. Zu dem Zimmer gehörten ein breites Bett mit einer schönen rosa Tagesdecke, der Schrank und noch ein Möbelstück. Das Ganze widerte mich an. Als Emma sagte: »Ich nehme es«, wäre ich am liebsten zu Papas Haus gelaufen und hätte meinen Koffer gepackt.

Am Morgen nach dem Möbelkauf weckte Emma mich in der Frühe, sie klopfte an die Wohnzimmertür und rief: »Essie Mae, Essie Mae! Steh auf! Wir fahren heute zu Mama un denen.«

Ich war wütend, weil sie mich nicht fragte, ob ich *Lust* hätte, den Tag bei ihren Eltern zu verbringen. Sie *befahl* mir einfach, es zu tun, so als ob ich gar keine Wahl hätte. ›Genau wie gestern‹, dachte ich, ›da hatte ich bei dem Kauf der Möbel für mein Zimmer auch nichts zu sagen.‹

Ich stand auf, nahm mir aber Zeit beim Anziehen und Frühstücken. Ich hatte keine Lust, ihre Eltern und Verwandten zu besuchen, denn ich fürchtete, sie seien alle hellhäutig und würden mich behandeln wie Miss Pearl und die.

Außer ihrer Schwester Janie, die mit ihrem Mann Wilbert und fünf Kindern im Nebenhaus wohnte, lebten alle näheren Verwandten Emmas in der Nähe des Highway 61 zwischen Woodville und Natchez. Wir fuhren zuerst bei Emmas Schwester Ola vor. Ola hatte zehn Kinder. Ehe der Wagen noch hielt, schwärmten sie wie Bienen um ihn herum. Als Papa ausstieg, hängten sie sich ihm an den Hals und hätten ihn beinahe zu Boden gerissen. »Onkel Moody, wir dachtn schon, ihr kommt nich! Wir wollten grad spielen gehn«, schrie ein großes teakfarbenes Mädchen, mit hellbraunem lockigen Haar, das ihr bis zum Gürtel reichte. Sie hatte sich Papa an den Hals gehängt. Ein anderes Mädchen, in gleichem Alter und von gleichem Aussehen, klammerte sich an Emmas Arm. Es waren die hübschesten Mädchen, die ich je gesehen hatte. Sie sahen weder negroid noch kaukasisch aus, sondern einfach schön. Sie waren so entzükkend, daß man die anderen Kinder kaum bemerkte.

Nachdem die ganze Aufregung sich gelegt hatte, stellte Emma mich vor. »Mildred, da habt ihr Diddlys ältestes Kind, Essie Mae.«
Mildred sah mich einen Augenblick überrascht an, dann sagte sie: »Onkel Diddly, das glaub ich nicht! Tantchen, du willst uns auf den Arm nehmen.«
»Sieht doch Diddly gar nicht ähnlich, wie?« sagte Emma.
»Onkel Diddly, wie bist du nur an ein so hübsches Kind gekommen?« fragte einer der teakfarbenen Zwillinge. Ich sah sie an und kam mir ganz häßlich vor. Verglichen mit ihr sahen wir beide, Papa und ich, wie Affen aus.

Wir blieben etwa eine Stunde in ihrem Haus, dann schlug Emma vor, ich solle mitkommen, ihre Eltern besuchen, die im Nebenhaus wohnten. Als wir das Haus betraten, saß Emmas Mutter am Feuer, die Beine in eine Decke gewickelt. Ich war überrascht, daß sie noch dunkler war als ich. ›Poppa‹, wie Emma ihren Vater nannte, war im Wald, der hinter dem Haus begann. Weil Emma wie das Produkt einer Mischehe aussah und ihre Mutter so dunkel war, war ich auf Poppa gespannt. Ich kannte Fälle in Centreville, wo weiße Männer ganz offen mit Negerinnen in wilder Ehe zusammenlebten. Die Gesetze des Staates verboten Mischehen, trotzdem trugen die Kinder den Namen des Vaters. In einem anderen Fall, der mir bekannt war, hatte ein Negerprediger die Trauungszeremonie vollzogen, und der weiße Mann wurde auf der Heiratsurkunde als Neger bezeichnet.

Als Emma und ich eben gehen wollten, kam Poppa mit einem Bündel Brennholz um die Hausecke. Ich war nicht überrascht, daß er so hellhäutig war wie jeder beliebige Weiße. Während Emma mit ihm sprach, stand ich ein paar Schritt von ihm entfernt und versuchte festzustellen, ob er nicht in Wirklichkeit ein Weißer war. Er sprach sogar wie ein Weißer. Ich wollte Emma fragen, genierte mich aber. So nahm ich einfach an, daß er ein Weißer sei.

Vom Haus ihrer Eltern brachte Emma mich zu ihrem jüngeren Bruder Clift und seiner Frau Ruby, die wiederum im nächsten Haus wohnten. Clift hatte fünf Kinder. Als sie Emma den kleinen Abhang vor ihrem Haus heraufkommen sahen, liefen ihr die beiden ältesten entgegen und hingen sich ihr an den Hals. Sie freuten sich offenbar, sie zu sehen. Jetzt begann ich, Emma wirklich gern zu haben. Sie schien einen großen Einfluß in der Familie auszuüben. Kinder und Erwachsene bewunderten sie gleichermaßen. Sie hatte eine gute Art, Menschen einander nahezubringen.

Als wir wieder zurück und auf Olas Haus zugingen, sah ich Leute in einem großen, wie leer wirkenden Gebäude, das dem Haus Olas gegenüber dicht an der Straße stand, ein- und ausgehen. Dann kamen wir näher, und ich hörte einen Lärm, als fände darin eine Party statt. Es war das Familien-Café.

Wir traten ein; hier wurde mir der Zusammenhalt in Emmas Familie klar. Die Kinder tanzten zu den Klängen einer Musikbox. Papa und die anderen Erwachsenen saßen in einer Ecke beisammen, erzählten Witze und pflaumten sich an. Zuerst fühlte ich mich ein wenig verloren, stand herum und beobachtete die Zwillinge. Emma hatte sich zu den Erwachsenen gesetzt. Sie gab einen ihrer dreckigen Witze zum besten; Papa und die andern brachen in brüllendes Gelächter aus. Dann fing sie an, mit den Halbwüchsigen zu tanzen, und ihr dicker Bauch wackelte dabei noch mehr als ihr übriger Körper. Die jungen Leute hörten auf zu tanzen und überließen ihr das Parkett. Sie tanzte Rock'n' Roll, manche Schritte und Wendungen hatte ich noch nie gesehen. Die Kinder sangen dazu und ermutigten sie zu immer tolleren Verrenkungen. Als die Platte zu Ende war, rief sie Mildred zu: »He Mildred! Bring mir die Karten. Sie liegen hinter der Bar.« Sofort kam Mildred damit angelaufen: »Los, Essie, ich schlag dich glatt um zwanzig«, rief Emma mir zu.

Wir traten zu einem der wackligen Tische, zogen ein paar Kisten heran und fingen an ›Coon King‹ zu spielen, während die jungen Leute dabeistanden und zuschauten. Ich schlug sie in drei aufeinanderfolgenden Spielen, und sie gab es auf. Jetzt wollten alle Halbwüchsigen im Café gegen mich spielen. Den ganzen Abend saß ich da, spielte ›Coon King‹ und dachte: ›Wenn nur Raymond so stark wäre wie Emma. Dann hätte Mama nicht Ärger mit seinen Leuten.‹

17. Kapitel

Am folgenden Sonntag gingen wir, Emma, Papa und ich, wieder in Olas Café und verbrachten dort den ganzen Tag. Gegen zehn Uhr fuhren wir nach Hause zurück. Wir aßen einen Happen und wollten gerade zu Bett gehen, als wir draußen Geschrei hörten. Es war Emmas Schwester Janie, die nebenan wohnte.

»Herr Jesus! Hilf mir doch einer! Hilfe! Der Kerl ist verrückt geworden.«

Emma sprang auf und lief auf die Veranda. Papa und ich eilten hinter ihr her. Als wir zur Haustür kamen, war Emma schon über den Hof und trat gerade in Janies Küchentür. Plötzlich blieb Papa stehen.

»Wilbert! Was is los mit dir?« schrie er. Er wollte weiterstürzen, blieb aber plötzlich wieder stehen. Ich blickte ihm über die Schulter und sah Wilbert, Janies Mann, vor dem Haus stehen und mit einem Gewehr auf das Küchenfenster zielen. »Mann, schieß nich in die Küche, du bringst de Kinner um.«

»Das Biest soll die Tür aufmachen. Die bring ich heut noch um«, schrie Wilbert und lief um das Haus auf die Veranda zu. Er stürzte wie ein Wilder hinauf und riß die Fliegendrahttür fast aus den Angeln.

»Helft alle mit der Tür!« kreischte Janie, während Wilbert gegen die Tür trat, daß das ganze Haus bebte.

»Emma, steh nich da, hilf mir mit der Tür. Der Mann hatn Verstand verlorn!«

Der Riegel und die obere Angel waren jetzt gebrochen, und der obere Teil der Tür neigte sich nach innen. Das Gewicht der Körper, die sich innen gegenstemmten, verhinderte, daß auch die untere Angel brach. Wilbert drückte, bis die Tür ganz schräg stand. Dann hörte er plötzlich auf zu drücken, trat zurück, zielte mit dem Gewehr auf den unteren Teil der Tür und schoß. Die Tür hing jetzt sehr lose, und Wilbert stand da und betrachtete die Tür ganz ruhig. Plötzlich wich die Ruhe von seinem Gesicht, und er begann zu zittern wie ein erschrecktes Kind. Eine Weile blieb im Haus alles still, dann hörten wir Emma ein paarmal aufstöhnen.

Papa sprang von der Veranda und stürzte in Janies Küche. Ich lief hinter ihm her, blieb aber plötzlich stehen. Ich war sicher, daß wir Emma halb tot auf dem Fußboden finden würden.
Schließlich wollte ich doch nachsehen, was passiert war. Da erschien Papa schon in der Tür, Emma auf den Armen. Er trug ihren annähernd zwei Zentner schweren Körper, als sei er federleicht. Als er ins Licht trat, sah ich, daß Emma von der Taille bis zu den Füßen mit Blut bedeckt war. Ich blickte in ihr verzerrtes Gesicht und die eingefallenen Augen. Ich glaubte, sie sei tot. Papas Gesicht war hart und kalt. Er sah aus, als sei auch er tot. Er ging an Wilbert vorbei und sah ihn nicht einmal an, als dieser sagte:
»Oh Emma, was hab ich getan? Oh Gott, was hab ich getan. Diddly, das wollte ich nicht, das wollte ich nicht . . .«
Papa stieg vorsichtig die Treppe hinunter. Er ging auf den Lastwagen zu, der Albert, dem Mann meiner Cousine Hattie, gehörte. Es kam mir so vor, als ob nicht er Emma trüge, sondern eine überirdische Macht, die beide ganz sicher stützte. Ich rührte mich nicht, während Papa Emma vorsichtig hinten in den kleinen Laster hob. Er stieg ein, legte ihren Kopf auf seinen Schoß und saß dann da, als erwarte er, daß der Wagen von allein wisse, was zu tun sei. Ich wollte gerade Albert holen. Da kam er schon mit Cousine Hattie aus dem Haus gelaufen. Er sah Papa, der hinten im Wagen saß, nicht einmal an. Ohne ein Wort stiegen die beiden vorn ein und fuhren davon. Jetzt kam Janie aus dem Haus gelaufen. Ihre Bluse hing offen, und sie sah aus wie ein Gespenst. Ohne Wilbert auch nur anzusehen, eilte sie zu ihrem Auto. Wilbert lief hinterher und sprang in den Führersitz.
Ich blieb lange auf der Veranda stehen und blickte in die Dunkelheit. Ich hatte den Eindruck, das Ende eines unheimlichen Films gesehen zu haben, in den mein Leben verwickelt war. Ich sah die zerbrochene Tür zu Janies Küche. Ich wußte, daß Janies fünf Kinder drinnen waren und daß sie nicht schliefen. Ich war erschrocken, weil ich ringsum keinen Laut hörte. Schließlich faßte ich allen Mut zusammen und ging nachsehen, was sie machten.
Ich betrat Janies Veranda, als beträte ich einen Vulkan. Die Tür, die nur noch in einer Angel hing, erweckte den Eindruck, als werde das ganze Haus gleich zusammenstürzen. Ich hatte das Gefühl, mit ihm zu stürzen. Die Kinder standen alle fünf in der Küche und starrten auf eine Blutlache, die langsam gerann. Ich hatte nie zuvor soviel Blut gesehen. In dem Blut entdeckte ich Fleischfetzen und Knochen-

splitter. Leon, der älteste Junge, weinte. Die jüngeren schienen wie versteinert. »Wir wollen sie zu Bett bringen, Leon«, sagte ich. Als wir das getan hatten, wischten wir gemeinsam das Blut auf.
»Der ganze Fuß, Essie Mae – der ganze Fuß ist weg, in Stücke geschossen«, sagte Leon, immer noch weinend. Als ich das hörte, war ich froh, froh, weil es nur der Fuß war. Als Papa Emma herausbrachte, hatte es ausgesehen, als sei es ein Bauchschuß. »Die Tante hat uns nie nix getan. Sie gibt Mama Geld, wenn wir keins habn. Jetzt sieh, was Wilbert ihr getan hat. Ich könnt ihn umbringen, ich könnt ihn einfach in den Kopf schießen.«
Der Morgen graute, und wir waren immer noch auf, halb eingenickt über einer Tasse schwarzem Kaffee. Die ganze Nacht hörte ich dem Jungen zu, der von Janie und Wilbert sprach und von seiner Sorge, was mit den Kindern geschehen würde, wenn die beiden sich trennten. Während ich ihm zuhörte, wurden alle Ängste wieder wach, die mich gequält hatten, als Mama und Papa auseinandergingen. Leon wußte, daß er die Schule würde aufgeben und arbeiten müssen, um die Familie zu ernähren, und er wußte, daß Janie wieder schwanger war. Ich weinte mit ihm, als er sagte: »Was soll ich machen, Essie Mae? Die Weißen hier zahlen nich mal nem erwachsenen Mann was. Du weißt, die gebn nem zwölfjährigen Jungen überhaup nix. Ich hab für die alte weiße Frau gearbeitet, die oben an der Straße wohnt, sie hat mir vier Dollar die Woche gezahlt, un ich hab gearbeit wien Sklave.«
Ich dachte an die alte weiße Frau, von der ich fünfundsiebzig Cent und acht Liter Sauermilch bekommen hatte, und an all die anderen, bei denen ich fast umsonst gearbeitet hatte.
Um sieben Uhr ließ ich Leon bei seiner Tasse schwarzem Kaffee sitzen. Ich erinnere mich noch an seine zitternden Hände, als er mir danken wollte, an die roten geschwollenen Augen, die gespannten Querfalten auf seiner Stirn, die Füße, die nervös zuckten. Er sah aus wie ein alter, sorgenvoller Mann in der Gestalt eines Zwölfjährigen.
Ich war gerade in einen unruhigen Schlaf gefallen, als Papa nach Hause kam. Er sagte mir, daß Emmas Bruder Clift mich um 10 Uhr auf dem Weg zur Arbeit abholen und mich nach Centreville ins Krankenhaus bringen würde. Ich sollte den Tag über bei Emma bleiben. Papa selber ging zur Arbeit, als sei nichts geschehen. Ich hatte nicht einmal Zeit, ihn zu fragen, wie es Emma ging.
Der Gedanke, nach Centreville zu fahren, machte mich so krank, daß

ich selber reif fürs Krankenhaus gewesen wäre. Ich hatte überhaupt nicht mehr nach Centreville gehen wollen. Als Clift durch die Hauptstraße fuhr, legte ich meinen Kopf auf die Rückenlehne und tat, als ob ich schliefe. Ich wollte die Stadt nicht sehen und auch keinen Menschen, den ich kannte. Sobald ich im Krankenhaus war, verließ ich Emmas Zimmer nur, um gelegentlich auf die Toilette zu gehen.

Eine ganze Woche lang blieb ich bei Emma im Krankenhaus. Während dieser Zeit lernte ich ihre Stärke noch mehr schätzen. Sie war heiterer als ihre Besucher und ließ kein Mitleid aufkommen. Wenn der Arzt kam, riß sie Witze mit ihm und paßte genau auf, was er tat. Als ich den verletzten Fuß zum ersten Mal sah, wandte ich mich ab. Er war geschwollen und blutig, die eine Seite des Knöchels und die Ferse waren von dem Schuß abgerissen worden.

Was ich am meisten an ihr bewunderte, war, daß sie Wilbert keine Vorwürfe machte. Sie warf's denen vor, die es wirklich verdienten: den Weißen von Centreville, die es einem Neger fast unmöglich machten, seine Familie zu ernähren. »Wilbert hat nich schuld«, sagte sie zu einer Gruppe von Verwandten. »Er un Janie würdn sich nich zanken, wenn Wilbert ne gute Stelle hätt un genug Geld verdienen könnte für die Kinder. Wenn diese verdammten Weißen den Niggern nichs Gehirn ausm Kopf schießen, dann lassen se se verhungern. In dieser Scheiß-Stadt kann n Nigger tun, was er will, er kanns nich schaffen. Macht ihr auch Wilbert kein Vorwurf. Es bringt meinen Fuß nich zurück un machtn nich heil. Es hilft ihm auch nich, seine Kinder zu ernähren.« ›Wenn es mehr Emmas in dieser Welt gäbe, dann ginge es den Negern besser‹, dachte ich jedesmal, wenn ich sie in ihrem Bett betrachtete.

Sie blieb etwas länger als zwei Wochen im Krankenhaus. Dann wurde sie entlassen. Sobald sie wieder zu Hause war, kehrten alle zu einem geregelten Tageslauf zurück. Ihre einzigen Besucher waren jetzt Mitglieder ihrer Familie, die sonntags für ein paar Stunden herunterkamen. Nachdem sie eine Woche lang zu Hause allein herumgesessen hatte, fing sie an, wehleidig zu werden. Die alte lebhafte Emma, die ich bewundert hatte, wurde allmählich eine ganz andere. Wenn ich abends aus der Schule nach Hause kam, hatte sie sich tausend Dinge ausgedacht, die ich tun sollte. Dann beklagte sie sich über alles. Ich konnte ihr den Boden nicht sauber genug fegen. Ich fing an, die Wochen bis zum Abschlußexamen zu zählen, wo ich sie endgültig verlassen konnte.

Ich ging jetzt täglich zur Johnson High School. Aber die Schüler dort waren so langweilig, daß ich mich nach meinen alten Klassenkameraden in Willis High School zurücksehnte. Die Jungen und Mädchen der Johnson-Schule schienen sich nur füreinander zu interessieren, für sonst nichts. Sie saßen den ganzen Tag in der Klasse und ließen Briefchen hin und her wandern. Und die meisten Lehrer scherte es einen Dreck, ob sie etwas lernten oder nicht.

Das einzige, was ich nicht vermißte, war mein altes Basketball-Team. Das Team der Johnson High School war viel besser und viel aufregender. In der Willis-Schule hatte ich viel von den mächtig langen Johnson-Spielern gehört. Ich ging ein paarmal, um sie beim Training zu beobachten, und fand alles, was ich von ihnen gehört hatte, bestätigt. Sie schossen den Ball während des Springens und warfen ihn weiter als Jungen. Ich redete mir immer wieder Mut zu, es doch einmal mit einem Übungsspiel zu versuchen, aber wenn ich dann auf dem Sportplatz war und sie beobachtete, bekam ich's mit der Angst und verlor allen Mut.

Eines Nachmittags saß ich in der Klasse und langweilte mich zu Tode. Da kam eine der Spielerinnen und richtete mir aus, der Trainer Dunbar wolle mich sprechen. Als ich nach draußen kam, saß Dunbar im Kreis des Teams mitten auf dem Spielfeld. Die Mädchen starrten mich neugierig an, während ich auf sie zukam. Ein paar flüsterten und stießen sich an.

»Miss Moody, wir haben lange genug darauf gewartet, daß Sie sich entschließen, mit uns zu spielen«, sagte Dunbar, ohne mich auch nur anzusehen. Ich wußte nicht, was ich sagen sollte und blieb stumm stehen. »Hicks hat mich vor ein paar Wochen angerufen und mir den Vorwurf gemacht, ich hätte ihm seine beste Spielerin weggeschnappt«, fuhr er fort. »Ich dachte, der Mann wäre übergeschnappt. Und heute entdecke ich, daß das hübsche neue Hühnchen, das mir schon wochenlang in die Augen sticht, Hicks' beste Spielerin ist.«

Alle Mädchen lachten dazu, und eine fragte:

»Was wirdn Mrs. Dunbar dazu sagen?«

»Pst, pst!« sagte Dunbar und hielt den Finger an den Mund.« Hol dir Stuhl und setz dich«, sagte er zu mir.

Ich setzte mich zwischen die Mädchen auf den Boden. Dunbar sagte mir, seine beste Spielerin sei krank, und ich solle sie ersetzen. Ich erwiderte, ich sei nicht mehr an Basketball interessiert und hätte nicht vorgehabt, in seinem Team zu spielen. Aber irgendwie überredete er mich, an dem Trainingsspiel dieses Abends teilzunehmen.

Während dieses Spieles wurde ich von drei großen Mädchen gedeckt, die aussahen wie weibliche Fußballspieler. Er stand da und sah zu, wie sie mich fertigmachten. Er beobachtete jede meiner Bewegungen, sagte aber nichts. Ich wußte, er wollte sich ein Urteil über meine Leistungsfähigkeit bilden, und ich versuchte, einen guten Eindruck zu machen. Aber die großen Mädchen behinderten mich so, daß ich mich kaum rühren konnte. Als das Spiel zu Ende war und ich heimging, taten mir alle Knochen weh, und ich schwor mir, nie mehr einen Basketball anzurühren.

Eines Abends kam ich wieder am Basketballfeld vorüber, wo die Mädchen trainierten. Dunbar bemerkte mich und rief mich zu sich. Er berichtete mir, daß sie am nächsten Tag ihren härtesten Wettkampf bestehen müßten, und ich solle doch mitspielen. Ich wollte ablehnen, aber dann dachte ich daran, wie das Basketballspiel mir geholfen hatte, meine ärgsten Schwierigkeiten zu überwinden und mir die Zeit zu vertreiben, als ich noch zur Willis High School ging, und ich änderte meine Meinung.

Am nächsten Morgen bestiegen wir gegen neun den Schulbus. Unser Ziel war Liberty in Mississippi, wo wir gegen eins der härtesten Teams des Staates spielen sollten. Unterwegs war ich äußerst nervös. Ich begann daran zu zweifeln, daß ich wirklich so gut war, wie Hicks und Dunbar glaubten.

In Liberty wurden wir von einer Frau begrüßt, die das genaue Ebenbild Emmas war. Sie erinnerte mich an den Streit, den ich am Abend zuvor mit Emma gehabt hatte. Die Strategie, die ich mir im Bus zurechtgelegt hatte, war aus meinem Gedächtnis verschwunden. Während des ganzen Spiels mußte ich an Emma denken, und ich spielte, als kämpfte ich gegen sie. Als das Spiel zu Ende war, kamen alle Mitglieder des Teams auf mich zugelaufen und fielen mir um den Hals. Wir hatten mit zwei Punkten gewonnen. Das Ergebnis war 43 zu 41. Ich hatte 27 Punkte gemacht und in den letzten zehn Sekunden, nachdem es lange 41 zu 41 gestanden hatte, die Sache für uns entschieden.

Während dieses Frühlings sah ich Emma und Papa nur wenig. Johnson High war eins der Teams geworden, das die meisten Spielverpflichtungen hatte, und ich war eine der besten Spielerinnen. Dazu stellte ich die erste Gymnastik- und Bodenturnmannschaft in Johnson High auf, machte Langstreckenlauf, betätigte mich als Hilfslehrerin und verbrachte den ganzen Sonntag in der Kirche. Ehe ich mich's versehen hatte, übte ich schon für die Schulentlassungsfeier.

Der Bezirk Wilkinson hatte als einer der ersten Bezirke des Südens eine der sogenannten ›Getrennt-aber-gleichrangig‹-Schulen erhalten, die als Folge einer Entscheidung des Obersten Gerichtshofes vom Jahre 1954 errichtet wurden. Als ich im Jahre 1959 die Oberschule abschloß, wurde seit einem Jahr auf einem Gelände von zweiundfünfzig Morgen in Woodville daran gebaut. Vom folgenden September an sollten alle Oberschulen für Neger in dieser neuen Schule zusammengefaßt werden. Sie würde dann fast dreitausend Schüler und achtzig bis neunzig Lehrer haben und die größte Schule des Staates sein. Das verursachte allerlei Streitereien und Intrigen unter den reaktionären Schulleitern und Lehrern im Bezirk. Viele Lehrer versuchten die Leitung bestimmter Kurse und Abteilungen zu erlangen, und die Direktoren kämpften um den obersten Posten dieser Gesamtschule. Da Willis unter den Direktoren der Schulen, die vereinigt werden sollten, der schlimmste ›Onkel Tom‹ war, wurde er von der Bezirksverwaltung für diesen Posten bestimmt.

Meine Klasse sollte als erste im neuen Schulgebäude die Reifeprüfung ablegen. Die meisten meiner Mitschüler waren von dieser Tatsache begeistert, ich nicht. Sie, die Lehrer und auch die Schulleiter konnten die Weißen nicht genug loben, weil sie uns eine so große, schöne Schule bauten. Mir schien, daß wir blöde waren, sie anzunehmen. Ich wußte, der einzige Grund, warum die Weißen uns diese Schule errichteten, war, daß sie ihre eigenen Schulen vor uns schützen wollten. Unsere glänzende neue Schule würde nie so gut sein wie eine ihrer eigenen. Alles, was wir bekamen, war ein sauberes neues leeres Gebäude, während sie immer die besseren Lehrer, mehr Regierungsgeld und eine bessere Ausstattung haben würden. Das einzige, was mich an der Reifeprüfung freute, war die Tatsache, daß ich die Schule hinter mir hatte und von Woodville würde weggehen können.

Während der Abschlußfeier sollte jede der Schulen, die hier zusammengefaßt wurden, von dem Schüler mit der höchsten Durchschnittsnote vertreten werden. Ich hatte eine glatte A-Note, die höchste aller abgehenden Schüler. Aber da ich das Produkt zweier Schulen war, fand man, daß ich keine von ihnen vertreten könne. Aber meine Klassenlehrerin hielt es für sehr ungerecht, daß ich nicht die Hauptsprecherin sein sollte. Sie wollte deswegen Beschwerde führen, aber ich hinderte sie daran. Sie verstand mich nicht und meinte, es sei dumm von mir, nicht die Rede halten zu wollen, wenn ich doch ein Recht darauf hätte. Ich erklärte ihr, das einzige, worauf ich wirklich ein Recht hätte, sei mein Reifezeugnis, und wenn ich das ohne Aufmarsch und all das Getue bekommen könne, wäre ich dankbar. Sie meinte, ich sei verrückt, und vergaß dann die ganze Sache.

Am Abend vor der Abschlußfeier packte ich all meine Sachen und bereitete mich darauf vor, am nächsten Morgen nach New Orleans abzureisen. Ehe ich zu Bett ging, sagte ich Papa gute Nacht, denn ich würde ihn vor der Abreise nicht mehr sehen. Ich hatte erwartet, er würde dagegensein, daß ich schon so bald nach der Schulentlassung wegfuhr, aber er sagte nichts. Er riet mir nur, daß ich versuchen sollte, in New Orleans ins College aufgenommen zu werden, und sagte, daß er mich unterstützen würde, so gut er könne. An diesem Abend fühlte ich mich ihm näher als je zuvor. Er hatte wohl immer gewußt, daß ich in seinem Haus nicht sehr glücklich war, daß Emma mich in seiner Abwesenheit nicht gut behandelte; aber ich merkte, daß er auch Emma verstand; daß er sie genug liebte, um Geduld zu üben, bis sie wieder aufstehen und aus dem Haus gehen konnte. Emma hörte unserem Gespräch zu, und ich merkte, daß sie von der Zärtlichkeit gerührt war, die Papa mir zeigte. Am nächsten Morgen stand sie auf und war so nett zu mir wie seit langem nicht. Es schien ihr leid zu tun, daß ich ging. Sie sagte sogar, sie würde gern zu der Schulentlassungsfeier kommen, wenn sie nur Schuhe anziehen könnte. Ich verhielt mich diesem neu gezeigten Interesse gegenüber höflich, aber es war mir inzwischen gleichgültig, ob sie zur Feier mitkam oder nicht, und ich wußte, daß Papa nicht kommen würde, weil er noch nie im Leben an einer öffentlichen Feier teilgenommen hatte. Am nächsten Morgen ging ich also allein aus dem Haus, die viereckige Mütze in der Hand und den Talar über dem Arm. Als ich die Aula betrat, waren die Graduierten von Willis High und den anderen Schulen schon da. Es waren fast dreihundert Schüler, die im Talar und der viereckigen Mütze herumstanden. Es war ein turbulentes Durcheinander. Ich blieb am Rande stehen und hatte gar nicht das Gefühl, dazuzugehören. Als alle Schüler versammelt waren, gab es unter den Lehrern eine peinliche Diskussion darüber, welche Klasse den Festzug anführen solle. Es wurde schließlich entschieden, daß die Abiturienten von Willis High als erste gehen sollten. Dagegen verwahrte sich die Abgangsklasse von Johnson High, und das Ganze fing wieder von vorn an.

Schließlich hatten wir uns um zwei Stunden verspätet. Etwa fünfhundert unruhige Menschen saßen in der Aula, und Mr. Willis ging nervös auf der Bühne hin und her. Die Lehrer, die schon in einer Reihe standen, um unseren Zug anzuführen, schrien unseren Lehrern zu, daß sie doch endlich eine Entscheidung treffen sollten. Um zehn fing der Pianist an zu spielen. Ich weiß nicht mehr, welche Klasse zuerst ging und welcher Schüler die Reihe anführte. Aber irgendwie kamen wir alle auf unsere Plätze. Ich war so müde, daß ich einschlief, sobald ich saß.

Als alles vorüber war, tippte mich eine Mitschülerin auf die Schulter und sagte, wir gingen jetzt hinaus. Als ich noch ganz benommen durch den Mittelgang hinausmarschierte, entdeckte ich im Hintergrund in der Mittelreihe eine Frau, die genau wie Mama aussah. Zuerst dachte ich, es sei Mama, aber als ich näher kam, fand ich, daß sie für Mama viel zu alt aussah. Ich konnte mich nicht entscheiden, ob es wirklich Mama war oder nicht. Dann kam ich an ihr vorbei, und sie flüsterte mir zu: »Essie Mae, wart draußen auf mich.« Ich blieb stehen und hielt den ganzen Zug auf. Ich sah jetzt, daß es Mama war, und es tat mir so weh, daß ich kein Wort herausbrachte. Die Tränen stiegen mir in die Augen, und ich ging einfach weiter. Statt draußen mit den anderen weiterzumarschieren, brach ich aus der Reihe aus und lief zur Damentoilette. Lange blieb ich dort, weinte und machte mir wegen Mamas Aussehen Vorwürfe. Seit ich von zu Hause weggegangen war, hatte ich ihr nicht ein einziges Mal geschrieben, obwohl ich wußte, daß sie sich meinetwegen sorgte. Ich war so mit meinen eigenen verletzten Gefühlen beschäftigt gewesen und hatte darüber vergessen, daß auch sie Gefühle hatte. Ich bereute es jetzt sehr, sie so behandelt zu haben.

Ich mußte mich lange auf der Toilette aufgehalten haben, denn als ich nach draußen kam, war schon alles im Aufbruch. Eine lange Reihe von Wagen und Bussen bewegte sich langsam vom Schulgelände weg, ein gleichmäßiger Strom von Fußgängern begleitete sie. Nur noch wenige Leute standen vor der Aula herum. Ich suchte Mama unter ihnen. Als ich sie nicht entdeckte, wäre ich beinahe in eine Panik geraten. Ich dachte, daß sie schon gegangen sei. Wenn das der Fall war, mußte sie schrecklich gekränkt sein. Sie mußte glauben, ich hätte nicht auf sie gewartet. Ich lief den Weg hinunter, der auf die Straße zu führte.

»Essie Mae, Essie Mae«, hörte ich sie hinter mir herrufen.
Ich sah mich um, konnte sie aber nicht entdecken. »Essie Mae, Essie Mae«, hörte ich ihre Stimme wieder und begann die Straße entlangzulaufen.

»Kind, wo läufste denn hin?« rief eine Stimme aus einem Lieferwagen, der im Schritt neben mir herfuhr. Ich wandte den Kopf ein wenig, eilte aber weiter. »Essie Mae«, jetzt war es Mamas Stimme, die aus dem Lieferwagen kam. Ich wandte mich um und sah Mama, die sich über Junior beugte und mir zuwinkte.

»Wo rennst du denn hin? Können wir dich irgendwohin mitnehmen?« sagte sie scherzend. Junior hielt den Wagen an. Ich lief um den Wagen herum und kletterte neben Mama. Sie grinste und war offenbar froh, mich zu sehen. Ich glaube, sie hätte mich am liebsten an ihr Herz gedrückt, aber sie tat es nicht.

»Wie willste denn jetz zu Emma rauskommen?« fragte sie mich.

»Ich wollt mit Cousine Hattie zurückfahren.«

»Hattie un die sin schon weg. Ich dacht mir schon, du gingst mit denen. Aber sie sagten, sie hätten dich nich gesehn.« Mama machte eine Pause, dann sagte sie: »Komm doch un bleib den Abend bei mir.« Ich gab ihr keine Antwort, sah sie nur an. Sie ließ den Kopf hängen und meinte: »Du brauchs ja nich bei mir zu bleiben. Du kanns die Nacht bei Alberta bleiben un mich morgen besuchen...« Ich sah Mama wieder an; sie schien noch älter geworden zu sein, sie war magerer, und etwas wie Trauer lag über ihr. Ich saß da und fühlte mich so schuldig.

»O. k., Mama«, sagte ich schließlich. »Ich komme, aber ich kann nur ein paar Tage bleiben. Ich will nach New Orleans und die Stelle im Restaurant wieder annehmen.«

Mama lächelte, und einen Augenblick lang sah sie wieder jung aus.

Dritter Teil College

18. Kapitel

Zwei Tage nach der Schulentlassungsfeier war ich in New Orleans. Ich hoffte, im ›Maple Hill‹ genug Geld zu verdienen, um auf eins der billigeren Colleges der Stadt gehen zu können. Ich hatte, während ich bei meinem Papa wohnte, mein kleines Sparguthaben verbraucht. Nachdem Emma angeschossen worden war, verdiente Papa noch als einziger, und er gab mir das Taschengeld von zehn Dollar nicht mehr. Ich hatte Angst gehabt, für die Weißen in Woodville zu arbeiten, und hatte daher meine Ersparnisse verbraucht.

Jetzt geriet ich regelrecht in eine Klemme. Das Restaurant ging in diesem Sommer schlechter denn je. Aus irgendeinem Grund blieben viele der Ferienkurs-Teilnehmer aus. Wenn ich abends meine Trinkgelder zählte, wurde mir ganz übel. Im Durchschnitt erreichte ich nur zwei oder drei Dollar am Tag. Wenn es so weiterging, würde es ein ganzes Jahr dauern, bis ich das Geld für ein Semester im College zusammen hatte, und ich fürchtete, meine Ausbildung so lange unterbrechen zu müssen.

In meiner Not schrieb ich an den Trainer Dunbar. Er hatte davon gesprochen, mir vielleicht ein Basketball-Stipendium an einem der Colleges für die ersten Semester in Mississippi vermitteln zu können. Ich hatte gar nicht daran gedacht, in Mississippi zur Universität zu gehen, und hatte das Basketballspielen satt. Aber jetzt blieb mir keine andere Wahl. Eine Woche später hatte ich schon Antwort von Dunbar: Mr. Lee, der Trainer am Natchez-College, hatte mich für ein Stipendium vorgemerkt und würde mir bald schreiben. Während ich auf seinen Brief wartete, zählte ich nicht einmal mehr meine Trinkgelder. Ich warf sie in eine große Zigarettendose und betete, Mr. Lee möge bestätigen, daß ich angenommen war.

Der Sommer war halb vorbei, bevor ich seinen Brief bekam, und Mr. Lee konnte nur sagen, daß er mich – in Betracht zog –. Ich fing schon an zu fürchten, daß ich im Restaurant hängenbleiben und es nie schaffen würde, auf die Universität zu kommen. Aber endlich, Ende August, kam ein zweiter Brief mit der Mitteilung, daß ich das Stipendium bekäme und mich in zwei Wochen im College vorstellen sollte. Ich holte eiligst meine Zigarettendose und stellte zu meiner Überraschung fest, daß ich beinahe vierhundert Dollar gespart hatte. Ich kaufte nur ein paar billige Kleider, und da ich mir immer einen eigenen Koffer gewünscht hatte, leistete ich mir für achtzehn Dollar eine aus drei Teilen bestehende Koffergarnitur.

Während der ganzen Reise von New Orleans nach Natchez war ich gespannt und nervös. Ich saß im Bus und versuchte mir Natchez College vorzustellen. Ich hatte alle Colleges in New Orleans in ihren schönen, großen Parks gesehen, ihre geräumigen, modernen Wohntrakte und die vielen neuen Gebäude, die dazugehörten. Von Natchez wußte ich nur, daß es eine Baptistengründung war. Ich hoffte, daß es eine *reiche* Baptistengründung war und so modern wie die Colleges in New Orleans.

An der Bushaltestelle in Natchez wartete schon eine ganze Reihe von Taxis. Ich nahm gleich das erste beste. Während der Fahrt zum College prüfte ich noch einmal mein Äußeres. Ich fand, daß ich wirklich gut aussah mit meinen blauen Koffern und dem dazu passenden blauen Kleid. Ich lehnte mich in den Polstern zurück und fuhr mit der Hand bewundernd über den größten der drei blauen Koffer, der auf dem Sitz neben mir lag. Ich streichelte ihn ganz sanft; ich war so stolz, daß er mir gehörte. Plötzlich stutzte ich. Meine Hand war an der Seite des Koffers an ein großes Loch gekommen. Mein Schlafanzug quoll heraus. Es kam mir vor, als wäre dieses Loch in meinem eigenen Körper, und es wären meine Eingeweide, die da sichtbar wurden.

›Seht euch das an‹, dachte ich, ›achtzehn Dollar für drei Pappkisten.‹ Ich kam mir gar nicht mehr so schick vor, während ich versuchte, den Riß mit Spucke zusammenzukleben. Damit war ich so beschäftigt, den Koffer wieder hinzukriegen, daß ich gar nicht merkte, als der Wagen hielt, bis der Fahrer sagte: »O. k., Miss, da wären wir.«

»Ist das Natchez College?« fragte ich und starrte auf ein altes, zweistöckiges Backsteingebäude mit der Inschrift: ›Damen-Wohnheim‹.

»Sind Sie noch nie hier gewesen?« fragte der Fahrer, während er mir die Tür öffnete.

»Nein, dies ist mein erstes Semester. Ist dies das ganze College?« Während ich aus dem Wagen kletterte, konnte ich nur drei kleine alte Ziegelgebäude entdecken.

»Na sicher!« sagte er und wies auf das Backsteingebäude. »Und da wohnen die Mädchen.«

Am liebsten wäre ich gleich wieder in das Auto gesprungen und nach

New Orleans zurückgefahren. Mit diesem Institut etwas zu schaffen zu haben, hatte ich keine Lust. Ich wollte nicht einmal jemanden sehen, der etwas damit zu tun hatte. In meiner Enttäuschung ging ich weg, ohne den Taxichauffeur zu bezahlen. Ich war schon ein Stück den Weg auf das ›Damen-Wohnheim‹ zugegangen, dessen Name so kirchlich klang und das so tot und langweilig aussah, als ich ihn hinter mir herrufen hörte: »He, Miss! Die Fahrt kostet fünfunddreißig Cent.«
Ich ging zurück, gab ihm einen Dollar und sagte, er solle den Rest behalten. Ich hätte niemals ein so großes Trinkgeld gegeben, wenn ich nicht so niedergeschlagen gewesen wäre.
›Dazu bin ich also von New Orleans hergekommen‹, dachte ich, während ich wieder auf das ›Damen-Wohnheim‹ zuging. Ich trat ein, und eine alte Dame begrüßte mich und sagte: »Ich bin Mrs. Evans, die Heimleiterin, und Sie sind?«
»Miss Moody«, antwortete ich.
»Nehmen Sie Ihr Gepäck und kommen Sie mit«, sagte sie. Ihre Aussprache war zu korrekt. Ich merkte gleich, daß sie eine der ungebildeten Frauen war, die solche Stellen bekommen, und die dann so tun, als seien sie gebildet. ›Sie verraten sich immer bei den zusammengesetzten Verben‹, dachte ich, während ich ihr zuhörte. ›Ich wette, die Lehrer hier haben nicht mal einen akademischen Grad.‹
Mrs. Evans brachte mich in ein Zimmer, zeigte mir, wo die Waschräume waren, und sagte, ich könne mich bis zum Abendessen ausruhen. Sie stellte mir so viele Fragen und schien so besorgt um mich, daß sie mir nett und mütterlich vorkam.
Andere Mädchen waren nicht zu sehen, und ich fragte mich schon, ob ich denn hier die einzige Studentin sei. Ich räumte einen Teil meiner Sachen ein und ging duschen. Vom Fenster des Waschraums aus sah ich ein schönes großes Schulgebäude ein wenig unterhalb des Wohnheims, und meine Laune besserte sich. ›Oh, da werden wir unsere Vorlesungen haben‹, dachte ich zufrieden.
Als ich dann zum Essen herunterkam, merkte ich, daß noch mehr Studenten angekommen waren. Ich fragte eins der Mädchen nach dem neuen Gebäude, das ich gesehen hatte. Sie antwortete: »Oh, das ist eine Oberschule. Ich wünschte, sie gehörte zu diesem Institut.«
Meine gute Stimmung verflog.
Dann warf ich einen Blick auf das Essen vor mir und spürte den dringenden Wunsch, die Küche hier zu übernehmen. Ich ging zu der Köchin und erzählte ihr von meinen Erfahrungen im Restaurant.

Sie fragte mich, ob ich in der Küche helfen wolle, und ich sagte: »Sehr gern.« Später fand ich heraus, daß alle Studenten mit einem vollen Stipendium stundenweise arbeiten mußten. Ich war froh, daß ich eine Arbeit gefunden hatte, die mir wirklich Spaß machte. Aber nachdem ich eine Zeitlang in der Küche gearbeitet hatte, fand ich die Arbeit und auch Miss Harris, die Köchin, unerträglich. Ich hatte geglaubt, etwas dazu tun zu können, daß das Essen besser wurde, aber mit billiger Wurst und Kartoffeln, unseren Hauptnahrungsmitteln, konnte man einfach nicht viel anfangen.
Aber schwerwiegender war die Tatsache, daß Miss Harris der schlimmste ›Onkel Tom‹ im ganzen Campus war. Ich hatte bald heraus, warum sie mich mochte. Ich sollte ihr Schoßhündchen werden und ihr alles hinterbringen, was im Wohnheim der Mädchen passierte. Jeden Morgen stellte sie mir persönliche Fragen über unsere Mädchen. Ich sagte ihr nichts, und sie fing an, unangenehm zu werden. Sie machte den anderen Mädchen in der Küche gegenüber hämische Bemerkungen über mein Aussehen und hatte dauernd etwas an mir auszusetzen. Eines Morgens stand ich auf und fühlte mich nicht ganz wohl. Ich kam ein paar Minuten zu spät in die Küche, und Miss Harris schimpfte und schmiß Löffel in der Gegend herum. Sie knallte mir einen Löffel in die Hand und sagte, ich solle den Haferbrei umrühren. Ich schmiß mit dem Löffel nach ihr und ging hinaus. Ich eilte sofort zum Büro des Dekans und bat darum, mir eine andere Arbeit zuzuweisen. An diesem Morgen fing ich als Hilfsbibliothekarin an.

Als ich noch zur Oberschule ging, hatte ich geglaubt, Johnson High habe die größten Mädchen in seinem Basketballteam, die es überhaupt in einem Team geben könne. Aber das Team von Natchez College hatte die größten Mädchen, die ich überhaupt je auf einem Spielfeld oder sonstwo gesehen habe. Eins der Mädchen war ein Meter achtundachtzig. Sie war so dick, daß sie sich kaum bewegen konnte. Im ganzen Team war nur ein Mädchen kleiner als ich. Alle anderen waren einszweiundsiebzig oder größer. Zuerst hatte ich ein bißchen Angst, in dem Team zu spielen, aber Dunbar hatte durch Mr. Lee, den Trainer der Jungen, verbreiten lassen, daß ich gut sei. Nach ein paar Trainingstagen stellte ich fest, daß sich die Mädchen alle vor mir fürchteten.
Die Trainerin des Mädchenteams, Miss Adams, war eine junge Frau Ende zwanzig mit guter Figur. Mr. Lee hatte ein paar Tage mit uns

gearbeitet und das Team dann an Miss Adams übergeben. Die meisten Mädchen mochten sie nicht, weil sie richtig hart war, dazu war sie die Sekretärin des Dekans, und man verdächtigte sie, seine Geliebte zu sein. Sie stellte eine Reihe blöder Regeln für die Mädchen des Teams auf und beschwerte sich dauernd beim Dekan, wenn die Mädchen ihr aus der Hand gerieten und diese Regeln nicht beachten wollten. Sie war eifersüchtig auf jedes Mädchen, das der Dekan auch nur anguckte, und der Dekan guckte manche an. Auf mich war sie besonders eifersüchtig, denn er warf mir dauernd lüsterne Blicke zu. Seltsamerweise verdächtigte sie nicht die beiden Mädchen, von denen wir genau wußten, daß sie mit dem Dekan schliefen. Im Gegenteil, die drei waren beinahe Freundinnen. Wahrscheinlich hatten sie dem Dekan gegenüber die gleiche Einstellung. Eins der Mädchen hatte es so ausgedrückt: »Er sucht bei ihr nicht mehr als bei mir.«
Der Dekan war ein großer schlanker, gut erhaltener Mulatte Ende vierzig. Er hatte eine Vorliebe für große, gut gewachsene Mädchen, und ich schien ihm sehr zu gefallen. Zu einem der Jungen hatte er gesagt, daß er noch nicht oft einen so schönen Körper in einem Paar kurzer Hosen gesehen habe. Er ging sogar so weit, dem Jungen zu sagen, er wisse, daß ich Angst vor Männern habe. Wenn wir trainierten, kam er oft in die Turnhalle. Er saß da und starrte uns wie ein Sex-Besessener an, der seit Jahren keine Frau gehabt hat. Jedesmal, wenn ich in seine Nähe kam, starrte er mich an. Ich blickte dann immer weg, und er lachte wie ein Verrückter.
Ein paar von Miss Adams' Regeln waren einfach zu viel für mich. Es kam mir auf einmal vor, ich sei im Gefängnis. Wir durften nachts nicht einmal unsere Zimmer verlassen. Wir durften das Zimmer nur mit einem anderen Mädchen des Basketball-Teams teilen. Und ich war die überzählige Spielerin, die keine Zimmergenossin aus dem Team fand. Vor dem Abendessen mußten wir immer ein paar Stunden trainieren. Dann hatten wir eine Pflichtstudienzeit von sieben bis neun, und Miss Adams kontrollierte, ob wir auch wirklich arbeiteten. Um zehn kontrollierte sie dann wieder, ob wir im Bett waren.
Einmal hatte ich Fieber und blieb den ganzen Tag im Bett. Am nächsten Tag traf ich auf dem Weg zur Vorlesung Miss Adams.
»Haben Sie auf dem schwarzen Brett gelesen, wozu Sie eingeteilt sind, Moody?« fragte sie.
»Nein, wozu bin ich denn eingeteilt?« fragte ich und dachte bei mir: ›Was zum Teufel hab ich denn getan?‹

»Sehen Sie am schwarzen Brett nach«, sagte sie und flitzte davon.
Ich ging zurück zum Wohnheim, um auf dem schwarzen Brett nachzusehen. Dort hatte sie ihre Strafliste angeschlagen, und mein Name stand als erster darauf. »Moody – Fenster in der Bibliothek putzen.« Wütend rannte ich den ganzen Weg bis zu ihrem Arbeitszimmer. Als ich die Tür öffnete, saß sie hinter ihrer Schreibmaschine.
»Wissen Sie nicht, daß man anklopft, wenn man eine Bürotür geschlossen findet?« sagte sie böse.
»Was hab ich getan, Miss Adams? Warum soll ich alle Bibliotheksfenster putzen?«
»Fragen Sie mich nur nicht, was Sie getan haben. Sie wissen es nur zu gut.«
»Wenn Sie's mir nicht sagen, putz ich überhaupt keine Fenster«, antwortete ich wütend.
»Hören Sie, Moody, diesen Ton laß ich mir nicht gefallen! Sie wissen genau, daß Sie gestern während der Studienzeit Besuch hatten.«
»Und wo war ich da?« fragte ich.
»Im Bett, und mir hatten Sie den Rücken zugekehrt«, brüllte sie.
»Ich lag im Bett, weil ich krank war! Ich bin den ganzen Tag nicht aus dem Zimmer gegangen. Und die Fenster putz ich nicht«, sagte ich. Ich verlor jetzt ganz die Fassung. »Eins hab ich am schwarzen Brett gemerkt, Miss Adams: Ich soll all die Fenster putzen. Alles, was die andern Mädchen tun müssen, ist: nen Fußboden kehren oder nen Stuhl abstauben oder sowas. Aber ich soll ne ganze Bibliothek voll Fenster putzen, wo ich gar nichts getan hab. Selbst *wenn* ich was getan hätte, würd ich keine Leiter hochsteigen, damit mich die andern Studenten auslachen.«
»Hören Sie auf, mich anzubrüllen, Moody! Was denken Sie, wer Sie sind? Werden Sie den Regeln gehorchen oder nicht?« schrie sie.
»Ich tus nicht.«
Ohne ein weiteres Wort stand sie von ihrem Schreibtisch auf und stürzte an mir vorbei ins Amtszimmer des Dekans. Sie schien froh, endlich einen Grund zu haben, sich bei ihm über mich zu beklagen.
Ich ging in mein Zimmer zurück und legte mich zu Bett. Ich war so außer mir, daß ich nicht einmal zur Vorlesung gehen wollte. Ein paar Minuten später klopfte Mrs. Evans an meine Tür und sagte, der Dekan wolle mich unten im Aufenthaltsraum sprechen. Als ich nach unten kam, stand er in der Tür. Er warf mir einen unverschämten Blick zu, nahm dann aber eine offizielle Haltung an.
»Miss Adams hat mir berichtet, daß Sie sie beschimpft haben und den

Regeln für das Basketballteam nicht gehorchen wollen. Was haben Sie dazu zu sagen?« fragte er argwöhnisch.

»Ich habe folgendes dazu zu sagen«, sagte ich und erzählte ihm, was geschehen war. Ich erklärte ihm, daß ich die Regeln, die Miss Adams für das Basketballteam aufgestellt hatte, für sehr ungerecht hielte.

Als ich zu Ende gesprochen hatte, sagte er: »Nun, Ihre Geschichte ist sehr interessant. Aber werden Sie nun die Fenster putzen? Ich glaube, das sollten Sie, da Miss Adams es angeordnet hat.«

»Auch wenn ich nichts getan hab, soll ich die Fenster putzen, nur weil *sie* es sagt?«

»Nun, in einem Streit zwischen Studenten und Lehrern hat der Lehrer immer recht«, sagte er steif.

»Also, ich finde das nicht, und ich werde die Fenster nicht putzen.«

»Wir werden sehen! Wir werden sehen, was der Präsident dazu zu sagen hat!« antwortete er. Ich war sicher, daß er bluffte.

»Tun Sie, was Sie tun müssen!« sagte ich wütend. Ich ging wieder nach oben und legte mich ins Bett. Eine Stunde später klopfte Mrs. Evans an meine Tür und sagte, der Präsident wolle mich sprechen. Ich ging nach unten, und da war er. Er stand draußen auf dem Weg und wartete. Er stand da, zurückgebeugt, die Hände in den Hüften und den runden Bauch vorgestreckt. Ich ging auf ihn zu und schaute auf sein fettiges, fest an den Kopf geklebtes Haar. Ich war bestimmt einen Kopf größer als er.

Er sah zu mir auf und sagte: »Was ist zwischen Ihnen und Miss Adams gewesen? Der Dekan sagt mir, daß Sie sowohl ihm wie auch Miss Adams den Gehorsam verweigern. Was ist los?« fragte er und schnaubte und spuckte dabei wie ein kleiner Drachen.

»Mit mir ist gar nichts los. Ich habe zwei Tage lang krank in meinem Zimmer gelegen. Gestern abend kam Miss Adams hinein und fand ein anderes Mädchen bei mir. Ich schlief und und wußte nicht einmal, daß das Mädchen und Miss Adams in meinem Zimmer waren. Ich werd die Fenster nicht putzen ...«

»Und was hat das mit Fensterputzen zu tun?«

»Sie hat all diese blöden Regeln aufgestellt, was die Basketballmädchen tun müssen. Ich finde die Regeln absurd. Vor allem kann Miss Adams mich nicht leiden. Sehen Sies sich selber an. Kommen Sie mit in das Wohnheim und schauen Sie sich an, was die andern Mädchen tun müssen ...«

»Nun, regen Sie sich nicht auf«, sagte er. »Wo ist denn diese Liste?« fragte er, während er hinter mir her die Treppe hinaufstieg.

»Hier auf dem schwarzen Brett«, sagte ich und trat in den Aufenthaltsraum. Er stellte sich auf die Zehen, um die Liste zu lesen. »Von hier aus«, sagte ich, »gehe ich gleich wieder ins Bett. Wenn Sie darauf bestehen, daß ich die Fenster putze, dann fahr ich nach Hause.« Er ging, ohne ein Wort zu sagen.
Ein paar Tage später stellte sich heraus, daß der Präsident Miss Adams' Vorschriften alle annulliert hatte. Der Dekan und Miss Adams waren wütend auf mich. Miss Adams versetzte mich sofort vom Sturm in die zweite Seitenlinie. Basketball wurde für mich in der Folgezeit die größte Plage, die ich je gekannt hatte.

Nach zwei Monaten hatte ich das Natchez College bis obenhin satt. Nie in meinem Leben war ich mir so sehr wie eine Gefangene vorgekommen, nicht einmal, als ich zu Hause bei weißen Klan-Mitgliedern arbeitete. Zu Hause hatte Mama mir viel Freiheit gelassen. Sie sagte mir nie, ich könne nicht hierhin oder dorthin gehen, ich dürfe dieses oder jenes nicht tun. Wenn ich im Sommer nach New Orleans oder Baton Rouge fuhr, um Arbeit zu suchen, brauchte ich ihr nie einen Grund für mein Weggehen anzugeben. Hier im Natchez College durfte ich ohne Erlaubnis der Heimleiterin nicht einmal zum Laden an der Ecke laufen. Sie schickte immer zwei von uns zusammen und paßte auf, wie lange wir ausblieben. Wenn wir zu lange blieben, kam sie hinter uns her.
Jeden Freitagabend hängte sie am schwarzen Brett zwei Listen aus – eine fürs Kino, eine für die, die einkaufen gehen wollten. Dann rief sie am Samstagmorgen das Kino an und fragte nach der Anfangszeit und dem Schluß des Films. Wenn wir Samstag nachmittag, dies war die vorgeschriebene Zeit zum Einkaufen, uns für die Stadt fertiggemacht hatten, mußten wir uns in einer Reihe aufstellen, und sie trieb uns wie eine Kuhherde die Union Street hinunter. Auf der Franklin Street, der Hauptgeschäftsstraße von Natchez, trennten wir uns dann. Wir hatten gewöhnlich zwei bis drei Stunden, um einzukaufen und uns einen Film anzusehen. Um fünf mußten wir sie an der Ecke Franklin und Union Street treffen, damit sie uns zurück ins Wohnheim treiben konnte. In Wirklichkeit war es gar nicht ihre Aufgabe, uns in die Stadt zu begleiten. Es war nur eine Schau für die guten Schwestern der Baptistengemeinden in Natchez, die das College unterstützten. Sie sollten sehen, daß sie uns von schlechten Einflüssen fernhielt.
Aber eine noch größere Schau als Mrs. Evans zogen die kessen Mäd-

chen ab. Sobald wir uns in der Stadt getrennt hatten, sahen wir sie um Ecken herumflitzen, in Autos springen, hierhin und dorthin verschwinden, während sie doch im Kino sein sollten. Am Ende unserer Ausgangszeit standen Mrs. Evans und wir anderen an der Ecke und warteten auf sie. Dann kamen sie lächelnd, erhitzt und atemlos angerannt. Die Mädchen brauchten sie kaum anzusehen und wußten, daß sie irgendwas angestellt hatten. Aber Mrs. Evans lächelte ihnen mütterlich entgegen und fragte unschuldig: »Habt ihr nen netten Fiiielm gesehn? Was wurde denn gespielt?«
»Mrs. Evans, es war ein *prima* Film – Aber er ist gerissen, und deshalb kommen wir bißchen spät«, sagte Bernice, eine dieser kleinen, kessen Sexbienen mit süßer Stimme. Sobald Mrs. Evans sich umgedreht hatte, zwinkerte Bernice uns zu, und wir lachten uns innerlich kaputt.
Manchmal fragte Mrs. Evans auch, wovon der Film gehandelt habe. Eins der Mädchen wußte immer den Titel und konnte sich etwas dazu zusammenreimen. Wir standen da und konnten uns kaum das Lachen verkneifen, wenn wir sahen, wie die leichtgläubige Mrs. Evans mit dem Kopf nickte und die Geschichte fraß.
Wenn wir dann die Union Street hinunter auf das Wohnheim zuginger, kamen wir immer am Haus einer dieser kleinen alten Baptistenschwestern vorbei, die an Samstagnachmittagen immer auf ihrer Veranda saß. Mrs. Evans nickte und lächelte, und die kleine alte Schwester lächelte voller Anerkennung für Mrs. Evans zurück. Auch viele Mädchen nickten und lächelten. Aber Bernice setzte allem die Krone auf. Statt zu lächeln und nur zu nicken wie die andern Mädchen, sagte sie immer irgend etwas, etwa: »Wie gehts denn, Schwester? Ist das nicht ein herrlicher Tag?« Die alte Frau lächelte Bernice zu, als wolle sie sagen: ›Da unten im College, da gibts ja wirklich nette Mädchen.‹ Wenn sie Bernice so anlächelte, Bernice in ihrem kurzen Sonntagskleidchen, mit der offenen Falte im Rükken, die ihren Oberschenkel zur Hälfte sehen ließ, drehte die sich immer um und lachte.
Auch alles, was die Mädchen auf dem Collegegelände taten, wurde von Mrs. Evans überwacht. Jeden Abend nach dem Essen durften wir vor dem Wohnheim innerhalb des Campus spazierengehen. Mrs. Evans fand immer einen Vorwand, sich ebenfalls dort einzufinden. Im Frühling pflückte sie Blumen, im Herbst rechte sie Laub zusammen, im Winter fütterte sie die Vögel. Kurz vor Dunkelwerden ging sie ins Heim und knipste das Licht an und aus. Dies war das

Signal, hereinzukommen. Sie blinkte drei- oder viermal, dann kam sie nach draußen und stellte sich auf die Stufen vor dem Eingang und sah zu, wie die Jungen die Mädchen bis ans Haus begleiteten. »Kommt rein, Mädels, die Stunde der Geselligkeit ist vorbei«, rief sie dann, genau wie eine Mutter, die zu Sieben- oder Achtjährigen spricht, die nach Dunkelwerden im Hof spielen.

Die einzigen Abende, die wir außerhalb des Wohnheims verbrachten, waren die Mittwoch- und Donnerstagabende. Mittwochs hatten wir eine einstündige Andacht, donnerstags war die Bibliothek von sieben bis neun geöffnet. Am Mittwoch kam Mrs. Evans mit ihrer Bibel hinter uns her, am Donnerstag saß sie in der Bibliothek und strickte.

Alle vierzehn Tage gab es am Freitag- oder Samstagabend ein geselliges Beisammensein im Speisesaal. Dies war die einzige Gelegenheit, wo Jungen und Mädchen nach sechs Uhr abends zusammensein konnten. Der gesellige Abend fing gewöhnlich um sieben an und dauerte bis halb zehn oder zehn. Wir durften nicht tanzen; die einzig erlaubten Spiele waren ›Bingo‹, ›Eselsschwanz‹, ›Scrabble‹ und andere Wortspiele. Wir durften nichts spielen, was nur entfernt einem Kartenspiel glich! Aber wir durften Spiele erfinden. Eines Abends hatte ein Mädchen sich ein Spiel ausgedacht, das ähnlich ging wie ›Simon sagte‹. Es ging folgendermaßen:
Steh auf, dreh dich um, kämm dein Haar und setz dich.
Steh auf, dreh dich um, stampfe zweimal, setz dich.
Alle im Zimmer nahmen daran teil. Jeder versuchte, den andern zu übertrumpfen und sich etwas noch Originelleres als der Vorgänger auszudenken. Einer der Jungen kam an die Reihe und sagte: »Steh auf, dreh dich um, tanz nen Twist, setz dich.« Er ließ uns etwa fünfzehn Minuten lang twisten, ehe er das nächste Kommando gab. Einige der Studenten machten recht ordinäre Bewegungen. Mrs. Evans, die auch an dem Spiel teilnahm, war so entsetzt, daß sie drohte, sie würde den Jungen relegieren lassen. Danach kamen die Jungen nicht mehr zu den geselligen Abenden, und die Mädchen waren sehr unglücklich. Bald wurden diese Veranstaltungen ganz aufgegeben, weil nicht genug Mädchen daran teilnahmen. Jetzt war die einzige Zeit, in der die Mädchen ihre Freunde im Campus treffen konnten, am Sonntag von vier bis sechs. Dann saßen sie bei offener Tür im Aufenthaltsraum, und Mrs. Evans saß im nächsten Zimmer und strickte.

Den Jungen machten diese Regeln nicht zuviel aus, denn sie durften ohne Erlaubnis überall hingehen, konnten die Nacht über wegbleiben und überhaupt alles tun, außer im Campus offen mit den Mädchen zu knutschen. Die meisten Jungen hatten auch gar keine Lust, etwas mit einer Studentin anzufangen, denn sie hatten drei oder vier Mädchen in der Stadt.

Die Mädchen in unserem Wohnheim kamen meistens aus streng baptistischen Familien. Viele von ihnen hatten ein Stipendium von der Kirche. Es waren die altmodischsten Mädchen darunter, die ich je kennengelernt habe. Sie hatten ein behütetes Leben gelebt, so wie ein Baptist es sich vorstellt. Sie hatten mit den netten Jungen in der Kirche geliebäugelt, verstohlene Küsse in Wagen getauscht, die auf dem Rasen vor der Kirche geparkt waren. Sie hatten nie eine Nacht außer Hause verbracht, höchstens bei Verwandten, die ebenso streng waren wie die Eltern. Für sie war es herrlich, einmal von Hause weg zu sein, und sei es auch an einem Ort wie Natchez College, das doch eher einem Gefängnis glich. Das waren auch die Mädchen, die, wenn sie einmal von zu Haus und von der Verwandtschaft entfernt sind, eines Tages schwanger werden – denn zu Hause ist alles Geschlechtliche ein großes Geheimnis, von dem man nicht spricht und das in der Kirche zutiefst verdammt wird.

Außer Bernice und ein paar ihrer Freundinnen waren die Mädchen des Basketballteams die gesundesten im College. Die meisten von ihnen hatten einen Freund, liebten den Sport, hatten Sinn für Humor und machten sich nicht allzu viele Gedanken. Ich betrachtete mich eigentlich nicht als zu ihnen gehörig. Aber wenn ich mich irgendwo hätte einstufen müssen, so hätte ich am liebsten zu ihnen gehört. Statt dessen war ich ein Einzelgänger, wie ich es auch in der Oberschule gewesen war. Das einzige, was ich mit ihnen gemein hatte, war Basketball.

Als das Basketballteam anfing Reisen zu machen, merkte ich noch mehr, was für Heuchler die Leute im College waren, besonders Mrs. Evans. Obwohl wir einen weiblichen Trainer hatten, fuhr Mrs. Evans als Anstandsperson mit. Sie war genau so froh, von Natchez wegzukommen, wie wir. Wenn wir den Bus bestiegen, um abzufahren, kam sie in ihrem langen, dunklen Trauerkleid, mit ungeschminktem Gesicht und mütterlichem Ausdruck daher. Aber sobald wir in dem College ankamen, gegen das wir spielen sollten, zog sie das lange, dunkle Kleid aus, zog sich modisch an und bearbeitete ihr Gesicht mit Puder, Rouge und Lippenstift. Wir alle waren platt. Sie folgte uns auch nicht überall hin wie in Natchez. Sie redete auch

nicht mehr auf ihre ehrpusselige Weise. Sie war eine ganz andere Frau, und die Mädchen mochten sie, denn sie ließ uns tanzen gehen und auch sonst tun, was wir wollten, – wenigstens beinahe. Aber sobald wir wieder im Natchez College waren, war auch sie die Alte.
Als das Semester dem Ende zuging, hatte ich Natchez so satt, daß ich ganz sicher war, im nächsten Jahr nicht wieder herzukommen. Aber die Colleges in New Orleans waren einfach zu teuer. So entschloß ich mich, ein paar Wochen vor dem neuen Semester, doch wieder nach Natchez zu gehen.

19. Kapitel

In diesem zweiten Jahr in Natchez merkte ich, daß ich mich verändert hatte. Im ersten Jahr hatte fast jeder Junge im College versucht, bei mir zu landen, besonders die Jungen vom Basketballteam, und ich hatte sie einen nach dem anderen abblitzen lassen. Jetzt fragte ich mich, ob es richtig war, so grob gewesen zu sein. Ich sah, wie die Jungen und Mädchen sich unter den Bäumen heimlich küßten, und wurde neugierig. Manchmal wünschte ich mir auch einen Freund. Ich war zwanzig Jahre alt und noch nie geküßt worden. Ich wollte gern wissen, wie das war.
Ein neuer Basketballspieler mit Namen Keemp war ins College eingetreten, über den bei Jungen und Mädchen viel geredet wurde. Er war groß – einszweiundneunzig – und schlank. Er war nicht nur groß, er hatte auch etwas ›Unterkühltes‹ an sich, das den meisten Mädchen gefiel. Dauernd wurde davon geredet, wie gut er aussah. Es war Anfang Oktober, wir hatten noch nicht mit dem Training begonnen, ich konnte also nicht sagen, ob er ein guter Spieler war oder nicht, aber an seinem Aussehen fand ich gar nichts Besonderes. Er sah fast aus wie mein Papa ohne Schnurrbart, und ich hatte meinen Papa nie besonders hübsch gefunden. Ich sah Keemp im Campus herumgehen und wunderte mich, was die Mädchen eigentlich an ihm fanden. Wenn ich ihn so sah, fragte ich mich auch, was die Frauen an meinem Papa gefunden hatten, als er noch jung war.
Eines Sonntags kam ich aus der Kirche, als Keemp zu mir trat und sagte: »Sie sind doch Anne Moody, nicht?«
»Ja. Warum?« fragte ich und ging weiter.
»Ich hab viel von Ihnen gehört«, sagte er und blieb an meiner Seite. »Wohin gehen Sie denn jetzt?«
»Ins Wohnheim«, antwortete ich.
»Wenn Sie ein bißchen langsamer gehen, begleite ich Sie hin«, sagte er kühl.
Zum erstenmal im Leben verlangsamte ich eines Jungen wegen den Schritt. Ich war ein wenig über mich selbst überrascht.
Während wir so nebeneinander hergingen, versuchte Keemp gar nicht, krampfhaft Konversation zu machen. Er sagte kaum etwas,

und wenn er etwas sagte, sprach er wie ein Bruder zu einer Schwester. Als wir zum Wohnheim kamen, fragte er, ob er mich zum Essen begleiten dürfe. Wieder war ich über mich selbst erstaunt, als ich mit Ja antwortete.

Weil Natchez College so klein war, wurden die meisten Beziehungen zwischen Jungen und Mädchen zur öffentlichen Angelegenheit. Jeder wußte alles von jedem. Die Studenten waren alle platt, als ich anfing, mit Keemp zu gehen, besonders die Jungen aus dem zweiten Jahr, die im letzten Jahr versucht hatten, an mich heranzukommen. Ein paar Jungen, die besonders hartnäckig gewesen waren, kamen zu mir und fragten ganz offen, was ich denn an Keemp fände, oder was Keemp mir zu bieten hätte, das sie nicht hätten. Die Reaktion der Mädchen überraschte mich ein wenig. Die meisten schienen froh, daß ich endlich nachgegeben hatte. Sie fingen sogar an, mir allerlei Ratschläge zu geben, wie man Männer behandeln müsse.

Als ich Keemp dann Basketballspielen sah, begann ich ihn wirklich zu mögen. Er hatte die längsten Glieder, die man sich vorstellen kann. Er bewegte sich so leicht über das Spielfeld; es sah aus, als fliege er. Er ging einfach auf das Tor zu und warf den Ball ohne Mühe ins Netz. Sein Basketballspiel machte ihn zum beliebtesten Jungen im College.

Keemp versuchte oft, mich zu küssen, aber ich wollte nicht. Ich sagte immer, ich hätte Kopfschmerzen oder so. Wenn wir zu Wettkämpfen an fremden Colleges fuhren, küßten sich die anderen Jungen und Mädchen die ganze Zeit im Bus. Keemp, der beste Spieler des Teams, saß neben mir und bettelte um einen Kuß. Alle wußten, daß Keemp nicht mit mir weiterkam, und die meisten Jungen fingen an, ihn deswegen zu necken.

Im Team waren ein paar Mädchen, die ganz verrückt auf Keemp waren. Eins von ihnen saß im Bus hinter uns, und wenn es spät wurde, fing sie immer an, wie eine große Katze auf dem Polster mit den Nägeln zu kratzen. Als dann Keemp anfing, das Kratzen zu beantworten, ging ich zu einer meiner Freundinnen und fragte sie, was man denn beim Küssen tun müsse. Sie sagte, ich brauche nur die Lippen zu öffnen, alles andere könne ich Keemp überlassen. Eines Nachts träumte ich, ich säße mit Keemp nackt auf dem Rücksitz des Busses und wir küßten uns. In dem Augenblick, als es zum Akt zwischen uns kommen sollte, wurde ich schreiend wach. Der Traum hatte mich sehr erschreckt. Ich dachte, wenn ich Keemp küßte, könnte es weitere Folgen haben. Der Gedanke, in sexuelle Beziehungen verstrickt zu werden, erfüllte mich mit Angst und vielerlei Bedenken. Aber ich machte mich Keemp gegenüber schuldig, wenn ich ihn so behandelte, wie ich es tat, wo doch ein anderes Mädchen viel netter zu ihm gewesen wäre. Ich entschloß mich daher, ihn aufzugeben und ihn dem kratzenden Mädchen zu überlassen.

An einem Novemberabend sollten wir gegen Philander Smith College in Little Rock in Arkansas spielen, und ich nahm mir vor, an diesem Abend mit Keemp Schluß zu machen. Da dieses Spiel aber sehr wichtig war, wollte ich bis nach dem Spiel warten und es ihm dann erst sagen. Ich wußte, daß wir verlieren würden, wenn er nicht ganz in Form war.

Keemp erzielte während des Spiels über vierzig Punkte. Er spielte besser, als ich es je gesehen hatte. Er brauchte nur die Arme zu heben, dann waren es zwei Punkte für uns. Nach dem Spiel fielen ihm die anderen Jungen um den Hals und drückten ihn vor Begeisterung zu Boden. Dann hoben sie ihn hoch und erklärten ihn zum ›König des Basketballs‹. Als ich ihn beim Spiel beobachtete und nachher sah, wie alle ihn liebten, ging mir plötzlich auf, was für ein außergewöhnlicher Mensch er war und daß ich eine Närrin wäre, ihn aufzugeben.

Dann ließen die Jungen endlich von ihm ab, und er kam lächelnd auf mich zu. Ohne ein Wort zu sagen, legte er den Arm um meine Schulter und führte mich zum Bus. Bei seiner Berührung ging ein warmer Strom durch meinen Körper.

Als ich an diesem Abend neben Keemp im Bus saß, überkam mich ein Gefühl, das ich bis dahin nicht gekannt hatte. Er hielt meine Hände, und alle Kräfte meines Körpers antworteten auf diese Berührung. Keiner von uns sprach. Als der Bus einmal hielt, beugte Keemp sich über mich und legte seine Lippen sanft auf meinen Mund. Sie waren wie ein Magnet, der meine Lippen langsam öffnete. Dann begann seine Zunge ein Feld zu erforschen, das nie vorher von etwas anderem als meiner Zahnbürste berührt worden war. Ich hatte ganz vergessen, wo ich war, bis ein Junge, der in unserer Nähe saß, auf den Basketball trommelte und schrie:

»Jesus! Ihr aaaalle! Es ist passiert. Keemp hats geschafft!«

Der Bus hielt. Die Lichter gingen an, und alle schauten zu uns hin. Keemp ließ sich nicht beirren. Er tat so, als höre er nicht einmal das Schreien; als seien wir nicht in einem Bus, umgeben von Zuschauern. Ich versuchte mich loszumachen, aber ich war zu schwach, und Keemp gab einfach nicht nach.

Niemand im Bus sagte ein Wort oder rührte sich, nicht einmal Mrs. Evans. Niemand machte Anstalten auszusteigen, bis wir beide, Keemp und ich, ausstiegen. Als Keemp aufhörte, mich zu küssen, sah ich, daß er ganz mit Lippenstift verschmiert war. Ich wollte ihn ganz schnell abwischen, bevor jemand anders es sah. Keemp lächelte nur, während ich ihn säuberte. Dann nahm er mich bei der Hand, zog mich vom Sitz, drückte mein Gesicht gegen seine Schulter, und wir kletterten aus dem Bus.
Ich war sehr verlegen, weil mein erster Kuß eine so öffentliche Angelegenheit gewesen war, bereute ihn aber ganz und gar nicht. Jedesmal, wenn Keemp und ich uns danach im Campus trafen, begrüßten wir uns mit einem Kuß.
Wir versteckten uns nie hinter Bäumen oder Pfählen wie die anderen Studenten. Wenn Mrs. Evans den Mädchen Blinkzeichen gab, daß sie hereinkommen sollten, küßte ich Keemp vor ihrer Nase. Bald fingen auch die anderen Mädchen an, ihren Freunden vor Mrs. Evans' Augen einen Kuß zu geben. Schließlich lud Mrs. Evans mich zu einer Aussprache und beschuldigte mich, die anderen Mädchen zu dem Kuß-Unfug angestiftet zu haben.
Während der ersten sechs Monate unserer Beziehung war ich glücklicher als je zuvor. Keemps Freundschaft beflügelte mich so, daß ich den ersten Abschluß mit lauter A-Noten machte, was seit vielen Jahren in Natchez nicht mehr vorgekommen war. Das Studium bedeutete für mich kein Problem mehr, und auch alles andere schien so leicht geworden. Aber als im Frühjahr die Basketballsaison vorbei war, die aufregenden Reisen aufgehört hatten, die Jungen und Mädchen wie Bienen umeinander zu schwärmen anfingen, begann ich mich langsam zurückzuziehen. Ich war es müde, zum ›Club‹ zu gehören. Die Art, wie die Pärchen sich ganz in ihre Beziehung stürzten und nichts anderes mehr kannten, beunruhigte mich. Ich wollte nicht nur für Keemp da sein, wie manche der anderen Mädchen nur noch für ihren Freund da waren. Meine Freundschaft mit Keemp hatte sich zu etwas wie einer Bruder-Schwester-Beziehung entwickelt. Er merkte, daß ich mich von ihm entfernte, und suchte sich ein Mädchen in der Stadt. Ich war nicht einmal eifersüchtig und sagte nichts. Es war mir einfach egal. Ich wußte, daß ich mich im nächsten Jahr von ihm trennen und er sich dann eine andere Freundin suchen würde. Ich tat so, als wisse ich nicht, daß er ein anderes Mädchen hatte, und ging weiter mit ihm. Er war der beste Freund, den ich seit Lola gehabt hatte, und ich erzählte ihm alles.

Ich hatte in der Zeit, wo ich sehr in Keemp verliebt war, all mein Geld für schöne und teure Kleider ausgegeben. Jetzt blieben mir nur noch neunzig Dollar, und ich machte mir Sorgen darüber, wo ich im nächsten Jahr studieren würde. Es war etwa zwei Monate vor Semesterschluß, und ich versuchte, mein Geld festzuhalten. Ich rechnete aus, daß ich im kommenden Sommer im Restaurant zweihundert Dollar verdienen könnte, selbst wenn das Geschäft schlecht war. Aber ich wußte, das würde nicht genügen, das Studium an einem guten Seniorcollege zu finanzieren. Je mehr das Semester seinem Ende zuging, desto niedergeschlagener wurde ich.

Eines Samstagmorgens wurde ich mit einem Gefühl des Überdrusses wach. Ich hatte es satt, mir wegen jedes Pfennigs Sorgen zu machen und nicht zu wissen, wie ich mein Studium fortsetzen sollte. Ich betrachtete die neunzig Dollar in meiner Schublade und dachte: ›Jetzt geh ich einfach in die Stadt, esse ein großes Steak und kaufe mir ein Fünfzig-Dollar-Kleid.‹ Ich kam ein wenig spät zum Frühstück und sah den ganzen Speisesaal in Aufruhr. Neugierig blieb ich auf der Schwelle stehen. Eine Gruppe von Studenten stand gestikulierend und laut redend um einen Tisch. Andere stocherten in ihren Tellern herum, als suchten sie etwas. Der Lärm war ohrenbetäubend. Als ich die Stufen hinunterkam, erblickte mich Inez, eine meiner Klassenkameradinnen, die an dem Tisch saß, um den sich alle versammelt hatten:

»He, Moody, komm mal her, sieh dir *das* an!«

Dann rief jemand anders: »Geh und hol dir deins, Moody, und sieh zu, ob du was findest.«

Ich trat zu Inez. Sie zeigte mit der Gabel auf einen halb geleerten Teller Haferbrei. Zuerst bemerkte ich gar nichts.

»Was ist denn los?« fragte ich.

»Siehst du's nicht? Guck doch mal!« sagte sie und zeigte mit der Gabel auf etwas in dem Brei.

»Was ist das?« fragte ich. Ich entdeckte jetzt den kleinen weißen Klumpen an einer der Gabelzinken.

»Was das ist? Eine verdammte Made, das ists«, sagte einer der Jungen laut.

»Eine Made? Im Porridge? Wie kommt die denn da rein?«

»Laßt euch nur nich verrückt machen, das is nur n kleines Geschenk von Miss Harris, die will uns zeigen, wie gern sie uns hat«, sagte ein Witzbold, und wir alle lachten. Ich blickte zur Küche hinüber und sah Miss Harris in der Tür stehen. Ich erinnerte mich, wie sie mir die

Löffel hingeknallt hatte, nur weil ich kein Onkel Tom sein und nicht vor ihr kriechen wollte. Ich haßte sie von Herzen.

»Ooh-ooh«, sagte jemand, als Miss Harris jetzt auf uns zukam. »Hier kommt die Madenmutter.«

»Was ist hier los?« fragte sie.

Alle zeigten gleichzeitig auf Inez' Teller. Miss Harris sah hin. »Was ist denn mit dem Haferbrei, vielleicht ein bißchen zu lang gekocht?« fragte sie.

»Schauen Sie ein bißchen näher hin, Mama. Wir bewundern grade Ihre letzte Zugabe«, sagte ein vorlauter Bengel.

Sie beugte sich so weit vor, daß ihre lange Nase den Haferbrei beinahe berührte.

»Passen Sie auf, die beißt gleich zu!« Jemand schrie in gespieltem Entsetzen auf.

Als sie die Made entdeckte, wandte sie sich ärgerlich der Menge zu und fragte: »Wer hat sich hier nen dummen Scherz erlaubt?« Sie funkelte einen der Jungen an, der immer noch lachte. Plötzlich waren alle still. Miss Harris stand da, die Hände in den Hüften, schnaubend und vor Wut speiend, als wollte sie uns alle von der Bildfläche fegen. Ich merkte, wie die Spannung wuchs und alle böse wurden. Plötzlich sah ich eins der Mädchen, die in der Küche halfen. Sie winkte wie wild und zeigte auf die Vorratskammer. Ich ging entschlossen an Miss Harris vorbei auf die Küche zu.

»Wo wollen Sie hin, Moody«, schrie Miss Harris. »Bleiben Sie aus der Küche raus! Sie arbeiten nicht mehr da.«

»Nein, aber ich bin hier Studentin und muß diese *Scheiße* fressen!« schrie ich zurück. Jetzt hatten auch die andern das winkende Mädchen entdeckt und folgten mir in die Küche.

»Was is hier los? Was is los? Beruhigt euch, hört auf!« schrie Miss Harris und lief hinter uns her. »Komm sie aus der Küche raus, Moody. Hol einer Präsident Buck! Moody, ich sorg dafür, daß Sie hier gehn müssen!«

Aus der Zeit meiner Küchentätigkeit wußte ich genau, wo die Haferflocken aufbewahrt wurden. Ich ging geradewegs in die Vorratskammer und entdeckte eine große feuchte Stelle von den Duschräumen, die darüber lagen. Die Feuchtigkeit war bis auf die Wandbretter durchgedrungen.

»Wie lange tropft es hier schon?« rief ich dem Mädchen zu, das uns herbeigewinkt hatte. Aber da Miss Harris inzwischen gekommen war, hatte sie Angst zu antworten.

»Schon gut. Ich werds schon herausfinden«, sagte ich. »Sie wollen Präsident Buck holen? Ich rufe ihn«, brüllte ich Miss Harris an, die dastand und vor Wut schnaubte. Aufgebracht ging ich noch einmal an ihr vorbei, mehrere andere Studenten gingen mit. Wir wollten gerade zu Präsident Bucks Haus hinübergehen, das neben dem Wohnheim lag, als jemand sich erinnerte, daß er zu einer wichtigen Tagung nach Vicksburg gefahren war.

»O. k.«, sagte ich, »wir essen nicht mehr hier, bis er Miss Harris entlassen hat und der Wasserschaden behoben ist.«

Wir standen noch vor der Tür des Speisesaales, und ein paar Burschen stürzten wieder nach drinnen und brüllten: »Boykott, Boykott!« Einer fing an zu schreien: »Maden im Porridge, Maden im Porridge! Diesen Scheißfraß fressen wir nich!« Die Studenten strömten nun nach draußen und ließen ihre Teller auf den Tischen stehen. (Gewöhnlich mußten wir unser Geschirr selber abräumen.) Dann versammelten wir uns vor dem Wohnheim. Es entstand eine Diskussion. Ich merkte, daß viele gar nicht so scharf auf einen Boykott waren. Einer der Jungen kam auf mich zu.

Er sagte so laut, daß jeder es hören konnte: »Also gut, Moody, organisier du nur weiter diese Scheiße! Was sollen wir denn essen? Ich hab keinen Pfennig mehr in der Tasche.« Ein paar andere stimmten ihm zu. »Ja, Moody, was wird jetzt aus deiner Mordsidee? Wo solln wir denn Geld herkriegen?«

»Nur weil de kein Geld has, willste reingehn un die *Scheiße* fressen? Lieber will ich verrecken!« schrie ich. Es gab daraufhin Zustimmung und Buh-Rufe. Derselbe Junge setzte die Debatte fort.

»Also gut. Wir betreten die Küche nich mehr. Dann sag du uns, was wir essen sollen!«

Mir fielen meine neunzig Dollar ein. »Ich hab etwas Geld«, sagte ich schnell. »Wer sonst hat noch was?« Es folgte tödliches Schweigen.

»Ich hab zwanzig Eier«, schrie jetzt Inez.

»Hat sonst keiner mehr Geld?« fragte ich.

»Scheiß auf das Geld«, schrie einer der Jungen. »Wir wollen Buck n Telegramm schicken, er soll zurückkommen un sich um die Scheiße kümmern.«

Die Menge brüllte Beifall.

»Gut«, sagte ich, »aber bis dahin geht nicht mehr in den Speisesaal.«

Wir versuchten, Buck ein Telegramm zu schicken, aber wir erreichten ihn nicht. Da es Samstag war und Mrs. Evans bald mit uns in die

Stadt gehen würde, nahm ich fünfzig von meinen neunzig Dollar. Fünfundzwanzig davon gab ich den Jungen. Ich sagte ihnen, sie sollten genug Lebensmittel für ein paar Tage kaufen. Dann ging ich mit einer Gruppe Mädchen in die Stadt, als gingen wir wie gewöhnlich zum Einkaufen. Statt dessen liehen wir uns von Studenten, die in der Stadt wohnten, ein paar Kochplatten und kauften einen Vorrat an Lebensmitteln ein.

Am folgenden Tag, dem Sonntag, saßen wir im Park herum und aßen Hähnchen, die wir selbst gebraten hatten. Es war wie ein großes Picknick, das den ganzen Tag dauerte. Miss Harris schickte ein Mädchen aus der Küche zu allen Studenten und ließ sagen, im Speisesaal gäbe es reichlich Hühnchen, Eis und selbstgebackenen Kuchen, aber die Studenten nannten das Mädchen einen ›Onkel Tom‹ und erwiderten, sie solle sich wegscheren.

Am Montagmorgen um halb sieben, als eben mein Wecker klingelte, klopfte Mrs. Evans an meine Tür und sagte, Präsident Buck sei in der Halle und wolle mich sprechen. Als ich herunterkam, stand er mit dem Rücken zu mir und schaute hinaus. Diesmal glich er nicht einem kleinen feuerspeienden Drachen.

»Mrs. Evans hat mir bestellt, Sie wollten mich sprechen«, sagte ich zu seinem Rücken.

Er wandte sich schnell um, als hätte ich ihn aus seinen Gedanken hochgeschreckt. »Also hören Sie, Moody, ich komme gestern nacht um zwei Uhr an und finde Miss Harris und Mrs. Evans auf meiner Türschwelle. Ich bin es allmählich satt, daß Sie dauernd hier alles durcheinanderbringen ...«

Ich stand da und hörte mir an, was er zu sagen hatte. Offenbar hatten Miss Harris und Mrs. Evans nichts von der Made und dem Wasserschaden gesagt. Sie hatten nur gesagt, ich hätte einen Boykott angezettelt, seit Samstag hätten die Studenten nicht mehr im Speisesaal gegessen, und Tonnen von Lebensmitteln wären verdorben.

Als er fertig war, erzählte ich ihm, was geschehen war. Ich stritt ab, dafür verantwortlich zu sein, daß die Studenten den Speisesaal nicht mehr beträten. Ich sagte ihm, ich sei nur für mich selbst verantwortlich, und ich würde nie mehr etwas anrühren, das Miss Harris gekocht hatte. Darauf antwortete er, er würde den Wasserschaden sofort beheben und den Rest der Haferflocken wegwerfen lassen; aber ich entgegnete, das sei es nicht allein, sondern Miss Harris selbst sei untragbar – sie habe gewußt, daß die Haferflocken verdorben seien, und habe sie trotzdem verwendet.

Am Mittwoch waren die Duschen repariert und die verdorbenen Haferflocken weggeworfen, aber Miss Harris war immer noch da, und nun hatte kein Student den Speisesaal betreten. Ich teilte meine letzten vierzig Dollar mit den Jungen, und wir kauften Lebensmittel, die bis zum Wochenende reichten. Wir hofften, daß Miss Harris bis dahin verschwunden war, aber wir hatten uns getäuscht. Am Sonntag berief Präsident Buck eine außerplanmäßige Versammlung. Er stand auf und brachte eine Reihe von Entschuldigungen für Miss Harris vor. Er sagte, sie habe den Wasserschaden schon vor vierzehn Tagen gemeldet, aber er sei zu beschäftigt damit gewesen, herumzufahren, Geld für das College aufzutreiben und Lebensmittel für uns zu beschaffen; darüber habe er die Sache vergessen. Die Studenten nahmen ihm diese rührende Geschichte in Wirklichkeit nicht ab, aber da wir kein Geld mehr hatten und unsere Lebensmittel aufgebraucht waren, ging einer nach dem andern wieder zu den Mahlzeiten in den Speisesaal. Ich ging nie mehr hin, eine meiner Freundinnen erzählte mir, Miss Harris trüge jetzt immer eine schneeweiße Uniform und ein Haarnetz.

Ich schlug mich eine Zeitlang mit dem durch, was meine Freunde mir aus der Stadt brachten. Aber ich wurde so mager und war dauernd hungrig, daß ich eines Tages an Mama schrieb und ihr berichtete, was geschehen war. Sie kam mit Junior und brachte mir ein paar Kartons voll Konserven.

In der Mitte des Semesters wurden unsere Durchschnittsprädikate festgestellt; ich hatte den höchsten Durchschnitt meiner Klasse. Kurz nach der Bekanntgabe der Ergebnisse wurde ich in Präsident Bucks Büro gerufen. Er fragte mich, wie meine Pläne für das nächste Jahr seien. Ich wußte nicht, was er im Sinn hatte, deshalb verhielt ich mich sehr kühl. Aber im Laufe der Unterredung merkte ich doch, daß er mich wirklich schätzte, trotz der Unruhe, die ich verursacht hatte. Ich faßte Vertrauen und gab zu, daß ich mir große Sorgen machte, ob ich würde weiterstudieren können. Er sagte, daß er mir bei meinen guten Prädikaten wahrscheinlich ein volles Stipendium beschaffen könne. In einer Woche würden Prüfungen für Stipendien an verschiedenen Colleges in Mississippi stattfinden, und er wünsche, daß ich daran teilnähme.

In der Woche darauf kam der Registrator vom Tougaloo College, dem besten Seniorcollege für Neger in Mississippi. Ich nahm an der Prüfung teil, und eine Woche vor Semesterschluß bekam ich die Nachricht, daß mir voller Gebührenerlaß gewährt worden war.

20. Kapitel

Ich konnte den September, den Beginn meines Studiums am Tougaloo College, kaum abwarten. Ich versuchte, soviel wie möglich über diese Hochschule zu erfahren. Eine Freundin aus Natchez, die von meinem Stipendium erfahren hatte, erklärte mir, das College sei nichts für Leute meiner Hautfarbe. Als ich sie fragte, was sie damit meine, antwortete sie nur: »Herzchen, du bist zu schwarz. Da muß man gelb sein mit nem stinkreichen Papa.« Zuerst dachte ich, sie sei nur eifersüchtig, weil sie kein Stipendium bekommen hatte. Aber dann fiel mir der hellhäutige Registrator ein, der das Examen abgenommen hatte. Ich wollte mehr Informationen aus dieser Freundin herausholen. Sie versuchte, mich mit aller Gewalt von Tougaloo abzubringen, und das Ganze endete mit einem großen Krach. Ein paar Tage später kam sie in mein Zimmer.
»Schau mal aus dem Fenster, Moody. Ich möchte dir was zeigen«, sagte sie und zeigte auf eine weiße Studentin, die draußen auf dem Rasen stand und mit ein paar Jungen sprach. »Sie studiert in Tougaloo, und eine Weiße ist sie nicht«, sagte sie und ging aus dem Zimmer. Ich konnte es nicht glauben, das Mädchen war so weiß wie jede andere Weiße. Ich ging nach unten und fragte sie, ob sie eine Studentin von Tougaloo sei. Sie sagte: »Ja, da studiere ich«, ohne mich auch nur dabei anzusehen. Ich ging weg, fest überzeugt, daß Tougaloo doch nicht das richtige College für mich sei.
Den Sommer über, während ich im Restaurant arbeitete, sah ich mich ernsthaft nach einem College in New Orleans um. Da an der L.S.U.* die Gebühren pro Semester nur fünfunddreißig Dollar betrugen, wenn man nicht im College wohnte, dachte ich daran, dorthin zu gehen. Aber dann hörte ich, daß diese Hochschule gerade integriert worden war und daß die Professoren alle weiß waren. Ich redete mir ein, daß ich dort nicht studieren könne. Ich hatte Angst, die weißen Studenten könnten einen im Hörsaal ermorden. Ich hatte A-Prädikate. Aber diese Prädikate waren von Natchez. Dort hatte ich, so schien mir, nicht viel Konkurrenz gehabt, außerdem war Natchez nicht annähernd so gut wie L.S.U. Ich wollte nicht, daß die

* L.S.U.: Louisiana State University (Anm. d. Ü.)

weißen Studenten sich mir überlegen fühlten, nur weil sie einen besseren Start gehabt hatten.
Ich überlegte und redete mir dies und jenes ein, bis der September verstrichen war. Jetzt war es zu spät, sich in einer der Hochschulen in New Orleans einzuschreiben, und das wußte ich. Ich schickte also zehn Dollar nach Tougaloo, um mir ein Zimmer zu reservieren, und fünf Dollar als Einschreibegebühr.

Eines Morgens, Mitte September, weckte mich meine Großmutter, ehe sie zur Arbeit ging. Ich stand auf und sah nach, ob ich auch alles gepackt hatte. Vier Stunden später saß ich im ›guten alten Greyhound‹, auf dem Weg nach Tougaloo.
Am Abend kam ich todmüde in Jackson, Mississippi, an. Ein Weilchen ging ich in dem kleinen Bahnhof umher, der Abteilungen für Weiße und Schwarze hatte; dann fragte ich einen kleinen, dunkelhäutigen Mann mit Brille, wie man nach Tougaloo komme. Er lächelte und fragte: »Sind Sie ein erstes Semester?«
»Nein, drittes«, sagte ich.
Wir stellten uns einander vor. Er hieß Steve und war im vierten Semester.
»Ich warte auf eine Taxe«, sagte er. »Wenn Sie wollen, können wir uns den Fahrpreis teilen.«
Während der siebeneinhalb Meilen zum College hätte ich ihn so gern gefragt, ob es dort nur schwarze Studenten gab. Statt dessen sprachen wir über unsere Hauptfächer. Er gefiel mir nicht sehr, er strengte sich zu sehr an, Eindruck auf mich zu machen. Ich lehnte mich daher zurück und sagte nicht viel. Schließlich kamen wir zu einem Schild: TOUGALOO SOUTHERN CHRISTIAN COLLEGE ¼ MEILE. Bald fuhren wir in den Campus ein, aber es war inzwischen so dunkel geworden, daß ich nicht viel davon sah.
Der Fahrer ließ zuerst Steve aussteigen, denn er hatte fünf Handkoffer und zwei große Koffer, die vor meinem Gepäck aufgestapelt waren. Als wir vor dem Wohnheim der Jungen hielten, kamen ein paar Studenten angelaufen und halfen mit den Koffern. Einer schaute in den Wagen hinein und sagte: »Ich bin Jimmy. Und wie heißt du, Hübsche?« Ich war rasend, denn er war hellhäutig, und ich gab keine Antwort. Ich fragte mich, wie viele der anderen Studenten gelb wären und stinkreiche Papas hätten. Trotzdem war ich auch wieder zufrieden, daß einem Mulatten auch ein dunkelhäutiges Mädchen gefiel. Vielleicht gibt es noch mehr solche, dachte ich.

Ein paar Minuten später trug ich mein Gepäck in die ›Galloway Hall‹, das Wohnheim der Mädchen. Ich sah mehrere Studentinnen, die im Aufenthaltsraum ein- und ausgingen und die Treppe hinauf- und herunterstiegen. Auch von ihnen waren nicht alle gelb. Ein paar waren sogar richtig schwarz. Das beruhigte mich. Ich war enttäuscht, als ich in das Zimmer kam, das mir zugewiesen worden war, und dort eins von diesen ganz weiß aussehenden Mädchen fand, das auf dem Bett saß und rauchte. »Hallo, ich bin deine neue Zimmergenossin«, sagte ich.

»Ich habe schon eine Zimmergenossin«, sagte sie, »du willst also sagen, du bist *eine* meiner Zimmergenossinnen.« Ich sah sie an und fragte mich, ob die andere wohl auch so weiß sei. Wenn ja, dann konnte ich ihre diplomatische Scheiße nicht schlucken.

»Trotter schläft dort«, sagte sie und deutete auf das untere der doppelstöckigen Betten an der gegenüberliegenden Wand. »Du mußt also schon oben schlafen.«

»Is mir recht«, sagte ich, aber ich nahm mir vor, spätestens am folgenden Morgen um ein anderes Zimmer zu bitten. Ohne ein weiteres Wort fing ich an, mein Haar auf große Rollen zu wickeln. Im Spiegel sah ich, wie sie mich lächelnd musterte.

»Ich heiße Gloria«, sagte sie.

»Und ich Anne«, gab ich zur Antwort.

»Wo kommst du her? Ich schätze, du bist drittes, weil man dich in diesen Wohntrakt gelegt hat.«

»Ja, ich bin drittes. Ich komme von Natchez College.«

»Ich bin aus Natchez«, sagte sie. »Ich habe in der Straße vom College zur Stadt hin gewohnt.«

Ich war es müde, mich ausfragen zu lassen, deshalb sagte ich einfach: »Oh«, nahm meinen Schlafanzug aus dem Koffer und kletterte ins Bett.

»Trotter kommt erst nächste Woche. Wenn du möchtest, kannst du bis dahin in ihrem Bett schlafen.«

»Danke«, sagte ich. Ich schlief mit dem Gedanken ein, daß ich es hier scheußlich finden würde.

Am nächsten Morgen stand ich um sechs auf, denn ich wollte mir die ganze Universität ansehen. Ich duschte, zog mich an und ging nach draußen. Ich wollte meinen Augen nicht trauen – es war herrlich hier. Alles war groß und geräumig. Überall war gepflegter Rasen, von den riesigen alten Eichen hing das Moos lang herunter. Vögel sangen. Die Luft war frisch und klar. Ich ging wie im Traum

im ganzen Campus umher, dann spürte ich, wie hungrig ich war, und ging frühstücken.
Die beiden ersten Tage vergingen mit der College-Routine der Einschreibung, der Vorstellung bei den Lehrern. Am Donnerstag wurde angekündigt, daß am Samstag eine Show stattfinden sollte, eine ›Talentprobe‹ der ersten Semester und der neuen Studenten. Den ganzen Abend dachte ich darüber nach, was ich tun könnte, um einen guten Start zu bekommen. Ich sagte mir, daß es wichtig für mich sei, sofort einen guten Eindruck zu machen. Zuerst dachte ich daran, ein Lied vorzutragen. Das kam nicht in Frage – ich wußte nicht, wie ein Lied beschaffen sein mußte, das auf Intellektuelle Eindruck macht. Ich konnte wirklich gut singen – aber nur die guten alten Baptisten-Kirchenlieder. Da einige der Professoren Weiße waren, würden sie einen falschen Eindruck von mir bekommen. Da Singen nicht in Frage kam, dachte ich an Tanzen. Aber ich kannte nur sogenannte exotische Tänze, wie sie in Cafés getanzt werden. Ich mußte an die Tanzvorführung in der Oberschule denken, bei der der Schulleiter eingeschritten war, ehe sie noch recht begonnen hatte. Einen solchen Tanz vorführen konnte ich also auch nicht. Meine weißen Freunde würden mich sonst für ordinär halten. Schließlich gab ich den Gedanken auf, an der ›Talentprobe‹ teilzunehmen, und schlief ein.
Am nächsten Morgen kam ich durch den Aufenthaltsraum und sah, wie ein paar Mädchen Gymnastik trieben. Das ist es, dachte ich. Wenn sie mitmachten, konnte ich eine akrobatische Nummer aufführen. Eins der Mädchen war sehr zierlich und anmutig.
Ich trat auf sie zu und sagte: »Hallo, mein Name ist Anne. Du bist aber gut.«
»Ich heiße Freddie«, antwortete sie. »Bist du ein erstes Semester?«
»Nein, ich bin drittes.«
»Da kannst du von Glück sagen. Ich fang grad erst an.«
»Das ist gar nicht so schlimm. Ich hab das Gefühl, als hätt ich gestern erst angefangen. Wenn man erst mal dabei ist, verfliegt die Zeit nur so.«
»Ja. Aber es ist schwer, einen Anfang zu machen.«
»Ich geh jetzt frühstücken«, sagte ich, »wenn du willst, könnten wir auf dem Weg miteinander reden.« Sie sah mich an, als käme ich ihr irgendwie komisch vor. Ich glaube, sie dachte, ich wär hinter Mädchen her. Schließlich sagte sie ein wenig verlegen ja. Als wir das alte weiße hölzerne Gebäude, in dem der Speisesaal untergebracht war, erreichten, hatte sie eingewilligt, bei einer akrobatischen Nummer

mitzumachen. Am gleichen Nachmittag wollten wir im Aufenthaltsraum üben.
Wir trafen uns gegen drei Uhr. Sie war gut, wirklich sehr gut. Wir probierten die ›Fliege‹ und den ›Bär‹, bis wir sie tadellos konnten. Als wir die ›Fliege‹ zum letztenmal übten, kam ein gedrungener, muskulöser, dunkelhäutiger Junge.
»Du meine Güte, was für Akrobaten«, sagte er. »Ich bin Paul. Wollt ihr Mädchen mir verraten, was hier vorgeht?«
Freddie, die auf meinen Knien stand, schien etwas verlegen zu werden. Auch ich war verlegen. Was dachte er sich nur?
»Hör mal«, sagte ich, »wir üben für die ›Talentprobe‹ morgen abend.«
»Aber, aber. Ich hab doch überhaupt nichts andeuten wollen«, sagte er. »Ihr müßt mich richtig verstehen. Ich hab Turnen als Hauptfach, darum interessiert es mich. Ich hab auch schon daran gedacht, an der Show teilzunehmen. Ich glaube, wenn wir uns zusammentun, können wir den ersten Preis gewinnen.«
Er schien es ehrlich zu meinen, darum sagte ich: »Gut. Was kannst du denn?«
»So ungefähr alles.«
»Kannst du Bodenturnen?«
»Ja«, nickte er.
»Wie ist es mit der langen Rolle?«
»Aber sicher kann ich die.«
»Gut. Das ist prima«, sagte ich. »Wir bilden ein Team. Wir führen folgendes vor: den ›Bär‹, die ›Fliege‹, die lange Rolle und Saltos.«
»Ich kann auf den Händen laufen«, sagte er. »Das könnten wir auch.«
»Ich kann es nicht«, sagte ich, »aber es ist mir recht, wenn du's tust.«
Wir drei verabredeten uns für den nächsten Tag. Wir wollten etwa eine Stunde proben. Wir brauchten noch mehr Leute, ich ging herum und suchte Mädchen, die sich als Sprungbock zur Verfügung stellten. Bis zum Essen hatte ich drei gefunden. Sie dachten, ich sei verrückt, aber das machte mir nichts. Freddie hatte auch drei oder vier Freundinnen, auf die sie sich verlassen konnte. In drei Stunden sollten wir schon auftreten und waren noch gar nicht vorbereitet.
Die Show begann um halb neun oder ein wenig später. Ich machte mir wegen dieser ängstlichen ersten Semester, die uns als Sprung-

bock dienen sollten, Sorge. Sie hatten solche Angst, wir würden auf sie fallen oder sonst was, daß ich fürchtete, sie würden sich verdrükken, noch ehe wir begonnen hatten. Ich behielt sie gut im Auge. Die Show lief schon einige Zeit, und außer ein paar Liedern gab es nichts Interessantes. Es wurde langweilig. Ich begann schon, mir auszumalen, wie wir all diese Sänger und Sängerinnen übertrumpfen würden, als ich plötzlich aufgeschreckt wurde. Mein Blick klebte an der Bühne, wo ein langer, knochiger Bursche einen Limbo tanzte. Er war bestimmt einsneunzig groß. Jedesmal, wenn er sich unter der Stange hindurchgeschlängelt hatte, wurde diese tiefergestellt. Immer tiefer lag die Stange, aber er berührte sie mit keiner Stelle seines Körpers, und die Stange lag wirklich tief. Schließlich war sie dreißig Zentimeter über dem Boden. Im Saal begannen die Jungen zu wetten, ob er jetzt noch drunterweg käme. Alles war bis zum Äußersten gespannt. Ich wußte, daß er gewinnen würde. Er kam noch unter der Stange durch, als diese dreißig Zentimeter über dem Boden lag, seine Füße standen immer noch flach auf dem Boden, und er berührte diese verdammte Stange an keiner einzigen Stelle.

Danach kam ein Junge, der die Bongotrommel schlug. Die Zuhörer schienen beeindruckt. Sie nickten zum Rhythmus der Trommel mit den Köpfen und klatschten in die Hände. Ich fand den Trommler nicht so gut. Mir schien, daß die Zuschauer immer noch von dieser Limbokatze beeindruckt waren, mir jedenfalls ging es so.

Jetzt waren wir an der Reihe. Ich winkte meiner Schar, und wir gingen hinter die Bühne. Wir sahen bestimmt aus wie Beatniks oder sowas. Die Jungen fingen an zu brüllen. Man rief Ramona, der Festleiterin und Ansagerin, zu: »Was ist da los, Ramona? Was wollen die machen?« Ramona zuckte die Schultern, sie wisse es nicht. Dann sagte sie uns an: »Als nächste Nummer haben wir Anne Moody und ihre Akrobaten.«

Ich setzte mein strahlendstes Lächeln auf und trat in die Bühnenmitte. Die Zuschauermenge wurde ganz wild, besonders die Jungen schrien, pfiffen und machten einen Mordsradau. Ich trug über einem schwarzen Trikot ganz kurze, enge rote Shorts und wirkte noch größer als meine ein Meter siebzig. Ich glaube, es war der Farbkontrast, der einen solchen Eindruck machte. Vielleicht glaubten sie, sie bekämen eine Burleske zu sehen. Ich machte eine Pause im Lächeln und Rotwerden und sagte: »Wir bringen den ›Bär‹, dann die ›Fliege‹, die lange Rolle und ein bißchen Bodenakrobatik.« Einer der Zuschauer sagte: »Wir wollns mal glauben.«

Ich winkte Freddie. Sie kam in die Mitte der Bühne, und wir stellten uns mit dem Gesicht zueinander auf. Ich wandte mich an die Zuschauer und sagte: »Wenn diese Figur Sie an einen Bär erinnert, dann lassen Sie es uns durch einen großmütigen Beifall wissen.« Nun stellte ich meine Füße um etwa sechzig Zentimeter auseinander und setzte mich in Positur. Freddie legte mir beide Hände auf die Schultern. Dann sprang sie hoch, umklammerte mit den Beinen meine Taille und legte die Hände dann an meine Fußknöchel. Ich beugte mich nach vorn, bis meine Hände flach auf dem Boden lagen. Dann beginn ich, auf Händen und Füßen zu gehen. Die Zuschauer applaudierten noch lange, nachdem wir fertig waren. Auch die Fliege und die lange Rolle ernteten viel Beifall. Dann machten Paul und ich Saltos. Wir machten zuerst den Salto über ein Mädchen, das auf Händen und Knien auf dem Boden kauerte. Jeder Salto wurde mit einer Rolle vorwärts abgeschlossen. Wir machten den Salto danach über zwei, dann über drei Mädchen. Dann kauerte ein viertes Mädchen auf der in der Mitte Knienden, und wir vollendeten auch diesen Hechtsprung tadellos. Danach entstand eine gewisse nervöse Spannung, weil die Zuschauer fürchteten, es könne etwas passieren. Schließlich machten Paul und ich den Hechtsprung über neun Personen, die zu einer Pyramide aufgebaut waren. Alle waren aufgesprungen. Der Applaus wollte nicht aufhören. Wir kamen alle in die Mitte der Bühne und verneigten uns. Während wir uns zurückzogen, fing Paul an, auf den Händen rund um die Bühne zu laufen. Die Zuschauer lachten, pfiffen und klatschten noch lauter, ein paar schrien: »Weiter, weiter, weiter!« Ich wußte: wir hatten sie einfach überwältigt. Nach ein paar Liedern war die Veranstaltung zu Ende. Wir erhielten den ersten Preis, die Limbo-Katze den zweiten und eine der Sängerinnen bekam den dritten Preis.

Als wir nach der Show unseren Preis in Empfang genommen hatten, hielt mich der Dekan des College an, um mir zu sagen, daß wir wirklich gut gewesen seien, und wenn wir etwas aus unserem Talent machen wollten, so würde das College uns helfen. Er fragte mich, ob Turnen und Sport mein Hauptfach sei. Ich sagte, nein, ich hätte die Absicht, Biologie im Hauptfach zu studieren. Einige Tage später schickte er die Sportlehrerin zu mir, aber ich sagte ihr das gleiche.

Kurz nach Vorlesungsbeginn stellte sich heraus, daß unter meinen Professoren in diesem Semester nur ein Neger sein würde. Ich bekam wieder ziemlich Angst. Jetzt wünschte ich, ich wäre nach

L.S.U. gegangen. Ich wußte, die Weißen in New Orleans waren nicht halb so schlimm wie die in Mississippi. Ich dachte an die Weißen meiner Heimatstadt, die Samuel O'Quinn ermordet, die ganze Familie Taplin verbrannt hatten, und an die, für die ich gearbeitet und die mich wie einen alten Putzlumpen behandelt hatten. Ich geriet ganz außer mir, wenn ich an all die weißen Lehrer dachte; es lief mir kalt den Rücken herunter. Wenn sie so waren wie die Weißen, die ich von früher kannte, dann würde ich das College sofort verlassen.

Ich hatte mich inzwischen mit meiner zweiten Zimmergenossin, Trotter, die noch dunkler war als ich, angefreundet. Ich fragte sie, ob sie glaube, daß ich in Tougaloo durchhalten könne. Wenn nicht, dann wollte ich nicht mein bißchen Geld umsonst ausgeben.

Trotter lachte und sagte: »Hör mal, Mädchen, ich hatte dasselbe Gefühl, als ich als erstes Semester herkam. Ich war starr vor Angst, ich wußte nicht, was mich erwartete. Ich hatte von weißen Lehrern gehört, von hellgelben Studenten und so.«

»Ich hab A-Prädikate, Trotter, aber ich hab noch nie diese anspruchsvollen weißen Lehrer gehabt. Ich weiß, daß es für mich schwierig wird.«

»Aber nein, Moody. Ich bin auch von einer kleinen ländlichen Oberschule hergekommen. Und jetzt kriege ich das Prädikat: mit Auszeichnung. Das kannst du auch erreichen. Die Lehrer tun alle im Anfang, als seien sie ganz scharf. Das ist bei den Negerlehrern das gleiche. Das weißt du doch.«

»Wenn sie ähnlich eingestellt sind wie die Weißen in meiner Heimatstadt, dann könnte ich nicht mal das ertragen«, sagte ich.

»Aber die Lehrer hier sind alle aus dem Norden oder aus Europa oder so. Wir haben hier keinen einzigen weißen Lehrer aus dem Süden. Die Weißen aus dem Norden sind den Negern gegenüber anders eingestellt.«

»Hoffentlich ist es so«, sagte ich, meine Angst hatte sich schon ein wenig gelegt.

Als die Zeit der Mitt-Semesterexamen gekommen war, hatte ich einen sehr guten Anfang gemacht. Wenn ich in diesem Tempo weiterarbeitete, war es durchaus möglich, daß ich auf die Liste für die Auszeichnungen kam. Ich begann mich zu entspannen. Ich nahm mir jetzt Zeit für meine Kleider, achtete auf mein Gewicht und auf mein Äußeres im allgemeinen. Keemp hatte seit vier Wochen nicht geschrieben. Ich wurde unruhig, denn ich wußte, daß die meisten meiner Freundinnen im Natchez College hinter ihm her waren. Ich hielt es für besser, mich nach jemandem in Tougaloo umzusehen, mit dem ich meine freie Zeit verbringen konnte. Ich würde mich schon tummeln müssen, denn im College kamen auf einen Jungen drei Mädchen. Drei oder vier Jungen zeigten mir allerhand Aufmerksamkeit, aber sie gingen schon mit Mädchen, die ich kannte. Im Dezember schließlich begann ich, mit einem von ihnen zu gehen – einem Jungen namens Dave Jones.

Zu Ende des Semesters stellte sich heraus, daß ich doch nicht auf diese verdammte Liste der Ausgezeichneten gekommen war. Es fehlten mir dazu drei Punkte. Ich redete mir ein, diesen Rückschlag hätte ich meiner Anpassung an die weißen Lehrer zu verdanken. In Wirklichkeit war der Grund dieser verdammte Dave. Nachdem wir uns einen Monat lang getroffen hatten, dachte er an nichts anderes mehr, als mit mir ins Bett zu kommen. Ich mochte ihn eigentlich nicht einmal so sehr, jedenfalls nicht genug, um mit ihm zu schlafen. Als wir eine sogenannte ›Aussprache unter Erwachsenen‹ über die Sexualität hatten, sagte ich ihm, ich sei noch Jungfrau und hätte Angst davor, auf der Universität herumzuhuren. Er beteuerte mir immer wieder, daß er auf mich aufpassen, daß er mir nicht weh tun würde und die ganze Scheiße. Um ihn mir vom Hals zu schaffen, sagte ich, ich würde es erst tun, wenn ich mich wirklich bereit fühlte. Nach einem weiteren Monat fühlte ich mich immer noch nicht bereit; er wurde rasend und versuchte mich eines Abends im Park zu nehmen. Wir gingen vom ›Greasy Spoon‹, einer kleinen Studentenkneipe direkt vor dem Campustor, zum Wohnheim zurück. Er hatte eine ganz nette Menge Bier getrunken und schlug vor, wir sollten uns noch ein Weilchen auf eine Bank setzen und plaudern. Ich stimmte zu, stellte dann aber fest, daß er nur knutschen wollte.

»Dave, laß uns gehn. Komm«, sagte ich.

»Was hast dus so eilig. Is Samstag abend. Du kannst morgen lang schlafen.«

»Ich möchte aber gehen«, sagte ich zitternd.

»O. k. Gib mir noch ein Küßchen, dann können wir gehen!«

Als ich ihn küßte, schmeckte ich das Bier und die Zigaretten, die er im ›Greasy Spoon‹ konsumiert hatte. Das gefiel mir gar nicht, und ich zog mich zurück. Er wurde wütend, riß mich an sich und küßte mich hart. Er fing an, meine Brüste zu streicheln, mir in den Hals zu hauchen und so.

»Laß mich los, Dave«, schrie ich. In diesem Augenblick sahen wir ein

anderes Pärchen durch das Tor kommen. Dave wollte keine Szene machen, ließ mich fahren, hielt mich aber an meiner Strickjacke fest. Ich sprang auf, und alle Knöpfe der Jacke rissen ab. Ich rannte ins Wohnheim und schwor mir, Dave nie mehr wiederzusehen.
Am Montag bekam ich einen Brief, in dem er um Verzeihung bat. Er versprach, mir eine neue Jacke zu kaufen und alles. Ich wollte diese Scheiße nicht noch einmal mitmachen und tat so, als hätte ich den Brief gar nicht bekommen. Er hatte mich gebeten, ihn anzurufen; ich tat es nicht. Ich war eben fertig damit.

Kurz nachdem Dave und ich gebrochen hatten, fragte ich eines Abends Trotter, was das für Versammlungen seien, zu denen sie immer ging. Sie antwortete: »Ich dachte, du wüßtest es. Ich bin Sekretärin der NAACP-Gruppe hier an der Hochschule.«
»Ich wußte nicht einmal, daß es diese Gruppe hier gibt«, sagte ich.
»Warum wirst du nicht Mitglied? Wir beginnen jetzt mit einer Wählerregistrierungskampagne in Hinds County, und wir brauchen Werber. Übrigens hättest du auch in deiner freien Zeit etwas zu tun, jetzt, da du nicht mehr mit Dave gehst.«
Ich versprach ihr, zur nächsten Versammlung zu kommen. Die ganze Nacht konnte ich nicht schlafen, alles tauchte wieder in meiner Erinnerung auf. Ich dachte an Samuel O'Quinn. Ich dachte daran, wie er in den Rücken geschossen worden war, nur weil man in ihm ein Mitglied dieser Organisation vermutete. Ich dachte an Pfarrer Dupree und seine Familie, die man aus Woodville verjagt hatte, als ich in die zweite Klasse der Oberschule ging. Er hatte nichts anderes getan, als in einer Predigt die NAACP erwähnt. Je mehr ich an die Morde, die Schläge, die Einschüchterungen dachte, desto größere Sorgen machte ich mir, was mir oder meiner Familie zustoßen könnte, wenn ich der NAACP beitrat. Aber ich wußte, ich würde beitreten. Ich hatte es mir schon so lange gewünscht.

21. Kapitel

Ein paar Wochen, nachdem ich mich der NAACP-Gruppe angeschlossen hatte, organisierte sie eine Demonstration auf der staatlichen Messe in Jackson. Kurz vorher kam Medgar Evers ins College und hielt eine großartige, herzbewegende Rede, wie Jackson sich in Marsch setzen würde. Tougaloo schickte vier Demonstranten mit Schildern nach Jackson, und einer von ihnen war Dave Jones. Er war zum Sprecher der Gruppe gewählt worden und wurde darum als erster vom Fernsehen interviewt. An diesem Abend wurde die Demonstration in allen Nachrichtensendungen des Fernsehens gezeigt, und alle Mädchen des Wohnheims waren unten im Aufenthaltsraum vor dem Apparat versammelt. Sie alle nahmen den Mund recht voll, wie sie an der nächsten Demonstration teilnehmen würden. Das Mädchen, das jetzt mit Dave ging, lief überall herum und verbreitete sich darüber, wie gut er aussah.

Dave und die anderen Demonstranten waren verhaftet worden und sollten gegen acht Uhr abends gegen eine Kaution freigelassen werden. Um halb neun saßen wir in einer großen Schar auf den Eingangsstufen des Wohnheims und warteten auf ihre Ankunft; sie waren immer noch nicht aufgetaucht. Eins der Mädchen war nach drinnen gegangen, um den NAACP-Stützpunkt in Jackson anzurufen, als plötzlich zwei Polizeiwagen durch den Campus rasten. Aus allen Gebäuden kamen die Studenten zusammengelaufen. In wenigen Minuten waren die Polizeiwagen von allen Seiten eingekreist. In jedem Wagen saßen vorn zwei Polizisten. Sie schienen eine Mordsangst vor uns zu haben. Als die Studenten aus den Autos kletterten, wurden sie umarmt, geküßt, und man gratulierte ihnen. Das Getümmel dauerte länger als eine Stunde. Während der ganzen Zeit blieben die Polizisten in verschlossenen Wagen sitzen. Schließlich stimmte einer an: ›We shall overcome‹, und alle fielen ein. Als das Lied zu Ende war, schlug jemand vor, wir sollten zum Fußballplatz gehen und dort eine Versammlung abhalten. In wenigen Minuten war das ganze College auf dem Fußballplatz versammelt; wir sangen Freiheitslieder, hielten Ansprachen darüber, was wir alles tun wollten, beteten und vollführten einen schrecklichen Lärm. Die Ver-

sammlung schloß um halb eins in der Nacht. Zu diesem Zeitpunkt waren alle Studenten bereit, die Stadt Jackson niederzureißen.
Am folgenden Abend kam Medgar Evers wieder zu uns, um, wie er sagte, ›sich etwas vom Geist von Tougaloo zu holen und ihn in ganz Jackson zu verbreiten‹. Er hielt eine ermutigende Rede und sagte, wir würden von Zeit zu Zeit aufgefordert werden zu demonstrieren.
In diesem Frühjahr hatte ich mir vorgenommen, in allen Fächern gute Resultate zu erzielen, aber ich hatte mich so in der Bewegung engagiert, daß ich bei den Prüfungen in der Mitte des Semesters kaum einen Durchschnitt von einem Punkt erreichte. Andere Studenten, die sich ganz der NAACP gewidmet hatten, fielen in diesem Examen durch. Ich fing wieder an, mich auf meine Arbeit zu konzentrieren – mit wenig Erfolg. Alles schien schiefzugehen.
Zu meinen akademischen Problemen kam hinzu, daß mein Geld zu Ende ging. Im Mai war ich so pleite, daß ich meine Monatsrechnung nicht bezahlen konnte und gezwungen war, Mama zu schreiben und sie um dreißig Dollar zu bitten. Ein paar Wochen vergingen, ohne daß ich von ihr hörte. Ich wußte, wenn Mama das Geld hatte, würde sie es mir schicken. Offenbar hatte sie keins. Aber sie hätte doch schreiben können. Schließlich bekam ich einen Brief von Adline, die in New Orleans arbeitete. Mama hatte Adline geschrieben und sie gebeten, mir etwas Geld zu schicken, denn Raymond ließ nicht zu, daß sie selber mir welches schickte. Adline hatte nur zehn Dollar auftreiben können, und sie schrieb mir, ich hätte nicht nach Tougaloo gehen sollen, wenn ich wußte, daß ich es nicht bezahlen könnte.
Der Brief machte mich so wütend, daß ich die ganze nächste Woche krank war. Ich entschloß mich, an Emma zu schreiben und sie um die dreißig Dollar zu bitten. Sie schickte mir sofort vierzig und schrieb, sie und mein Papa hätten gern noch mehr für mich getan, aber Papa habe einen schlimmen Rücken und könne nicht arbeiten gehen.
Emmas Geld half mir über den Frühling, aber was sollte ich im Sommer tun? Ich mußte in Sommerkursen meine Prädikate zu verbessern suchen und hoffte auf ein Studentendarlehen.
Eines Tages kam ich am großen schwarzen Brett vorbei und sah dort eine Ankündigung des Dekans, Gesuche um Bundesdarlehen müßten vor Ende der Woche eingereicht werden. Am nächsten Tag ging ich ins Dekanat, um mir ein Formular zu holen. Die Sekretärin sagte mir, ich käme zu spät. Es seien schon zu viele Anträge eingegangen. Ich ging zum Dekan und mußte ihm meine ganze beschissene Lebens-

geschichte vortragen. Das gefiel mir ganz und gar nicht. Aber ich brauchte das Geld. Ich sagte ihm, ich würde im folgenden Jahr nicht ins Abschlußexamen gehen können, wenn ich nicht die Sommerkurse besuchte. Er machte mir nicht viel Hoffnung, gab mir aber ein Formular, für den Fall, daß einer der anderen Antragsteller zurücktrat. Ich hatte so viel Pech gehabt, daß ich nicht glauben konnte, so etwas könne passieren.

Ich war so mutlos, daß ich unbedingt Trost brauchte. Ich begann wieder mit Dave auszugehen, aber derselbe Schlamassel fing wieder an. Es machte mir jetzt nicht mehr soviel Kummer. Das Semester würde bald zu Ende sein, und ich würde ihn nicht mehr sehen. Dave würde sein Examen bestehen, wenn es überhaupt einer bestand. Er hatte sogar ein Woodrow-Wilson-Stipendium erhalten.

Ich legte mein Semesterschlußexamen ab und bereitete mich auf die Abreise vor, als ich eine Nachricht vom Dekanat erhielt. Mir war die Summe von hundertfünfzig Dollar gewährt worden, damit ich die Sommerkurse besuchen konnte. Obwohl ich um dreihundert Dollar gebeten hatte, begann ich doch wieder Mut zu fassen – mehr Mut, als ich seit langem gehabt hatte. Ich wußte nicht, wie ich mit hundertfünfzig Dollar zurechtkommen sollte.

Während des Sommers zog eine weiße Studentin in das Zimmer, das dem meinen gegenüber lag. Ihr Name war Joan Trumpauer, und sie erzählte mir, daß sie als Sekretärin für die SNCC* arbeitete. Wir lernten uns in kurzer Zeit gut kennen, und bald ging ich häufig mit Joan nach Jackson und saß in ihrem Büro herum. Die SNCC bereitete einen Feldzug für die Registrierung von Wahlberechtigten im Delta (Greenwood und Greenville) vor und warb in Tougaloo Studenten für die Mitarbeit. Als sie mich fragten, ob ich mich jedes zweite Wochenende für die Werbekampagne unter den Negern zur Verfügung stellen wollte, sagte ich zu.

Als ich zum erstenmal ins Delta ging, war ich mit drei anderen Mädchen zusammen. Eine Familie in Greenwood nahm uns auf, und wir schliefen zu zweien in einem Zimmer. Das zweite Mal wohnte ich im Freedom House – einem großen weißen Holzhaus, das die SNCC für sechzig Dollar im Monat von einer Witwe gemietet hatte. Diesmal war ich mit Bettye Poole zusammen, die schon ein paar Monate lang für die SNCC Werbearbeit machte, und Carolyn Quinn, die wie

---

* SNCC = Students Nonviolence Coordinating Comittee. (Anm. d. Ü.)

ich ein Neuling war. Wir kamen am Freitagabend um halb zwölf im Freedom House an und fanden in einem großen Raum fünfzehn Jungen vor, die in dreistöckigen Betten schliefen. Sie schliefen alle in ihren Kleidern. Ein paar von ihnen standen auf, und wir spielten eine Weile Karten. Ein paar waren aus McComb in Mississippi, das nur zwanzig Meilen von Centreville entfernt liegt. Wir rissen Witze über die schlimmen Weißen in Wilkinson County. Gegen zwei wurde ich müde und fragte, wo denn die Mädchen schliefen. Man sagte mir, daß wir im selben Raum wie die Jungen schlafen müßten. Ich war vielleicht erschrocken. Jetzt verstand ich, warum Bettye Poole jeans trug. Sie kletterte jetzt in eins der Betten und legte sich für die Nacht zurecht. Und ich hatte nur einen durchsichtigen Nylonschlafanzug da. Auch Carolyn Quinn war nicht auf diese Situation vorbereitet. Wir beide blieben also auf unseren Stühlen sitzen, bis sich ein paar Hosen gefunden hatten. Die Jungen erklärten uns, daß sie in Kleidern schliefen, weil man ihnen mit einem Bombenanschlag gedroht hatte und sie bereit sein mußten, jeden Augenblick loszurennen. Sie schliefen alle in diesem großen Raum zusammen, weil er durch ein anderes Haus geschützt war.

Am nächsten Morgen wurde ich durch das Scheppern einer Pfanne geweckt, auf die jemand trommelte; dazu schrie er: »In die Küche! In die Küche!« Als wir in die Küche kamen, sagte der Junge, der den Krach veranstaltet hatte: »Los, Mädchen, übernehmt ihr jetzt. Wir Jungen haben schon die ganze Woche gekocht.« Die meisten Jungen waren wütend, weil sie so unsanft geweckt worden waren, aber sie sagten nicht viel. Carolyn und ich machten das Frühstück. Als wir zum Essen riefen, stürzten die Jungen zur Küche und drängelten einander beiseite. Wahrscheinlich hatten sie Angst, das Essen würde verschwinden. Es verschwand tatsächlich. In fünf Minuten war der Tisch leer. Drei Jungen hatten nichts bekommen.

Ich schloß alle diese SNCC-Leute ins Herz. Ich hatte noch nie Menschen kennengelernt, die so sehr willens waren, anderen zu helfen, und so entschlossen. Bob Moses, der Leiter der SNCC in Mississippi, schien mir der inkarnierte Christus zu sein. Es gab noch viele andere Menschen, denen er so vorkam.

Die Mitglieder, die voll für die SNCC beschäftigt waren, bekamen nur zehn Dollar in der Woche. Mit diesen zehn Dollar reichten sie weiter als die meisten Menschen, die ich kenne, mit fünfzig. Manchmal, wenn wir im Delta waren, führten uns die Jungen aus. Unsere Arbeit endete an manchen Samstagen erst um zehn oder elf, und die

Lokale für Neger hatten um zwölf Polizeistunde. Aber in dieser einen Stunde hatten wir mehr Spaß miteinander als andere Leute in vierundzwanzig Stunden. Wir gingen oft in ein Lokal, wo die Jungen sich mit den Kellnerinnen angefreundet hatten, und diese brachten uns heimlich ein paar Schnäpse. Die Jungen von der SNCC hatten überall Freunde, das heißt unter den Negern. Die meisten Weißen warteten nur auf eine Gelegenheit, sie alle umzulegen.

Ich glaube, in den meisten Fällen hatten die SNCC-Leute einfach Glück. Fast alle waren schon einmal einer Kugel um Haaresbreite entgangen. Drohungen schüchterten sie nicht ein. Sie führten ihre Arbeit unentwegt fort. Eines Samstags kamen wir nach Greenville und erfuhren, daß am Freitagabend eine Bombe im Büro explodiert war. Das Büro lag in einem kleinen schäbigen Gebäude. Man erreichte es über eine Treppe, die an der Außenwand hinaufführte. Das Gebäude sah aus, als könne es schon ein ordentlicher Wind umblasen. Die Bombe hatte die Treppe abgerissen, aber das verhinderte die Zusammenkunft am Samstagabend nicht. Die Jungen bauten eine neue Treppe. Als diese zusammenbrach, benutzten wir eine Leiter. Ich weiß noch: Als die Versammlung zu Ende war, war die Leiter verschwunden. Ein paar Minuten lang fürchteten wir uns wirklich. Wir wußten, daß es Weiße gewesen waren, die die Leiter entfernt hatten. Wir standen alle oben in der offenen Tür und überlegten, was wir tun sollten. Es gab nur diesen einen Ausgang, und er lag zu hoch, als daß man hätte hinunterspringen können. Wir hatten Angst, man würde uns in die Luft sprengen. Es sah so aus, als seien wir den Weißen endlich in die Falle gegangen. Die Studenten wären beinahe in eine Panik geraten, als plötzlich einer der SNCC-Jungen mit der Leiter ankam und uns zurief, ob wir uns inzwischen beruhigt hätten. Beinahe hätten die andern Jungen ihn verprügelt, so rasend waren sie. Aber ein paar zogen ihm nur ganz leicht eins über und lächelten dabei. ›Diese Kerle haben Nerven!‹ dachte ich.

Unsere Arbeit im Delta kam nicht recht voran. Den ganzen Samstag benutzten wir dazu, die Leute in den Häusern aufzusuchen oder einzeln anzusprechen. Abends hielten wir oft noch Massenversammlungen ab. Aber diese waren meist nur schlecht besucht. Viele Neger hatten Angst zu kommen. Im Anfang fürchteten sie sich sogar, mit uns zu sprechen. Die meisten der alten Neger von den Pflanzungen waren von den Weißen so bearbeitet worden, daß sie glaubten, nur Weiße dürften wählen. Es gab sogar welche, die noch nie etwas von

Wahlen gehört hatten. Das einzige, was die meisten verstanden, war, wie man eine Hacke handhabt. Viele Jahre lang hatten sie gezeigt, wie gut sie das konnten. Manche hatten so dicke Schwielen an den Händen, daß sie sie versteckten, wenn man zufällig darauf blickte. Sonntags gingen wir meist in die Negerkirchen, um dort zu sprechen. Wir bildeten Gruppen nach unserer Konfessionszugehörigkeit, denn man glaubte, daß wir Menschen derselben Konfession eher ansprechen könnten. In den Kirchen hofften wir eine viel größere Zahl von Negern zu erreichen. Wir wußten, daß selbst die, die uns die Tür vor der Nase zuschlugen oder die sagten: »Ich will nichts mit dem Wählen zu tun haben«, in der Kirche sein würden. Auch die Lehrer und die Neger der Mittelklasse, die nicht wagten, zu den Versammlungen zu kommen, waren in der Kirche. Sie wußten, wenn sie zu unserer Versammlung kamen, verloren sie ihre Stelle und das monatliche Einkommen von 250 Dollar. Aber die Leute entzogen sich uns. Die meisten kamen nicht mehr in die Kirche. Sie wußten, wenn sie kamen, mußten sie uns ins Gesicht sehen. Danach fingen die Geistlichen an, uns abzuweisen, weil wir ihre Gläubigen vertrieben. Die SNCC mußte sich eine neue Strategie ausdenken.
Wir arbeiteten den ganzen Sommer über, und langsam begannen die Menschen nachzugeben. Ich glaube, sie merkten, daß unsere Absicht gut war. Aber dann verloren einige den Arbeitsplatz, wurden von den Pflanzungen verjagt und waren obdachlos. Manchmal konnten sie anderswo unterkommen, aber es fehlte an Nahrung und Kleidung. Die SNCC schickte Abgeordnete zu den nördlichen Universitäten. Sie sammelten dort Nahrungsmittel, Kleidung und Geld für die Menschen in Mississippi – und Nahrungsmittel, Kleider und Geld begannen hereinzukommen. Die Neger des Deltas verstanden das Wahlrecht immer noch nicht, aber sie wußten, daß sie Freunde gefunden hatten, Freunde, denen sie vertrauen konnten.
In diesem Sommer ging eine Veränderung mit mir vor. Zum ersten Mal schöpfte ich Hoffnung, man könne tatsächlich etwas dagegen tun, daß Weiße Neger töteten, schlugen und ausbeuteten. Ich wußte, was immer geschehen würde, ich würde daran teilhaben.

Eine Woche bevor die Sommerkurse zu Ende gingen, war ich mit Rose, einem Mädchen aus meinem Wohnheim, in die Stadt einkaufen gegangen. Wir wollten uns die Kosten für ein Taxi, das uns zum College zurückbrachte, teilen, merkten aber, daß wir nicht mehr genug Geld hatten. Die Taxe kostete 2,50 Dollar, der Bus nur 35 Cent.

Wir entschlossen uns, mit dem Bus zurückzufahren. Als wir zur Haltestelle kamen, fragte ich Rose, ob wir nicht die für Weiße reservierte Seite des kleinen Bahnhofs benutzen sollten. »Ich mache mit«, sagte sie.

Ich ging durch den Eingang für Weiße hinein. Als ich mich umdrehte, sah ich, daß Rose mir nicht nachgekommen war. Ich wollte nicht zurückgehen, denn ich wußte, sie würde versuchen, mir die Sache auszureden. Als ich meine Fahrkarte löste, tauchte sie hinter mir auf.

»Scheiße, Moody, ich dachte, du machst nur Spaß«, sagte sie.

Ich gab keine Antwort. Ich beobachtete die Reaktion des Mannes hinter dem Schalter. Er stand da und sah mich an, als sei er gelähmt.

»Bitte, nicht eine, sondern zwei Fahrkarten«, sagte ich zu ihm.

»Wohin geht die zweite?« fragte er.

»Beide nach Tougaloo«, antwortete ich.

Während er die Fahrkarten herausholte, war ein anderer Mann ans Telefon gegangen. Er behielt uns die ganze Zeit im Auge. Ich glaube, er berichtete der Polizei, was da vorging. Der Mann, der uns die Fahrkarten verkaufte, zeigte äußersten Widerwillen. Er knallte die Fahrkarten auf die Theke und schmiß mir das Wechselgeld hin. Das Kleingeld fiel herab und rollte über den Fußboden. Der Dreckskerl lachte auch noch, als wir es aufhoben. Rose und ich setzten uns nun einander gegenüber hin, so daß wir den ganzen Bahnhof übersehen konnten. Der Bus sollte um drei Uhr dreißig fahren, und wir waren um zwei Uhr fünfundvierzig gekommen. Wir hatten also einige Zeit vor uns. Rose hatte eine Uhr. Ich bat sie, die Zeit im Auge zu behalten.

Leute kamen herein und glotzten. Einige lachten sogar. Nichts geschah, bis eine Gruppe weißer Soldaten hereinkam, sich zu uns setzte und sich zu unterhalten begann. Das Gespräch hatte schon einige Zeit gedauert, als aus einem der ankommenden Busse eine Negerin ausstieg. Sie sah uns da sitzen und kam geradewegs herein. Sie hatte sechs kleine Kinder bei sich. Die Negerkinder begannen herumzulaufen, sie nahmen Gegenstände von der Theke auf und fragten, ob sie sie kaufen könnten. In diesem Augenblick fing die Aufregung an. Ein betrunkener Weißer war hinter der Negerin mit den Kindern hereingekommen. Er fing jetzt an zu fluchen und uns alle möglichen Schimpfnamen für Neger an den Kopf zu werfen.

»Schmeißt die dreckigen kleinen Ferkel hier raus«, sagte er und zerrte einen kleinen Jungen zur Tür.

»Nimm deine dreckigen Hände von meinem Kind«, sagte die Negerin. »Was is hier überhaupt los?«
»Gibt ja nen Platz für euch, also nimm deine Kinner und mach dich rüber«, sagte der Trunkenbold und wies zur Negerseite der Station. Die Frau sah uns an. Sie erwartete wohl, daß wir etwas sagten. Aber Rose und ich blieben einfach sitzen. Schließlich merkte sie, daß es sich hier um ein sit-in handelte. Sie nahm ihre Kinder und verließ eilig die Wartehalle. Statt zur Negerseite zu gehen, stieg sie wieder in den Bus. Sie schien böse auf uns zu sein.
Jetzt fing der Betrunkene an, uns anzuschreien. Ich hatte keine zu große Angst, aber Rose zitterte. Sie rauchte eine Zigarette nach der anderen. Sie blickte auf die Uhr. »Moody, wir haben den Bus verpaßt«, sagte sie.
»Wie spät ist es?« fragte ich.
»Beinahe vier Uhr dreißig.«
»Der Bus ist gar nicht angesagt worden«, sagte ich.
Ich ging zu dem Mann am Fahrkartenschalter. »Ist der Bus nach Tougaloo schon gekommen?« fragte ich.
»Gerade ist er abgefahren«, sagte er.
»Sie haben den Bus nicht abgerufen.«
»Wollen Sie mir etwa vorschreiben, was ich zu tun habe?« erwiderte er. »Ihr Nigger in Tougaloo denkt wohl, ihr regiert in Mississippi.«
»Wann fährt der nächste Bus?« fragte ich.
»Fünf Uhr dreißig«, antwortete er widerwillig.
Ich ging zurück und berichtete Rose, daß der nächste Bus um fünf Uhr dreißig fahre. Sie wollte gehen, aber ich bestand darauf, daß wir blieben. Ich versuchte, ihr zu erklären, warum wir jetzt nicht gehen dürften. Da sah ich, wie der weiße Betrunkene hinter sie trat. Er hatte etwas in der Hand, das wie eine Weinflasche aussah.
»Sprich zu mir, Rose«, sagte ich.
»Was ist los?« fragte Rose, sie schrie beinahe.
»Nichts. Verdammt, zeig nicht, daß du Angst hast, und sag jetzt was.«
Der Betrunkene hob die Flasche, als wollte er Rose damit auf den Kopf schlagen. Die ganze Zeit über sah ich ihm fest ins Gesicht, als wollte ich sagen: ›Wagst du? Wagst du sie wirklich zu schlagen?‹ Rose wußte, daß hinter ihr etwas vorging. Sie brachte es einfach nicht fertig, etwas zu sagen oder sich normal zu benehmen. Sie hätte es nicht gekonnt, und wenn es um ihr Leben gegangen wäre. Der Betrunkene merkte, daß ich mit ihm kämpfte. Er fluchte und schmiß

die Flasche zu Boden, wo sie zerbrach. Inzwischen waren noch mehr Menschen zusammengelaufen. Aus allen Richtungen wurde gejohlt. Ein paar Busfahrer kamen in die Halle. »Wassis los? Was geht hier vor?« schrie einer von ihnen. Einer nahm einen Stuhl und setzte sich vor uns hin. »Wartet ihr Mädels hier auf ne Vorstellung?« sagte er. »Habt ihr euch hier ein bißchen amüsieren wollen?«
Wir antworteten nichts.
»Es sieht nicht so aus, aber jetzt gehts los«, sagte er. »Jetzt zeig ich euch mal, wie man sich bei den Weißen amüsiert.« Damit steckte er die Daumen in die Ohren und bewegte die Finger, stieß mit den Füßen in die Luft und schnitt allerlei Grimassen. Die anderen Weißen in der Wartehalle konnten sich vor Lachen nicht halten. Man rief ihm zu, er solle einen Affen imitieren, dann Martin Luther King und Medgar Evers. Seine Vorstellung dauerte eine gute halbe Stunde. Als er genug Faxen gemacht oder ihrer überdrüssig geworden war, sagte er: »Jetzt könnt ihr anderen ihnen geben, was sie in Wirklichkeit hier gesucht haben.«
Der Mann am Telefon redete immer noch. Wir waren sicher, daß er mit der Polizei sprach. Jetzt fingen die Leute, die in der Station herumsaßen, an, laut über uns Bemerkungen zu machen. Wahrscheinlich handelten sie nach dem Rat des Busfahrers. Wieder blickte Rose auf die Uhr und sagte mir, daß wir auch den zweiten Bus verpaßt hatten. Es war beinahe viertel nach sieben.
Wir wußten nicht, was wir tun sollten. Die Spannung wuchs von Minute zu Minute. Die Leute hatten angefangen, uns einzukreisen.
»Laß uns gehen, Moody«, flehte Rose. »Wenn du nicht willst, dann laß ich dich hier sitzen«, sagte sie.
Ich wußte, daß es ihr Ernst war. Und ich wollte nicht allein hierbleiben. Die Menge konnte jeden Augenblick gewalttätig werden.
»O. k., Rose, laß uns gehen«, sagte ich. »Aber dreh niemandem den Rücken zu.«
Wir standen auf und gingen rückwärts zur Tür. Die Menge folgte uns in einem Abstand von etwa ein oder zwei Metern. Drohungen wurden laut: man werde uns zur Tür hinaustreten – oder uns rausschmeißen, daß wir bis nach Tougaloo flögen, und andere mögliche und unmögliche Dinge.
Rose und ich stießen gleichzeitig mit dem Rücken gegen die Schwingtür. Die Tür schloß sich unmittelbar hinter uns. Wir standen außerhalb des Bahnhofs und wußten nicht, was wir tun, wohin wir rennen sollten. Wir hatten Angst, wegzugehen. Wir waren hinter dem

Bahnhof und fürchteten, die Menge werde uns vorn erwarten, wenn wir um das Gebäude herumliefen und versuchten, vom Bahnhof wegzugehen. Jeden Augenblick konnten die, die uns verfolgt hatten, sich wieder auf uns stürzen. Wir standen da, völlig verzweifelt.
»Steigt in den Wagen hier«, sagte eine Negerstimme.
Ich schaute zur Seite und sah, wie Rose schon in den Rücksitz kletterte. In diesem Augenblick kam der Mob durch die Tür auf mich zu. Ich wich einfach zurück, bis ich in den Wagen fiel. Der Fahrer gab sofort Gas.
Wir waren schon über mehrere Straßenkreuzungen weg, und ich spähte immer noch durch das Rückfenster, um zu sehen, wer uns folgte. Niemand hatte uns verfolgt. Jetzt erst wandte ich mich dem Fahrer zu und fragte, wer er sei. Er antwortete, er sei Geistlicher und arbeite stundenweise in der Busstation. Er bat uns, nie wieder ein sit-in zu versuchen, das nicht vorher mit einer Organisation geplant worden sei.
»Es geht einfach nicht, daß ihr Mädchen auf eigene Faust handelt«, sagte er. Er brachte uns bis zum College und machte uns das Herz schwer, weil er meinte, daß er wahrscheinlich seine Stelle verlieren würde. Er sagte, er hätte nur eine Pause von dreißig Minuten. Da habt ihr einen Negerprediger.

In der darauffolgenden Woche gingen die Sommerkurse zu Ende. Ich reiste eilig nach New Orleans, um die drei Wochen bis zum Beginn des Herbstsemesters meines letzten Studienjahres zum Geldverdienen auszunutzen.

Vierter Teil Die Bewegung

22. Kapitel

Mitte September war ich wieder im College. Aber bis Februar passierte nichts Besonderes. Im Februar hielt die NAACP ihre Jahresversammlung in Jackson ab. Es kamen eine ganze Reihe von interessanten Rednern: Jackie Robinson, Floyd Patterson, Curt Flood, Margaretta Belafonte und viele andere. Um nichts in der Welt hätte ich diese Versammlung verpassen mögen. Ich war so begeistert, daß ich Mama ein Programm nach Hause schickte und sie bat zu kommen.
Drei Tage später erhielt ich einen Brief von Mama, auf dem Tränenspuren zu sehen waren: sie verbot mir, an der Versammlung teilzunehmen. Der Brief war sechs Seiten lang. Sie schrieb, wenn ich nicht mit der Scheiße aufhörte, würde sie persönlich nach Tougaloo kommen und mich umbringen. Sie erinnerte mich daran, daß sie mich bei meinem letzten Besuch am Erntedanktag an der Busstation abgeholt hatte. Sie schrieb, sie hätte mich abgeholt, weil sie befürchten mußte, irgendwelche Weiße aus meiner Heimatstadt könnten mir etwas antun. Sie schrieb, der Sheriff sei vorbeigekommen und habe gesagt, ich triebe mich mit der NAACP-Gruppe herum. Wenn ich nicht damit aufhörte, könnte ich nie mehr heimkommen. Er hatte gesagt, sie wollten nicht, daß sich NAACP-Leute in Centreville herumtrieben und Unfug stifteten. Am Ende des Briefes stand, sie hätte das Flugblatt verbrannt, das ich beigelegt hatte. »Bitte, schick nie mehr solches Zeug. Ich will nicht, daß uns hier was passiert. Wenn du so weitermachst, kannst du nie mehr heimkommen.«
Dieser Brief machte mich so wütend, daß ich am liebsten mit der ganzen NAACP-Versammlung nach Centreville gegangen wäre. Ich glaube, ich hätte es auch getan, wenn ich die Macht dazu gehabt hätte. Für den Rest der Woche dachte ich nur noch an die Versammlung. Ich wußte nicht, was ich tun sollte. Ich wollte nicht, daß Mama oder sonst jemand zu Hause meinetwegen etwas zustieß.
Als ich zu Hause gewesen war, hatte ich gespürt, daß irgend etwas nicht stimmte. Während meines viertägigen Besuches hatte Mama alles getan, um mich im Haus zu halten. Als ich einmal sagte, daß ich meine alten Schulfreunde besuchen wolle, stellte sie sich krank und

meinte, ich müsse kochen. Ich merkte, wie seltsam sie sich benahm, wußte aber nicht warum. Ich dachte, Mama wollte mich einfach bei sich haben, denn es war erst mein zweiter Besuch zu Hause, seitdem ich zur Universität gegangen war.

Als ich den Brief von Mama bekam, fiel mir alles wieder ein. Ich mußte an so vieles denken, daß ich nachts nicht schlafen konnte. Ich erinnerte mich an das eine Mal, wo ich das Haus verlassen hatte, um zur Post zu gehen. Auf dem Heimweg durch die Stadt war ich an einer Gruppe weißer Männer vorbeigekommen, und einer hatte gesagt: »Is das das Mädel, das nach Tougaloo geht?« Er schien irgendwie wütend zu sein, und ich wußte nicht warum. Ein unheimliches Gefühl beschlich mich, und ich lief eilig nach Hause. Als ich es Mama erzählte, sagte sie nur: »Ne Menge Leute mögen die Schule nich.« Ich wußte, was sie meinte. Kurz bevor ich in Tougaloo eintrat, waren im College die Freedom-Riders beherbergt worden. Das College wurde von den Weißen im ganzen Staat Mississippi kritisiert.

Am Abend vor der Tagung entschloß ich mich hinzugehen, was Mama auch dazu sagen mochte. Ich würde weder Mama oder sonst jemandem zu Hause etwas davon sagen. Dann fiel mir ein: Wie konnte der Sheriff wissen, daß ich in der NAACP-Gruppe an der Hochschule mitarbeitete. Irgendwie waren sie dahintergekommen. Ich wußte jetzt, daß ich nie mehr ohne Gefahr nach Centreville gehen konnte. Ich sagte mir immer wieder, daß es mir ja nicht so wichtig war, nach Hause zu kommen, daß es viel wichtiger war, an der Tagung teilzunehmen.

Von Anfang an war ich dabei. Jackie Robinson wurde gebeten, als Moderator zu fungieren. Ich sah ihn zum ersten Mal persönlich. Ich weiß noch: Als Jackie als erster Neger in der Nationalmannschaft Baseball spielen durfte, gründeten meine Onkel und die meisten Negerjungen in meiner Heimatstadt Baseball-Ligen. Es stärkte sie, unter all den Weißen einen Neger spielen zu sehen. Ich fand, daß Jackie ein guter Moderator war. Er lächelte und machte Scherze. Die Menschen fühlten sich entspannt und stolz. Es tat ihnen wohl, Menschen ihrer eigenen Rasse zu sehen, die etwas Besonderes geleistet hatten.

Als Jackie Floyd Patterson, den Weltmeister im Schwergewicht, vorstellte, gab es lang anhaltenden Applaus. Floyd war schüchtern. Er sagte nicht viel. Er brauchte es auch nicht, die meisten Neger, die ihn nur im Fernsehen gesehen hatten, waren zufrieden, daß er da war. Auch Archie Moore war da. Er stellte sich nicht so geschickt

an wie Jackie, aber auch er konnte mit einer Menschenmenge umgehen. Er erzählte, wie er aus Mississippi weggelaufen war, und die Leute bogen sich vor Lachen.
Die Tagung machte mir solche Freude, daß ich auch zur Abendsitzung ging. Als der Abend zu Ende war, hatte ich Autogramme von allen berühmten Negern.
Ich hatte damit gerechnet, im Frühjahr 1963 die Hochschule verlassen zu können, aber es war nicht möglich, da einige Prädikate noch mit Natchez abgestimmt werden mußten. Im Jahr davor wäre mir das wie ein schreckliches Unglück vorgekommen, aber jetzt fühlte ich kaum Enttäuschung. Ich hatte einen Grund, den Sommer über im College zu bleiben und in der Bewegung zu arbeiten, und das war, was ich mir am meisten wünschte. Nach Hause konnte ich sowieso nicht, und ich konnte nicht nach New Orleans – ich hatte kein Geld für die Busfahrt.
Während des letzten Jahres in Tougaloo hatte meine Familie mir nicht einen Pfennig geschickt. Ich hatte nur die kleine Summe, die ich mir im ›Maple Hill‹ verdient hatte. Ich konnte es mir nicht leisten, im Wohnheim zu wohnen oder im Speisesaal zu essen, deshalb hatte ich die Erlaubnis bekommen, außerhalb des Colleges zu leben. Ich wollte meine Ausbildung abschließen, selbst wenn ich jeden Tag hungern mußte. Ich wußte, daß Raymond und Miss Pearl nur darauf warteten, daß ich mein Studium abbrach. Aber als ich mich stärker in der Bewegung engagierte, ging eine Veränderung in mir vor. Es war nicht mehr so wichtig, irgend etwas zu beweisen. Ich hatte etwas außerhalb meiner selbst gefunden, das meinem Leben einen Sinn gab.
Ich hatte mich sehr mit meinem Soziologieprofessor John Salter angefreundet, der die Tätigkeit der NAACP an der Hochschule leitete. Während des ganzen Jahres hatte die NAACP einen Boykott gegen die Läden der Innenstadt von Jackson durchgeführt, und ich war Salters treueste Propagandistin und Kirchensprecherin gewesen. Während der letzten Vorlesungswoche sagte er mir, daß in Jackson sit-in-Demonstrationen stattfinden sollten, und bat mich, als Sprecherin für eine Gruppe zu fungieren, die ein sit-in an der Imbißtheke bei Woolworth abhalten sollte. Die beiden anderen Demonstranten würden zwei Kommilitonen sein, Memphis und Pearlena. Pearlena war ein begeistertes NAACP-Mitglied, aber Memphis hatte sich an den Veranstaltungen in der Hochschule wenig beteiligt. Die Organisation hatte es schwer, Studenten zu finden, die es sich

leisten konnten, ins Gefängnis zu gehen. Ich hatte so und so nichts zu verlieren. Um zehn Uhr am Morgen der Demonstration benachrichtigte das NAACP-Büro die Presse. Infolgedessen war auch die Polizei informiert, aber weder die Presse noch die Polizei wußte genau, wo und wann die Demonstrationen stattfinden sollten. Sie stellten sich entlang der Capitol Street auf und warteten.
Um die Aufmerksamkeit von dem sit-in bei Woolworth abzulenken, begann die Demonstration vor J. P. Penneys Kaufhaus etwa fünfzehn Minuten früher. Man ließ die Demonstranten mit ihren Transparenten drei- oder viermal vor dem Laden auf und ab gehen, bevor man sie verhaftete. Punkt elf betraten Pearlena, Memphis und ich Woolworth durch den Hintereingang. Wir trennten uns, sobald wir drinnen waren, und machten an verschiedenen Ständen kleine Einkäufe. Pearlena hatte Memphis ihre Uhr gegeben. Er sollte uns ein Zeichen geben, sobald es 11.14 Uhr war. Um 11.14 sollten wir uns in der Nähe der Imbißtheke wieder treffen, und um 11.15 an der Theke Platz nehmen.
Ein paar Sekunden vor 11.15 saßen wir an der Imbißtheke von Woolworth, die getrennte Abteilungen für Weiße und Neger hatte. Zuerst nahmen die Serviererinnen keine Notiz von uns, als wüßten sie wirklich nicht, was hier vorging. Unsere Kellnerin ging ein paarmal an uns vorbei, ehe sie bemerkte, daß wir unsere Bestellung auf den Block aufgeschrieben hatten und daß wir Bedienung wünschten. Sie fragte uns, was wir wollten. Wir fingen an, unsere Wünsche von dem Zettel abzulesen. Sie sagte uns, man würde uns an der hinteren Theke bedienen, die für Neger vorgesehen sei.
»Wir möchten gern hier bedient werden«, entgegnete ich.
Die Serviererin fing an, das, was sie schon einmal gesagt hatte, zu wiederholen, dann verstummte sie mitten im Satz. Sie drehte die Lichter hinter der Theke aus, und sie und die anderen Kellnerinnen verließen fluchtartig die Theke und rannten nach hinten.
Sie ließen ihre weißen Gäste im Stich. Wahrscheinlich dachten sie, es werde gleich zu Tätlichkeiten kommen, wenn die Weißen an der Theke erst gemerkt hatten, was vorging. An der Theke saßen noch fünf oder sechs andere Leute. Ein paar standen einfach auf und gingen. Das Mädchen neben mir trank erst seinen Banana-Split aus. Eine weiße Frau in mittleren Jahren, die noch nicht bedient worden war, kam zu uns und sagte: »Ich würde gern hier bei Ihnen sitzen bleiben, aber mein Mann wartet auf mich.«
In diesem Augenblick kamen die Reporter. Als die Leute den Laden

verließen, hatten sie wohl gemerkt, was hier vorging. Ein Reporter, der gehört hatte, was die Frau zu uns sagte, lief hinter ihr her und fragte sie, ob sie ihren Namen angeben wolle. Sie nannte ihren Namen nicht, aber sie sagte, sie stamme aus Vicksburg und sei aus Californien zugezogen. Als man sie fragte, warum sie das gesagt habe, antwortete sie: »Ich sympathisiere mit der Negerbewegung.« Jetzt hatte sich eine ganze Schar von Kameraleuten und Reportern um uns versammelt, sie fotografierten und stellten Fragen: Woher wir kämen. Warum wir dieses sit-in veranstalteten. Welche Organisation dafür verantwortlich sei, ob wir Studenten seien, von welcher Hochschule, welcher Organisation wir angehörten.
Ich berichtete ihnen, daß wir alle Studenten vom Tougaloo College seien, daß wir keine besondere Organisation verträten und daß wir sitzen bleiben wollten, bis der Laden schließen werde. »Wir wollen nur Bedienung«, sagte ich zu einem von ihnen. Nachdem sie uns etwa zwanzig Minuten lang befragt hatten, wollten sie gehen.
Um zwölf kamen Schüler von einer nahegelegenen Oberschule für Weiße hereingeströmt. Als sie uns entdeckten, waren sie zunächst nur überrascht. Sie wußten nicht, wie sie sich verhalten sollten. Dann fingen ein paar an zu sticheln, und die Zeitungsleute schöpften neues Interesse. Nun begannen die weißen Schüler, alle möglichen negerfeindlichen Slogans zu rufen. Man gab uns allerhand hübsche Namen. Die anderen Sitze außer den dreien, auf denen wir saßen, waren durch ein Seil abgesperrt worden, damit sich niemand mehr daraufsetzen konnte. Ein paar Jungen nahmen das Ende des Seils auf und bildeten daraus eine Galgenschlinge. Man versuchte, sie uns um den Hals zu werfen. Die Menge wurde immer dichter, denn immer mehr Schüler und Erwachsene kamen herein, um Mittag zu essen.
Wir blickten gerade vor uns hin und vermieden es, in die Menge zu sehen, nur gelegentlich wagten wir einen verstohlenen Blick, um festzustellen, was vorging. Plötzlich erkannte ich ein Gesicht – den Betrunkenen aus der Busstation, wo wir das sit-in gemacht hatten. Mein Blick ruhte gerade lang genug auf ihm, daß er mich erkannte. Auch jetzt war er betrunken, deshalb erinnerte er sich wahrscheinlich nicht, wo er mich gesehen hatte. Er zog ein Messer heraus, öffnete es und steckte es wieder in die Tasche, dann begann er, auf und ab zu gehen. Memphis schlug vor, wir sollten beten. Wir senkten die Köpfe, und die Hölle brach los. Ein Mann stürzte vor, stieß Memphis von seinem Schemel und schlug mich ins Gesicht. Ein anderer Mann, der im Laden angestellt war, schubste mich gegen eine Theke.

Ich lag auf den Knien am Boden und sah Memphis gleich neben der Imbißtheke liegen, Blut lief ihm aus dem Mundwinkel. Der Mann, der ihn vom Sitz gestoßen hatte, trat ihn wiederholt gegen den Kopf, während Memphis versuchte, sein Gesicht zu schützen. Hätte er statt Turnschuhen festes Schuhwerk getragen, wäre Memphis wahrscheinlich vom ersten Tritt getötet worden. Schließlich kam ein Mann in Zivil, der sich als Polizeibeamter auswies, und verhaftete Memphis und seinen Angreifer.

Pearlena war auch zu Boden geworfen worden. Nachdem Memphis verhaftet worden war, setzten wir uns wieder auf unsere Schemel. In der Menge waren ein paar weiße Lehrer aus Tougaloo. Sie fragten mich und Pearlena, ob wir gehen wollten. Sie meinten, es würde zu wüst für uns. Wir wußten nicht, was wir tun sollten. Während wir noch versuchten, zu einem Entschluß zu kommen, gesellte sich Joan Trumpauer zu uns. Jetzt waren wir zu dreien, und eine von uns war eine Weiße. Die Menge begann im Sprechchor zu schreien: »Kommunisten, Kommunisten!« Ein alter Mann aus der Menge forderte die Schüler auf, uns von den Stühlen zu heben.

»Welche soll ich mir zuerst packen?« fragte ein dicker heiserer Junge.

»Die weiße Niggerin«, sagte der alte Mann.

Der Junge nahm Joan um die Mitte, hob sie vom Stuhl und trug sie aus dem Laden. Gleichzeitig wurde ich von zwei Schülern gepackt. Ich wurde bei den Haaren ergriffen und etwa drei Meter auf die Tür zu geschleift, bis jemand die Jungen dazu brachte, mich loszulassen. Während ich mich vom Boden erhob, sah ich, wie Joan wieder in den Laden hereinkam. Wir gingen wieder zu Pearlena, die noch an der Theke saß, zurück. Lois Chaffee, eine weiße Dozentin von Tougaloo, saß jetzt neben ihr. Joan und ich kletterten einfach über das Seil vor dem vorderen Teil der Theke und setzten uns. Wir waren jetzt zu vieren, zwei Weiße und zwei Neger, alle Frauen. Der Mob fing an, uns mit Ketchup, Senf, Zucker, Pasteten und allem, was auf der Theke stand, zu beschmieren. John Salter setzte sich jetzt zu uns, aber im Augenblick, wo er auf dem Schemel saß, bekam er einen Schlag gegen den Unterkiefer, offenbar mit einem Messingschlagring. Blut strömte ihm übers Gesicht, und jemand warf Salz in die offene Wunde. Ed King, der Studentenpfarrer von Tougaloo, eilte ihm zu Hilfe.

Am anderen Ende der Theke saßen Lois und Pearlena. Zu ihnen stieß jetzt George Raymond, ein Mitarbeiter von CORE* und Stu-

---

* CORE = Congress of Racial Equality. (Anm. d. Ü.)

dent am Jackson State College. Neben mich setzte sich ein Negerjunge von einer Oberschule. Der Mob holte Spraydosen mit Farbe von einem Verkaufsstand und besprühte damit die neuen Demonstranten. Der Oberschüler hatte ein weißes Hemd an. Mit roter Farbe wurde das Wort ›Nigger‹ auf seinen Rücken gesprüht.

Wir blieben drei Stunden sitzen und ließen alles über uns ergehen. Dann entschloß sich der Geschäftsführer, den Laden zu schließen, denn der Mob fing an, die Warenbestände zu verwüsten. Der Geschäftsführer ging umher und flehte alle an, doch den Laden zu verlassen. Nachdem er sich fünfzehn Minuten lang bemüht hatte, war noch keiner von der Stelle gewichen. Sie wollten nicht eher gehen, bis auch wir gingen. In diesem Augenblick kam Dr. Beittel, der Präsident des Tougaloo College, hereingestürzt. Er sagte, er habe erst jetzt erfahren, was vorging.

Vor dem Geschäft standen etwa neunzig Polizisten. Sie hatten alles durch die Fenster hindurch beobachtet, aber keiner war hereingekommen, um dem Mob Einhalt zu gebieten. Präsident Beittel ging nach draußen und bat Captain Ray, in den Laden zu kommen und uns nach draußen zu geleiten. Der Captain weigerte sich, er sagte, er müsse vom Geschäftsführer gebeten werden, ehe er das Gebäude betreten könne; deshalb führte Präsident Beittel uns selber aus dem Laden. Er hatte die Polizei aufgefordert, uns Schutz zu gewähren, sobald wir auf der Straße waren. Als wir aus der Tür traten, bildeten die Polizisten eine Kette und trennten uns so von dem Mob. Aber man hinderte die Menschen nicht daran, uns mit allem, was gerade zur Hand war, zu bewerfen. Nach zehn Minuten kam Pfarrer King und lud uns in seinen Kombiwagen. Er brachte uns ins Hauptquartier der NAACP in der Lynch Street.

Nach diesem sit-in mußte ich immer daran denken, wie krank doch die weiße Gesellschaft von Mississippi war. Sie glaubte so fest an die alte Lebensweise des Südens, in der die Rassen getrennt waren, daß sie bereit war, zu morden, um diese Lebensweise zu erhalten. Ich saß im NAACP-Büro und dachte daran, wie oft sie schon gemordet hatten, wenn diese Lebensweise der Südstaaten bedroht wurde. Ich wußte, daß dies erst der Anfang war. ›Viele werden noch sterben müssen, bevor es vorbei ist‹, dachte ich. Vor dem sit-in hatte ich die Weißen in Mississippi gehaßt. Jetzt wußte ich, daß sie krank waren, und Kranke kann man nicht hassen. Die Weißen litten an einer Krankheit, an einer unheilbaren Krankheit in ihrem Endstadium. Wie konnten wir gegen diese Krankheit ankommen? Ich stellte mir die

Studenten, die jungen Neger, die gerade angefangen hatten zu protestieren, wie Assistenzärzte vor. Wenn sie älter geworden waren, würden sie die besten Ärzte der Welt für soziale Krankheiten sein.

Bevor wir zum College zurückgebracht wurden, wollte ich mir das Haar waschen lassen. Es war steif von getrocknetem Senf, Ketchup und Zucker. Ich ging zu einem Friseur, der dem Büro gegenüber lag. Ich hatte keine Schuhe an, ich hatte sie verloren, als man mich bei Woolworth über den Boden schleifte. Meine Strümpfe waren mit getrocknetem Senf verklebt. Die Friseuse sah mich an und sagte: »Meine Güte, Sie haben wohl am sit-in teilgenommen?«

»Ja«, sagte ich. »Haben Sie Zeit, mein Haar zu waschen und zu legen?«

»Sofort«, sagte sie, und sie meinte es wörtlich. Es warteten schon drei Damen auf Bedienung, aber sie schienen gern damit einverstanden, mich vorzulassen. Die Friseuse war wirklich reizend. Während mein Haar trocknete, zog sie mir sogar die Strümpfe aus und wusch mir die Beine.

An diesem Abend fand in der Kirche in der Pearl Street in Jackson eine Massenveranstaltung statt, und der Raum war brechend voll. Die Leute standen sogar in den Gängen in zwei Reihen. Bevor die Ansprachen begannen, stiegen die Teilnehmer am sit-in auf die Bühne und wurden von Medgar Evers vorgestellt. Die Menschen erhoben sich von ihren Plätzen und klatschten – ich glaube, eine halbe Stunde lang. Medgar erzählte den Zuhörern, dies sei erst der Beginn der Demonstrationen gewesen. Er bat sie, alle aktiv zu werden und sich zu einem massiven Angriff auf die Rassentrennung in Jackson und im ganzen Staat zu vereinigen. Die Versammlung endete mit ›We shall overcome‹, und Hunderte von entschlossenen Menschen gingen von hier nach Hause. Endlich schien es, als würden sich die Neger von Mississippi sammeln.

Bevor ich zu der Demonstration ging, hatte ich an Mama geschrieben. Sie schrieb zurück und bat mich, nicht an dem sit-in teilzunehmen. Sie schickte mir sogar zehn Dollar, um damit nach New Orleans zu fahren. Ich hatte keinen Pfennig, deshalb behielt ich das Geld. Mamas Brief machte mich rasend. Ich mußte mein Leben leben, so wie ich es für richtig hielt. Diesen Entschluß hatte ich gefaßt, als ich von zu Hause wegging. Aber es tat mir weh, daß meine Angehörigen mir zeigten, welche Angst sie hatten. Es schmerzte mehr als alles andere – ich wußte jetzt, daß die Weißen schon mit ihren Drohungen und Einschüchterungsversuchen angefangen hatten. Ich war die erste Negerin aus meiner Heimatstadt, die öffentlich protestierte, bei der NAACP mitarbeitete oder sonstwas. Wenn ein Neger in Centreville die Absicht zeigte, etwas zu unternehmen, wurde er entweder erschossen wie Samuel O'Quinn oder aus der Stadt vertrieben wie Pfarrer Dupree.

Ich beantwortete Mamas Brief nicht. Selbst wenn ich geschrieben hätte, so hätte sie meinen Brief nicht bekommen, bevor sie die Tagesschau im Fernsehen sah oder die Sache im Radio hörte. Ich erwartete, daß sie mir wieder schreiben würde. Ich erwartete auch, daß jemand in Centreville ermordet worden war. Und ich wußte, es würde jemand aus meiner Familie sein.

Am Mittwoch, dem Tag nach dem sit-in, fingen die Demonstrationen gut an. Kurz nach Mittag gingen Demonstranten mit Transparenten in der Capitol Street auf und ab und wurden verhaftet. Am Abend gab es wieder eine Massenversammlung, bei der eine Delegation von sechs Negerpfarrern gewählt wurde, die am folgenden Dienstag mit dem Bürgermeister Thompson zusammentreffen sollte. Sie sollten ihm eine Liste von Forderungen im Namen der Neger von Jackson überbringen.

Diese Forderungen lauteten:
1. Einstellung von Negerpolizisten und Schülerlotsen.
2. Entfernung von Rassentrennungszeichen in allen öffentlichen Gebäuden und Verkehrsmitteln.
3. Verbesserung der Beschäftigungslage für Neger im städtischen Dienst – Negerfahrer beim städtischen Fuhrpark usw.
4. Ermutigung von Gaststätten, Neger und Weiße ohne Unterschied zu bedienen.
5. Abschaffung der Rassentrennung in öffentlichen Parks und Bibliotheken.
6. Berufung eines Negers in das Komitee für die Städtischen Parks und Erholungsstätten.
7. Integration der öffentlichen Schulen.
8. Druck auf die Tankstellen, die Rassentrennung in ihren Waschräumen aufzuheben.

Nachdem diese Zusammenkunft stattgefunden hatte, berichtete Pfarrer Haughton von der Kirche in der Pearl Street, der Bürgermeister werde in allen Punkten etwas unternehmen. Aber am folgenden Tag leugnete Thompson alles. Er sagte, der Negerdelegation sei diese Besprechung ›zu Kopf gestiegen‹.

»Es scheint, daß Bürgermeister Thompson ein übles Spiel mit uns treiben will«, sagte Pfarrer Haughton bei der nächsten Versammlung. »Er nennt uns Lügner und versucht, uns lächerlich zu machen. Ich glaube, wir müssen ihm zeigen, daß wir es ernst meinen.«
Als der Dekan und Studentenpfarrer des Campbell College, Charles A. Jones, zum Schluß der Versammlung fragte: »Wohin gehen wir jetzt?« schrien die Zuhörer: »Auf die Straße.« Sie wollten Bürgermeister Thompson und den weißen Bürgern von Jackson zeigen, daß sie es ernst meinten.
Am nächsten Morgen gegen zehn begannen Demonstrationen, die den ganzen Tag dauern sollten. Man versuchte alles mögliche. Es gab sit-ins, Demonstrationen vor Geschäften, einige Gruppen hockten sich auf den Straßen hin und weigerten sich wegzugehen.
Alle Einheitspreisgeschäfte (H. L. Green, Kress und Woolworth) hatten nach dem sit-in bei Woolworth ihre Imbißtheken geschlossen. Trotzdem gab es weitere sit-ins. Kettenrestaurants wie das Primos-Restaurant in der Innenstadt von Jackson waren neue Ziele. Da in dem guten, wohlanständigen Jackson brutales Vorgehen der Polizei sehr ungern gesehen wurde, hatte man Neger-Hilfspolizisten eingestellt. Sie sollten Demonstranten, die verhaftet wurden, aber sich weigerten, zum Polizeiwagen zu gehen, zum Müllwagen oder dem anderen Gefährt, das bestimmt war, sie zum Gefängnis zu bringen, einfach wegkarren. Captain Ray und seine Leute standen mit gefalteten Händen dabei und setzten für die Reporter und Fotografen aus dem Norden lammfromme Mienen auf.
Der Bürgermeister schien von den fortlaufenden kleinen Demonstrationen auch nicht beeindruckt und tat nichts gegen die Unruhe auf den Straßen. Nachdem achtundachtzig Demonstranten verhaftet worden waren, gab der Bürgermeister eine Pressekonferenz, wo er vor den Reportern sagte: »Wir können mit hunderttausend Demonstranten fertig werden.« Er machte auch die Feststellung, »die guten farbigen Mitbürger leisten den auswärtigen Agitatoren keinen Beistand«. (Obwohl damals nur ein paar Leute aus anderen Staaten in der Bewegung mitarbeiteten.) Er bot den Presseleuten aus dem Norden jede Unterstützung, die sie wünschten, einschließlich freier Beförderung, wenn sie die Tatsachen ›angemessen‹ darstellten.
Während der Demonstrationen leitete ich verschiedene Schnellkurse, in denen potentielle Demonstranten, meist Oberschüler und Studenten, in Selbstverteidigung geschult wurden. Wenn man zum Beispiel den Nacken gegen einen Karateschlag schützen will, verschränkt man

die Hände hinter dem Nacken. Um die Geschlechtsteile oder als Mädchen die Brüste zu schützen, zieht man die Knie bis zur Brust hoch.

Diese Schnellkurse wurden meist von Sekretären für die Außenarbeit der Organisationen SNCC und CORE organisiert; die meisten von ihnen waren noch sehr jung. Die NAACP kümmerte sich um Kautionen, um Rechtsbeistand und Pressearbeit, aber die SNCC und CORE brachte mehr Jugendliche zur Bürgerrechtsbewegung als irgendeine andere Organisation. Ob es nun anerkannt wurde oder nicht: Diese jungen Menschen trugen viel dazu bei, daß sich die Aufmerksamkeit der ganzen Nation auf Jackson richtete.

Während dieses Stadiums wurden Bürgerrechtskämpfer, die der Polizei von Jackson schon bekannt waren, oft eingesetzt, um die Aufmerksamkeit der Bullen kurz vor einer Demonstration abzulenken. Dem Hauptquartier gegenüber auf der anderen Straßenseite standen immer ein paar Polizisten, denn hier wurden die Demonstrationen organisiert, und von hier gingen sie meist aus. Die ›Ablenker‹ stiegen in ein Auto und lockten die Polizisten in einer Kreuz-und-quer-Jagd hinter sich her. Auf diese Weise hatten die wirklichen Demonstranten die Möglichkeit, bis in die Innenstadt zu gelangen, ohne entdeckt zu werden. Eines Abends hatten wir zu mehreren die Polizei zu einer Rundfahrt durch den Park verleitet. Als wir den Demonstranten so viel Vorsprung verschafft hatten, daß sie bis zur Capitol Street kommen konnten, entschlossen wir uns, selbst hinzugehen und die Demonstration zu beobachten. In der Capitol Street trafen wir Pfarrer King und mehrere andere Geistliche. Sie sagten uns, sie wollten auf den Stufen des Postamtes ein pray-in veranstalten. »Kommt, macht mit«, sagte Pastor King. »Ich glaube nicht, daß man uns verhaften wird, denn das Gebäude ist Bundeseigentum.«

Als wir vor der Post ankamen, waren die Presseleute schon informiert worden. Sie standen in einer Gruppe vor dem Gebäude und blockierten den Zugang. Der weiße Mob war inzwischen gewitzt. Er wartete nicht mehr auf uns oder auf die Demonstration, sondern folgte den Reportern und Fotografen. Er war viel schlauer als die Bullen, die den Dreh immer noch nicht raus hatten.

Wir gingen durch einen Seiteneingang in das Postgebäude hinein. Eine Gruppe der Weißen erwartete uns dort schon. Wir nahmen keine Notiz davon. Nachdem noch einige Geistliche zu uns gestoßen waren, machten wir uns bereit, nach draußen zu gehen. Wir waren

zu vierzehn, sieben Weiße und sieben Neger. Wir gingen zum Vordereingang hinaus und blieben auf den Stufen stehen. Wir neigten den Kopf, und die Geistlichen begannen zu beten. Sofort wurden wir von Captain Ray unterbrochen. »Geht auseinander, Leute«, sagte er. »Wenn ihr es nicht tut, seid ihr verhaftet.«
Die meisten von uns waren nicht darauf vorbereitet, ins Gefängnis zu gehen. Doris Erskine, eine Studentin vom Jackson State College, wollte am nächsten Tag einen Schnellkurs abhalten. Einige der Geistlichen sollten am Abend eine Massenversammlung leiten. Aber wenn wir uns jetzt zerstreut hätten, wären wir vom Pöbel in Stücke gerissen worden. Den Weißen draußen stand die Mordlust in den Augen. Sie wollten uns fertigmachen, und wir wußten das alle vierzehn. Wir hatten keine Wahl, als uns verhaften zu lassen.
Wir hatten kein bestimmtes Verhalten abgesprochen. Pastor King und einige der Geistlichen, die auf dem Boden knieten, weigerten sich, sich vom Fleck zu rühren. Sie beteten einfach weiter. Ein paar andere versuchten auch niederzuknien, der Rest von uns ging zum Polizeiwagen. Captain Ray hatte Neger-Hilfspolizisten eingesetzt. Sie taten mir so leid. Sie waren zu schwach, um all diese schweren Demonstranten zu tragen. Ich sah ihnen auch an, wie ungern sie diese Arbeit machten. Ich wußte, daß sie es nur gezwungen taten.
Im Gefängnis wurden wir fotografiert, und unsere Fingerabdrücke wurden genommen, dann brachte man uns in eine Zelle. Die meisten Geistlichen waren starr vor Angst. Einige von ihnen sahen das Gefängnis zum erstenmal von innen. Vor dem Fotografieren brachte man uns alle zusammen in einen Raum, und jeder durfte ein Telefongespräch führen. Pastor King rief das Hauptquartier der NAACP an, um festzustellen, ob man dort die Mittel hatte, einige der Geistlichen sofort gegen Kaution freizubekommen. Ich war sehr froh, als die Nachricht kam, daß im Augenblick nicht genug Geld vorhanden sei. Es machte mir Spaß, dazusitzen und die Geistlichen zu beobachten. Ein paar sahen so erbarmungswürdig aus, ich glaubte, sie würden gleich zu weinen anfangen. Und das sollten nun unsere Führer sein.
Doris und ich wurden später in eine andere Zelle gebracht, wo wir die nächsten vier Tage verbringen sollten. Hier fanden wir viele Freunde vor. Wir waren im ganzen zu zwölf Mädchen. Im Gefängnis waren die Rassen getrennt. Jeanette King, Lois Chaffee und Joan Trumpauer taten mir leid. Weil sie Weiße waren, durften sie nicht an all dem Spaß teilhaben, den wir uns hier machen wollten. Wir

studierten zusammen, wohnten im selben Heim, gingen zusammen zum Gottesdienst, spielten zusammen, demonstrierten zusammen. Diese Gemeinsamkeit endete im Gefängnis. Die drei wurden schnellstens in eine Zelle gebracht, die für Weiße bestimmt war.
Die Dusche in unserer Zelle hatte keinen Vorhang. Jedesmal, wenn die Bullen das Wasser rauschen hörten, kamen sie angelaufen und spähten durch das Guckloch. Das gelang ihnen nur einmal, dann kriegten wir sie dran. Wir verklebten das Guckloch in der Tür mit Toilettenpapier und Kaugummi, und sie waren zu bang, das Loch wieder frei zu machen. Wahrscheinlich hatten sie Angst, die Sache könnte in die Zeitung kommen. Das würde ihren Frauen gar nicht gefallen: durch ein Loch gucken, um ein Rudel Niggermädel nackt zu sehen! – Alle Mädchen in der Zelle waren Studentinnen. Es gab vieles zu besprechen, so hatten wir kaum Langeweile. Wir machten uns Spielkarten aus Toilettenpapier und spielten tagelang Gin Rummy. Wir brachten einander sogar neue Tanzschritte bei.
Unter den Studentinnen waren ein paar vom Jackson State College. Sie hatten Angst, relegiert zu werden. Das College war, wie die meisten vom Staat finanzierten reinen Negerschulen, eine ›Onkel-Tom‹-Hochburg. Die Studenten wurden beim geringsten Anlaß relegiert. Als ich das hörte, lernte ich Tougaloo noch mehr schätzen.
Am Tag unserer Verhaftung hatte uns einer der Negerkalfakter heimlich eine Zeitung zugesteckt. Wir lasen, daß über vierhundert Oberschüler verhaftet worden waren. Wir freuten uns so, daß wir fast eine Stunde lang Freiheitslieder sangen. Der Wärter drohte, uns in Einzelhaft zu stecken, wenn wir nicht aufhörten. Zuerst dachten wir, er drohe nur, und sangen weiter. Jetzt kam er mit zwei anderen Bullen zurück, und wir mußten mitgehen. Man führte uns den Flur entlang und zeigte uns eine der Einzelzellen. »Wenn ihr jetzt nicht mit Singen aufhört, steck ich euch alle zusammen hier rein«, sagte der Wärter. Danach hörten wir auf zu singen. Wir gingen zurück und lasen die Zeitung zu Ende.

Am Sonntag wurden wir aus dem Gefängnis entlassen und hörten, wie überall von den Oberschülern gesprochen wurde. Man hatte die vierhundert Verhafteten in das Ausstellungsgelände gebracht, wo sie in offenen Hallen ohne Betten oder sonst etwas lagen. Es wurde erzählt, daß sie krank würden wie die Fliegen. Die Mütter flehten darum, daß man ihre Kinder herausholte, aber die NAACP hatte nicht genug Geld, um für alle eine Kaution zu stellen.

Am selben Tag, als wir verhaftet worden waren, hatten die Schüler der Lanier High School während der Mittagspause Freiheitslieder gesungen. Sie hatten sich in eine solche Begeisterung gesteigert, daß sie, als die Pause zu Ende war, das Klingelzeichen ignorierten und einfach weitersangen. Der Direktor war ratlos, rief die Polizei und sagte, unter den Schülern könne gleich ein Aufruhr ausbrechen.

Die Polizei kam mit Hunden. Die Schüler wollten der Aufforderung, in die Klassenräume zurückzugehen, nicht nachkommen, und die Bullen ließen die Hunde auf sie los. Eine Zeitlang konnten die Schüler sich der Hunde erwehren. Man erzählte sogar, daß Mütter, die in der Nähe der Schule wohnten, den Kindern zu Hilfe kamen. Es wurde mit Ziegeln, Steinen und Flaschen geworfen. Am nächsten Tag stand in den Zeitungen, daß zehn oder mehr Polizisten Schnittwunden und kleinere Verletzungen erlitten. In den Zeitungen stand nichts davon, daß auch viele Schüler verletzt worden waren, daß sie Hundebisse und Beulen von den Schlagstöcken der Polizei davongetragen hatten. Schließlich wurden hundertfünfzig Polizisten auf den Schauplatz geworfen, und mehrere Schüler und Erwachsene wurden verhaftet.

Am nächsten Tag versammelten sich vierhundert Schüler von den Oberschulen Lanier, Jim Hill und Brinkley in einer Kirche in der Farish Street, bereit ins Gefängnis zu gehen. Willie Ludden, der Jugendführer der NAACP, und einige Mitarbeiter von SNCC und CORE stießen zu ihnen, gaben eine schnelle Unterweisung in passiver Verteidigung und führten sie dann auf die Straße. Nachdem sie zwei Straßen weit marschiert waren, kamen ihnen behelmte Polizeioffiziere entgegen und forderten sie auf, sich zu zerstreuen. Sie weigerten sich, wurden verhaftet, in Gefängniswagen, Planwagen und Müllautos verfrachtet. Wer sich zu langsam bewegte, wurde mit dem Gewehrkolben vorwärtsgestoßen. Die Polizei hatte Hunde dabei, setzte sie aber nicht ein. Die Beschreibung dieser Szene ließ einen eher an Nazi-Deutschland denken als an Jackson in den USA.

Am Montag schloß ich mich einer Gruppe von Oberschülern und Studenten an, die versuchten, verhaftet zu werden. Wir wollten auf diese Weise in das Ausstellungsgelände zu den Schülern gelangen. Die Bullen nahmen uns fest, wollten uns sogenannte Berufsagitatoren aber nicht zu den Schülern stecken. Wir wurden ausgesondert und ins Stadtgefängnis zurückgebracht.

Zwei Tage später wurde ich entlassen und fand zu Hause wieder einen Brief von Mama vor. Sie hatte ihn am Mittwoch nach dem

sit-in bei Woolworth geschrieben. Er hatte so lange gebraucht, um mich zu erreichen, weil er über New Orleans gegangen war. Mama hatte ihn an Adline geschickt, mit der Bitte, ihn an mich weiterzuleiten. Sie schrieb, daß der Sheriff sie am Morgen nach dem sit-in aufgesucht und ihr allerhand Fragen über mich gestellt habe. Sie schrieb, daß sie und Raymond ihm gesagt hätten, ich sei, seit ich zur Universität ginge, nur einmal zu Hause gewesen und daß ich die Verbindung mit ihnen praktisch abgebrochen hätte, als ich in der Abschlußklasse der Oberschule von zu Hause weggegangen sei. ›Das sollte er wohl wissen‹, dachte ich, ›ich mußte ihn ja bitten, meine Kleider herauszuholen.‹ Der Brief nahm kein Ende. Mutter schrieb, der Sheriff habe gesagt, ich dürfe nie mehr zurückkommen. Wenn ich kommen würde, könne er für das, was mir vielleicht zustieße, keine Verantwortung übernehmen. »Die Weißen sind ziemlich entsetzt über ihr Verhalten«, hatte er gesagt. Mama schrieb, ich solle nicht mehr schreiben, bis sie mir Nachricht gegeben habe, daß es ungefährlich sei. Ich würde durch Adline von ihr hören.
Im selben Umschlag war auch ein Brief von Adline. Sie erzählte mir, was Mama verschwiegen hatte – Junior war von einer Gruppe weißer Jungen gestellt worden. Sie wollten ihn lynchen, als einer seiner Freunde im Auto vorbeikam und ihn rettete. Außerdem hatten Weiße meinen alten Onkel Buck zusammengeschlagen. Mama hatte gesagt, sie könne aus Angst vor nächtlichen Überfällen nicht schlafen. Sie seien völlig verschüchtert. Meine Schwester schloß ihren Brief mit schweren Vorwürfen. Ich wäre schuld daran, wenn alle Neger in Centreville ermordet würden.
Ich glaube, Mama hatte mir diese Dinge aus Angst verschwiegen. Sie glaubte wahrscheinlich, ich würde irgend etwas Verzweifeltes unternehmen. Vielleicht versuchen, mit der Organisation nach Wilkinson County zu kommen oder nach Hause, um herauszufinden, ob sie mich umbrächten. Sie hat mir nie die geringste Vernunft zugetraut. Ich wußte, daß ich nichts tun konnte. Keine Organisation wollte nach Wilkinson County gehen. Es war einfach zu gefährlich. Auch ich dachte nicht daran. Die Weißen sagten, sie würden mich umbringen, und ich hielt es für besser, ihnen zu glauben.
In den letzten vier oder fünf Tagen war Jackson im Brennpunkt der Rassendemonstrationen im Süden. Die meisten Neger, Studenten und Oberschüler, beteiligten sich. Wer nicht ins Gefängnis ging, wurde von den anderen als Feigling betrachtet. An diesem Punkt traf der Bürgermeister Allen Thompson eine wichtige Entscheidung.

Er verkündete, daß Jackson darauf vorbereitet sei, 12500 Demonstranten in den Stadtgefängnissen und im Ausstellungsgelände zu inhaftieren. Wenn das nicht reiche, würde man das Zuchthaus des Staates in Parchman dazunehmen. Der Gouverneur Ross Barnett hatte auf einer Pressekonferenz der Stadt Jackson das Zuchthaus zur Verfügung gestellt. Durch Gerichtsbeschluß wurden alle Demonstrationen verboten. In diesem Beschluß wurden NAACP, CORE, Tougaloo College und verschiedene Führer namentlich aufgeführt. Diesem Beschluß zufolge war es das Ziel der genannten Personen und Organisationen, das ökonomische Nervenzentrum der Stadt Jackson lahmzulegen. Als Beweismittel wurden die Flugzettel genannt, die von der NAACP verteilt worden waren und auf denen die Neger aufgefordert wurden, nicht mehr in der Capitol Street zu kaufen. Die Antwort auf diesen Gerichtsbeschluß war eine neue Massendemonstration am nächsten Tag.

Die Bullen fingen an, jeden Neger auf dem Schauplatz einer Demonstration festzunehmen, ob er nun aktiv beteiligt war oder nicht. Jeden Tag wurden wagenweise Menschen in die Gefängnisse befördert. Am Samstag wurden Roy Wilkins, der Bundesleiter der NAACP, und Medgar Evers verhaftet, als sie vor Woolworth auf und ab gingen. Auch Theldon Henderson, ein Negerrechtsanwalt, der im Justizministerium arbeitete und von Washington geschickt worden war, um einer Klage der NAACP über die Unterbringung der Gefangenen im Ausstellungsgelände nachzugehen, wurde festgenommen. Man erzählte später, als er seinen Ausweis als Angehöriger des Justizministeriums zeigte, hätten die Polizeioffiziere zu zittern angefangen und ihn gleich wieder freigelassen.

Die Massenveranstaltungen am Abend waren schon selbstverständlich geworden, und bei jeder dieser Veranstaltungen stellte die NAACP Medgar Evers in den Vordergrund. Ich hatte das Gefühl, daß die Organisation hoffte, er würde für Mississippi das werden, was Martin Luther King für Alabama gewesen war. Und sie waren auf dem besten Weg, es zu erreichen.

Nach der Versammlung am Dienstag, dem 11. Juni, mußte ich in Jackson bleiben. Ich hatte keine Fahrgelegenheit zum College mehr gefunden. Dave Dennis, der CORE-Sekretär für die Außenarbeit in Mississippi, und seine Frau nahmen mich für die Nacht auf. Gegen Mitternacht saßen wir vor dem Fernsehschirm, als das Programm für eine Sondernachricht unterbrochen wurde. Sie lautete: »Der Führer der NAACP für Jackson, Medgar Evers, ist erschossen worden.«

Wir konnten es nicht fassen. Wir saßen da und starrten auf den Fernsehschirm. Es war nicht zu glauben. Noch vor einer Stunde waren wir mit ihm zusammen gewesen. Die nächste Nachricht lautete, daß er kurz nach seiner Einlieferung ins Krankenhaus gestorben sei. Wir wußten nicht, was wir sagen oder tun sollten. Die ganze Nacht durch versuchten wir, uns darüber klarzuwerden, was geschehen war; wer es getan hatte, wer der nächste sein würde, und immer noch schien es unwirklich.

Am nächsten Morgen stellten wir sofort wieder das Fernsehgerät an. Es zeigte Filme, die kurz nach dem Attentat in der Auffahrt zu Medgars Haus aufgenommen worden waren. Wir sahen die Blutlache, wo er gefallen war. Wir sahen seine Frau, die beinahe hysterisch schluchzte, während sie versuchte, den Hergang zu berichten. Ohne Frühstück machten wir uns zum Hauptquartier der NAACP auf. Dort versuchte man, einen Marsch zu organisieren, um gegen Medgars Ermordung zu protestieren. Presseleute, Kriminalisten und Bildreporter überfluteten das Büro. Im Versammlungssaal saßen Studenten, Schüler und ein paar Erwachsene, die an dem Marsch teilnehmen wollten.

Dorie Ladner, ein Mitglied der SNCC, und ich beschlossen, zum Jackson State College zu fahren und die Studenten dort zur Teilnahme an dem Marsch zu bewegen. Ich war sicher, daß einige von ihnen bereit sein würden, gegen Medgar Evers' Ermordung zu protestieren. Der Marsch sollte kurz nach Mittag beginnen, wir hatten also ein paar Stunden Zeit, Teilnehmer zu werben. Als wir zum Jackson State College kamen, waren die Vorlesungen im Gang. ›Was für eine Schande‹, dachte ich. ›Man hätte heute Medgar zu Ehren den Unterricht ausfallen lassen sollen.‹

Dorie und ich gingen die Flure entlang; jede nahm sich die Unterrichtsräume auf einer Seite vor. Wir baten die Studenten eindringlich, an dem Marsch teilzunehmen. Sie zeigten keine Reaktion.

»Was für eine Schande, was für eine Riesenschande! Heute morgen ist Medgar Evers ermordet worden, und ihr sitzt in euren verdammten Klassenzimmern, steckt die Nase in die Bücher und tut so, als wüßtet ihr von nichts. Alle Neger in Jackson sollten auf der Straße sein und toben und gegen diesen Mord protestieren«, sagte ich in einer Klasse. Ich war ganz krank vor Wut. Wie konnten Neger so erbärmlich sein? Wie konnten sie einfach dabeisitzen und ungerührt all diese Scheiße hinnehmen? Ich konnte es einfach nicht verstehen.

»Es ist hoffnungslos, Moody, laß uns gehen«, sagte Dorie.

Bevor wir das Gebäude verließen, warben wir noch einmal in der Halle mit lauter Stimme für die Demonstration. Wir kamen am Büro des Präsidenten vorüber und schrien noch lauter. Präsident Reddix kam herausgestürzt: »Ihr Mädchen verlaßt sofort das Universitätsgelände«, sagte er. »Ihr könnt nicht einfach herkommen und ohne meine Einwilligung irgend etwas ankündigen.«
Dorie war Studentin des Jackson State College gewesen. Mr. Reddix sah sie an und sagte: »Das sollten Sie eigentlich wissen, Dorie.«
»Aber Herr Präsident, Medgar ist ermordet worden. Bedeutet das denn gar nichts für Sie?« entgegnete Dorie.
»Ich habe ein Amt. Ich kann dieses Amt nicht versehen und gleichzeitig mich mit allem auseinandersetzen, was in Jackson geschieht«, sagte er. Er fuchtelte mit den Armen und stach uns mit dem Zeigefinger fast ins Gesicht. »Macht jetzt, daß ihr wegkommt, sonst lasse ich euch verhaften.«
Inzwischen hatte sich eine Gruppe von Studenten in der Halle versammelt. Dorie war vor Abscheu in die Knie gesunken, als Reddix mit dem Zeigefinger auf sie wies, und einige der Studenten glaubten, er habe sie geschlagen. Ich sagte gar nichts. Hätte ich meinen Mund aufgemacht, hätte ich ihn einen beschissenen ›Onkel Tom‹ genannt und ihm alle nur erdenklichen Beschimpfungen an den Kopf geworfen. Ich half Dorie aufzustehen. Ich sagte ihr, wir müßten uns beeilen, wenn wir rechtzeitig zur Demonstration kommen wollten.
Auf dem Weg zurück kauften wir uns eine *Jackson Daily News*. Eine Schlagzeile lautete: EVERS – FÜHRER DER INTEGRATIONSBEWEGUNG IN JACKSON – ERMORDET.
Der Negerführer der NAACP Medgar Evers wurde heute in der Frühe erschossen, als er auf dem Heimweg von einer Sitzung der Integrationsbewegung vor seinem Haus aus dem Auto stieg.
Wie die Polizei berichtet, wurde Evers, 37, von einer hochkalibrigen Kugel in den Rücken getroffen.
Ich stutzte. Gewöhnlich wurde Evers jeden Abend von zwei oder drei Bullen auf dem Heimweg beschattet. Warum waren sie gestern nicht da gewesen? Da stimmte etwas nicht. ›Sie müssen es gewußt haben‹, dachte ich. ›Warum sind sie ihm gestern nacht nicht gefolgt?‹ fragte ich mich immer wieder. Ich mußte mir klar darüber werden. Das konnte ich nur, wenn ich ins Gefängnis ging. Das Gefängnis war der einzige Ort, wo ich nachdenken konnte.
Als wir in den Versammlungsraum der NAACP kamen, wurde uns gesagt, daß die Teilnehmer des ersten Marsches sich in der Kirche

in der Pearl Street versammelten. Dorie und ich gingen hin. Wir trafen dort einige Mädchen vom Jackson State College. Sie fragten Dorie, ob Präsident Reddix sie geschlagen habe, das Gerücht ginge im College rund, und viele Studenten wollten gegen das Verhalten von Reddix demonstrieren. »Wie gut«, sagte Dorie. »Reddix soll nur aufpassen, sonst bringen wir die ganze Hochschule in Aufruhr.«

Ich wurde zur Kirchenfront gerufen, weil ich den Gesang leiten sollte. Wir sangen: ›Woke up this morning with my mind on freedom‹ und ›Ain't gonna let nobody turn me round‹. Nachdem das letzte Lied zu Ende war, gingen wir auf die Straße hinunter. Wir marschierten in Doppelreihen und trugen kleine amerikanische Flaggen in der Hand. Die Bullen hatten gehört, daß die Neger den ganzen Tag auf der Straße sein würden, um gegen den Mord an Evers zu protestieren. Sie waren vorbereitet.

In der Rose Street liefen wir in eine Sperre von etwa zweihundert Polizisten. Captain Ray forderte uns auf, stehenzubleiben und uns zu zerstreuen. »Wer hier keine Genehmigung hat, soll raus aus der Parade«, sagte Captain Ray in seine Flüstertüte. Niemand rührte sich. Er winkte den Bullen, auf uns loszugehen.

Sie trugen Gewehre und Stahlhelme. Sie kamen schnell auf uns zu und umzingelten uns dann. Sie rissen uns die kleinen amerikanischen Flaggen aus der Hand, warfen sie auf den Boden und trampelten darauf herum. Studenten, die sich weigerten, die Flaggen loszulassen, wurden mit den Gewehrkolben gestoßen. Es war nur ein Polizeiwagen auf dem Schauplatz. Die ersten zwanzig von uns wurden hineingedrängt, obwohl ein Wagen nur für zehn Personen Sitzplätze hat. Sie saßen und lagen einer über dem andern. Dann wurden Müllwagen herangefahren. Wir schauten durch das Hinterfenster nach draußen und sahen, daß die Polizei etwa fünfzig Menschen in jeden Müllwagen stieß. In diesem Augenblick raste der Wagen los. Der Fahrer fuhr, so schnell er konnte, bremste hin und wieder plötzlich, so daß wir drinnen alle übereinanderpurzelten.

Weil wir alle Studenten waren, glaubten wir, man würde uns wieder ins Stadtgefängnis bringen. Dann merkten wir, daß wir in Richtung Ausstellungsgelände fuhren. Als wir dort angekommen waren, drehte der Fahrer die Fenster hoch, stellte die Heizung an und ging weg. An diesem Tag war es draußen fast 41 Grad. Keine Luft kam in das Wageninnere, und bald lief uns der Schweiß nur so herunter. Eine Stunde verging. Unsere Kleider klebten uns am Leib. Einige

Mädchen sahen aus, als würden sie gleich ohnmächtig. Ein Polizist schaute durchs Fenster, um zu sehen, wie wir uns verhielten. Er lächelte nur und ging wieder davon.

Wir sahen durch das hintere Fenster, daß jetzt alle Demonstranten registriert wurden. Wir merkten, daß diese Behandlung unserer Gruppe geplant war. Den Bullen waren mehrere von uns bekannt. Seit dem sit-in bei Woolworth kannte mich jeder Weiße in Jackson. Ich erinnere mich noch, daß Weiße auf der Straße oder vom Auto aus mit dem Finger auf mich zeigten.

Plötzlich begann eins der Mädchen zu schreien. Wir stürzten zum Fenster und sahen John Salter mit einer großen Wunde am Hinterkopf, aus der das Blut strömte. Er stand da, ganz benommen, und niemand kam ihm zu Hilfe. Und auch wir konnten ihm nicht helfen.

Erst nachdem alle Müllwagen leer waren, ließ man uns heraus. Wir waren über zwei Stunden eingesperrt gewesen. Eins der Mädchen stolperte beim Aussteigen und wäre beinahe gefallen. Ein Junge wollte ihr beispringen.

»Hände weg von dem Mädel. Was denkste dir. Denks das wär hier'n Spaziergang?« sagte einer der Bullen.

Das Wasser lief mir an den Beinen herunter. Meine Haut war aufgeweicht und schwammig. Ich hatte in meinem Büstenhalter ein kleines Transistorradio versteckt, andere hatten Spielkarten. Wir waren auf die Idee gekommen, Sachen in den Büstenhaltern zu verstecken, weil Frauen nicht durchsucht wurden. Aber jetzt zeichnete sich unter den nassen Kleidern alles ab.

Als wir in die Hallen kamen, fanden wir immer noch Schüler vor, denn die Mittel der NAACP für Kautionen waren erschöpft. Es waren mehr als hundertfünfzig Schulmädchen dort. Die Jungen waren in einer Halle, die uns gegenüber und parallel zu der unseren lag. Von den Mädchen, die nach uns verhaftet worden waren, bekamen wir Kleidungsstücke geliehen, bis die unseren getrocknet waren. Sie erzählten uns, was nach unserer Festnahme geschehen war. Die Bullen hatten so viele Menschen in die Müllwagen gezwängt, daß einige halb heraushingen. Als einer der Wagen anfuhr, war der dreizehnjährige John Young heruntergefallen. Dann hatte der Fahrer gebremst, der Wagen war zurückgerollt und hatte den Jungen überfahren. Man hatte ihn eilig ins Krankenhaus gebracht, aber die Mädchen wußten nicht, wie schwer er verletzt war. Sie sagten, die Bullen hätten wie wild mit ihren Schlagstöcken herumgeprügelt. Sie

hätten sogar Neger verhaftet, die von ihren Veranden aus zusahen. John Salter wäre von der Veranda eines Negers heruntergestoßen worden und hätte einen Schlag auf den Kopf bekommen.
Nichts von dem, was wir über das Ausstellungsgelände gehört hatten, war übertrieben. Die Gebäude, in denen wir lagen, waren zwei große Hallen, in denen die Viehauktionen während der staatlichen Jahresausstellung stattfanden. Sie hatten etwa die Länge eines ganzen Straßenabschnitts. An beiden Enden war eine sechs bis sieben Meter breite Öffnung, durch die das Vieh getrieben wurde. Diese Öffnungen waren mit einem Drahtzaun verschlossen worden. Ich mußte sofort an ein Konzentrationslager denken. Es war heiß und stickig, und die Mädchen gingen halb bekleidet umher. Wir wurden von vier Polizisten bewacht. Sie trugen Gewehre und beobachteten uns durch die Drahtgitter hindurch. Ich stellte mir vor, ich wäre in Nazi-Deutschland, und die Polizisten wären Nazi-Soldaten. Sie konnten nicht gröber gewesen sein als diese Bullen. Und doch waren wir in Amerika, ›dem Land der Freien und der Heimat der Tapferen‹.
Um halb sechs kam die Nachricht, daß wir zu essen bekämen. Wir wurden in einer Reihe aufgestellt und aus der Halle geführt. Draußen stand der Koch aus dem Stadtgefängnis und rührte in einer großen Mülltonne mit einem Stock herum. Der Anblick machte mir übel. Niemand aß, weder Jungen noch Mädchen. In den folgenden Tagen wurden viele vom Ausstellungsgelände weggebracht, weil sie vor Hunger krank geworden waren.

Als ich am Samstag, dem Tag vor Medgars Begräbnis, entlassen wurde, hatte ich fünfzehn Pfund abgenommen. Im Tougaloo College hatte man eine besondere Mahlzeit für uns vorbereitet, aber jeder Versuch zu essen machte mich noch kränker. Immer wieder kam mir das Essen hoch. Am nächsten Morgen riß ich mich zusammen und nahm an der Begräbnisfeier in der Freimaurerloge teil. Ich war froh, daß ich trotz meiner Krankheit hingegangen war. Noch nie hatte ich so viele Neger beisammen gesehen. Tausende waren gekommen. Ich glaube, erst Medgar Evers' Tod hatte sie der Bewegung nahegebracht. Vielleicht würde sein Tod die Beziehung der Neger zu den Negerorganisationen stärken. Wenn dies geschah, war sein Tod nicht umsonst gewesen.
Kurz vor Schluß der Begräbnisfeier ging ich nach draußen. Dem Freimaurertempel gegenüber stieg das Gelände an. Ich ging den Abhang hinauf, um den Leichenzug zu beobachten.

Als die Leichenträger den Toten herausbrachten und den Sarg auf den Leichenwagen stellten, war die Atmosphäre zum Platzen gespannt. Zwei- oder dreitausend Menschen, die im Tempel keinen Platz gefunden hatten, standen draußen und sahen zu. Auf den Gesichtern lag ein Ausdruck von Wut, Bitterkeit und Entsetzen. Es sah aus, als könne jeden Augenblick ein Aufstand ausbrechen. Als Mrs. Evers und ihre beiden ältesten Kinder in ihre schwarze Limousine stiegen, begannen die Negerfrauen in der Menge zu weinen. Man hörte Worte wie: ›Es ist eine Schande... diese junge Frau... so hübsche Kinder... es ist eine Schande, es ist wirklich eine Schande.‹ Eine endlose Reihe von Negern machte sich auf den Marsch zum Begräbnisinstitut. Ihre Erbitterung stieg immer mehr, trotzdem marschierten sie schweigend, bis sie in die Innenstadt kamen, wo boykottiert wurde. Sie versuchten, durch die Barrikaden in der Capitol Street zu brechen, aber die Bullen zwangen sie in die Marschreihe zurück. Als sie das Begräbnisinstitut erreicht hatten, wurde der Tote hineingetragen, und der größere Teil des Zuges löste sich auf. Aber ein entschlossener Rest von Negern wollte nicht nach Hause gehen. Von SNCC-Mitgliedern, die vor dem Begräbnisinstitut Freiheitslieder sangen, ermutigt, begannen diese Menschen wieder zur Capitol Street zurückzuströmen.

Am Weg des Leichenzuges entlang waren Polizisten plaziert worden, und sie waren immer noch da. Sie ließen die Negergruppe sieben Straßen weit gehen, aber kurz vor der Capitol Street bildeten sie eine feste Absperrkette. Jeder wurde hier angehalten. Sie hatten alles – Gewehre, Wasserwerfer, Gasmasken, Hunde, Wasserschläuche und Schlagstöcke. Entlang den Gehsteigen und am Rand der Menge schlugen die Bullen auf Köpfe, hetzten Hunde auf Menschen und nahmen etwa dreißig Leute fest, aber die Hauptmasse in der Straßenmitte wurde nur aufgehalten.

Die Menschen sangen und riefen der Polizei Dinge zu wie etwa: »Schießt, schießt doch!« Dann begann die Polizei, sie langsam zurückzudrängen. Die Menge war etwa eine Straßenkreuzung weit zurückgewichen, dann stand sie und wollte nicht weiter zurück. Jetzt holte die Polizei die Löschzüge heran und richtete die Wasserwerfer gegen die Menge. Damit war die Demonstration eigentlich zu Ende. Die Leute fingen an, schneller zurückzuweichen und nach Hause zu gehen. Aber ihre Wut stieg. Zuschauer warfen Steine und Flaschen nach den Bullen, und dann begannen auch die Demonstranten zu werfen. Andere Neger warfen Gegenstände aus den zweiten und dritten Stockwerken. Die Menge wich bis zur nächsten Straßenkreuzung zurück, der freie Raum zwischen ihnen und den Löschzügen war übersät mit Steinen und Scherben. John Doar kam hinter der Polizeibarrikade hervor und ging auf die Negermenge zu. Die Flaschen flogen nur so um ihn herum. Er sprach mit den Leuten in der ersten Reihe, sagte, er käme vom Justizministerium, und dieser Weg führe zu nichts. Nachdem er ein paar Minuten geredet hatte, wurde es viel ruhiger, und Dave Dennis und ein paar andere fingen an, den Leuten die Flaschen aus der Hand zu nehmen und ihnen zu sagen, sie sollten nach Hause gehen. Danach war es nur noch eine Aufräumungsaktion. Ein Geistlicher lieh sich das Sprachrohr von Captain Ray, lief die Straße auf und ab und forderte die Leute auf, sich zu zerstreuen, aber es waren nur noch ein paar Nachzügler da.

Nach Medgars Tod folgte eine Zeit der Verwirrung. Jeder Negerführer und jede Organisation bekam Drohbriefe. Sie wären die ›Nächsten auf der Liste‹. Alles begann auseinanderzufallen. Besonders die Geistlichen wollten nicht die ›Nächsten‹ sein; viele von ihnen nahmen den lange geplanten Urlaub in Afrika oder sonstwo. Die SNCC und CORE dagegen wurden militanter und drängten auf weitere Demonstrationen. Viele junge Neger wollten den Weißen von Jackson beweisen, daß sie auch mit der Ermordung Medgars den eigentlichen Kern der Bewegung nicht getroffen hatten. Für die NAACP und die älteren, konservativeren Gruppen war die Wählerregistrierung in den Vordergrund der Notwendigkeiten gerückt. Bei mehreren Strategiebesprechungen konnte die NAACP sich durchsetzen, und die militanten Gruppen verloren.
Die *Jackson Daily News* ergriff die Gelegenheit, die Zersplitterung noch weiter zu treiben. Die Zeitung brachte eines Tages eine Schlagzeile: DIE ORGANISATIONEN SIND GESPALTEN, und tatsächlich hatten bald darauf gewisse Organisationen ihre Beziehungen zueinander gänzlich abgebrochen. Wieder einmal hatten die Weißen Erfolg gehabt. Sie hatten uns durch die Presse getroffen, indem sie uns wissen ließen, daß wir nicht zusammenstanden. ›Wie schade‹, dachte ich. ›Aber eines Tages werden wir es lernen. Doch es ist schon schlimm, wenn man alles gegen sich hat: das Geld, die Zeitungen und die Polizei.‹
Im Lauf einer Woche hatte sich alles verändert. Nicht einmal die Versammlungen waren die gleichen. Die wenigen Geistlichen und Führer, die kamen, hatten solche Angst – sie fürchteten, daß ihnen

auf dem Heimweg Mörder folgten. Bald fanden die Versammlungen nur zweimal in der Woche statt, nicht wie sonst jeden Abend.

Am Sonntag nach Medgars Begräbnis organisierte Pfarrer Ed King im College ein integriertes Team von sechs Studenten, die zusammen die Kirche besuchen sollten. In Jackson wurde von einer Gruppe ein zweites Team aufgestellt. Fünf oder sechs Kirchen sollten an diesem Tag besucht werden, unter ihnen die Pfarrkirche des Gouverneurs Ross Barnett. Alle Kirchen hatten sich auf unseren Besuch mit bewaffneten Polizisten, Polizeiwagen und Hunden vorbereitet, die eingesetzt werden sollten, falls wir uns weigerten zu gehen, nachdem die ›Platzanweiser‹ uns die vorbereitete Resolution vorgelesen hatten. In jeder Kirche gab es etwa acht dieser Platzanweiser, die nicht eigentlich wie Platzanweiser wirkten. Sie wirkten eher, als gehörten sie zum Orden des Al Capone. Ich glaube, die Männer trugen bei dieser Gelegenheit zum erstenmal eine Blume im Knopfloch. Wir gingen jedesmal, wenn wir dazu aufgefordert wurden. Man erlaubte uns nie, auch nur die erste Treppenstufe zu überschreiten.

Viele von uns entschlossen sich, am nächsten Sonntag wieder in die Kirche zu gehen. Diesmal hatten wir einigen Erfolg. Wir hatten die Besuche nicht wie das erste Mal vorher bekanntgegeben, und man hatte uns nicht erwartet. Wir gingen zuerst zu einer ›Church of Christ‹, wo wir von den regulären Platzanweisern empfangen wurden. Nachdem sie uns dieselbe Resolution wie am Sonntag zuvor vorgelesen hatten, boten sie uns an, uns mit einer Taxe zu einer Tochterkirche für Neger zu bringen. Wir lehnten dies ab und wollten gerade gehen, als eine alte Dame uns anhielt und sagte: »Wir wollen uns zu Ihnen setzen.«

Wir gingen mit ihr und ihren Familienangehörigen zu den Platzanweisern zurück. »Bitte, lassen Sie sie herein, Mr. Calloway. Wir setzen uns zu ihnen in die Bank«, sagte die alte Dame.

»Mrs. Dixon, die Kirche hat entschieden, was getan werden soll. Es ist ein Beschluß gefaßt worden, und wir müssen ihn befolgen.«

»Wer sind wir, daß wir eine solche Sache entscheiden könnten. Dies ist ein Haus Gottes, und nur Gott kann hier entscheiden. Er ist unser aller Richter«, sagte die Dame.

Die Ordner wurden jetzt wütend und drohten, die Polizei zu rufen, wenn wir nicht gingen. Wir entschlossen uns zu gehen.

Ich sagte zu der alten Dame: »Wir wissen sehr zu schätzen, was Sie getan haben.«

Während wir uns von der Kirche entfernten, bemerkte ich, daß die ganze Familie den Gottesdienst durch einen Seitenausgang verließ. Die alte Dame winkte uns zu.

Zwei Straßenkreuzungen weiter lud uns Jeanette, Ed Kings Frau, in ihren Wagen. Sie fuhr uns zu einer Episkopalkirche. Sie hatte die beiden anderen Mädchen unseres Teams dort abgesetzt. Wir fuhren ein paarmal um den Block, konnten die beiden aber nicht entdecken. Ich machte den Vorschlag, in der Kirche nachzusehen. »Vielleicht hat man sie hereingelassen«, sagte ich. Mrs. King wartete im Auto auf uns. Wir stiegen die Stufen zum Kircheneingang hinauf. Es war kein Platzanweiser zu sehen. Der Gottesdienst hatte offenbar schon angefangen. Als wir eintraten, wurden wir von zwei Ordnern begrüßt, die im Hintergrund der Kirche standen.

»Können wir Ihnen helfen?« sagte der eine.

»Ja«, sagte ich, »wir würden gern hier bei Ihnen am Gottesdienst teilnehmen.«

»Bitte, tragen Sie sich in die Gästeliste ein, ich bringe Sie dann zu einem Platz«, sagte der andere.

Es dauerte gute fünf Minuten, bis ich mich gefaßt hatte. Ich hatte nie zuvor mit Weißen zusammen in einer weißen Kirche gebetet. Wir trugen uns in die Gästeliste ein und wurden zu einer Bank hinter den beiden andern Mädchen unseres Teams geführt. Wir waren eingedrungen. Der Gottesdienst lief ohne einen Zwischenfall ab. Es war ein ganz normaler Gottesdienst. Aber für mich war er ganz und gar nicht normal. Ich saß da und fürchtete jeden Augenblick, ein Blitz Gottes würde mich treffen. Ich erkannte einige der Weißen, die um mich herumsaßen. Ich dachte, wenn sie zum selben Gott beten wie ich, dann muß Gott gegen mich sein.

Als der Gottesdienst zu Ende war, lud uns der Geistliche ein, wiederzukommen. Er schien es ernst zu meinen, und ich schöpfte ein wenig Hoffnung.

23. Kapitel

Im Juli eröffnete CORE in Canton in Mississippi ein Büro, um im Madison County eine Wählerregistrierungskampagne zu starten. Die Streitereien und Eifersüchteleien unter den Organisationen in Jackson hingen mir inzwischen so zum Halse heraus, daß ich unbedingt weg wollte, egal wohin, sogar ins Madison County, wo es häufig genug tote Neger gab. Kurz vor Weihnachten war die Leiche eines Mannes ohne Kopf auf der Straße zwischen Canton und Tougaloo gefunden worden. Seine Genitalien waren abgetrennt, der ganze Körper war mit ins Fleisch eingeschnittenen K's bedeckt. Um diese Zeit hatte Tougaloo College zahlreiche Drohbriefe erhalten, deshalb prüfte man nach, ob alle männlichen Mitglieder des Colleges anwesend waren.
Als Pfarrer King hörte, daß ich mich bereit erklärte, in Canton für CORE zu arbeiten, war er sehr besorgt. Er sprach mit mir darüber und meinte, die Stadt sei zu gefährlich für Mädchen. Auch meine Freundinnen baten mich, nicht dorthin zu gehen. Aber ich hielt es einfach für meine Pflicht, wenn ich auch nicht hätte sagen können warum.
Ich stammte aus Wilkinson County und konnte mir nicht vorstellen, daß es in Madison schlimmer war. Vielleicht war es sogar weniger schlimm, denn in Madison kamen drei Neger auf einen Weißen. Ich erinnerte mich, daß zu einem bestimmten Zeitpunkt sogar die Weißen in Jackson vor Angst gezittert hatten. Manchmal hatten wir sie durch Massendemonstrationen so in Verwirrung gebracht, daß sie nicht wußten, was sie tun sollten. Immer wenn ich auch nur eine Spur von Angst bei einem Weißen aus Mississippi entdeckte, war mir besser. Ich glaubte, daß es eine Chance gab, die Schlacht zu gewinnen, wenn auch der Preis hoch sein würde.
Wenn man von den Gewalttätigkeiten absah, hielten wir Madison County für ein Gebiet, in dem es für die Neger noch eine Zukunft geben konnte. Nicht nur daß eine Negerbevölkerung von neunundzwanzigtausend gegen neuntausend Weiße stand, die Neger in diesem Distrikt besaßen vierzig Prozent des Bodens. Trotzdem waren nur hundertfünfzig bis zweihundert Neger als Wähler registriert,

und diese hatten sich nur auf eine Kampagne hin registrieren lassen, die ein paar ansässige Bürger zwei Jahre zuvor geführt hatten. Von den registrierten Leuten ging in Wirklichkeit nur etwa die Hälfte zur Wahl.

Ich kam an einem Freitagabend mit Dave Dennis in Canton an und wurde gleich zum Büro der CORE gebracht, einem kleinen Hinterzimmer in einem Negercafé. Das Café gehörte einer angesehenen Negerfamilie, C. O. Chinn und seiner Frau. Es lag in der Franklin Street, im Zentrum eines Negerviertels. Dave und ich kamen gerade rechtzeitig, um mit George Raymond, dem Leiter des Unternehmens, und Bettye Poole, meiner alten Kampfgefährtin aus Tougaloo, Abendbrot zu essen.

Dave stellte mich Mrs. Chinn vor. Sie war eine rundliche Frau mit einem warmen, freundlichen Lächeln. Ich schloß sie sofort in mein Herz. Den ganzen Abend saß ich mit ihr im Büro und sprach mit ihr und George Raymond über Madison County.

Das Büro war erst vor wenigen Wochen eröffnet worden, und schon hatte man Mrs. Chinn die Ausschankgenehmigung für Alkohol entzogen. Zweimal war man in das Café eingebrochen, und viele Neger waren körperlich bedroht worden. George berichtete, daß bis jetzt hauptsächlich junge Menschen unter zwanzig sich der Bewegung angeschlossen hatten. Er berichtete, daß jeden Tag etwa fünfzig entschlossene junge Werber erschienen. Sie wurden täglich ausgeschickt, hatten aber wenig Erfolg. Mrs. Chinn sagte, die meisten Neger wollten ihre Ruhe haben. ›Es ist überall das gleiche‹, dachte ich. ›Die meisten Neger sind gründlich eingeschüchtert worden, und wenn sie nicht eingeschüchtert sind, sind sie abhängig – entweder arbeiten sie bei Miss Anne oder sie wohnen auf Mr. Charlies Besitz.‹ Ich konnte einfach nicht verstehen, wieso es den Negern im Madison County so schlecht gehen sollte. Eigentlich hätte alles in ihrer Hand sein müssen – sie übertrafen die Weißen an Zahl um das Zweifache und hatten fast soviel Land wie diese. Als ich darüber mit Mrs. Chinn sprach, stellte sich heraus, daß die Neger zwar das Land besaßen, aber nur einen Teil davon nutzen durften. Das wichtigste Produkt in Mississippi ist Baumwolle, und wie Mrs. Chinn mir an diesem Abend erklärte, beschränkt die Bundesregierung den Anbau, indem sie jedem Staat eine gewisse Quote zubilligt. Jeder einzelne Staat bestimmt, wieviel jeder Bezirk anbauen darf, und die Bezirksleitung gibt die Anbauerlaubnis an die einzelnen Farmer weiter. »Es kommt am Ende immer so, daß die weißen Farmer den größten Teil der Anbaumenge zugestanden bekommen«, sagte Mrs. Chinn. »Den Negern wird nur wenig zugebilligt, ganz gleich wieviel Land sie besitzen.« Die meisten Farmer im Madison County konnten von den Erträgen ihres Bodens nur eben leben. Außerdem waren sie immer verschuldet. Die freien Farmer waren in Wirklichkeit nicht besser dran als Pächter, denn ihre Ernte war immer schon im voraus verpfändet. Je mehr ich darüber nachdachte, desto sicherer wurde ich, daß die Bundesregierung direkt oder indirekt verantwortlich für die Rassentrennung, die Diskriminierung und die Armut im Süden war.

Später brachte man mich zum ›Freedom House‹, das Mrs. Chinns Bruder Sonny zur Verfügung gestellt hatte. Das Haus war neu und sehr hübsch. Es hatte drei Schlafzimmer, ein Wohn-, ein Eßzimmer und eine Küche. Sonny war ein junger Mann, der sich vor kurzem von seiner Frau getrennt hatte. Da sein Bruder Robert jetzt bei ihm wohnte, war das Haus überfüllt, so daß die beiden ein Bett teilen mußten. Sie schienen sich aber nichts daraus zu machen. Je näher ich die Chinns kennenlernte, desto mehr lernte ich sie lieben und schätzen. Sie waren die einzige Negerfamilie in Canton, die etwas aufs Spiel setzte, die ›den Kopf auf den Richtblock‹ legte. ›Wenn sich noch ein paar andere Familien so exponieren‹, dachte ich, ›dann könnte diese Stadt in Bewegung geraten.‹

Am Abend fand im Büro eine Versammlung statt. Mrs. Chinn war die einzige Erwachsene unter etwa zwanzig Jugendlichen. Wir sangen zwei Stunden lang Freiheitslieder. Danach hielt George eine kurze Ansprache und stellte mich vor. Er sagte: »Ich stelle euch hier eine meiner Mitarbeiterinnen vor. Sie wird eine Zeit lang hier bei uns und im County Madison bleiben. Sie ist eine wirkliche Schwesterseele. Warum stehst du nicht auf, Anne?«

Als ich aufstand, pfiff einer der Jungen im Hintergrund anerkennend. »Nicht diese Art von Schwesterseele, Esco«, sagte George. »Ich wollte sagen, Junge, sie ist der Sache wirklich ergeben. Sie ist geschlagen und durch die ganze Stadt Jackson geschleift worden. Erinnert ihr euch an das blutige sit-in und die anderen Demonstrationen? Sie hat an allem teilgenommen. Sie ist vier- oder fünfmal im Gefängnis gewesen, und die Folge ist, daß sie nicht einmal mehr nach Hause gehen kann. Sie ist in Ordnung, und macht ihr Burschen euch nur keine falschen Hoffnungen. Anne, warum sagst du nicht ein paar Worte?«

Nach diesen Bemerkungen glaubte ich etwas wirklich Ernstes sagen zu müssen. ›Ich nehme am besten die Gelegenheit wahr‹, dachte ich, ›diese jungen Kerle von vornherein in ihre Schranken zu weisen. Sonst könnte ich später allerlei Schwierigkeiten bekommen.‹ Ich entschloß mich, es auf die religiöse Tour zu versuchen. Ich stand jetzt dem Fenster gegenüber und sah, daß draußen die Bullen aufgezogen waren. Da waren sie, zwei Autos voll. Sie ließen sich nichts entgehen. ›Die Wachhunde des Klans. Die lassen sich keine Versammlung entgehen, um keinen Preis.‹ Ein leidenschaftlicher Haß stieg in mir auf. ›Ich sollte versuchen, denen da draußen etwas zum Nachdenken zu geben‹, dachte ich.

Ich fing an: »Es scheint, daß ein paar von uns heute abend den richtigen Geist haben.«

»Ja, den ham wir alle«, sagte einer der Jungen ziemlich frech.

»Ein paar, das genügt nicht«, fuhr ich fort. »Wenn in Canton sich etwas ändern soll, wie wir es gerade in einem der Lieder gesungen haben, dann braucht es mehr als einige, die daran glauben. Wo sind die anderen Erwachsenen außer Mrs. Chinn? Wo sind eure Eltern, eure Schwestern und Brüder, wo sind eure anderen Freunde? Wir setzen uns hin und sagen, daß wir Freiheit wollen. Wir glauben, daß alle Menschen gleich geschaffen sind. Einige von uns glauben sogar, daß wir frei sind, weil unsere Verfassung uns gewisse ›unabdingbare‹ Rechte verbürgt. Es gibt den dreizehnten, den vierzehnten und fünfzehnten Artikel, der uns zu Bürgern macht und uns das Wahlrecht gibt. Wenn ihr auf die Inschrift an der Wand vertraut, die euch befreien soll, dann vergeßt sie lieber, sie hat schon sehr lange dort gestanden. Wir selbst müssen ihr Bedeutung geben. Einige von uns glauben, daß, wenn wir uns erst ein Herz gefaßt haben, wir zu Mr. Charlie gehen und ihm sagen müssen: ›Mann, ich will meine Freiheit.‹ Glaubt ihr, Mr. Charlie wird sie euch auf einem Silbertablett präsentieren?«

»Nein, er wird antworten, daß ich schon frei bin«, sagte einer der Jungen.

»Wenn er so frech ist und dich für so verrückt hält, dann solltest du frech und verrückt genug sein, ihm noch ein paar Fragen zu stellen.«

»Was für Fragen«, sagte der Junge.

»Zum Beispiel: ›Was darf ich denn tun?‹ Dann nennst du ein paar Dinge, die du nicht tun kannst, wenn er so weitermacht wie bis jetzt. Wenn du wirklich einmal den Mut aufbringst, ihn zu fragen, dann sag mir, was darauf geschieht.«

»Ich werde wahrscheinlich nicht überleben, um dir zu berichten«, antwortete der Junge.
»Du siehst also, so einfach ist die Sache nicht, und ihr alle wißt es«, sagte ich. »Jetzt, da wir wissen, daß wir nicht frei sind, und was es bedeutet, wenn wir uns selbst befreien wollen, müssen wir bestimmte Aktionen einleiten, um mit der Lösung des Problems weiterzukommen. Zu allererst müssen wir uns zusammenschließen. Man hat mir gesagt, daß es in diesem Bezirk neunundzwanzigtausend Neger gegen neuntausend Weiße gibt. Was ist eigentlich mit euch los? Merkt ihr nicht, in welchem Vorteil ihr seid?« Als ich dies sagte, begannen die Zaungäste draußen nervös auf und ab zu gehen. Ich hatte eine empfindliche Stelle getroffen und freute mich darüber, aber ich entschloß mich, es nicht zu übertreiben. Ich fügte nur noch hinzu: »Ich freue mich auf die Arbeit, die vor mir liegt. Ich werde mein Bestes tun, damit Mr. Charlie eure Botschaft hört.« Dann setzte ich mich.
George stand auf und sagte: »Seht ihr, ich hab euch doch gesagt, daß sie in Ordnung ist. Jetzt wollen wir noch ein paar Lieder singen. Dann geht nach Hause und überlegt, was wir als nächstes tun, um Mr. Charlie zu bearbeiten. Also gut, Bruder- und Schwesterseelen.«
»Schon recht«, sagte Mrs. Chinn. »Wir werden unsere Freiheit schon noch bekommen.«
Ein paar Stimmen riefen ›Amen‹ und ›ganz bestimmt‹. Wir sangen drei Lieder, als letztes ›We shall overcome‹, und alle gingen nach Hause. Den ganzen Abend dachte ich über diese klägliche Versammlung nach. Wir mußten einfach mehr Erwachsene für die Sache interessieren.
Der nächste Tag war ein Samstag, und ich ging ins Büro, um die Berichte früherer Werbeteams durchzusehen. Ich hatte ein paar Stunden gearbeitet, als George hereinkam. »Komm nach draußen. Ich möchte dir was zeigen«, sagte er.
Ich rannte auf die Straße, weil ich dachte, jemand sei wieder von den Bullen zusammengeschlagen worden, oder es hätte eins der anderen üblichen Samstagsereignisse stattgefunden.
»Sieh es dir genau an«, sagte George. »So ungefähr alle Neger aus der Umgebung sind hier.«
Es war nicht schwer zu glauben, was ich da sah. Ich hatte das schon zu oft gesehen. In Centreville war es das gleiche. Der Samstagabend hieß Niggerabend. So nannten ihn die Weißen.

»Komm«, sagte George, »wir wollen die Pear Street hinuntergehen.«
(Die Pear Street ist die Hauptstraße von Canton.) Wir mußten uns
den Weg durch ein dichtes Gedränge von Negern bahnen. In der
Pear Street selbst kam man nicht durch. Dort drängten sich die Neger so dicht, daß sie sich kaum bewegen konnten.
»Sieh mal da hinten«, sagte ich zu George.
»Wo?« fragte er.
»Die zwei weißen Bullen an der Ecke.«
»Die sehen recht einsam aus und machen ein dummes Gesicht, wie?«
»Das find ich auch«, antwortete ich. »Es sieht im Augenblick aus, als
befänden sie sich in einer völlig schwarzen Stadt.«
»Ich habe festgestellt, daß die meisten Weißen am Samstag gar nicht
in die Stadt kommen«, sagte George.
Ich stand da, schaute und dachte nach. Ja, der Samstagabend ist Niggerabend in ganz Mississippi. Ich erinnerte mich, wie in Centreville,
wenn es zu kalt war, um auf der Straße herumzustehen, die Neger
in die Stadt kamen, beieinander im Auto saßen und sich unterhielten. Diejenigen, die nicht gern in Kneipen herumhingen, wie meine
Mutter, gingen vier oder fünf Stunden lang von einem Auto zum
andern. Die Jugendlichen, die noch nicht in die Cafés durften, gingen
ins Kino, sahen sich den Film drei- oder viermal an und knutschten.
Am Samstagabend gab es im Kino eine besondere ›Liebesecke‹.
Manchmal ging es in der ›Liebesecke‹ rührender und aufregender
zu als auf der Leinwand. Manche Neger kamen am Samstagabend
auch nur in die Stadt, um mit einem anderen Neger Streit anzufangen. War die Schlacht geschlagen, gingen sie zufrieden nach Haus.
Sie hatten ihre Unzufriedenheit und Frustration aneinander abreagiert. Wenn die Kräfte, die am Samstagabend sichtbar wurden,
richtig eingesetzt oder auf das richtige Ziel gelenkt würden, so hatte
ich oft gedacht, könnte sich sehr vieles im Leben der Neger in Mississippi ändern.

Etwa eine Woche lang ging alles ganz gut. In ein paar Tagen kannte
ich die meisten Werber. Sie hatten mehr Tatkraft, als ich je bei
einem Haufen Jugendlicher gesehen hatte. Es waren vierzig oder
fünfzig junge Menschen, die jeden Tag Bericht erstatteten. Immer
wieder sahen sie sich neuen Schwierigkeiten gegenüber. Ich fand es
nötig, sie in immer kleinere Teams aufzuteilen. Zuerst teilte ich sie
in zwei Gruppen, eine, die morgens, eine, die nachmittags arbeitete.
Die meisten der potentiellen Wähler arbeiteten tagsüber, deshalb

wurde eine dritte Gruppe gebildet, die ihre Werbearbeit abends durchführte. Manche der jungen Leute waren so begeistert, daß sie mit allen drei Gruppen auszogen. Ich ging meist für ein paar Stunden mit dem letzten Team und eilte dann zum ›Freedom House‹ zurück, um zu kochen.
Ich hatte bald heraus, daß die Neger im Madison County nicht anders waren als die in den anderen Bezirken. Sie waren genauso apathisch und ihrem Wahlrecht gegenüber gleichgültig. Trotzdem kamen bald ein paar Erwachsene mehr zu den abendlichen Versammlungen, und schon fanden die Weißen einen Grund einzuschreiten. Sie wollten verhindern, daß noch mehr Erwachsene sich der Sache anschlossen. Da unsere Werbearbeit fast nur von Jugendlichen durchgeführt wurde, entschlossen sie sich, die Jugendlichen abzuschrecken. Eines Abends gingen George, Bettye und ich nach der Versammlung ins ›Freedom House‹ zurück, als C. O. Chinn hinter uns hergerannt kam. Er rief immer wieder: »Fünf Kinder sind angeschossen worden, fünf Kinder sind angeschossen worden.« Wir standen da, ohne uns zu rühren, wir wollten es nicht glauben und hatten Angst, Fragen zu stellen. Waren sie schwer verletzt? War jemand tot?
Bevor wir noch etwas gefragt hatten, sagte Mr. Chinn: »Sie sind ins Krankenhaus gebracht worden, George. Komm, wir gehen hin und sehen nach ihnen.« George hatte schon seine Mütze geschnappt und war zur Tür hinaus, Bettye und ich hinter ihm her.
Als wir uns alle in Mr. Chinns Wagen drängten, sagte er: »Ich bringe euch Mädchen zu mir nach Hause zu Minnie Lou. Anne, du, und Bettye, ihr könnt nicht mit ins Krankenhaus. Wer weiß, ob sie nicht vorhatten, euch umzubringen. Vielleicht haben sie eins der Mädchen für dich oder Bettye gehalten.«
Als wir uns dem Haus näherten, stand Mrs. Chinn schon in der Tür, als wolle sie gerade weggehen.
»Wo willst du hin, Minnie Lou? Du bleibst hier mit den beiden Mädchen«, sagte Mr. Chinn.
Mrs. Chinn gab keine Antwort. Die Stimme der Autorität hatte gesprochen. Mrs. Chinn, Bettye und ich taten, wie er gesagt hatte. Wir saßen im Haus beisammen und redeten bis vier Uhr morgens. Dann versuchten wir, ein wenig zu schlafen. Aber ich konnte keinen Schlaf finden. Ich mußte immer daran denken, was uns vielleicht noch alles erwartete. Sicher war dies nur eine Warnung gewesen. Etwas anderes lag in der Luft. Ich spürte es. Schließlich wurde es

hell, und Mr. Chinn und George waren immer noch nicht zurück. Vielleicht wollten sie uns nicht ins Gesicht sehen und sagen müssen: der und der ist tot.
»Anne, Anne, schläfst du?« rief Mrs. Chinn.
»Nein«, antwortete ich.
»Wir wollen zum Büro gehen. Vielleicht sind C. O. und George dort.« Wir standen alle auf und machten uns auf den Weg zum Büro. Als wir ankamen, stiegen Mr. Chinn und George gerade aus dem Auto. »Sie sind alle O. k.!«, sagte Mr. Chinn. »Sie sind alle heute morgen um fünf aus dem Krankenhaus entlassen worden.« Er erklärte uns, daß die jungen Leute mit Schrot beschossen worden waren.
Am Nachmittag kamen die fünf Jugendlichen zum Büro, um eidesstattliche Erklärungen abzugeben, die ans Justizministerium geschickt werden sollten. Sie erzählten uns, was geschehen war. Nach der Versammlung am vergangenen Abend waren sie auf dem Heimweg die Pear Street entlanggegangen. Da passierte die Sache. Auf der gegenüberliegenden Straßenseite war eine Tankstelle, und Price Lewis, der weiße Eigentümer, stand in der Tür. Das war nicht außergewöhnlich – die Jungen hatten ihn oft da stehen sehen. Links von der Tankstelle läuft ein Schienenstrang über die Straße. Als sie diesen überquerten, hörten sie plötzlich einen lauten Krach. Sie blickten zurück und sahen Price Lewis, der jetzt ein Gewehr in der Hand hielt und auf sie zielte. Eins der Mädchen sagte, sie habe in diesem Augenblick an sich heruntergeblickt und gesehen, daß ihr Blut die Beine hinunter und in die Schuhe lief. Sie merkte, daß sie getroffen worden war, und sah, daß auch die anderen durch Schrotkugeln verletzt waren.
Price Lewis war verhaftet und am Morgen ins Gefängnis gebracht worden. Er hatte sofort eine kleine Kaution hinterlegt, und schon nach einer Stunde war er wieder in seiner Tankstelle und tat so, als wäre gar nichts passiert. Auch sein Negertankwart war noch da. Er machte ein Gesicht, als sei er nur ungern da, und er mußte auch wissen, wie die anderen Neger über ihn dachten, aber ich wußte, daß er es sich nicht leisten konnte, die Arbeit niederzulegen.
Dieser Vorfall schadete unserer Beziehung zu den Jugendlichen sehr. Nach zwei oder drei Tagen kamen sie nicht mehr ins Büro. Ich wußte, daß bei den meisten die Eltern dafür verantwortlich waren. Schon von Anfang an waren viele Eltern dagegen gewesen, daß ihre Kinder an der Wählerregistrierungskampagne teilnahmen. Meh-

rere der Kinder hatten mir gestanden, daß sie gegen den Willen ihrer Eltern kamen, aber sie wollten nicht, daß ich sie aufsuchte, um mit den Erwachsenen zu sprechen. Sie waren zu stolz auf die Arbeit, die sie für uns taten. Ich glaube, sie wußten so gut wie ich, daß diese Arbeit für sie selbst, und nur für sie selbst getan wurde – denn in ein paar Jahren würden sie es sein, die mit den Weißen fertig werden mußten.

Jetzt fühlte ich mich verpflichtet, mit ihren Eltern zu sprechen. Ich hatte nur wenig Erfolg dabei. Einige weigerten sich geradeheraus, mich zu empfangen. Andere gaben falsche Gründe an, warum ihre Kinder zu Hause bleiben müßten. Eine Mutter schickte ihren kleinen Jungen an die Tür; er sollte sagen, daß sie nicht zu Hause sei. »Mama sagt, sie is nich da«, bestellte er.

Ich wußte nicht, was ich tun sollte. Auf eine solche Situation war ich nicht gefaßt. Ich dachte mir immer wieder Pläne aus, die Jugendlichen zurückzugewinnen. Ohne sie konnten wir unsere Arbeit nicht bewältigen. Bettye und ich versuchten einen Tag lang, allein werben zu gehen, wir waren am Abend halb tot vor Erschöpfung.

Während dieses Rückschlags erhielt ich wieder einen von Mamas tränenreichen Briefen. Wie gewöhnlich bat sie mich, Mississippi zu verlassen, und wie gewöhnlich brachte sie mich in Wut, aber das, was sie über Wilkinson County sagte, konnte ich nicht einfach abtun. Ich wußte zu gut, worauf ich mich eingelassen hatte.

Um den Brief zu vergessen, beschloß ich am nächsten Tag, das Büro zu putzen. Ich schickte den einen Jungen, der noch gekommen war, ins Café, um einen Eimer Wasser zu holen. Als er zurückkam, sagte er: »Anne, draußen sind zwei weiße Männer in einem Auto, die den sprechen wollen, der gerade im Büro Dienst tut.«

»Sind sie aus Canton oder aus der Umgebung?« fragte ich.

»Nein«, sagte er, »ich hab sie noch nie gesehen.«

Mein Herz tat einen Sprung. Erst jetzt dachte ich ernsthaft an einiges, was in Mamas Brief stand. Sie hatte geschrieben, die Weißen in Centreville hätten herausgekriegt, daß ich in Canton sei, und sie hätte von Negern gehört, daß sie mich abknallen wollten. Mama hatte mich diesmal flehentlicher als sonst gebeten, wegzugehen. Immer wieder fragte sie, warum ich mich unbedingt umbringen lassen wollte. Was wollte ich denn eigentlich beweisen? Immer wieder hatte sie gesagt, wenn ich tot sei, würde doch alles beim alten bleiben.

Jetzt stand ich mitten im Raum, zitterte vor Angst und wollte den

weißen Männern nicht gegenübertreten. Vielleicht waren sie auch gekommen, um mir zu berichten, daß etwas Schreckliches geschehen war. Vielleicht wollten sie nur feststellen, daß ich da war. George war aufs Land gefahren, um mit einigen Bauern zu sprechen, Bettye putzte im ›Freedom House‹. Wenn doch einer von ihnen da wäre und statt meiner nach draußen gehen könnte. Schließlich raffte ich mich zusammen und ging aus dem Büro. ›Du darfst dich nicht so fürchten, bevor du überhaupt weißt, wer sie sind und was sie wollen‹, redete ich mir zu.
Während ich auf den Wagen zuging, sah ich mir die beiden Männer darin gut an. Ich war fast sicher, daß ich sie nie in Centreville gesehen hatte. Ganz schwach vor Erleichterung trat ich auf den Fahrer zu. »Man hat mir gesagt, daß Sie die diensttuende Person sprechen möchten.«
»Ja. Wir sind vom FBI«, sagte er und zeigte mir seinen Ausweis. »Wir sind hier, um die Schießerei zu untersuchen. Wo können wir die fünf Jugendlichen finden, die darin verwickelt waren?«
Ich stand da, rasend vor Wut. ›Diese dummen Schweine‹, dachte ich. Ich hatte Todesängste ausgestanden, weil mir der Brief meiner Mutter noch in den Knochen saß und ich nicht wußte, wer sie waren. »Warum sind Sie nicht hereingekommen und haben sich als Beamte des FBI ausgewiesen?« fragte ich ärgerlich. »Wir laufen nicht gern auf die Straße zu irgendwelchen weißen Männern, die vorgefahren kommen. Schließlich könnte jemand dabei sein, der uns eine Kugel durch den Kopf knallt.«
»Können Sie mir sagen, wo ich die fünf Jugendlichen finde, auf die geschossen wurde?« fragte er etwas ungehalten.
»Ich will versuchen, die Adressen zu finden«, sagte ich ganz sanft. »Kommen Sie doch herein und warten Sie einen Augenblick drinnen.«
Ich wußte, daß sie keine große Lust hatten, aus ihrem Auto zu klettern und ins Büro zu kommen. Schließlich warf ich ihnen einen Blick zu, der sagte: ›Ihr werdet die Adressen nie bekommen, wenn ihr nicht reinkommt.‹ Deshalb folgten sie mir. Sie blieben ungeduldig stehen, betrachteten unsere wackligen Stühle und das ramponierte Sofa, als ob sie sagen wollten: ›Was fällt diesen Niggern ein, in der Stadt eine solche Bude zu eröffnen und uns soviel Mühe zu machen.‹
»Ich habe nur drei Adressen gefunden«, sagte ich. »Ich möchte gern, daß Sie warten und den Leiter unserer Aktion sprechen. Er muß

bald zurück sein und wird Ihnen zeigen können, wo die Jugendlichen wohnen. Bitte setzen Sie sich doch, bis er kommt.«
»Wann erwarten Sie ihn zurück?« fragte der eine.
»In fünfzehn bis zwanzig Minuten«, sagte ich. Da sie so lange würden warten müssen, setzten sie sich. Sie ließen sich vorsichtig auf dem Sofa nieder, als sei es infiziert oder sonstwas. Sie müssen aus dem Süden sein, dachte ich. »Wo kommen Sie her?«
»Aus New Orleans«, antwortete der eine.
Sie warteten unruhig, bis George zurückkehrte. Er brauchte ein paar Stunden, sie zu allen Beteiligten zu fahren, die sie verhörten. Damit war die ›Untersuchung‹ zu Ende. Am selben Nachmittag verließen sie die Stadt, und wir sahen oder hörten nie mehr etwas von ihnen.

Anfang August waren die jugendlichen Werber immer noch nicht wieder aufgetaucht, und Dave Dennis entschloß sich, drei andere Mitarbeiter nach Canton zu holen – zwei Mädchen, die in Jackson studierten, und einen Jungen namens Flukie, einen Spezialisten und Sonderbeauftragten von CORE. Jetzt waren wir zu sechs, aber wir wurden mit der Arbeit immer noch nicht fertig. George und Flukie fuhren jeden Tag über Land, um mit den Bauern zu reden und sich nach Kirchen umzusehen, in denen wir Kurse abhalten konnten. Wir andern führten das Büro und die Werbearbeit weiter.
Bis jetzt bestand unser ganzer Erfolg darin, daß wir eine Handvoll Neger dazu bewogen hatten, zum Gericht zu gehen und zu versuchen, in die Wählerliste aufgenommen zu werden. Aber die paar, die gegangen waren, verloren einer nach dem andern ihren Arbeitsplatz. Das nahm den andern, die vielleicht auch bereit gewesen wären, zum Gericht zu gehen, den Mut. Dazu wurden wir dauernd von den Weißen bedroht. Fast jeden Abend kam jemand gelaufen, um uns vor einem Bombenanschlag zu warnen.
Eines Abends, kurz vor Dunkelwerden wurde auf eine schwangere Negerin geschossen, die mit ihren beiden kleinen Söhnen auf dem Heimweg war. Das geschah in einem Viertel, wo ein paar arme weiße Familien lebten. Die Frau stand mit ihren Kindern auf der Straße, kreischte und schrie um Hilfe. Ein schwarzer Lastwagenfahrer nahm sie in seinen Wagen und brachte sie zu der Sozialsiedlung in der Boydstreet, die dem ›Freedom House‹ genau gegenüberliegt. Sie schrie immer noch, als sie aus dem Wagen stieg, und die Leute aus den Siedlungshäusern kamen zusammengelaufen. Die Frau stand

da und erzählte jedem, was geschehen war. Sie war hochschwanger, es sah aus, als könne sie jeden Augenblick ihr Kind bekommen. Ich schaute mir die anderen Frauen an, die um sie herumstanden, und was auf ihren Gesichtern geschrieben stand, gefiel mir gar nicht. Ich sah genau, was sie dachten – ›Warum macht ihr nicht, daß ihr hier wegkommt, bevor wir alle umgebracht werden?‹

Nach diesem Vorfall kam die Mitarbeit der Neger beinahe ganz zum Erliegen, und die Lage wurde so gefährlich, daß wir Angst hatten, auf die Straße zu gehen. Dazu kam noch, daß unser Geld ausblieb. Wir bekamen wöchentlich zwanzig Dollar vom Voter Education Project, einer Organisation in den Südstaaten, die die Wählerregistrierung der Neger unterstützte. Sie sagten, da wir keine Eintragungen von Negern in die Wählerlisten vorweisen könnten, sähen sie sich nicht mehr in der Lage, Geld in dieser Gegend zu investieren. Die Schwierigkeiten wuchsen also von allen Seiten. Wir bekamen oft tagelang keine ordentliche Mahlzeit. Ich fühlte mich elend und verlor rapid an Gewicht. Als die NAACP mich einlud, auf einer Frauenversammlung in Jackson in einer der großen Kirchen zu sprechen, bereitete ich eine Rede vor, in der ich ihnen verständlich machen wollte, was wir in Canton zu ertragen hatten.

Am Abend dieser Versammlung ging alles schief. Zehn Minuten, bevor Dave auftauchte, um mich abzuholen, hatte Jean, eins der neuen Mädchen, einen schrecklichen Asthmaanfall, und wir mußten sie zum Hospital in Jackson bringen. Ich kam erschöpft und eine Stunde verspätet in der Kirche an, noch in dem Rock und der Bluse, in denen ich den ganzen Tag gearbeitet hatte; ich sah aus, als hätte ich die ganze Woche darin geschlafen. Die Leiterin der Veranstaltung erklärte gerade, daß es mir nicht möglich sei, zu kommen, als ich geradewegs auf das Podium spaziert kam. Sie drehte sich um und sah mich an, als sei ich verrückt. Dann setzte sie sich ohne ein weiteres Wort hin, und ich ging zum Rednerpult. Meine vorbereitete Rede hatte ich vergessen, und ich erinnere mich nicht mehr, was ich als erstes sagte. Ich weiß nicht, wie lange ich da oben gestanden hatte, als die Leiterin sagte: »Ihre Redezeit ist längst vorbei.« Ich wurde wütend und wollte jetzt den Zuhörern erst recht sagen, was los war. Ich erzählte ihnen von den Schwierigkeiten, die wir in Canton hatten, und als ich zu Ende gesprochen hatte, merkte ich, daß ich weinte. Die Tränen liefen mir übers Gesicht, ich zitterte und sagte: »Was sollen wir tun? Verhungern? Seht mich an. Ich habe in einer Woche fünfzehn Pfund abgenommen.« Ich stand da und wußte nicht aus noch ein, bis Pfarrer Ed King auf das Podium kam, mir den Arm um die Schultern legte und mich wegbrachte.

Draußen sagte er: »Du hast sie angerührt, Anne. Ich glaube, deine Botschaft ist verstanden worden.« Sein Arm lag immer noch um meine Schultern, und ich trocknete mir gerade die Tränen, als Dave dazukam.

»Was hat sie?« fragte er.

»Sie hat gerade eine großartige Rede gehalten«, sagte Pfarrer King. »Aber ich glaube, sie braucht jetzt Ruhe, Dave.«

Dave brachte mich in seine Wohnung in Jackson und sagte mir, ich könne mich hier ein paar Tage ausruhen. Erst als ich im Bett lag und versuchte einzuschlafen, fiel mir mein Verhalten während der Rede wieder ein. Ich kam zu der Einsicht, daß ich nahe an einem Nervenzusammenbruch war, und fing wieder an zu weinen.

Als ich am Sonntag nach Canton zurückkam, sah ich, daß von Jackson eine ganze Wanne voll Lebensmittel geschickt worden war. Flukie war gerade dabei, ein goldbraunes Hühnchen zu verspeisen. Er gab mir einen Zettel, der mit den Lebensmitteln abgegeben worden war:

Liebe Anne. Hier ist etwas zu essen für Deine Leute. Deine Rede am Donnerstagabend war toll. Aber Du brauchst Ruhe. Willst Du nicht für eine Woche zu mir kommen? Wir sehen uns nächste Woche. Gebt mir Nachricht, wenn die Lebensmittel nicht bis dahin reichen. Paß auf Dich auf.

Mrs. Young

Ich hatte Mrs. Young durch ihre Söhne kennengelernt, die mit mir zusammen während der Demonstrationen in Jackson verhaftet worden waren. Sie hatte neun Kinder, von denen fünf schon im Gefängnis gewesen waren. Sie war eine schöne Frau. Ich war sehr dankbar für die Lebensmittel, aber es wurde mir schwer, sie anzunehmen, denn sie hatte eine Menge Kinder und keinen Mann.

In der folgenden Woche kamen Dave, Mattie Dennis und Jerome Smith, ein anderer Sekretär von CORE, zu uns nach Canton. Dave sagte, daß die einzige Möglichkeit, mehr Geld für die Arbeit in diesem Bezirk zu bekommen, die Registrierung weiterer Wähler sei.

Plötzlich erhielten wir auch Unterstützung von den ansässigen Negern. Mr. Chinn begann, ganztägig für uns zu arbeiten. Man sah, daß wir uns große Mühe gaben und alles taten, was unter diesen

Umständen möglich war. Es gelang uns jetzt, jeden Tag ein paar Neger zur Registrierung zum Gericht zu schicken. Bald war ihre Zahl zu einem gleichmäßigen Strom angewachsen. Aber der Beamte der Wählerregistratur ließ sie am laufenden Band durchfallen. Manchmal bestanden von zwanzig oder fünfundzwanzig Negern, die sich meldeten, nur einer oder zwei den geforderten Test. Manche wurden abgelehnt, weil sie vor ihren Namen auf dem Antragsformular Mr. oder Mrs. gesetzt hatten, andere, weil sie es nicht getan hatten. Und die meisten wurden abgelehnt, weil sie einen Abschnitt der Verfassung des Staates Mississippi nicht zur Zufriedenheit von Foote Campbell, dem Amtmann des County Madison, interpretiert hatten.

Alle Neger, die abgelehnt wurden, obgleich sie eigentlich den Test hätten bestehen müssen, wurden gebeten, eine eidesstattliche Erklärung darüber abzugeben, die an das Justizministerium geschickt wurde. Hunderte von diesen Berichten wurden eingeschickt, und schließlich kamen zwei Männer aus Washington, um sich das Buch des Registrierungsbeamten anzusehen. Sie überredeten ihn, vier oder fünf Leute, die abgelehnt worden waren, weil sie Mr. oder Mrs. vor ihren Namen gesetzt hatten, anzunehmen. Einer von diesen war ein Blinder, der mehrere Male abgelehnt worden war und dem Test hätte gar nicht unterzogen werden dürfen.

Um das Tempo der Arbeit halten zu können, gewann Dave noch zwei weitere Mitarbeiter. Jetzt waren wir neun, die ganztägig arbeiteten. Als die weiße Bürgerschaft das erfuhr und daraus schloß, daß man uns kräftig unterstützte, begann sie wieder, uns zu bedrohen.

An einem Freitagabend, als wir eben zu Abend gegessen hatten, kam Sonnys Bruder Robert in die Küche gestürzt. Er schwitzte und keuchte, als sei er eine lange Strecke gelaufen. Zuerst konnte er kein Wort herausbringen. Wir alle starrten ihn an und warteten. Er starrte nur zurück. Er schien zu überlegen, wie er uns eine bestimmte Sache erklären sollte. Ich glaubte, er sei von jemandem verfolgt worden.

»Mann, was ist denn los?« fragte George schließlich.
»Ah... ah...«, fing Robert an. »Mann, ihr macht euch am besten heut abend noch aus Canton fort! Ich hatt son komisches Gefühl, als ich heut abend in der Stadt rumging, un ich ging ins Café vom Schwarzen Tom, weil ich sehn wollt, was die Leut so sagen. Bstimmt, einer von den bsoffenen Schweinen sitz da un sag, sie wolln heut nacht noch all die verdammten Freiheitskämpfer umbringen.«

»Was? *Wer* hat das gesagt?« schrie Jerome Smith. »Du bist doch nich so dumm, alles zu glauben, wasn Besoffener inner Kneipe sagt.«
»Aber hör, Mann, hör doch. Du glaubs mir nicht, aber frag Joe Lee. Der hatt *lang* da gesessen. Er sagt, er wollt grad gehn unds euch sagen. Sie wollns wirklich tun, sie wollns wirklich heut abend tun. Is Dave schon weg nach Jackson? Mann, ihr alle geht besser weg von Canton!«
»Was meinst du, Robert?« fragte ich. »Wie hat der Bursche das rausgefunden? Die Weißen verbreiten wahrscheinlich diese Scheiße, damit wir sie hören sollen. Wenn sie uns wirklich umbringen wollen, dann erfährts kein Nigger in der Stadt, bevors vorbei ist.«
»Moody, der Mann arbeitet für Howard, der hinter all der Scheiße hier in Canton steckt, und wenn er sagt, er hat was gehört, dann *hat* er was gehört.«
»Das hab ich ja grad gesagt. Er *sollte* es hören«, sagte ich.
»George, ihr könnt meinetwegen hier sitzen und Anne Moody zuhören, aber ich schwöre *bei Gott*: ihr macht euch besser hier weg. Glaubt ihr denn, der verdammte Nigger hätt was gesagt, wenn er nich besoffen gewesen wär?«
Es war schwer zu glauben, was Robert sagte, aber keiner von uns hatte ihn je zuvor so verstört gesehen. Schließlich beschlossen George und Jerome, in die Stadt zu gehen und sich umzuhören. Als sie zurückkamen, war es draußen schon stockdunkel. Jerome stürzte zur Tür herein, und wir sahen gleich, daß Robert recht gehabt hatte.
»Die Weißen in der Stadt haben sich *versammelt*, Mann, wir müssen was tun, und zwar schnell«, sagte er atemlos.
Ich wußte, daß wir schlecht vorbereitet waren. Dave war übers Wochenende mit dem Wagen nach Jackson gefahren, und die einzigen Menschen in der Stadt, C. O. und Minnie Lou, die uns bei sich aufnehmen würden, waren nicht zu Hause. Wir saßen noch nach elf da und überlegten, wie wir aus Canton herauskommen sollten. Zu Fuß gehen konnten wir nicht, denn es gab nur eine Zufahrtsstraße, auf der sie uns ohne Schwierigkeit umlegen konnten.
»Wir sitzen nur hier rum un verschwenden Zeit mit Rumdrucksen. Ich geh nich auf diese verdammt dunkle Landstraße. Un ich bleib auch nich in diesem verdammten Haus«, sagte Flukie.
»Ihr könnt hier sitzen und die *ganze Nacht* reden«, sagte Bettye, die plötzlich mit einer Decke über dem Arm in der Tür auftauchte. »Aber ich leg mich in das hohe Gras hinterm Haus und mach mir erst morgen Sorgen darüber, wie ich hier wegkomme.«

Da Sonnys Haus neu war, war der Garten noch nicht angelegt worden, und der Platz hinter dem Hause, wo der Garten hätte sein sollen, war von hohem Unkraut überwuchert. Sonny mähte immer nur einen Streifen hinter dem Haus und ließ das Unkraut wie eine Hecke schießen.

Wir waren uns bald einig, daß dieses Unkraut unsere einzige Zuflucht war. Natürlich konnte man uns auch dort draußen entdecken, aber es blieb uns keine andere Wahl. Wir zogen die Vorhänge auseinander und ließen eine kleine Lampe brennen, so daß jeder sehen konnte, daß das Haus leer war. Wir nahmen das Bettzeug von den Betten, ließen aber die Tagesdecken liegen, so daß die Betten aussahen, als seien sie gemacht. Wir warteten bis halb eins. Dann waren alle Lichter in der Nachbarschaft ausgegangen. Wir schlüpften mit Bettüchern und Decken zum Hintereingang hinaus und verteilten uns so, daß aus der Entfernung keine größere Fläche niedergetreten aussah. Die fünf Jungen lagen mehr nach vorn, wir Mädchen hinter ihnen. Wir waren übereingekommen, nichts zu tun, nur Ausschau zu halten und zu horchen, ohne miteinander zu sprechen.

Ich hatte mich in eine der Tagesdecken gehüllt, und schon bald hatte ich das Gefühl, stundenlang da zu liegen. Ich fror und war steif wie ein Brett. Ich hörte keinen Laut, nicht einmal eine Grille. Es war, als läge ich ganz allein da draußen. Ich horchte auf Bettyes Atem, konnte aber nichts hören. Ich fragte mich, ob die andern sich auch so einsam fühlten und sich so fürchteten wie ich. Ich fühlte, wie das Gras vom Tau naß wurde, und mir wurde immer kälter. Was würden sie tun, wenn sie uns hier draußen fanden? Ich wollte nicht daran denken, aber die Gedanken kamen immer wieder auf diesen Punkt. Ich stellte mir vor, wie sie uns in das Gesicht traten und auf uns schossen. Ich mußte auch dauernd darüber nachdenken, ob wir nicht im Haus einen Hinweis hinterlassen hatten, daß wir hier draußen lagen. Plötzlich hörte ich ein Geräusch und konnte beinahe spüren, wie auch alle anderen aufschreckten.

»Habt keine Angst, es ist nur dieser verdammte Hund von nebenan. Seid ganz still, dann hört er gleich auf«, flüsterte einer der Jungen.

Jetzt wußte ich, daß es losging. Dieser verfluchte Hund winselte immer noch. Ich stellte mir schon vor, wie der Nachbar herauskam und uns in dem Augenblick entdeckte, wo der Klan vorfuhr. Aber endlich war der Hund wieder still. Dann muß ich eingeschlafen sein, ich hörte plötzlich eine Wagentür knallen.

Jemand bewegte sich im Gras. »Still, still! Sie sind da«, flüsterte Flukie.

Ich konnte nicht einmal atmen. Die ganze Brust tat mir weh, als ich jetzt die murmelnden Stimmen vor dem Haus hörte. Dann wurde das Murmeln lauter, und ich wußte, daß sie hinter dem Haus waren. Aber ich konnte immer noch nicht verstehen, was sie sagten. Während sie sich hinter dem Haus herumbewegten, hatte ich das schreckliche Gefühl, daß sie uns ganz deutlich sehen könnten, und ich zitterte am ganzen Körper. Aber nach ein paar Minuten hörte ich wieder die Wagentür knallen, und sie waren weg.

Wir blieben still liegen für den Fall, daß sie uns eine Falle gestellt hatten. Schließlich flüsterte Jerome hörbar: »Sie glauben, wir wären bei C. O. Wahrscheinlich kommen sie zurück.«

Bald fingen die Hähne an zu krähen, und es wurde hell. Sie fuhren tatsächlich wieder am Haus vorbei, aber diesmal warfen sie wohl nur einen kurzen Blick hinein, denn sie fuhren gleich weiter. Wir wußten, daß sie nicht wiederkommen würden, denn es war jetzt zu hell. Darum schlüpften wir ins Haus zurück, ehe die Nachbarn auf waren.

George, der von seinem Platz aus alles hatte sehen und hören können, erzählte uns, was vorgefallen war. Er sagte, es sei ein Mannschaftswagen mit acht Leuten gewesen, die offenbar angetrunken waren. Sie hatten alle möglichen Waffen bei sich gehabt. Sie hatten davon gesprochen, das Haus niederzubrennen, hatten aber dann beschlossen, in einer anderen Nacht wiederzukommen und uns zu schnappen.

Nach diesem Vorfall bildeten Robert und eine Gruppe von Männern, die alle Mitte oder Ende zwanzig waren, eine Schutztruppe, die uns verteidigen sollte. Drei oder vier dieser Männer hatten ihre Stellung verloren, weil sie versucht hatten, sich als Wähler registrieren zu lassen. Sie konnten keine andere Arbeit finden und folgten uns überall hin. Sie gingen neben uns her, als seien sie kugelsicher. Sie verbreiteten auch das Gerücht, daß ›Freedom House‹ von bewaffneten Männern bewacht sei. Wir waren immer noch ein wenig nervös und hatten nachts Angst, schlafen zu gehen, aber als einige Zeit verstrich und die Weißen nicht wiederkamen, glaubten wir, daß die Gerüchte ihre Wirkung getan hatten. Drohungen erschreckten mich jetzt nicht mehr so sehr. In der ständigen Begleitung dieser Männer begann ich mich fast sicher zu fühlen. Ihre Hingabe, ihr Mut und ihre Fürsorge gaben uns das Mehr an Kraft, das wir brauchten.

Alle Negergemeinden im Bezirk hatten sich unseren Kursen geöffnet. Wir neun bildeten drei Gruppen. Fast jeden Abend hielten wir Kurse in verschiedenen Kirchen, die manchmal sechzehn bis dreißig Meilen von der Stadt entfernt lagen.

Ein paar von unseren Beschützern hatten Autos. Diese brachten meist die Mädchen aufs Land. Die langen Fahrten über dunkle, unbefestigte Landstraßen waren gefährlich, aber jetzt, da wir immer zwei oder drei Beschützer bei uns hatten, war es nicht mehr so schlimm. Wenn wir erst einmal die Kirche erreicht hatten, war es sogar schön. Diese alten Neger Freiheitslieder singen zu hören, war, als höre man himmlische Musik. Sie sangen, als sängen sie sich frei von den Ketten der Sklaverei. Manchmal sah ich in ihre Gesichter, während sie sangen, und Schauer liefen mir über den Rücken. Immer wenn in einem der Lieder Gott erwähnt wurde, fühlte ich an der Art, wie sie dieses Wort aussprachen, daß die meisten von ihnen alle Hoffnung für diese Erde aufgegeben hatten. Sie schienen nur darauf zu warten, daß Gott sie heimrief und ihr Leiden beendete.

Zu diesem Zeitpunkt der Kampagne waren diese nächtlichen Unterweisungen in den Kirchen der Höhepunkt unserer Arbeit. Aber die Weißen kamen auch hinter diese Arbeit und versuchten, ihr ein Ende zu machen. Eines Nachts jagten drei mit Weißen beladene Autos hinter George und einer Gruppe der Jungen her. Sie verfolgten sie bis nach Canton hinein. George berichtete, sie hätten wie die Verrückten hinter ihnen hergeschossen. George meinte, wenn die Weißen gewollt hätten, hätten sie sie bestimmt töten können. Wir verstanden diesen Vorfall also als Warnung und waren danach noch vorsichtiger.

Unser größter Glücksfall war, daß wir C. O. Chinn als Mitarbeiter gewonnen hatten. Er war ein Mann von großer körperlicher Kraft, bei Negern und Weißen als ›C. O. Chinn – Eisenarsch‹ bekannt. Alle Neger achteten ihn, weil er wie ein Mann für seine Sache einstand. Die meisten Weißen fürchteten ihn. Er war ein Mensch, der sich von keinem etwas gefallen ließ. Wenn er für etwas oder für jemanden war, so war er es ganz. Wenn er jemand nicht leiden konnte, so hatte sich's damit – er hatte dann mit dem Betreffenden gar nichts zu tun. Weil er von allen ansässigen Negern geachtet wurde, war er unser erfolgreichster Sprecher in den Kirchen. Er äußerte uneingeschränkt seine Meinung, und von ihm ließen sie sich alles sagen.

Aber in dem Augenblick, wo Mr. Chinn mit voller Kraft an die Arbeit ging, stießen die Weißen zu. Innerhalb einer Woche war er gezwungen, sein Lokal zu schließen, und er fing an, den größten Teil seines Eigentums auszulagern. Damit waren die Weißen noch nicht zufrieden. Eines Abends, als er seinen 45er Revolver, den er zu seiner Verteidigung im Lokal aufbewahrt hatte, mit nach Hause nahm, wurde er angehalten und von den verdammten Bullen, die dauernd um das Büro herumlungerten, verhaftet. Er wurde sofort ins Gefängnis gebracht und angeklagt, heimlich eine Waffe getragen zu haben. In Wirklichkeit hatte er den Revolver neben sich auf dem Sitz liegen gehabt. Als Kaution wurden fünfhundert Dollar festgesetzt. Er war eine Woche im Gefängnis, ehe seine Familie jemanden fand, der ihnen eine Hypothek auf ihr Haus gab. Die Häuser der meisten Neger waren schon belastet, so daß diese nicht mehr für eine Kaution verpfändet werden konnten.

Ich glaube, jetzt erst wurde sich C. O darüber klar, was ihm widerfahren war. Er hatte nicht nur alles verloren, was er besessen hatte, er saß im Gefängnis, ohne daß jemand eine Kaution für ihn bezahlte. Statt seine Tatkraft zu lähmen, wie die Weißen erwartet hatten, verstärkte es sie eher noch. Er schlug jetzt noch härter zu. Wenn er Ansprachen hielt, sagte er oft: »Nehmt zum Beispiel mich. Sie haben mir das Geschäft völlig kaputtgemacht. Ich habe so gut wie alles verloren. Diese jungen Mitarbeiter hier hungern, um euch zu helfen. Und wofür? Viele von euch sinds nicht einmal wert.« Keiner von uns CORE-Leute hätte so zu den Einheimischen sprechen können.

Es war jetzt Mitte August, und wir hatten in diesem Distrikt zwei Monate lang gearbeitet. Bis jetzt hatte keiner der Geistlichen in Canton sich uns wirklich angeschlossen. Wenn sie uns in ihren Kirchen sprechen ließen, dann nur für zwei oder drei Minuten während der Verkündigungen. Der Pfarrer der größten Negerkirche in Canton war auch Cantons größter ›Onkel Tom‹. Die meisten seiner Pfarrangehörigen waren bourgeoise Neger der Mittelklasse. Wir wußten, wenn wir ihn dazu bringen konnten, uns entgegenzukommen, dann würden alle anderen großen Kirchen in Canton uns ihre Türen öffnen.

Wir beriefen eine Versammlung ein und luden alle Geistlichen ein, aber da dieser wichtigste Pfarrer nicht auftauchte, tuschelten die anderen nur untereinander und sagten uns: »Wir können nichts unternehmen, ohne daß Pfarrer Tucker seine Zustimmung gibt.« Danach beschlossen wir, die Pfarrer sich selbst zu überlassen und uns an ihre Gemeinden zu wenden. Jetzt gaben die Geistlichen nach. Sie beriefen sogar eine Versammlung ein, um mit uns zu verhandeln. Das Ge-

spräch war fruchtlos. Die Geistlichen versuchten das gleiche Spiel zu spielen wie die Weißen im Süden, wenn ihnen die Sache zu gefährlich wurde. Das heißt: sie versuchen herauszufinden, was man vorhat, dann bewegen sie einen, so lange stillzuhalten, bis sie sich eine Strategie ausgedacht haben. Mir schien, daß diese Onkel Toms gar nicht so dumm waren. Sie hatten es gelernt, Mr. Charlies Spiel recht geschickt zu spielen.
Aber wir hatten eine Überraschung für sie. Wir hatten einige ihrer einflußreichsten Gemeindemitglieder für uns gewonnen, und sie stellten uns dorthin, wo wir sein wollten – auf die Kanzel –, und zwar länger als fünf Minuten. Jetzt konnten wir den Kirchen von Canton einen schweren Schlag versetzen.
Für eine Weile schien es, als erhebe sich der gute alte Geist der Bewegung wieder. Alle spürten es. Wir bekamen immer noch kein Geld. Aber meistens brauchten wir auch keins. Die Neger von Canton sorgten für uns, wir litten keinen Hunger mehr. Der schwarze Besitzer einer Tankstelle gab uns sogar Benzin auf Kredit. Was uns am meisten freute: viele unserer jugendlichen Helfer waren zurückgekommen. Ich hatte sie sehr vermißt.

24. Kapitel

Gegen Ende August mußten plötzlich viele Mitglieder unserer Gruppe uns verlassen. Die Schüler der Oberschule von Jackson mußten wieder zur Schule, ein Mädchen ging nach New York, um dort zu heiraten, und ein Junge zog nach Californien. Bald waren nur George und ich noch übrig. Was noch schlimmer war: die Oberschulen im Bezirk von Canton würden in einer Woche wieder beginnen. Dave versprach, uns ein paar neue Leute zu schicken, aber bis dahin mußten George und ich die Arbeit ganz allein machen. Wir mußten auch eine neue Unterkunft suchen, weil Sonny mit seiner Frau zurückkam. Das war ein Problem, denn die Leute wagten nicht, uns bei sich aufzunehmen. Innerhalb einer Woche fanden wir jedoch eine ideale Unterkunft – ein Haus mit zwei Wohnungen, einer für die Jungen und einer für die Mädchen. ›Großartig‹, dachte ich, ›jetzt wo alle weggehen.‹

Ich war so mit dem Umzug in die Wohnung beschäftigt, daß ich den 28. August ganz vergessen hatte, an dem der Marsch auf Washington stattfinden sollte. Seitdem dieser Marsch geplant war, war ich entschlossen gewesen, daran teilzunehmen. Plötzlich war der 26. August, und ich hatte noch keine Fahrgelegenheit gefunden. Die ansässigen Neger hatten einen Bus organisiert, aber es hatten sich so viele Cantoner gemeldet, daß für mich und die anderen Leute des Büros kein Platz mehr war.

Pfarrer King und seine Frau, die auch hinfahren wollten, boten mir an, mich mitzunehmen, aber sie warnten mich: es war in den meisten Südstaaten ziemlich gefährlich, wenn Neger und Weiße zusammen in einem Auto gesehen wurden. Ich sagte, wenn sie das Risiko eingehen wollten, so würde ich es auch tun.

Am 27. August um 6 Uhr morgens machten wir uns auf den Weg nach Washington. Wir waren zu fünft im Auto, drei Weiße (Studentenpfarrer King, seine Frau und Joan Trumpauer) und zwei Neger (Bob, ein Student, der nach Harvard zurückfuhr, und ich). Im Anfang waren wir alle ein wenig unruhig, aber es gelang uns, die Südstaaten ohne Zwischenfall zu passieren.

Nachdem wir Tag und Nacht durchgefahren waren, kamen wir auf

dem Gelände vor dem Washington-Denkmal an, als der Zug sich gerade formierte, und wir reihten uns unter die Delegierten aus dem Süden ein. Auf einem Podium in der Nähe unserer Abteilung sangen verschiedene bekannte Sänger – Mahalia Jackson, Odetta, Peter, Paul und Mary. Während einer Unterbrechung dieser Darbietung wurden die Delegierten der Südstaaten gebeten, auf das Podium zu kommen und Freiheitslieder zu singen. Ich stand auf und folgte zögernd den anderen. Ich glaube, ich war das einzige Mädchen aus Mississippi, das ein Kleid trug. Alle anderen trugen jeans oder Röcke aus blauem Drillich. Wir sangen ein paar Lieder, dann wurde verkündet, der Marsch zum Lincoln Denkmal werde sich gleich in Bewegung setzen. Tausende von Menschen gingen einfach los. Sie ließen den größten Teil ihrer Führer auf dem Podium zurück. Es war irgendwie komisch anzusehen, wie die Führer losrannten, um sich an die Spitze des Zuges zu setzen. Ich dachte, so wie sie die Menschen in der Vergangenheit geführt haben, ist es vielleicht besser, wenn die Leute von jetzt an sich selbst führen.
Der Marsch war auf dem Weg; überall waren Menschen. Manche auf Krücken, manche in Rollstühlen, und manche wurden die Pennsylvania und Constitution Avenue buchstäblich hinunter getragen. Da waren alle möglichen Plakate und Transparente – eine Gruppe von Männern trug eine Totenbahre mit einem Sarg, auf dem geschrieben stand: Begrabt Jim Crow.
Als wir am Lincoln Denkmal ankamen, waren schon Tausende von Menschen dort. Ich saß im Gras und hörte den Rednern zu, und es wurde mir klar, daß es ›Träumer‹ waren, die uns führten, und keine Führer. Fast alle standen da oben und sprachen von ihren Träumen. Martin Luther King fand gar kein Ende, von seinem Traum zu sprechen. Ich saß da und dachte, daß wir in Canton keine Zeit zum Schlafen hatten, viel weniger Zeit zum Träumen.

Zwei Tage später verließ ich mit den Kings und Joan Trumpauer Washington wieder. Während wir aus der Stadt fuhren, wußte keiner von uns viel zu sagen. Ich glaube, wir alle fühlten, daß ein geschichtliches Ereignis stattgefunden hatte. Auch ich dachte daran, und mir fiel ein, daß ich zum erstenmal seit einem Jahr von meiner Arbeit für die Bewegung und von Mississippi weggewesen war. Ich hatte ganz vergessen, wie es ist, nicht in einer Atmosphäre von Angst und Drohung zu leben. Ich war sogar im Kino gewesen. Zum erstenmal seit dem Sommer des vergangenen Jahres in New Orleans. ›Seltsam‹,

dachte ich, ›wenn ich in Mississippi bin, käme ich nie auf den Gedanken, ins Kino zu gehen‹. Immer gab es so viel Arbeit, so viele Probleme und so viele Drohungen, daß ich an nichts anderes dachte, als die Arbeit zu bewältigen und von einem Tag auf den anderen zu überleben.
Washington sah jetzt wie eine verlassene Stadt aus. Wie hatten 250 000 Menschen so schnell verschwinden können? Ich begann mich zu fragen, ob diese 250 000 Menschen überhaupt einen Eindruck auf den Kongreß gemacht hatten.
Während wir durch Virginia fuhren, begann ich mich vor der Rückfahrt zu fürchten. Ich war jetzt die einzige Negerin im Wagen. Der Marsch mußte die Weißen des Südens in Wut versetzt haben. Ich wußte, wenn wir nach Mississippi zurückkamen, würden wir doppelt so vielen Drohungen und doppelt so vielen Gewalttakten ausgesetzt sein. Vielleicht würden wir gar nicht bis Mississippi kommen. Wir mußten ja durch alle übrigen dieser verdammten rückständigen Staaten fahren. Wir mußten durch Alabama durch, und ich wußte verdammt gut, wie schlimm dieser Staat war.
Auch Pfarrer King hatte offenbar an die Gefahren dieser Rückfahrt gedacht. Als wir noch innerhalb der Grenze von Tennessee in einem Howard Johnson Restaurant Pause machten, schlug er vor, wir sollten in Tennessee übernachten und bei Tage durch Alabama fahren.
Als ich entdeckte, wo wir übernachten wollten, wurde mir klar, daß er die Sache gründlich überlegt hatte. Wir sollten in einem Naturschutzpark des Bundes in den Bergen von Tennessee übernachten. Wahrscheinlich dachte Pfarrer King, man würde uns dort nicht behelligen, weil der Park Bundeseigentum war. Je mehr ich darüber nachdachte, desto rasender wurde ich. Meine weißen Freunde waren gezwungen, in einem Park zu übernachten, nur weil ich schwarz war und nicht im selben Hotel wie sie unterkam. Wäre ich nicht gewesen, so hätten sie in einem dieser Luxushotels übernachten können.
Pfarrer King und seine Frau schliefen noch, als ich am nächsten Morgen mit Joan aufstand und mich auf die Suche nach einem Wasch- und Toilettenraum machte. In diesem Waschraum gab es auch Duschen, und da wir die ersten zu sein schienen, entschlossen wir uns, sie zu benutzen. Viele Autos waren in der Nähe geparkt, aber noch schien sich kein Mensch zu rühren. Wir würden ausgiebig duschen können, bevor die anderen aufstanden.
Als wir gerade fertig waren, kamen zwei weiße Frauen herein. Sie waren aus Georgia. Wir hörten sie auf der Toilette miteinander

sprechen. Joan und ich waren nicht zum Wagen zurückgegangen, um Handtücher zu holen. Wir begnügten uns mit den vorhandenen Papiertüchern. Als die Frauen hinter der kleinen Trennwand, die die Toiletten abschirmte, hervorkamen, sahen sie uns nackt dastehen und einander den Rücken mit den Papiertüchern abtrocknen. Offenbar waren sie peinlich überrascht und wußten nicht, wie sie sich verhalten sollten. Hier sahen sie in einem öffentlichen Waschraum in den Südstaaten eine Negerin und ein weißes Mädchen nackt nebeneinander unter der Brause stehen. Vielleicht dachten sie, dies wäre ein nude-in oder wash-in oder so etwas. Jedenfalls blieben sie nicht da, um sich diese Demonstration anzusehen. Während sie hinausgingen, sagte die eine spitz: »Überall diese Nigger.«

Pfarrer King und seine Frau waren inzwischen wach geworden. Wir sagten ihnen, wir hätten tolle Brausen entdeckt, verschwiegen aber den Rest, und sie gingen auch hin, um zu duschen. Kurz ehe die Kings zurückkamen, tauchten ein paar weiße Frauen auf und schnüffelten um den Wagen. Joan und ich saßen im Rücksitz. Wir erkannten zwei von den Frauen als die aus dem Waschraum. Wahrscheinlich hatten sie andere Frauen zusammengeholt und waren zu den Brauseräumen zurückgekommen, um uns zu verprügeln. Sie hatten uns dort nicht gefunden und nach uns gesucht. Einen Augenblick lang starrten sie alle auf die Zulassungsnummer aus Mississippi. Sie wußten nicht, was sie tun sollten. Vielleicht dachten sie, ich sei eine Hausgehilfin oder ein Kindermädchen, das für den Besitzer des Wagens arbeitete. Als die Kings zurückkamen, waren sie vollends verwirrt, denn Pfarrer King trug seinen klerikalen Kragen. Er sah weder alt noch reich aus, aber genauso wie einer dieser ›Bürgerrechtsprediger‹. Ehe sie sich zu irgendeinem Vorgehen entschließen konnten, stiegen Pfarrer King und seine Frau ein, und wir fuhren davon. Joan und ich schauten lachend aus dem Rückfenster. Ich glaube, in diesem Augenblick wurde es den Damen klar, daß wir, um in ihrer Sprache zu sprechen, eine Gruppe von ›Berufsagitatoren‹ waren. »Zu schade«, sagte ich lachend zu Joan, »jetzt ists zu spät – da hast du die wahren Weiber aus dem Süden.«

Glücklicherweise verlief die Fahrt durch Alabama ohne Zwischenfall. Um 6 Uhr abends kamen wir in Canton an. Pfarrer King setzte mich am ›Freedom House‹ ab und fuhr sofort nach Tougaloo weiter. Es war für weiße Bürgerrechtler zu gefährlich, nach Dunkelwerden in Canton geschnappt zu werden.

25. Kapitel

Jetzt, da die Schule in Canton wieder angefangen hatte, wurde mir die schreckliche Armut dieses Bezirks immer deutlicher. Viele Jugendliche, die für uns gearbeitet hatten, konnten nicht in die Schule zurückkehren, weil ihre Eltern ihre Arbeitsstellen verloren hatten und ihren Kindern keine Schulkleidung kaufen konnten. Viele dieser Halbwüchsigen hatten jeden Sommer gearbeitet, um die Kosten für den Schulbesuch zu decken, aber in diesem Sommer hatten sie wegen ihrer Tätigkeit als Wahlwerber keine Arbeit finden können. Es machte mich ganz krank, diese Kinder von der Schule ausgeschlossen, den ganzen Tag hungrig herumlungern zu sehen. Ich fühlte mich schuldig, als trüge ich die Verantwortung dafür.
Dem Büro gegenüber wohnte eine Frau mit fünf Kindern in einem Häuschen mit zwei Zimmern. Sie mußte die Kinder und einen kranken alten Vater mit fünf Dollar in der Woche durchbringen, die sie mit Hausarbeit verdiente. Die Ferien waren schon zwei Wochen vorbei, und ich sah die beiden Mädchen jeden Tag zu Hause. Als ich sie in der ersten Woche fragte, warum sie nicht in der Schule seien, sagte man mir, das jüngere der Mädchen habe Mumps. Die ältere müsse mit der Kleinen zu Hause bleiben. In der zweiten Woche fragte ich sie wieder. Diesmal sagte sie mir die Wahrheit. Ihr Großvater war während des Sommers schwer krank gewesen. Die Mutter hatte so viel Geld für Medikamente ausgeben müssen, daß sie ihnen keine Schulkleider kaufen konnte. Der älteste Junge, der siebzehn war, hatte Schulkleidung für sich und seine beiden Brüder gekauft, aber nicht für die Schwestern. Weinend sagte mir das ältere Mädchen, wenn sie noch eine Woche wegblieben, könne sie gar nicht mehr in die Schule gehen. Meine ganze Kindheit wurde wieder lebendig. Wie meine Mutter und wir Kinder gelitten hatten, als mein Vater uns verließ. Wie wir immer hungrig waren, immer nur Brot zu essen bekamen und ganz selten Brot *und* Bohnen. Ich dachte an meinen kranken Großvater, der auf meine jüngeren Geschwister aufgepaßt hatte, während ich in der Schule war. Ich erinnerte mich daran, wie er manchmal einen Dollar aus seinem Geldsäckchen fischte und ihn meiner Mutter für Lebensmittel gab. Alles, was ich hatte vergessen

wollen, kam wieder auf mich zu. Das Leben, das diese Kinder führten, war eine Wiederholung meiner eigenen Vergangenheit.
Als George und Mr. Chinn von einer Wählerwerbung auf dem Land zurückkamen, hielten wir eine vierstündige Beratung darüber ab, wie man Kleidung und Lebensmittel für bedürftige Familien beschaffen könne. Dann gingen Mr. Chinn und George nach Greenwood und sprachen mit den Mitarbeitern der SNCC. Wir wußten, daß sie Kleidung für das Delta bekamen. Vielleicht würden sie einwilligen, die nächste Sendung nach Canton gehen zu lassen. Und wenn einer sie überzeugen konnte, wie nötig wir diese Dinge brauchten, dann war es C. O.
Am nächsten Tag bekam ich meine ersten fünfundzwanzig Dollar von CORE. Dave Dennis hatte seit zwei Monaten versucht, uns eine regelmäßige Zuwendung zu sichern. Schließlich kam das Geld für mich und George. Auch für Mr. Chinn kam ein Scheck über 25 Dollar. Ich dachte: ›Als ich dich brauchte, bist du nicht gekommen. Aber jetzt kommst du zur rechten Zeit.‹ Ich küßte den Scheck und lief über die Straße. Dann stand ich vor den beiden Mädchen auf der Veranda, wedelte mit dem Scheck und sagte: »Das Geschäft blüht. Jetzt gehen wir einkaufen, und morgen geht ihr zwei in die Schule.«
»Was?« sagte das älteste Mädchen. »Meinst du das ernst?«
»Ihr seht doch diesen Scheck. Darauf steht«, ich zeigte mit dem Finger darauf, »darauf steht: Zahlen Sie an Anne Moody fünfundzwanzig Dollar.«
»Fünfundzwanzig Dollar?« fragte die Jüngere. Es schien mehr, als sie sich vorstellen konnte.
»Richtig. Und es gehört alles uns«, sagte ich. »Kommt ihr zwei mit einkaufen?«
»Ja«, schrien sie wie aus einem Mund.
»Ich gehe jetzt erst, den Scheck bei Washingtons einlösen. Ihr paßt solange auf das Büro auf.«
Die Washingtons waren wohlhabende Neger, die ein Lebensmittelgeschäft besaßen. Sie vermieteten uns auch das jetzige ›Freedom House‹. Sie waren die einzigen in Canton, die unsere Schecks einlösten. Weder die weißen Läden noch die Bank von Canton tat es.
In wenigen Minuten war ich wieder im Büro, und unsere Einkaufstour konnte beginnen. Zuerst gingen wir in ein Einheitspreisgeschäft. Wir fanden dort Tennisschuhe für einen Dollar und kauften für jedes Mädchen ein Paar. In einem anderen Kaufhaus fanden wir Blusen zu fünfzig Cent. Dann kauften wir für das kleinere Mädchen

eine Schultasche für einen Dollar, und für jedes Mädchen einen Kamm und eine Bürste zu je zehn Cent. Dann machten wir uns auf den Weg zu einem Geschäft für Gelegenheitskäufe. Dort fanden wir Kleider, zwei für fünf Dollar. Ich kaufte für jedes Kind zwei Kleider. Dann kauften wir noch zwei Bleistifte für fünf Cent und zwei Schultafeln zu zehn Cent. Für all diese Einkäufe hatten wir nur fünfunddreißig Minuten gebraucht. Das jüngere Mädchen merkte, daß immer noch Geld übrig war, und sagte, es habe Hunger. Wir gingen also zu unserem kleinen Lieblingsrestaurant, wo wir für zehn Cent Wurstbrote bekommen konnten. Wir aßen jede zwei Brote und gingen dann ins Büro zurück. Sie schienen die glücklichsten Kinder der Welt, aber ich glaube, ich war noch glücklicher.
Später kam ihre Mutter und bedankte sich bei mir. Sie bot mir an, das Geld zurückzuzahlen, wenn sie dazu in der Lage sein würde. Ich sagte, sie solle nicht mehr daran denken, für mich hätten andere Leute das gleiche getan, als ich noch klein war. Sie schaute mich an, als wollte sie sagen: ›Das glaube ich dir, sonst hättest dus auch nicht begriffen.‹
Am nächsten Morgen kamen die beiden Mädchen auf dem Weg zur Schule im Büro vorbei.
Die ältere sagte: »Mama sagt, wir sollen uns anschauen lassen, und ob wir etwas für dich tun können, wenn wir aus der Schule kommen.«
»Ja, ihr könnt etwas für mich tun«, sagte ich. »Ihr könnt nach Hause gehen und ganz fleißig lernen. Dann könnt ihr vielleicht nachholen, was ihr in den zwei Wochen versäumt habt. Jetzt lauft zur Schule, sonst kommt ihr zu spät.« Ich blickte aus dem Fenster hinter ihnen her, bis sie verschwunden waren. Sie strahlten und ich auch.
Gerade als ich ins Büro gehen wollte, kamen George und Mr. Chinn aus dem Delta zurück. Sie hatten genug Konserven und Erdnußbutter für einen Monat. Als sie die Lebensmittel auspackten, sagte ich: »Ich hab eine Überraschung für euch beide.«
George sah mich fragend an. »Wenn jemand erschossen worden ist, dann will ich nichts davon hören.«
»Es ist eine gute Nachricht.«
»Hat jemand uns ein Vermögen vererbt?«
»Nicht ganz«, sagte ich, »aber wir drei haben jeder einen Scheck über fünfundzwanzig Dollar von CORE bekommen.«
»Das ist zwar kein Vermögen«, sagte Mr. Chinn, »aber im Augenblick kommts mir doch so vor.«

»Ich habe auch Neuigkeiten für dich«, sagte George.
»Wart, ich muß mich erst fassen.« Ich stellte mich mit dem Rücken an die Wand. »So, jetzt schieß los.«
»In der nächsten Woche bekommen wir vielleicht Kleider. SNCC hat ziemlich viel von den Deltaleuten bekommen. Sie erwarten eine große Sendung aus einer jüdischen Synagoge irgendwo. Wir haben sie überredet, sie gleich nach Canton gehen zu lassen.
»Du machst wohl Spaß«, meinte ich.
»Ich hoffe, daß sie uns nicht angelogen haben«, sagte Mr. Chinn. »Jedenfalls haben sie in Greenwood genug Lebensmittel, um uns eine Zeitlang zu versorgen. Das hab ich mit eigenen Augen gesehen.«
»Wenn es so ist, dann haben wirs geschafft«, sagte ich.
Ein paar Tage später war ich mit George in Jackson gewesen, und als wir zurückkamen, fanden wir vor dem Büro den Eilgutlastzug einer Speditionsfirma. Wir sprangen aus dem Auto, um zu sehen, was los war. Ich konnte mir schon denken, was es war, hatte aber Angst, ich könne mich getäuscht haben. Als George aus dem Wagen kletterte, fragte ihn der Fahrer des Lastzuges: »Sind Sie George Raymond?«
»Ja«, antwortete George.
»Wir haben eine Ladung Kleider für Sie.«
Während wir die Kartons mit Kleidungsstücken ausluden, sah ich, daß es viel mehr war, als wir erwartet hatten. Das Büro war bald so voll, daß wir uns kaum darin bewegen konnten. Die Kartons waren bis unter die Decke gestapelt. Ich war so froh über die Sachen. Wir würden damit vielen Menschen helfen können. Vielleicht konnten wir mit diesen Sachen auch manchem Mut machen, zur Wahl zu gehen. So war es auch im Delta gewesen.
Den Rest der Woche verbrachte ich damit, die Kleider zu sortieren. Es war schwere Arbeit, aber ich tat sie gern. Bis zum Wochenende war ich ganz begeistert, dann überfiel mich plötzlich eine solche Depression, daß ich niemanden sehen und mit niemandem sprechen wollte. Als Dave und seine Frau Mattie am Samstagnachmittag nach Canton zu einer Besprechung des Mitarbeiterstabes kamen, entschuldigte ich mich und ging allein spazieren. Ich hatte Angst, jemand könnte mich fragen, was mir fehle, und ich würde in Tränen ausbrechen. Wenn es mit unserer Aktion nicht weitergehen wollte, hatte ich oft geweint, aber nie hatte mich jemand weinen sehen. Es sollte mich auch jetzt niemand sehen.

Die anderen wußten, daß ich nicht mehr nach Hause fahren konnte, aber niemand wußte, welche Qualen ich deshalb litt. Ich sagte niemandem etwas von all den Briefen, die ich von Mama bekam, in denen sie mich anflehte, Mississippi zu verlassen, und in denen sie immer sagte, ich sei in Lebensgefahr. Die anderen hatten auch ihre Sorgen, und die meinen konnten sie mir nicht abnehmen.

Während ich spazierenging, liefen mir die Tränen übers Gesicht. Morgen würde ich dreiundzwanzig Jahre alt. Nie war ich an meinem Geburtstag ohne eine Karte von Mama oder Adline geblieben. Wahrscheinlich war Mama böse, weil ich ihren letzten Brief nicht beantwortet hatte. ›Warum soll ich sie veranlassen, mir weiter zu schreiben‹, dachte ich. ›Nie schreibt sie mir einen ermutigenden Brief. Sie kann sich unmöglich vorstellen, was wir hier mitmachen.‹ Ich wußte, daß sie mich nie verstehen würde, wollte ich versuchen, ihr zu erklären, warum ich die Arbeit, die ich tat, tun mußte. Sie würde nur sagen, was sie immer schon gesagt hatte: ›Ein Neger wird es schwer haben bis zu seinem Tod, und wenn du tot bist, werden die andern Neger immer noch dieselben Sorgen haben.‹

Schließlich schlug ich wieder den Weg zum ›Freedom House‹ ein. Ich versuchte, ein fröhliches Gesicht zu machen, aber alle konnten mir ansehen, daß ich geweint hatte.

»Moody, geh mit mir einkaufen«, sagte Mattie. »Ich bleib nicht lange aus.«

»O. k.«, sagte ich. Ich wußte, sie wollte mit mir sprechen und herausfinden, was mir fehle.

Während wir auf die Innenstadt zugingen, sagte sie: »Was ist denn los, Moody? Bist du böse auf uns? Es ist nicht Daves Schuld. Er hat versucht, jemanden zu finden, der hier mit euch arbeitet. Die Leute wollen einfach nicht hierherkommen. Die meisten haben Angst, in Canton zu arbeiten. Du weißt das. Außerdem könnte Dave auch gar kein Geld bekommen, um sie zu bezahlen. Dave hat Angst, daß du ihm böse bist. Du weißt, wie empfindlich er ist. Aber er tut alles, was er kann, und ich glaube bestimmt, daß er noch jemanden findet.«

»Das ist es gar nicht, Mattie«, sagte ich. »Ich weiß, daß Dave sich Mühe gibt.«

»Was ist es dann?« fragte sie. »Hast du schlechte Nachrichten von zu Hause? Wie geht es deinen Leuten?«

»Ich glaub, es geht ihnen ganz gut. Aber morgen ist mein Geburtstag, und ich hatte gedacht, sie würden mir schreiben. Als der Briefträger kam und nichts von ihnen brachte, war ich enttäuscht.«

»Warum hast du nichts gesagt? Wir hätten etwas für dich vorbereiten können«, sagte sie.
»Ihr habt alle Sorgen genug, ohne euch auch noch den Kopf darüber zu zerbrechen, ob ich an meinem Geburtstag glücklich bin.«
Sie schien sehr froh zu sein, daß ich nicht auf Dave böse und drauf und dran war, die Arbeit hinzuwerfen. Während des Einkaufens bestand sie darauf, mir zum Geburtstag zwei Schlafanzüge zu kaufen. Als wir zum ›Freedom House‹ zurückkamen, rief sie Dave ins Schlafzimmer. ›Wahrscheinlich erzählt sie ihm jetzt, daß ich nicht böse auf ihn bin‹, dachte ich. Sie blieben lange drinnen. Als Dave herauskam, lächelte er. Er begann zur Radiomusik zu twisten.
»Los, Anne, soll ich vielleicht allein tanzen«, sagte er.
Ich fühlte mich schon besser.
»Darum geht es nicht«, sagte ich. »Ich will dich bloß nicht blamieren. Mein kleiner Bruder twistet besser.«
»Ist das deine Entschuldigung? Fordere mich nur nicht heraus!« sagte er.
Ich stand auf und begann, mit ihm zu twisten. Wir twisteten in recht gewagten Figuren, als Mattie ins Zimmer kam.
»Anne Moody, wie wagst du es, so mit meinem Mann zu tanzen«, sagte sie.
»Ich glaube, du hältst dich an die falsche Person. Nicht ich bin mit dir verheiratet. Dave ist es«, sagte ich.
»Dave, wie kannst du nur«, wetterte sie.
»Komm, George«, sagte Dave. »Laß uns spazierengehen. Mattie wird eifersüchtig.«
Als sie gegangen waren, setzten Mattie und ich uns hin und plauderten ein wenig, dann fing ich an, das Abendessen zu kochen. Ich war gerade fertig, als Dave und George zurückkamen. Sie trugen zwei große Tüten. »Was habt ihr zwei eingekauft?« fragte ich.
»Zu essen, ne Menge zu essen«, sagte George.
»Zu essen? Wo habt ihr denn das Geld her? Ich dachte, ihr seid pleite.«
»Mattie ruft dich, Anne«, sagte Dave und warf einen Blick auf die gebratenen Hühnchen auf dem Herd.
»Hast du mich gerufen, Mattie?« schrie ich.
»Ja, komm mal her, Moody. Komm bitte mal nen Augenblick her«, sagte sie.
»Wenn du an das Hühnchen gehst, Dave, dann hack ich dir gleich die Hände ab«, sagte ich warnend.

»Ich gehe mit dir«, sagte Dave, »wenn dann was an dem Hühnchen fehlt, dann weißt du, wers getan hat.« Er warf George, der immer noch mit den Tüten dastand, einen Blick zu.
»Sollen wir heute abend in Henry Chinns Lokal gehen?« fragte Mattie mich. (Henry Chinn, C. O.s Bruder, hatte das größte Neger-Nachtlokal in der Stadt.) »Dave, Annie hat morgen Geburtstag.«
»Im Ernst, Anne, wie alt bist du? Neunzehn?« fragte er.
»Neunzehn?« sagte ich, »ich werde dreiundzwanzig und sehe doppelt so alt aus.«
»Dreiundzwanzig«, sagte Dave, »ich dachte, du würdest fünfzig sagen, dann hätte ich dich von jetzt ab bis morgen früh küssen können.« Dann fing er an, mich zu küssen.
»Dave Dennis, wenn du Anne Moody noch einmal küßt, verlasse ich dich«, sagte Mattie. »Morgen ist ihr Geburtstag, und wage ja nicht, sie dreiundzwanzigmal zu küssen.«
»Ihr beiden seid zu eifersüchtig«, sagte ich. »Los, wir wollen essen.«
Als ich etwas aus dem Eisschrank holte, entdeckte ich zwei Vierliterpackungen Speiseeis und einen großen Kokosnußkuchen. ›Das hat also George in den Tüten gehabt‹, dachte ich. ›Sie wollen mich wahrscheinlich mit einer Party überraschen.‹
Wir gingen nicht aus, aber wir saßen zusammen und hatten viel Spaß. Wir spielten die halbe Nacht hindurch Karten und machten Witze. Wir spielten an den Samstagabenden gewöhnlich Whist. Aber die meiste Zeit blieben wir einfach auf, weil wir Angst hatten, jemand würde versuchen, uns umzubringen, sobald wir zu Bett gegangen waren.
Am Sonntag, dem 15. September 1963, war mein dreiundzwanzigster Geburtstag. Ich stand um neun auf und fühlte mich wie hundertunddrei. Alle anderen schliefen noch, und ich ließ sie einfach schlafen. Nach dem Duschen fing ich an, Frühstück zu machen, obgleich Mattie versprochen hatte, an diesem Tag die Küche zu übernehmen. Sobald ich fertig war, weckte ich die andern, denn wir sollten später eine Mitarbeiterversammlung abhalten.
»Frühstück fertig, Frühstück fertig!« rief ich.
Dave kam in die Küche gestürzt und schrie: »Schäm dich, Mattie. Anne hat heute Geburtstag, und sie macht Frühstück, und du schläfst.«
»Wie, heute ist dein Geburtstag?« fragte George, der in die Küche getaumelt kam. Als ob er es nicht wüßte, wo er gestern zwei Vierliterpackungen Eis und einen Kuchen gekauft hatte.

»Es tut mir leid, Moody«, sagte Mattie. »Ich hörte dich in der Küche, aber Dave wollte mich nicht aufstehen lassen.«
»Was, ich soll schuld sein, Mattie?« sagte Dave. »Es war Mattie, Anne. Sie bettelte immer wieder ›Noch einmal, nur noch einmal‹. Also, wem glaubst du jetzt, Anne?« Er hielt Mattie in seinen Armen, und die beiden versuchten, mich anzusehen, ohne herauszuplatzen.
Wir aßen und hörten dabei der Radiomusik zu, als diese plötzlich mitten in einem Stück abbrach. »Eine Sondermeldung aus Birmingham«, sagte der Ansager. »In Birmingham, Alabama, explodierte in einer Kirche eine Bombe. Man nimmt an, daß mehrere Sonntagsschüler getötet wurden.« Wir alle saßen da, unfähig, uns zu rühren, und wagten nicht, einander in die Augen zu sehen. Niemand aß mehr. Alle warteten auf eine weitere Nachricht. In der zweiten Nachricht wurde bestätigt, daß vier Mädchen getötet worden waren. Ich blickte zu George hinüber. Er hatte sein Gesicht in den Händen vergraben. Dave saß bewegungslos da, die Augen voller Tränen. Mattie sah Dave an, als sei sie von einem elektrischen Schlag getroffen. Ich hob die Hände vors Gesicht. Tränen strömten mir aus den Augen, und ich hatte es nicht bemerkt.
›Warum, warum, warum? Oh Gott, warum? Warum wir? Warum wir?‹ so fragte ich. ›Ich muß in den Wald, Bäume sehen oder Wasser. Ich muß mit dir sprechen, Gott, und du mußt mir antworten. Bitte behandele mich heute nicht wie Rip van Winkle.‹
Ich stürzte aus dem Haus und lief ziellos umher. Ich lief einen Abhang hinauf, auf dem Bäume standen. Ich befand mich auf einem Friedhof, von dem ich gar nichts gewußt hatte. Ich setzte mich nieder, schaute durch die Bäume nach oben und versuchte, eine Antwort von Gott zu bekommen. ›Sprich zu mir, Gott! Komm herunter und sprich zu mir.‹
›Du weißt, ich bin in die Sontagsschule gegangen, als ich klein war. Jeden Sonntag bin ich in die Sonntagsschule, in die Kirche und zur B. T. U. gegangen. Man hat uns gelehrt, wie barmherzig du bist und daß du vergibst. Mama hat uns immer gesagt, daß du siebenundsiebzigmal am Tag vergibst, und ich glaubte an dich. Ich wette, diese Mädchen in der Sonntagsschule sind dasselbe gelehrt worden wie ich in ihrem Alter. Ist diese Lehre falsch? Wirst du ihren Mördern vergeben? Du wirst mir wohl nicht antworten, Gott? Nun, wenn du nicht sprechen willst, dann hör mir zu.
Nie mehr im Leben will ich von einem Weißen geschlagen werden.

Nicht mehr wie bei Woolworth. Nie mehr. Das ist vorbei. Und weißt du noch etwas, Gott? Mit der Gewaltlosigkeit ist es aus. Ich glaube, daß auch Martin Luther King mit dir spricht. Sag ihm, daß die Gewaltlosigkeit ausgedient hat. Richte ihm das von mir und von vielen anderen Negern aus, die heute so denken müssen. Wenn du es nicht glaubst, dann mußt auch du weiß sein. Und wenn ich jemals herausfinde, daß du weiß bist, dann habe ich nichts mehr mit dir zu tun. Und wenn ich herausfinde, daß du schwarz bist, dann werde ich versuchen, dich zu töten, wenn ich in den Himmel komme.

Ich bin fertig mit dir. Ja, ich wende mich ab von dir. Von jetzt an bin ich mein eigener Gott. Ich werde nach den Regeln leben, die ich mir selbst setze. Ich will alles vergessen, was ich über dich gelernt habe. Dann werde ich du sein. Ich werde mein eigener Gott sein und so leben, wie ich es für richtig halte. Ich werde nicht so leben, wie Mr. Charlie es mir sagt oder Mama oder sonst jemand. Ich werde so leben, wie ich will, in dieser Gesellschaft, die offenbar nicht für mich und meinesgleichen gemacht ist. Wenn du böse wirst, weil ich so mit dir spreche, dann töte mich, laß mich hier tot auf dem Friedhof liegen. Vielleicht gehören wir sowieso hierher. Wir brauchten dann nicht soviel zu leiden. Wenn wir weiter in diesem Tempo umgebracht werden, werden wir sowieso bald alle tot sein.‹

Als ich zum ›Freedom House‹ zurückkam, waren Dave und Mattie weg. George lag ausgestreckt auf seinem Bett.

»Wo sind Mattie und Dave hin?« fragte ich.

»Dave wurde zu einer Versammlung nach Jackson gerufen, und sie mußten fahren. Wo bist du die ganze Zeit gewesen?«

»Spazieren«, sagte ich. »Hat es weitere Nachrichten über die Explosion gegeben?«

»Nein«, sagte er, »nur daß die vier Mädchen tot sind und daß die Spannung in der Stadt wächst, je mehr es auf den Abend zugeht. Sie werden Birmingham heute nacht niederreißen. Ich bete darum, daß es keine Gewalttätigkeiten gibt.«

»Du betest? Du betest, George! Warum zum Teufel sollen wir die ganze Zeit beten? Die Weißen, die heute die Bombe in die Kirche geworfen haben, haben auch nicht auf den Knien gelegen. Wären die Mädchen nicht zur Sonntagsschule gegangen, lebten sie jetzt noch. Weißt du, ob sie nicht gerade auf den Knien lagen? Das ist jetzt falsch. Wir haben zu lange gebetet. Alles, was wir als Rasse besitzen, ist Religion. Und die Weißen besitzen alles andere, einschließlich Dynamit.«

Sei still? Ist das noch Miss Woolworth, die gewaltlose Miss Woolworth, die so redet?« fragte er.

»George, wir müssen den Tatsachen ins Gesicht sehen. Mit der Gewaltlosigkeit ist es zu Ende, und du weißt es. Glaubst du nicht, wir hätten genug davon gehabt? Vor allem haben wir sie zuerst als eine Taktik benutzt, um der Welt zu zeigen, um wie in einem Drama darzustellen, wie schlimm die Dinge im Süden stehen. Nun, ich glaube, wir haben genug Beispiele gezeigt. Mir scheint, wir übertreiben es. Wenn nach dieser Bombe noch weitere gewaltlose Demonstrationen folgen, nur um noch einmal zu beweisen, was alle anderen Demonstrationen schon bewiesen haben, dann treiben wir das Spiel zu weit, glaube ich.«

»Hättest du nicht Lust, mal von etwas anderem zu reden?« fragte er.

»Ja, laß uns von dem wunderschönen Marsch auf Washington reden«, schrie ich beinahe. »Es ist nur zwei Wochen her, ob mans glaubt oder nicht. Und 250 000 Menschen haben geschrien ›Wir wollen Freiheit‹. Nun, ich glaube, Birminghams Antwort auf diesen Marsch ist die Bombe. Und was wird unsere Antwort auf die Bombe sein? Wir werden unsere Kinder sofort wieder in die Sonntagsschule schicken, damit sie umgebracht werden. Sogar der Präsident wird einen Erlaß herausgeben, in dem er sagt: ›Wir tun alles in unserer Macht Stehende, um die Mörder zu ergreifen. Wir haben die Situation fest in der Hand.‹ Danach werden wir immer noch auf die Straße gehen, den Kopf senken und beten, um dabei bespuckt zu werden. Das nenne ich wahre Religion, wahre, redliche Nigger-Religion. Wenn Martin Luther King wirklich glaubt, daß mit Gewaltlosigkeit für den Süden erreicht wird, was für Indien erreicht worden ist, dann ist er nicht bei Verstand.«

Am Montag, dem Tag nach dem Bombenattentat, hatten die Neger von Canton Angst, auf die Straße zu gehen. Wenn sie an unserem Büro vorbeikamen, wandten sie den Kopf ab, um nicht in die Fenster hineinsehen zu müssen. Jedesmal, wenn ich auf der Straße an einem Neger vorbeikam, sah er mich an, als wolle er sagen: ›Geh hier weg. Sonst werden wir noch alle umgebracht.‹

Ich verließ das Büro kurz nach dem Mittagessen. Als ich zum ›Freedom House‹ kam, spielte ich Freiheitslieder auf dem Klavier und versuchte, mir klarzumachen, was die Bewegung bis jetzt für uns erreicht hatte. Mein Geist war so verwirrt und beengt, daß ich nicht klar denken konnte. Der Bombenanschlag auf die Kirche hatte eine schreckliche Wirkung auf mich gehabt. Er hatte alles in Frage gestellt, was ich bis dahin geglaubt hatte. ›Wir müssen einen anderen Weg finden‹, dachte ich, ›wenn nicht, dann wird das Elend, in dem wir jetzt leben, nie ein Ende haben.‹

Ich legte eine Platte von Ray Charles auf. Er sagte: »Ich bin immer traurig, denn mein Geist ist bedrückt. Die Welt ist in Aufruhr, Gefahr ist überall. Lies deine Zeitung, dann wirst du wissen, was es ist, das mir keine Ruhe läßt.« Es war mir, als hörte ich Ray zum erstenmal. Erst jetzt sagte er mir etwas.

Später kam George. Er brachte ein Mädchen mit. »Anne, ich möchte dir Lenora vorstellen. Sie wird vielleicht mit uns arbeiten. Man hat sie von der Pflanzung ihres Vaters vertrieben.«

»Warum?« fragte ich.

»Es scheint so, daß sie sich gestern ähnlich wie du geäußert hat. Irgendwie hat es der Grundbesitzer ihres Vaters erfahren, und sie ist gestern nacht davongelaufen.«

Ich wußte, er brachte sie zu mir, damit noch ein anderer Mensch da war, mit dem ich sprechen konnte.

»Wenn du nicht nach Hause kannst, dann brauchst du dir deshalb nicht einsam und verlassen vorzukommen«, sagte ich. »Ich bin seit dem Erntedankfest 61 nicht zu Hause gewesen, und ich kenne viele andere, die nicht nach Hause gehen können. Du siehst also, du bist ganz und gar nicht allein.«

Sie grinste wie ein dummes kleines Bauernmädchen.

»Wo wohnst du jetzt? Arbeitest du?«

»In der Siedlung bei meiner Tante. Ich hatte einen Job, aber...«

»Dann zieh doch hier zu uns«, sagte ich. »Wir brauchen Hilfe, und vielleicht kann ich erreichen, daß du bezahlt wirst. Aber viel verdienen wirst du nicht.« Ich fragte mich, wie lange wir selbst noch im Bezirk würden bleiben können, bevor die Negerbevölkerung uns aufforderte, wegzugehen.

26. Kapitel

Lenora zog am nächsten Tag ein. Das einzige, was sie mitbrachte, war eine Einkaufstasche. An Kleidern hatte sie nur, was sie auf dem Leib trug.
Am Abend machte sie den Eisschrank auf und fand die beiden Vierliterpackungen Eis. »Moody, wofür ist das Eis? Kann ich ein bißchen haben?« fragte sie.
»Natürlich, Lenora, nimm dir nur. Es sollte für meinen Geburtstag sein, der war am Sonntag«, sagte ich. »Es ist auch noch ein Kokosnußkuchen da, wenn du davon etwas willst.«
»Soll ich dir ein Stück abschneiden?« fragte sie.
»Nein, danke. Ich kann jetzt nichts essen.«
Aber plötzlich kam mir eine Idee. Wir konnten mit dem Eis und dem Kuchen eine kleine Party für die Oberschüler veranstalten. Vielleicht würde eine Party ihre Begeisterung wieder wecken. Ich konnte kaum erwarten, was George dazu sagen würde.
Wir gaben die Party am Samstagabend, und sie wurde ein großer Erfolg. Es waren so viele Oberschüler gekommen, daß aus der Party eine Versammlung wurde. Wir gingen in den Hof, setzten uns ins Gras und sangen stundenlang Freiheitslieder. Einer der Schüler berichtete mir, der Direktor der Schule habe allen den Besuch unserer Party verboten. Ich war froh darüber. Sein Verbot schien die Beteiligung gefördert zu haben. Zehn Schüler erboten sich, am Sonntag in Gottesdiensten im ganzen Bezirk zu sprechen und die Nachricht zu verbreiten, daß wir am folgenden Mittwoch Kleider ausgeben würden. Sie machten ihre Sache so gut, daß am Mittwochmorgen, als Lenora und ich vor dem Büro erschienen, schon fast zweihundert Neger Schlange standen.
Als ich sie erblickte, stieg heißer Zorn in mir hoch. ›Da sind sie also‹, dachte ich, ›sie stehen da und warten darauf, daß man ihnen etwas schenkt. Vorige Woche nach dem Bombenattentat haben sie den Kopf abgewandt, wenn sie an diesem Haus vorbeikamen. Manche haben mich damals voller Haß angesehen. Jetzt lächeln sie mich an. Wenn sie die Kleider erst bekommen haben, werden sie mich nächste Woche überhaupt nicht mehr ansehen. Und es wird ihnen nicht

einmal so im Traum einfallen, sich als Wähler registrieren zu lassen.‹
Als wir die Tür aufschlossen, wurden wir beinahe zu Boden getrampelt, so drängten die Leute hinein. Wir sagten ihnen, es würde nichts ausgegeben, bevor nicht Annie Devine, eine Dame von der Neger-Versicherung, erschienen sei. Sie kannte die meisten Familien, und wir hofften, daß die Leute in ihrer Gegenwart keine Sachen nehmen würden, die sie nicht selbst gebrauchen konnten. Während wir alle warteten, machten die Neger Bemerkungen über die Kleider. Ein paar sagten etwa: »Die weißen Leute im Norden sind aber gut.«
Als ich ihnen sagte, daß ich gern ihre Namen und Adressen hätte, damit ich sie benachrichtigen könne, wenn eine neue Sendung kam, machten sie alle ein Gesicht, als wären sie am liebsten gegangen. Ich hörte eine Frau flüstern: »Is nur ein Trick, um uns zum Wählen zu kriegen.« Ich hätte am liebsten eine Rede gehalten, aber statt dessen ließ ich nur einen Bleistift und Papier auf einem Pult neben der Tür und bat sie, Namen und Adressen aufzuschreiben, wenn sie nach Hause gingen. Da ließ die Spannung nach. Ich wußte, sie würden ihre Namen nicht aufschreiben. Für alle Fälle bat ich Mrs. Chinn, sich im Hintergrund des Büros aufzuhalten. Immer wieder hörte ich sie sagen: »Ihr braucht keine Angst zu haben oder euch zu schämen, wenn ihr euren Namen aufschreibt. Wir werden keinen Gebrauch davon machen, der euch in Schwierigkeit bringen könnte. Alles, was Anne und die anderen Mitarbeiter von CORE wollen, ist, euch Leuten zu helfen. Sie haben sogar versucht, für manche von euch Lebensmittel zu beschaffen.«
Wir brauchten den ganzen Tag, um die Kleider auszugeben. Ich habe nie so bedürftige Menschen gesehen. Nachdem wir die besten Sachen ausgegeben hatten, kamen die Menschen zu mir und sagten, wie nötig sie einen Mantel brauchten, ein Paar Schuhe – irgend etwas. Um fünf Uhr war ich erschöpft. Ich schaute zu Mrs. Devine und Lenora hinüber. Ihr Haar war weiß vom Staub und den Flusen der Kleider. Ich blickte in den Spiegel, ich sah genauso aus.
Um halb sechs kam eine Gruppe von Leuten direkt von der Arbeit. Ich sagte ihnen, es sei nichts mehr da. Eine Frau sah einen Karton mit Kleidern in der Ecke und fragte: »Kann ich die einmal durchsehen? Vielleicht finde ich doch etwas, was ich gebrauchen kann.«
»Ja, wenn Sie möchten. Aber diese Sachen sind nicht mehr gut. Es sind fast nur Lumpen«, sagte ich ihr.
Bevor ich noch zu Ende gesprochen hatte, fing sie an, die Sachen zu durchwühlen. Fünf andere Männer und Frauen beteiligten sich. Sie

kippten den Inhalt der Kiste auf den Boden und rissen alles heraus. Sie schnappten sich alte Lumpen, Höschen und Büstenhalter. Die Männer nahmen sich Unterhosen, die keinen Gummi mehr in der Taille hatten oder deren Sitzfläche verschlissen war.
Als sie weg waren, lachte Lenora laut heraus. »Siehst du, Anne, ich hab dir doch gesagt, daß das keine Lumpen sind.«
»Ich sehe«, sagte ich, »und ich kann es gar nicht komisch finden. Es ist eine verdammte Schande, daß Menschen in Amerika so arm sein müssen – im Land des Überflusses.«
»Anne, wir haben sie jetzt auf den Geschmack gebracht. Wir müssen mehr Kleider heranschaffen, sonst werden viele Neger wütend auf uns sein, weil sie sich übergangen fühlen«, sagte Mrs. Devine.
»Wir werden nie genug Kleider sammeln können, um alle Neger im Madison County zu versorgen«, antwortete ich. »Es wäre besser, ihnen Arbeit zu beschaffen, damit sie die Kleider selber kaufen.«
»Ich könnte auch Arbeit brauchen«, sagte Mrs. Chinn seufzend. »Ich hab seit drei Tagen nichts mehr zu essen im Haus.«
»Wie viele haben ihre Namen hinterlassen, Mrs. Chinn?« fragte ich, um das Thema zu wechseln. Jedesmal, wenn Mrs. Chinn auf ihre wirtschaftliche Lage zu sprechen kam, wurde sie sehr niedergeschlagen. Ich fühlte mich nicht nur bedrückt, sondern auch schuldig, weil sie und C. O. sich so anstrengten, uns zu helfen, und weil sie deshalb schon so viel gelitten hatten.
»Nur zwanzig«, sagte sie. »Es ist eine Schande. Manche von ihnen hatten die Frechheit, mir zu sagen, ›Minnie Lou, ich kann nicht unterschreiben, aber du kennst mich. Gib mir Bescheid, wenn ihr neue Kleider kriegt.‹ Ich hätt sie am liebsten umgebracht. Wenn es auf mich ankäme, würde ich ihnen nichts geben. Das ist alles, was die Neger können, sich nach was umsehen, das nichts kostet.«
Als Lenora und ich am nächsten Morgen das Büro öffneten, kamen dauernd Leute vorbei, um zu sehen, ob noch Kleider da seien. Wenn wir sie aber fragten, ob sie als Wähler eingetragen seien, war die Antwort immer nein. Und keiner von ihnen hatte die Absicht, sich in der nächsten Zukunft in die Wählerliste eintragen zu lassen. Ich begann zu ahnen, daß wir eine andere Aktion als die Wählerregistrierung starten mußten, wenn wir in Canton bleiben wollten.

Ein paar Tage später wurde ein Negermädchen aus der Oberschule, das nach dem Unterricht Baumwolle gepflückt hatte, von einem weißen Farmer vergewaltigt. Die Nachricht wurde in Canton weitergeflüstert. Alle Neger fanden es schrecklich, aber sie hörten nicht auf, ihre Kinder zum Baumwollpflücken zu schicken. Sie hatten keine Wahl – das wenige Geld, das die Jugendlichen beim Baumwollpflücken verdienten, ermöglichte ihnen den Schulbesuch. Im Madison County war die Beschäftigung von Jugendlichen in der Baumwollernte eine alte Gewohnheit. Während der beiden ersten Monate des Schuljahrs schlossen die Negerschulen sogar schon um Mittag, damit die Schüler für die weißen Farmer arbeiten konnten. Ihre eigenen Eltern, die genau soviel Land hatten wie die weißen Farmer, aber viel geringere Anbaugenehmigungen bekamen, litten praktisch Hunger. Die meisten konnten ihren Kindern nicht einmal Geld für das Schulfrühstück geben und ihnen Lernmittel kaufen.

In diesem Herbst verlief die Baumwollernte genau wie sonst, und der Mann, der das Mädchen vergewaltigt hatte, ging herum und redete. Er sagte zum Beispiel: »Seit diese verdammte Organisation hergekommen ist (er meinte CORE), haben diese Nigger die Frechheit, sich zu beklagen, wenn man n kleines Kätzchen um die Ecke bringt.« Einer seiner Freunde machte die Bemerkung: »Früher konnt ich mir jederzeit n Niggermädel schnappen. Heut haben die Angst, jemand könnt sie sehen.«

Weil das Mädchen ins CORE-Büro kam und eine eidesstattliche Erklärung für das Gericht unterschrieb, mußte ihr Vater immer eine Waffe tragen, um seine Familie zu verteidigen. Danach wurden mehrere Male junge Negerinnen auf offener Straße von Weißen angefallen. Die Überfälle gaben Anlaß zu Gerede über andere Vorkommnisse. Länger als eine Woche wurde dauernd darüber geredet, welcher weiße Mann mit welcher Negerin schlief. Es kam an die Öffentlichkeit, daß einige der obersten Beamten des Madison County Neger-Geliebte hatten, bei denen sie beinahe ständig wohnten.

Es waren jetzt drei Wochen seit dem Bombenanschlag in Birmingham vergangen, und der Klan war sehr rührig gewesen. Ich fürchtete am meisten, daß die Drohungen aufhören und die Tätlichkeiten beginnen würden – daß ich eine Schar Ku-Klux-Klaner würde durch Canton reiten sehen. Wenn das geschah, dessen war ich sicher, würden die Straßen von Canton für Tage von Blut gerötet sein. Wir hatten genug mitgemacht, um zu wissen, daß, solange Drohungen ausgestoßen wurden, kein unmittelbarer Terror gegen die Neger geplant war.

Aus schwesterlichem Mitgefühl hatte Doris Erskine, meine alte Gefängnisgenossin aus Jackson, schließlich eingewilligt, nach Canton zu kommen und uns zu helfen. Mit ihr zusammen waren wir jetzt zu vieren, die im Bezirk arbeiteten, und wir versuchten wieder, Abendkurse einzuführen. Wir planten auch eine zweite Party für die Oberschüler.

Eines Tages gingen Doris und ich zur Oberschule, um die Party anzukündigen. Der Direktor war einer der schlimmsten ›Toms‹ in Canton. Er hatte Spione im Schulgelände, die ihm berichten sollten, falls CORE-Leute dort auftauchten. Während Doris und ich uns durch eine Schülergruppe drängten, kam er gelaufen.

»Darf ich die beiden Damen in mein Büro bitten?« sagte er böse.

»Oh, Herr Direktor«, sagte ich, als hätte ich ihn jetzt erst bemerkt. »Aber wir wollten gerade gehen. Ich würde mich sehr gern einmal mit Ihnen unterhalten, aber im Augenblick haben wir leider keine Zeit. Ich habe in fünf Minuten eine Verabredung. Vielleicht könnten wir uns in der nächsten Woche einmal zusammensetzen.«

»Guten Abend, Herr Direktor, wir müssen leider jetzt gehen«, sagte Doris.

Während wir davongingen, blieb er mit offenem Mund stehen und wußte nicht, was er sagen sollte. Ich fand, wir hatten das prima gemacht, ihn einfach so stehen zu lassen. Ein paar Schüler kicherten.

Zu der zweiten Party kamen viel mehr Schüler als zu der ersten. Wir sangen vier Stunden lang Freiheitslieder. Ein Schüler erzählte mir, der Direktor habe wieder gedroht, Schüler, die zu der Party gingen, zu relegieren. Er sagte, nachdem die Drohung in der Schule bekannt geworden wäre, hätte sich unter den Schülern eine Gruppe gebildet, um für die Party Teilnehmer zu werben.

Der Direktor hatte inzwischen den Polizeichef gebeten, uns zu verhaften, sollten wir die Schule je wieder betreten. Der Polizeichef hatte sich einverstanden erklärt und versprochen, uns festnehmen zu lassen, sollten wir einmal dabei geschnappt werden, wie wir versuchten, Schüler vom Unterricht fernzuhalten. Jeden Tag trieben sich der Polizeichef und seine Bullen jetzt während der Mittagspause in der Nähe der Schule herum, für den Fall, daß wir auftauchten; sie standen auch nach Schulschluß dort.

Die Jugendlichen waren über diese Maßnahmen ihres Direktors sehr aufgebracht. Am Montag verließen sie die Schule und hielten hinter der Siedlung in der Boyd Street eine Versammlung ab. Ich wäre so gern hingegangen, aber ich wußte, daß die jungen Menschen sich selbst entscheiden mußten. Ich war froh, daß sie aus eigenem Antrieb etwas unternommen hatten.

Als die Versammlung vorbei war, zogen die Schüler durch die Siedlung an der Boyd Street und sangen Freiheitslieder, während der Polizeichef und zwei besetzte Mannschaftswagen der Polizei sie begleiteten. Lenora, Doris und ich sahen von den Stufen des ›Freedom House‹ zu, bewacht von zwei Bullen in einem geparkten Auto. Während wir noch da saßen, kam George gerannt und berichtete uns, er sei beinahe vom Chef festgenommen worden. Man beschuldigte uns, die Demonstration organisiert zu haben.

An diesem Abend wurde uns auch zugetragen, daß die Polizei plane, in einer Nacht dieser Woche im ›Freedom House‹ eine Haussuchung durchzuführen. Man wolle Doris, Lenora und mich irgendeiner Art von Prostitution anklagen und hoffe, daß unsere Festnahme einen Skandal verursache, der uns zwingen würde, Canton zu verlassen. George, der einzige männliche Bewohner des ›Freedom House‹, beschloß, für alle Fälle in der nächsten Zeit nicht mehr bei uns zu wohnen.

Während der ganzen ersten Nacht fuhren Polizeiwagen vorbei und leuchteten das ›Freedom House‹ mit Scheinwerfern ab. Als sie entdeckten, daß nur Mädchen dort wohnten, hatten wir keine Nacht mehr vor ihnen Ruhe. Es gelang ihnen, uns solche Angst einzujagen, daß wir am liebsten das Haus verlassen hätten. Bis zum Morgengrauen fuhren Wagen vorbei, Ziegelsteine wurden in die Fenster geworfen. Ich war nervös, aber Doris war noch nervöser. Sie hatte Angst, allein in einem Raum zu schlafen. Manchmal kamen Lenora und Doris beide nachts und legten sich zu mir. Manchmal redeten wir die ganze Nacht, um uns wach zu halten. Nach einer Woche war ich so übermüdet, daß ich das Gefühl hatte, ich würde tot umfallen. Mir schien, ich hätte keine Nacht mehr durchgeschlafen, seit ich nach Canton gekommen war.

Wir richteten wieder zwei oder drei Kurse auf dem Land ein, und das machte alles noch schlimmer. Unsere früheren Beschützer fuhren nicht mehr mit uns. Die meisten waren auf Suche nach Arbeit nach dem Norden oder nach Californien gegangen. Jetzt fuhr entweder George mit uns, oder wir Mädchen mußten allein fahren. Eines Nachts kamen Doris und ich von einem Kursus, den wir sechsundzwanzig Meilen von der Stadt entfernt abgehalten hatten. Unterwegs wurden wir von einer Gruppe betrunkener Weißer in einem Auto verfolgt. Doris geriet in Panik. Sie fuhr wie eine Verrückte, durchraste jede Kurve auf zwei Rädern, die Steine spritzten nach allen Seiten. Ich war sicher, wir würden uns überschlagen, in einem Graben landen und tot liegenbleiben. Ich wußte nicht, sollte ich Doris zwingen, langsamer zu fahren, oder in einer Kurve aus dem Wagen in einen Graben springen und hoffen, daß der andere Wagen vorbeifuhr, ohne mich zu sehen. Wenn ich Doris zwang anzuhalten, würden wir vielleicht von den Betrunkenen zusammengeschlagen und vergewaltigt, aber nicht getötet werden. Schließlich machte ich einfach die Augen zu und hoffte, daß, was immer geschähe, es nicht zu lang dauern und nicht zu schmerzhaft sein möge. Ich muß ohnmächtig geworden sein, denn als ich zu mir kam, standen wir vor dem ›Freedom House‹.

Am nächsten Abend fuhr George mit uns, aber die Angst steckte uns immer noch in den Knochen. Alle Witze, die uns einfielen, konnten die Erfahrung, die wir auf diesen langen, dunklen Landstraßen gemacht hatten, nicht auslöschen.

Ich kam eines Abends ins ›Freedom House‹ zurück und fand Doris in einem Sessel, ein Gewehr auf den Knien. Lenora ölte gerade eine Pistole.

»He, was zum Teufel geht hier vor?« fragte ich. Ich blieb mit offenem Mund stehen.

»Ich öl' grad meine Kanone«, sagte Lenora.

»Mein Kindchen schläft grad in meinem Arm«, sagte Doris.

»Jetzt hört mit dem Blödsinn auf. Wo habt ihr die Waffen her?« fragte ich.

»Ich hab die Pistole schon lang«, sagte Lenora in normalem Tonfall.

»Und wo hast du das Gewehr her, Doris?«

»Also, Moody, n netter farbiger Mann hat es mir geliehen«.

»Wir sollen uns also heut nacht mit dem Klan schießen. Und wo ist dann meine Waffe?«

»Nein, wir haben uns nur gedacht, daß wir hier im Haus verteidigungsbereit sein müssen. In Mississippi dürfen eben drei junge Frauen nicht ohne Schutz sein.«

»Im Ernst, habt ihr für heute nacht eine Drohung erhalten?«

»Kriegen wir die nicht für jede Nacht?« fragte Doris.

Ich sah sie mir an und dachte: ›Diese Närrinnen haben den Verstand verloren. Was sollen wir mit diesen beiden Schußwaffen gegen all den Dynamit und die Munition, über die der Klan verfügt. Ich glaube, es geht ihnen wie so vielen anderen Negern, die ich kenne. Wenn du sie nicht schlagen kannst, dann schließ dich ihnen an. Setz Feuer gegen Feuer, statt zu knien und zu beten, während dich ein weißes Schwein erschießt oder dir eine Stange Dynamit vor die Füße wirft

und dich in die Hölle schickt oder sonstwo hin.‹ Ich dachte mir, wenn es Neger gibt, die aus Freundschaft ein Gewehr ins ›Freedom House‹ bringen, damit wir uns verteidigen können, dann müssen sie auch Waffen sammeln, um die Gemeinschaft zu verteidigen.
Jetzt, wo wir Waffen im Haus hatten, wuchs meine Angst noch. Ich fragte mich, ob der Mann, der das Gewehr gebracht hatte, vielleicht von den Weißen bezahlt war. Wenn die Polizei die Waffen im ›Freedom House‹ fand, hatte sie einen hinreichenden Grund, uns zu verhaften. Ich wußte, daß ich Doris und Lenora nicht überreden konnte, sie zurückzugeben. Ich war mir nicht einmal klar, ob ich das eigentlich wollte. Fast jede Nacht kam die Polizei und suchte das Haus mit Scheinwerfern ab. Brannten die Scheinwerfer nicht, so standen die Bullen draußen, sprachen laut, lachten und hielten uns wach. Eines Nachts kam ein Mann mit einem ganzen Mannschaftswagen voll Bluthunden und dressierten deutschen Schäferhunden. Er ließ sie vor dem ›Freedom House‹ aus dem Wagen, sie liefen um das Haus und schnüffelten überall herum. Er ließ sie eine Weile da, dann fuhr er an und pfiff den Hunden, die in den Wagen zurücksprangen. Dieses Vorgehen erschreckte uns zu Tode. Jede Nacht wurden die Hunde jetzt herangefahren, und Doris und Lenora blieben auf und drohten, sie würden die Tiere erschießen. Ich wußte, daß der Klan hinter dieser Aktion stand. Ich fürchtete, daß sie eines Tages das Haus in Brand stecken würden, und wenn wir nach draußen liefen, würden die Hunde über uns herfallen.
Ich war so mager geworden, daß ich kaum noch Gewicht verlieren konnte. Ich war nur noch Haut und Knochen. Meine Nerven waren völlig zerrüttet, und das Haar fiel mir aus. Ich war so froh gewesen, als Doris zu uns stieß, jetzt führte ihre Gegenwart mir nur vor Augen, was Angst aus einem Menschen machen kann. Ich wäre viel lieber wieder mit ihr im Gefängnis gewesen. Im Gefängnis war sie das fröhlichste Mädchen in unserer Zelle. Als wir zu fünfhundert in dem Konzentrationslager auf dem Ausstellungsgelände eingesperrt waren, hatte sie viel dazu beigetragen, die Moral der Oberschülerinnen zu stärken. Aber hier in Canton war so viel geschehen – ich glaube, der Gedanke, hier zu arbeiten, hatte sie schon fertiggemacht, bevor sie hier anfing. Lenora war anders. Wenn sie Angst hatte, spürte man nur wenig davon. Sie war im County Madison geboren und kannte die Weißen hier. Manchmal, wenn wir eine Drohung bekamen, sagte sie etwa: »Wenn die uns umbringen wollten, dann würden sies nicht so anfangen.« Ihre Bemerkungen über die Drohungen gaben mir im-

mer zu denken. Manchmal fragte ich mich sogar, ob sie nicht von den Weißen bei uns eingeschleust war. Ich dachte dann: ›Sie ist vom Land hereingekommen, und die Drohungen und all das scheinen sie nicht zu erschrecken.‹ Aber ich wehrte mich immer dagegen, wenn ein Verdacht gegen einen der Mitarbeiter in mir aufstieg. Ich fühlte, wenn man diesen Gedanken nachgab, würde das unser Ende sein. Ich wußte, daß die Einbildungskraft trügerisch ist, und die Weißen hatten es oft verstanden, unser Vertrauen gegeneinander zu zerstören und uns damit zu entzweien. Das hatte ich in Jackson begriffen, wo die Zeitungen von einem Zerwürfnis zwischen den Organisationen schrieben, das noch gar nicht bestand, dann aber eintrat.

Um nachts schlafen zu können, nahm ich meine Zuflucht schließlich zu Schlafmitteln. Doris schlief jetzt bei mir im Bett. Ihr Gewehr stand in der Ecke an ihrem Kopfende. Lenora schlief im hinteren Zimmer, die Pistole auf dem Nachttisch. Beim geringsten Geräusch waren sie auf und spähten mit der Waffe in der Hand aus dem Fenster. Es war so weit gekommen, daß wir einander weckten, wenn einer zur Toilette mußte. Doris hatte einen so leichten Schlaf, daß sie gleich hochfuhr und nach ihrer Waffe griff, wenn man sie nur anrührte. Danach rief ich Lenora, bis sie Antwort gab. Ich hatte Angst, ich könnte beim Gang zum Badezimmer über etwas stolpern oder sonst ein Geräusch machen, und Doris und Lenora könnten gleich schießen.

Mitte Oktober nahmen wir an einem Treffen der COFO* teil. COFO war der Zusammenschluß aller nationalen Bürgerrechtsgruppen von ganz Mississippi. Auf dieser Versammlung sollte über folgenden Plan entschieden werden: Man wollte während der bevorstehenden Wahl des Gouverneurs und Vizegouverneurs von Mississippi eine ›freie Wahl‹ veranstalten, mit den Kandidaten Aaron Henry, dem Präsidenten der NAACP für Mississippi und Vorsitzenden der COFO, und Ed King von Tougaloo. Man hoffte, daß die Zahl der Neger, die ihre Stimmen in dieser ›freien Wahl‹ abgaben, größer sein würde als die der eingetragenen Wähler. COFO hoffte, so viel Unterstützung für das Vorhaben zu finden, daß in verschiedenen Staaten Tausende von Negern teilnehmen konnten. Sie hofften, der Nation dadurch zu beweisen, daß die Neger wählen wollten **und auch** wählen würden, wenn sie keine Angst haben mußten.

* COFO = Council of Federated Organisations. (Anm. d. Ü.)

Ich konnte mir nicht vorstellen, daß es uns gelingen würde, die Neger für einen Scheinkampf zu mobilisieren. Wir hatten Mühe genug, sie dazu zu bewegen, sich für die regulären Wahlen registrieren zu lassen. Sie hatten für die Wahl des Gouverneurs wenig Interesse gezeigt, da Coleman, der liberale Demokrat, in den Vorwahlen gegen Paul Johnson verloren hatte. Jetzt, da sie nur die Wahl zwischen dem Republikaner Rubel Phillips und Johnson hatten, war sie ihnen völlig gleichgültig.

Auf diesem COFO-Treffen fragte Aaron Henry die Mitarbeiter nach ihrer Meinung über die ›freie Wahl‹. Ich erklärte meine Ablehnung gegenüber der ganzen Idee. Gleich nach mir stand ein NAACP-Mitglied aus Clarksdale auf. Die Dame konnte kein Ende finden, sich darüber auszulassen, wie gut sie die ganze Sache fände. Zum Schluß sagte sie: »Ich glaube nicht, daß die junge Dame (gemeint war ich) schon einmal unter Negern in Mississippi gearbeitet hat. Meiner Meinung nach würden die meisten Neger in Mississippi an einer solchen Wahl teilnehmen.« Ich war so wütend, daß ich schon stand, bevor sie sich gesetzt hatte.

»Zu Ihrer Information, Mrs. P – – –, ich bin nicht nur in Mississippi geboren, ich bin sogar im Wilkinson County im Südwesten von Mississippi geboren, der schlimmsten Ecke des Staates. Wegen meiner Tätigkeit in der Bürgerrechtsbewegung bin ich aus dem Bezirk Wilkinson verbannt. Während der letzten fünf Monate habe ich in Canton gearbeitet, einer anderen Hochburg des Klans. Ich glaube, das sollte mich zu einer Meinung in der Angelegenheit befähigen und mir auch das Recht geben, diese Meinung zu äußern.« Ich setzte mich, und ein alter Mann stand auf.

»Ich glaube, die junge Dame hat recht«, sagte er. »Wir sollten uns etwas anderes ausdenken, um den Leuten im County die Wichtigkeit der Wahl klarzumachen. Wenn wir diese freie Wahl veranstalten, werden alle weißen Leute sagen, wir wollten das Ganze übernehmen, wir wollten regieren. Ich will nur in den amtlichen Wahlen wählen dürfen und vertreten sein. Wenn ich in einer unoffiziellen Wahl wählen soll, dann wird mir das Recht auf die offiziellen Wahlen von den eigenen Leuten genommen.«

Aaron Henry entschloß sich, die Entscheidung einem Komitee zu übertragen. In diesem Komitee war ich die einzige, die gegen die freie Wahl stimmte. Nachdem die Sache einmal entschieden war, erklärte ich mich zögernd bereit, Stimmen zu werben.

In der folgenden Woche kam Dave nach Canton, um zwei von uns in andere Bezirke zu bringen, wo sie für die freie Wahl werben sollten. Doris meldete sich für Natchez, und Lenora wurde nach Hattiesburg geschickt. Doris war nur einen Monat in Canton gewesen und freute sich, wegzukommen. Ich war inzwischen in Canton zu wichtig, um versetzt zu werden, denn die meisten Neger kannten mich gut. Zudem hatte ich nicht die Kraft, in einem ganz fremden Gebiet wieder neu anzufangen. Ich wäre der Anstrengung nicht gewachsen gewesen.

Wir hatten nur drei Wochen Zeit, diese Negerwahl vorzubereiten. Mrs. Devine und Mrs. Chinn halfen mir in Canton, während George, Mr. Chinn und ein paar andere Männer die ländliche Umgebung bearbeiteten. Es war schwer, den ansässigen Negern die freie Wahl zu erklären. Die meisten konnten nicht verstehen, was wir damit bezweckten – sie hatten das Gefühl, wir wollten sie in eine Falle locken.

Zu dieser Zeit war mir endgültig klargeworden, daß die Zukunft der Neger in Mississippi nicht von den älteren Menschen abhing. Sie waren zu verängstigt und mißtrauisch. Es war beinahe hoffnungslos, ihr Bewußtsein zu wecken, das so lange geschlafen hatte. Ihr ganzes Leben war ihr Sinn auf Mr. Charlies ›Tu dies‹ und ›Tu dies nicht‹ ausgerichtet worden. Mir schien, wenn wir zum Wählen erziehen wollten, so mußten wir uns an Menschen wenden, die noch veränderbar waren – deren Geist noch offen, neugierig und lernbegierig war. (Auch die Weißen in Canton schienen das zu wissen. Warum sonst wäre auf die fünf Jugendlichen zu Beginn unserer Arbeit geschossen worden.)

Neben der Wahlarbeit bereiteten wir die Entsendung von fünf Farmern aus dem County Madison zur Konferenz des ›Nationalen Fonds der landwirtschaftlichen Pächter‹ vor. Dieses Vorhaben hatte meine volle Zustimmung. Es gab hier Farmer mit vielen Morgen Land, die sich nicht von ihrem Land ernähren konnten. Wenn es gelang, ihnen größere Zuteilungen bei der Vergabe von Anbaugenehmigungen für Baumwolle zu sichern, oder wenn man ihnen half, ihr Land auf andere Weise nutzbar zu machen – vielleicht Bundesdarlehen bekam, mit denen sie ihre Farmen ausbauen konnten –, so würde man ihnen damit ökonomische Stabilität sichern. Diese Möglichkeit war aufregend. Wenn es im Madison County 29 000 unabhängige Neger gab statt 29 000 halbverhungerte Neger, dann würden sich die Dinge ändern, dessen war ich sicher.

Wir entschlossen uns, die Farmer zu einer Versammlung einzuladen.

George und Mr. Chinn waren an diesem Abend in Greenwood beschäftigt, daher übernahmen Mrs. Chinn und ich die Leitung. Etwa fünfunddreißig Farmer mit ihren Frauen tauchten im Büro auf. Ich saß am Fenster an einem improvisierten Schreibtisch und notierte die Namen. Da sah ich, daß einige der Leute zitterten. Sie standen mit dem Gesicht zur offenen Tür. Ich schaute zum Fenster hinaus und entdeckte sechs Bullen, die von draußen die Versammlung beobachteten. Die Farmer zitterten, während ich sie befragte. Nur leise murmelten sie ihre Namen. Schließlich stand ich auf und schloß die Tür. Jetzt gingen die Bullen zur Seite des Hauses und spähten durch das Fenster. Ich knallte es sofort zu. Die Fensterscheiben waren schwarz gestrichen, aber eine Scheibe fehlte. Ich nahm einen der großen Bogen, auf denen ich schrieb, und bedeckte damit die Öffnung.

»Das isn schlaues Biest«, hörte ich einen der Bullen sagen.

»Ja, dem schwarzen Biest müssen wir ne Lektion erteilen«, gab ein anderer zur Antwort.

Die Lektion, die sie mir erteilen wollten, machte mir einigen Kummer, aber die Reaktion der Farmer freute mich. Sobald ihnen die Bullen nicht mehr ins Gesicht starren konnten, entspannten sie sich. Die Namen kamen jetzt laut und klar heraus. Zu meiner Überraschung hatten ein paar schon Bundesdarlehen bekommen. Aber die meisten wußten nicht einmal, daß es solche Darlehen gab. Sie waren alle gern bereit, zu der Konferenz zu gehen. Nach der Versammlung brachte einer der Farmer uns mit seinem Wagen nach Hause. Da George abwesend war, wohnte ich bei Mrs. Chinn.

Sobald ich am nächsten Morgen zum Büro kam, stürzte ein Frau von gegenüber herein.

»Anne, ich hab auf der Veranda gesessen und gesehn, was du gestern abend mit den Bullen gemacht hast. Herzchen, du kennst die Bullen hier in Canton nicht. Sie haben gestern nacht zwei Stunden lang hinter dem Haus auf dich gelauert.«

»Die Dreckskerle«, sagte Mrs. Chinn. »Ich wünscht, sie hätten Anne gestern abend bei mir gesucht. Ich hätt ihnen eins verpaßt.«

»Ich zeig dir den, der dich zusammenschlagen wollte, Anne«, sagte die Frau. »Hüt dich vor ihm. Der ist ganz gemein.«

Noch ehe sie zu Ende gesprochen hatte, fuhren draußen zwei Bullen vor und parkten.

»Da ist er, Anne! Der Fahrer«, sagte die Frau.

Ich sah mir die beiden an. Der eine, den sie mir gezeigt hatte, war

nur wenig älter als ich. Er sah aus wie ein netter Mensch. Aber der Haß in seinen Augen war unerträglich. Ich sah ihn an und fragte mich, wie ein so ein junger Mensch so hassen konnte. Konnte er so wütend sein, nur weil ich ihm das Fenster vor der Nase zugeknallt hatte? Es mußte mehr dahinterstecken. Vielleicht wollte er sich nur etwas beweisen. Vielleicht war er unsicher. Eigentlich sah er wie ein Typ aus, der mich eher vergewaltigen als zusammenschlagen würde.
Mrs. Chinn und die Nachbarin gingen nach draußen. Mrs. Chinn trat an den Wagen, und ich hörte sie sagen: »Habt ihr Bullen nichts Besseres zu tun, als den ganzen Tag vor diesem Büro zu sitzen? Wenn nicht, dann wünscht ich, ihr fändet was anderes. Ich kann euch nicht mehr sehen.«
Sie schauten Mrs. Chinn an, sagten aber kein Wort. Hätte irgendeine andere Negerin in Canton so zu ihnen gesprochen, hätten sie sie niedergeschlagen. Aber sie wußten, daß sie C. O. Chinns Frau war, und niemand, ob schwarz oder weiß, durfte es wagen, C. O. Chinns Leute zu beleidigen.

Ein paar Tage später kam Doris zurück. Sie hatte versucht, die Neger in Natchez zu organisieren, es war ihr aber nicht gelungen. Nach dem, was sie sagte, regierte der Klan den ganzen Bezirk. CORE erhielt von den Negern nicht genug Unterstützung, um bleiben zu können. Doris schien ganz verändert. Sie war doppelt so ängstlich wie früher. Schon bei hellem Tageslicht fuhr sie dauernd zusammen. Immer noch bestand sie darauf, bei mir zu schlafen, und das Gewehr stand wieder in der Ecke.
Die Jahresausstellung des Countys in Canton war die kommende Attraktion für die Neger von Madison. Bei dieser Ausstellung waren die Rassen getrennt (eine Woche für die Weißen, ein paar Tage für die Neger), und aus diesem Grund hatten wir zuerst daran gedacht, sie zu boykottieren. Wir entschieden uns dann gegen den Boykott, weil die Ausstellung uns Gelegenheit bot, mit Negern in Kontakt zu kommen. Zu dieser Veranstaltung strömten immer Tausende von Negern aus dem ganzen County zusammen. Wir druckten besondere Flugblätter, die wir an sie verteilen wollten und auf denen zur Teilnahme an der ›freien Wahl‹ aufgefordert wurde.
Am ersten Tag für die Neger trafen Doris und ich wie erwartet Hunderte von ihnen. Wir liefen in eine Gruppe von Oberschülern, die für uns gearbeitet hatten, und bald hatten wir Helfer genug, die

die Flugblätter verteilten. Zuerst war ich in Hochstimmung, aber mein Mut sank immer mehr, je öfter ein Neger den Kopf schüttelte und die Hand zurückzog, wenn wir ihm ein Flugblatt anboten. Dazu kam noch, daß ich meinen Lieblingsbullen entdeckte. Als er mich sah, blitzten seine Augen auf. Er heftete sich mir an die Fersen. Ich wußte wirklich nicht, was ich von ihm halten sollte. Ich vermutete schon, er sei aus meiner Heimatstadt. Vielleicht war er von Centreville hergeschickt worden, um mich umzulegen. Immer wenn unsere Blicke sich trafen, legte er die Hand an seine Pistole und beobachtete meine Reaktion. Ein paar der Oberschüler boten sich an, mir als Leibwache zu dienen. Sie hatten gehört, wie er mich am Abend der Farmerversammlung bedrohte. Die Jungen blieben um Doris und mich herum, bis wir die Flugblätter verteilt hatten. Der Bulle folgte uns mit ein paar Schritt Abstand.

Nachdem wir die Flugblätter verteilt hatten, kauften wir uns Billets, um uns auf der Kirmes ein bißchen zu amüsieren. Doris und ich beschlossen, ein kleines Scooter-Wettrennen zu veranstalten. Wir waren auch hier von unseren Oberschülern umgeben, die uns durch Zurufe anfeuerten. Da ich nicht Autofahren konnte, hielt ich dauernd den Verkehr auf und rammte andere Fahrzeuge. Doris fuhr ganz glatt durch und lachte mich aus. Die Jungen schrien: »Los, los, Moody! Das Steuerrad rum. Moody! Los, zeigs der Doris!« Jedesmal, wenn ich mit einem zusammenstieß, lachten sie sich halb kaputt.

Danach gingen wir zum ›Pop the Whip‹. Das war eine Art Karussell, dessen Radfläche schräg zur Achse stand. Die Passagiere wurden nacheinander vom Rad auf das Ende einer Wippe geschleudert und dort scheinbar aus dem Sitz geworfen. Das Rad drehte sich schnell, und bald waren alle anderen Passagiere vom Rad herunter. Als die Reihe an Doris und mich kam, blieb das Rad plötzlich stehen. Wir waren jetzt auf dem höchsten Punkt des schrägstehenden Rades. Ich blickte nach unten, um zu sehen, was los war, und sah ›meinen Bullen‹ mit dem Mann sprechen, der das Karussell bediente. Mein Herz ging poch, poch, poch, und das Blut stieg mir in den Kopf. Ich brachte keinen Ton heraus. Doris blickte nach unten und verlor die Fassung. »Mister, bitte, bringen Sie uns nicht um! Oh, Gott hilf uns! Bitte lassen Sie uns herunter.«

Sie wäre aus dem Sitz gesprungen, hätte ich sie nicht mit Gewalt festgehalten. Jetzt hatten sich die Oberschüler um den Karussellmann und den Bullen geschart.

Wir hingen mindestens zehn Minuten da oben, ehe man uns herunterließ. Während wir aus dem Sitz kletterten, wand sich der Bulle vor Lachen. Die Menge, die sich um das Rad versammelt hatte, ging langsam auseinander.
An diesem Abend fand ich im ›Freedom House‹ wieder einen Brief von Mama. Wie gewöhnlich war er voll von Beschwörungen, daß ich Mississippi verlassen solle. Ich war wütend auf Mama und wütend auf Doris. Doris trieb mich zum Wahnsinn, und Mama tat das gleiche. Ich nahm drei Schlaftabletten und konnte doch nicht schlafen. Ich hätte noch mehr Tabletten genommen, aber ich hatte Angst, sie würden mich für immer einschläfern.

Am nächsten Morgen stand ich auf und fühlte mich hundeelend. Ich hatte das Gefühl zu ersticken. Es war das gleiche Gefühl wie damals, ehe ich von Hause wegging. ›Vielleicht würde es besser, wenn ich nur einmal im Wald sein könnte‹, dachte ich. Ich überlegte, wie und unter welchem Vorwand ich aufs Land hinausfahren könne.
Schließlich entschloß ich mich, die Eltern von Mrs. Chinn auf ihrer Farm zu besuchen. Mrs. Dearon, die Mutter von Mrs. Chinn, hatte versprochen, die Farmer in ihrer Nachbarschaft zu organisieren. Es war also ganz natürlich, daß einer von uns hinfuhr und sich davon überzeugte, wie die Dinge liefen. Ich freute mich immer, Mrs. Dearon zu sehen. Sie war die jugendlichste, energischste alte Frau, der ich je begegnet bin. Als ich Doris vorschlug, einmal aufs Land zu fahren und frische Luft zu schöpfen, war sie begeistert. Die Dearons besaßen die schönste Farm, die ich in Mississippi kenne. Es gab dort riesige Zedern, einen kleinen Weiher, und sie lag herrlich einsam. Ich dachte, ein bißchen frische Luft würde Doris vielleicht sogar von ihrem Tatterich heilen.
Wir zogen Blue jeans und langärmelige Hemdblusen an, lange Sokken und Stiefel, um uns gegen die Brombeerranken zu schützen. Ich konnte es nicht erwarten, in den Wald zu kommen und dem Gesang der Vögel zu lauschen. Als wir die Straße entlanggingen auf der Suche nach jemandem, der uns zu den Dearons hinausfahren könnte, sah ich plötzlich, daß Doris das Gewehr und Lenoras alte Pistole bei sich trug.
»Verdammt, was willst du denn mit den Kanonen?« fragte ich.
»Wir können doch ein bißchen jagen, wenn wir da draußen sind«, sagte sie.
»Jagen? Du bist wohl verrückt?«

»Du gehst doch gern auf die Jagd. Du hast es mir selbst erzählt. Warum soll ich das Gewehr nicht mit aufs Land nehmen? Wir können vielleicht ein Kaninchen fürs Abendessen schießen.«
»Es ist gar nichts dabei, wenn man auf dem Land ein Gewehr trägt, aber es ist sehr viel dabei, in Canton damit rumzulaufen. Wenn einer von diesen blöden Bullen oder sonst ein weißes Schwein uns sieht, dann liegen wir zwei bald als tote Narren auf der Straße. Zuerst würden sie uns umbringen und dann sagen, wir wären Amok gelaufen und hätten auf sie geschossen. Laß die Waffen hier, und wenn wir jemand Zuverlässigen finden, der uns hinbringt, können wir sie holen.«
»Laß uns C. O. suchen. Der bringt uns hin.«
»Ja. Ich weiß. Und zuverlässig ist er auch, wie?« sagte ich sarkastisch.
Jetzt, da Doris vorgeschlagen hatte, die Waffen mitzunehmen, war ich gar nicht mehr so sicher, ob ich überhaupt fahren wollte. Dann fiel mir ein, daß die Waffen sich vielleicht als nützlich erweisen könnten, wenn wir draußen irgendwelchen weißen Schweinen in die Hände liefen. Wenn wir drohten, zu schießen oder einen Warnschuß abgaben, würden sie uns nicht erschießen oder zusammenschlagen – oder sonstwas. ›Vielleicht nehmen wir sie doch besser mit‹, dachte ich.
Wir brauchten etwa eine Stunde, um Mr. Chinn zu finden, dann brauchten wir eine weitere Stunde, um ihn zu überzeugen, daß wir mit einem Gewehr umgehen konnten. Schließlich willigte er ein, uns aufs Land zu fahren, und gegen Mittag stiegen wir die Verandastufen bei den Dearons hinauf, mit Gewehr und allem.
Mrs. Dearon nahm mich in die Arme und küßte mich und sagte, sie freue sich, daß wir sie besuchten. Aber immer wieder schaute sie mich an, als wüßte sie, daß irgend etwas nicht stimmte. Es sah mir gar nicht ähnlich, einfach aufs Land zu fahren und meine Arbeit in Canton einen ganzen Tag lang im Stich zu lassen. Dann erzählten wir ihr, warum wir ihr diesen unerwarteten Besuch machten, und sie schien zu verstehen. Wir hatten den Weg zum Wald eingeschlagen, bevor sie fragen konnte, ob wir mit einem Gewehr umgehen konnten. Wir liefen den Abhang vor dem Haus hinunter und hörten C. O. noch hinter uns her brüllen: »Bringt euch nur nicht gegenseitig um. Ich hole euch um halb sechs oder sechs wieder ab.«
»O. k.«, rief ich zurück, während wir unseren Weg fortsetzten.
Es war so friedlich im Wald. Wir waren schon eine Stunde lang

unterwegs, ehe uns einfiel, daß wir ja eigentlich Jagd auf Kaninchen machen wollten. Wir hielten jetzt nach den Tierchen Ausschau und entdeckten auch bald welche. Sie sprangen nur so um uns herum. Jedesmal, wenn eins in die Höhe fuhr, fuhren auch wir in die Höhe – wir beide, in Männerkleidern und mit Gewehren in der Hand. Ich merkte jetzt erst, wie nervös wir waren. Schließlich gaben wir den Gedanken an Kaninchenjagd auf und gingen einfach spazieren. Wir fanden allerhand Interessantes: einen alten Kirchhof, eine Quelle, gelbe und rote Herbstblätter. Als wir kaum noch einen Fuß vor den andern setzen konnten, machten wir uns auf den Rückweg zu Dearons Haus.

Schon im Hof roch man die gebratenen Hühnchen, aber wir waren zu müde, die Treppe hinaufzusteigen. Wir setzten uns auf den Rand der Veranda und lehnten uns zurück. Immer noch den Duft der bratenden Hühner in der Nase, fiel ich in Schlaf. Plötzlich spürte ich, daß sich jemand über mich neigte. Ich öffnete die Augen und hörte Mrs. Dearon sagen: »Na, ihr beiden scheint ja fix und fertig. Was habt ihr denn geschossen?«

»Nichts«, sagte ich. »Aber wir haben mindestens fünfzig Kaninchen gesehen.«

»Ich hörte keine Schüsse. Da hab ich mich gefragt, was ihr denn eigentlich macht.«

»Wir sind einfach gelaufen und gelaufen, bis wir nicht mehr laufen konnten«, sagte ich.

»Ihr zwei kommt jetzt herein«, sagte Mrs. Dearon entschieden. »Ihr müßt doch Hunger haben.«

Als ich dann ein paar Stücke von dem knusprigen Huhn, köstlichen Grünkohl und selbstgebackenes Maisbrot verspeist hatte, wurde ich langsam wieder Mensch. Danach gab es noch zwei gute Tassen Kaffee. Ich fühlte mich so wohl, daß ich Mrs. Dearon einfach sagen mußte, wie gut das Huhn mir geschmeckt, und daß ich seit Jahren nicht eine so gute Mahlzeit in einer Familie gegessen hatte. Ich saß da und schmeichelte ihr genauso, wie das manche Baptistenprediger tun. Aber mir hatte das Huhn wirklich geschmeckt – was bei den Baptistenpredigern sicher nicht immer der Fall ist. Bei mir waren es keine Routinekomplimente.

Als wir fertig gegessen hatten, gingen Doris und ich wieder auf die Veranda und setzten uns auf den Rand. Jetzt wurde klar, warum Doris die Gewehre mitgebracht hatte. Sie wollte Zielübungen machen.

»Los, Moody, ich wette, ich schieße besser als du«, sagte sie.
»Ich hab keine Lust, Doris. Aber mach nur, laß mich sehen, wie gut dus kannst.«
Sie nahm eine Konservendose, stellte sie auf einen Zaunpfahl, trat dann zurück und schoß.
Mrs. Dearon hörte die Schüsse, kam an die Tür und sah zu. Doris war gut. Sie schoß ein rundes Loch in die Dose. »Kannst dus besser, Moody?« fragte sie. »Ich denke schon«, antwortete ich. Doris trat zurück, ich nahm die Pistole und verwandelte das runde Loch in einen Apfel, indem ich einen Stiel hinzufügte. »Beiß mal«, sagte ich lachend zu Doris.
»Ihr seid richtige Wildfänge«, rief Mrs. Dearon. »Da unten auf dem Beet könnten ein paar Wassermelonen reif sein. Wollt ihr mal nachsehn?«
»Wo ist das Beet?« fragte ich und lief in der Richtung, die Mrs. Dearon mir zeigte. Bald war Doris an meiner Seite. Wir fanden Wassermelonen in Menge, und sie waren reif. Wir hoben sie auf und ließen sie dann auf den Boden fallen. Dabei brachen sie auf, und wir bissen hinein. Als wir mit den Melonen den Abhang heraufkamen, sahen wir, daß Dave Dennis seinen Wagen vor dem Haus geparkt hatte und mit Mrs. Dearon sprach. Er machte ein Gesicht, als sei er rasend auf uns, aber mir war das ganz egal. Er war schließlich nicht dauernd in Canton festgenagelt wie wir. Und er wußte genau, durch welche Hölle wir täglich gingen.
Auf dem Rückweg nach Canton kam dieses Gefühl, daß ich ersticken müsse, wieder. Ich war also nicht geheilt, und das bedeutete etwas. Früher waren die Wälder immer eine Wohltat gewesen. Früher konnte ich einfach in den Wald gehen und mich Gott nahe fühlen, oder der Natur oder irgendwas. Diesmal war ich nicht zu diesem Etwas durchgedrungen. Es war einfach nicht mehr da. Mehr denn je fragte ich mich, ob es Gott überhaupt gab. Vielleicht änderte sich Gott, wie sich der Mensch ändert, oder vielleicht wuchs er, wenn man selbst wuchs. Vielleicht hatte meine kirchliche Erziehung viel mit dem Gott zu tun, den ich früher gekannt hatte. Der Gott, den meine Baptistenerziehung mir gezeigt hatte, war ein barmherziger Gott, bereit zu vergeben, einer, der sagte: Du sollst nicht töten, du sollst nicht ehebrechen, du sollst nicht stehlen und noch viele andere ›Du sollst nicht!‹. Seit ich zur Bewegung gehörte, war ich Zeuge von Mord, Diebstahl und Ehebruch gewesen, die im ganzen Süden von Weißen an Negern verübt wurden. Gott schien keins

dieser Verbrechen zu bestrafen. Dagegen waren die meisten Neger im Süden demütige, friedfertige, fromme Menschen. Und doch waren sie diejenigen, denen alle Leiden aufgebürdet wurden, so als seien sie verantwortlich für die Mode und die anderen Untaten, die gegen sie verübt wurden. Mir schien jetzt, daß es zwei Götter geben müsse, viele Götter oder gar keinen.

An diesem Wochenende ging ich nach Jackson und wohnte bei Doris und ihren Eltern. Ich besuchte dort auch Bobbie, eine der Oberschülerinnen, die im Sommer eine Zeitlang mit uns in Canton gearbeitet hatte. In Bobbies Elternhaus erwartete mich einer der schrecklichsten Augenblicke meines Lebens. Bobbie zeigte mir ein Flugblatt des Klans, das ihr eine Freundin gebracht hatte, die in der Nähe von Weißen wohnte. (In Jackson wurden manchmal aus Versehen Flugblätter des Klans auf die Veranden von Negern geworfen, denn die Grenzen zwischen weißen und schwarzen Wohnbezirken waren sehr unklar.) Ich wollte meinen Augen nicht trauen, aber es war eine schwarze Liste des Klans, und mein Bild war darauf. Ich muß eine Stunde dagesessen haben, das Flugblatt in der Hand. Bobbie erklärte mir, sie habe nach Canton kommen wollen, um mir die Liste zu zeigen. Es waren Bilder darauf von Medgar Evers, James Meredith, John Salter, Bob Moses, Joan Trumpauer, Pfarrer Ed King, Emmet Till und zwei Geistlichen aus Jackson. Und Bilder von anderen Negern, die umgebracht worden waren. Ihre Gesichter waren durchgekreuzt. Auch Medgars Gesicht war durchgestrichen. Dieses Stück Papier erschütterte mich mehr als alle Briefe von Mama. Sie hatte mich gewarnt, und ich hatte ihre Warnungen nicht beachtet. Ich hatte sogar aufgehört, ihre Briefe zu beantworten, damit sie mir nicht mehr schriebe. Der Grund dafür, daß ich auf der Liste stand, konnte nur sein, daß ich als einzige aus meiner Heimatstadt in Mississippi für die Bewegung arbeitete. Vielleicht fürchteten sie, die anderen Neger in Centreville könnten durch mich ermutigt werden, den Mund aufzutun. Seit ich nicht mehr an Mama schrieb, wußte ich nicht genau, was zu Hause vorging.

Die meisten Menschen auf der schwarzen Liste befanden sich nicht mehr in Mississippi. Medgar war ermordet worden, James Meredith, Joan Trumpauer und John Salter waren weggegangen. Einer der Geistlichen war in Afrika. Er war so plötzlich abgereist, daß ich mich damals schon gefragt hatte, ob er nicht vor einer ernsten Bedrohung geflohen war. Die meisten ließen sich von den täglichen Bedrohungen kaum beunruhigen, aber die schwarze Liste des Klans wurde nicht so leicht hingenommen. Sie bedeutete mehr. Gegen meinen Willen war ich sehr beunruhigt. Ich machte mir noch mehr Gedanken wegen dieses Polizisten in Canton, der mich immer so ansah. Wie lange das Flugblatt wohl schon im Umlauf war? Während dieses ganzen Wochenendes konnte ich an nichts anderes denken. Ich hätte gern mit Doris darüber gesprochen, ließ es aber. Sie hatte so schon Angst genug. Sie würde mich zur Verzweiflung treiben. ›Ich behalte es besser für mich‹, dachte ich. ›Es ist besser so.‹ Es war mein Problem. Jeder von uns hatte seine eigene Last zu tragen.

Am Sonntagabend fuhren wir nach Canton zurück. Am folgenden Wochenende sollte die freie Wahl durchgeführt werden; wir hatten daher für die Woche Arbeit genug. Am Montag waren wir früh auf den Beinen, um noch mehr Helfer aufzutreiben. Den Rest der Woche verbrachten wir damit, die Leute zu drängen und anzuflehen, an der Wahl teilzunehmen. Der 1., 2. und 3. November waren von der COFO für die Abgabe der Stimmzettel vorgesehen. Am 4. November, einem Dienstag, sollten die Gouverneurswahlen stattfinden, so daß die Ergebnisse der freien Wahl am Tag der Gouverneurswahlen errechnet und veröffentlicht werden konnten.

Während der Woche vor der Wahl gab es zuviel Verwirrung, zu viele Drohungen und zuviel Arbeit. Die Weißen von Canton und auch die im ganzen Staat hatten inzwischen von der freien Wahl gehört. Sie waren über ihre Bedeutung genauso im unklaren wie viele Neger. Aber sie waren keinesfalls so verwirrt, daß sie nicht versucht hätten, die Wahl mit Gewalt zu verhindern. Die Polizeitruppe von Canton wurde durch fünfundzwanzig Mann verstärkt. Sie schwirrten in der ganzen Stadt umher.

Am Freitag war ich ganz benommen. Ich hatte nicht nur das Gefühl zu ersticken, das mich schon seit zwei Wochen quälte, ich spürte die Last der ganzen Welt auf meinen Schultern. Es war zu viel für mich. Ich saß im Büro, versiegelte Kartons und machte einen Schlitz in den Deckel. Diese Kartons sollten als Wahlurnen dienen. Ich kam mir wie ein Roboter vor und arbeitete auch wie ein solcher. Wir bereiteten alles für die Wahl vor und gingen dann ins ›Freedom House‹ zurück.

Am späten Abend versuchte ich einen Spaziergang zu machen. Mir war, als trüge ich Blei an meinen Füßen. Ich konnte sie kaum heben. Ich ging eine Straßenkreuzung weit, ging dann zurück und setzte mich auf die Eingangsstufen. Hier auf den Stufen des ›Freedom House‹ entschloß ich mich, die Arbeit für einige Zeit niederzulegen.

Ich saß da und versuchte mir über die Vorgänge klarzuwerden, aber ich konnte keinen Gedanken fassen. Mein Gehirn war eingeschlafen oder eingefroren.

Am Samstag, dem ersten Tag der freien Wahl, meldete ich mich freiwillig, um die Wahlzettel in einem unserer Wahllokale entgegenzunehmen. Ich war zu müde, um auf die Straße zu gehen und zu werben. Dave kam nach Canton und brachte ein paar Helfer mit, auch ein paar Oberschüler meldeten sich als Freiwillige. Wir hatten eine Reihe frischer junger Hilfskräfte. Ich war sehr froh darüber. Dave hoffte, daß Madison County mehr Stimmen erbringen würde als die anderen Counties, die an der Wahl teilnahmen. Er hoffte, wie viele von uns einmal gehofft hatten, daß Madison County eines Tages als Modell für den Fortschritt der Neger in Mississippi dienen werde.

Ich saß den ganzen Morgen im Büro, und es kamen nur ein paar Neger. Die Jugendlichen, die mit Wahlurnen auf die Straße gegangen waren, hatten mehr Glück. Ein paar von ihnen brachten mehrmals volle Urnen und gingen mit leeren wieder nach draußen. Je länger ich da saß, desto zorniger wurde ich. Ich fand es nicht richtig, mit den Urnen auf die Straße zu gehen. Wenn die Neger wirklich wählen wollten, sollten sie auch ins Büro kommen. ›Sie wissen, daß es nur eine fiktive Wahl ist‹, dachte ich. ›Sie wissen auch, daß Aaron Henry Neger ist. Nachdem wir drei Wochen bis zum Zusammenbrechen in den Straßen herumgelaufen sind und geredet haben, ist das nun der Erfolg. Ich wußte es von Anfang an. Wenn wir nicht mit einem vernünftigen, durchführbaren Plan kommen, der den Negern hilft, ihre unmittelbaren Probleme zu lösen – das heißt, mehr Nahrung in ihren Bauch, ein Dach über den Kopf und ein paar Münzen in der Tasche –, dann werden wir ewig nur reden. Sie werden nie aufhören, Angst vor Mr. Charlie zu haben, ehe wir nicht die Brosamen, die Mr. Charlie ihnen überläßt, durch etwas Besseres ersetzen. Sam wird nicht eher aufstehen, bis wir sagen können: ›Sam, hier ist ein Arbeitsplatz. Arbeite und steh deinen Mann.‹ Nicht bevor wir das tun oder eine andere Möglichkeit finden, wie Sam es selbst tun kann, wird Sam aufstehen. Wenn das nicht gelingt, wird Sam für immer ein Kind bleiben, ein Onkel oder einfach Sam, der Almosenempfänger.‹

Schließlich hielt ich es nicht mehr aus, im Büro zu sitzen. Ich nahm einen der versiegelten Kartons und ging auf die Straße. Die Straßen waren jetzt überschwemmt mit Polizisten. Sie folgten unseren Mitarbeitern auf Schritt und Tritt. Einige Jugendliche nahmen einfach keine Notiz von ihnen. Aber ich sah, daß es ihnen wenig nützte. Die Jugendlichen mochten die Bullen ignorieren, die Neger, um deren Stimmen sie warben, taten es nicht. Sie waren sich ihrer Gegenwart so sehr bewußt, daß sie beinahe die Flucht ergriffen, wenn jemand ihnen die Wahlurne hinhielt und sie fragte, ob sie schon gewählt hätten. Ich machte verschiedene Versuche, die Leute zum Wählen zu bewegen, dann gab ich es auf. Ich setzte mich auf eine Bank vor einem Lebensmittelgeschäft und betrachtete all die Neger. Meiner Schätzung nach waren fünftausend oder mehr auf den Straßen. Es war Samstag, und sie waren fast alle draußen.

Nachdem wir drei Tage lang umhergegangen und die Neger angefleht hatten, sie sollten doch ihren Wunsch zu wählen bekunden, schlossen wir die Wahl ab. Wir hatten im ganzen County Wahllokale eröffnet: in Kirchen, in kleinen Negerläden, sogar in Privathäusern. Als alle Resultate beisammen und ausgewertet waren, hatten zu meiner Überraschung 2800 Neger im Madison County Stimmen abgegeben. Die größte Zahl der Stimmen kam vom Land, wo die Wähler nicht offen von der Polizei eingeschüchtert worden waren. Trotzdem wurde von Zwischenfällen mit ansässigen Weißen berichtet.

In ganz Mississippi waren 80 000 Stimmen abgegeben worden. Das waren 60 000 mehr als die Zahl der Neger, die offiziell im Staat als Wähler eingeschrieben waren. Aber da es in Mississippi mehr als 400 000 Neger im wahlfähigen Alter (über einundzwanzig) gab, machten die 80 000 Stimmen keinen großen Eindruck auf mich, obwohl die Neger in Mississippi seit Beendigung des Bürgerkrieges nie in nennenswerter Anzahl zur Wahl gegangen waren. ›Wenn es soviel Arbeit gekostet hat, 80 000 Wähler zu gewinnen‹, dachte ich, ›dann werden wir ein Leben lang arbeiten, bis die 400 000 registriert sind.‹

Am letzten Abend der freien Wahl erklärte ich George und Doris, daß ich die Arbeit für einige Zeit niederlegen würde. Sie wollten es nicht glauben. Sie schoben meine Argumente einfach beiseite. Erst als ich es Mrs. Chinn und anderen Negern erzählt hatte, glaubten sie, daß es mir Ernst war. Niemand schien zu bemerken, daß ich nahe daran war, zusammenzubrechen. Ich glaube, die Tatsache, daß ich auf der schwarzen Liste des Klans stand, überzeugte sie eher. Hätte ich noch eine Woche gezögert, so wäre ich wahrscheinlich an Schlafmangel und vor Nervosität gestorben.

Als George und Doris merkten, daß ich wirklich weg wollte, versuchten sie es mir auszureden. Am Tag vor meiner geplanten Abreise kam ich ins Büro und fand dort große Plakate an der Wand, auf denen stand: ›Wer gewinnt, weicht nicht, und wer weicht, wird nie gewinnen‹, und ›Ist die Aufgabe einmal übernommen, so leg sie nicht nieder, bis sie getan ist.‹

Ich hatte angenommen, daß sie mich verstehen würden. Ich hatte das Gefühl, sie glaubten, ich würde die Bewegung für immer verlassen. Ich hatte gedacht, George würde mich verstehen, denn er wußte, daß es mir immer Ernst war und ich alles schwer nahm. Er war ruhiger. Wenn etwas schiefging, sagte er einfach: »Wir müssen uns mehr anstrengen.« Und er hatte manchen Vorteil. Er hatte in Canton Anschluß gefunden. Er hatte Umgang mit vielen anderen Männern. Er konnte sich auf Mr. Chinn verlassen. Er konnte fast jeden Abend ausgehen, mit anderen Männern Bier trinken, und er hatte einen Haufen Mädchen. In vieler Hinsicht war sein Leben ganz normal. Bei uns Mädchen war es etwas anderes. Wir durften nirgendwo hingehen und hatten keine Möglichkeit, uns zu entspannen. Die Leute paßten zu sehr auf uns auf. Ich wußte, daß auch Doris nicht mehr lange bleiben würde, sie hatte zuviel Angst. Sie würde bald nach mir gehen.

Ich wußte selbst nicht, ob ich für immer ging, und das bedrückte mich. Ich war es so müde, Menschen zu sehen, die litten, die nackt und hungrig waren. Das Elend schien kein Ende zu nehmen, jedenfalls war ›die Wahl‹ keine Möglichkeit, es zu beenden.

Später am Tag kam Dave Dennis und sprach mit mir. Er sagte mir, wie gut ich gearbeitet hätte und all die Scheiße. Er verstärkte noch das Gefühl, das George in mir geweckt hatte. Aber Dave wußte, daß ich entschlossen war, und versuchte nicht, mich zum Bleiben zu drängen. Er sagte, er hoffe, daß ich die Bewegung nicht für immer aufgäbe, er wisse, daß ich mit Leidenschaft bei der Arbeit sei, und solche Menschen brauche die Bewegung am meisten. Ich wünschte, ich wäre gegangen, ohne jemandem etwas davon zu sagen.

Am nächsten Morgen brachten George und Doris mich zum Bahnhof nach Jackson. Bevor der Zug einfuhr, saß ich im Wartesaal für Weiße mit einer weißen Bürgerrechtskämpferin, die ich zufällig getroffen hatte. Sie sammelte Hilfsgelder für CORE. Hier im Wartesaal überkam mich dasselbe Gefühl wie bei den anderen sit-ins, an denen ich teilgenommen hatte. Ich weiß noch, daß ich einmal aufstand, in die Negerabteilung hinüberging und die Neger fragte, ob sie wüßten, daß die weiße Abteilung nicht mehr für Schwarze gesperrt sei. In diesem Augenblick wurde mir klar, daß ich die Bewegung nie wirklich verlassen würde.

27. Kapitel

Es war elf Uhr abends, als ich am Bahnhof Carrollton Avenue in New Orleans aus dem Zug stieg. Ich war todmüde – zu müde, um mich um mein Gepäck zu kümmern, das aus einem großen Koffer mit Büchern und zwei Kartons Kleider bestand. Ich ließ alles zum Hauptbahnhof gehen, wo ich es in den nächsten Tagen holen würde.

Mit einem kleinen, leichten Koffer ging ich die Carrollton Avenue hinunter zur Stroelitz Street. Meine Großmutter Winnie wohnte jetzt in der Stroelitz Street im zweiten Haus von der Ecke Pine Street. Bald klopfte ich an ihre Tür und hörte ihren schweren Schritt.

»Wer ist da?« rief sie.

»Ich, Essie Mae.«

Winnie machte die Tür einen Spalt breit auf und spähte zu mir hinaus.

»Was willst du?« fragte sie, als rede sie zu einer völlig Fremden.

Ich sah sie an und wußte nicht, was ich sagen sollte. Es war gar nicht, als spräche sie zu mir, zu Essie Mae, ihrem ältesten Enkelkind. Ich hatte immer bei ihr gewohnt, als ich ins College ging und im ›Maple-Hill‹-Restaurant arbeitete.

»Ich komme gerade aus Mississippi. Ich möchte ein paar Tage bleiben, bis ich mich zurechtgefunden habe«, sagte ich schließlich.

»Ich bin es leid«, sagte Winnie mit zitternder Stimme, »und ich will keinen bei mir wohnen haben.«

Ich sagte kein Wort mehr. Ich drehte mich um und verließ ihre Schwelle. Sie hat Angst vor mir, dachte ich. Ich wußte, sie hatte Angst vor mir wegen meiner Arbeit für die Bürgerrechtsbewegung. Ich hatte sie, seit ich wirklich aktiv geworden war, nicht mehr gesehen. Sie und meine Tanten und die anderen Verwandten dachten wahrscheinlich, ich würde auch in New Orleans aktiv in der Bewegung arbeiten. ›In diesem Fall‹, dachte ich, ›würden sie alle Angst haben, mich bei sich aufzunehmen. Mama hat ihnen von den Drohungen und den Einschüchterungsversuchen erzählt, denen sie meinetwegen zu Hause ausgesetzt waren.‹

Ich blieb eine Viertelstunde an der Straßenecke stehen und wußte nicht, wohin ich gehen sollte. Es war jetzt halb zwölf, und ich mußte eine Unterkunft für die Nacht finden. Dann fiel mir ein, daß mein Onkel George Lee direkt um die Ecke in High Court wohnte und daß Adline bei ihm war. Sie hatte mir von dieser Adresse aus einige Briefe nach Canton geschrieben. Aber ich ging nur sehr ungern dorthin. Ich hatte nie vergessen, wie George Lee unser Haus in Brand gesteckt und dann die Schuld auf mich geschoben hatte. Ich war damals vier Jahre alt. Ich stand da mit Tränen in den Augen und fünfundsiebzig Cent in der Tasche. Ich wußte nicht, wohin ich sonst hätte gehen sollen. Also ging ich. Ich zitterte, als ich an die Tür klopfte. Zu meiner Überraschung schienen er und seine Frau Etha sich über meinen Besuch zu freuen. Sie sagten, ich könne so lange bleiben, bis ich etwas anderes gefunden hätte, und sie wollten alles über die Bewegung wissen.

Adline war nicht zu Hause, und ich war froh darüber. Sie hätte die ganze Nacht geredet. Als George Lee immer neue Fragen stellte, merkte Etha, wie müde ich war. Sie half mir, das Sofa, das ich mit Adline würde teilen müssen, auszuziehen. Es war halb drei, als ich endlich im Bett lag. Ich schlief ein, während George Lee immer noch weiterredete.

Gegen zwei am folgenden Nachmittag wachte ich auf. Adline war während der Nacht gekommen, hatte neben mir geschlafen und war längst wieder in das Restaurant gegangen, wo sie als Kellnerin arbeitete. Ich stand auf, trank mit Etha eine Tasse Kaffee und legte mich wieder hin. Um neun Uhr abends wachte ich zum zweitenmal auf. Ich öffnete die Augen: Adline saß dem Sofa gegenüber auf einem Stuhl und betrachtete mich.

»Bist du krank?« fragte sie. »Etha sagt, daß du den ganzen Tag geschlafen hast.«

»Nein«, sagte ich und starrte sie an. Sie hatte sich verändert. ›Vielleicht kommt es mir so vor, weil ich sie zwei Jahre nicht gesehen habe‹, dachte ich. Dann machte ich die Augen wieder zu.

»Hast du denn in Canton gar nicht geschlafen, Essie Mae?«

Noch halb im Schlaf schüttelte ich den Kopf. Ich hörte ihre Stimme ohne Unterbrechung weiterplätschern: sie wollten für Mama in ein paar Wochen eine Geburtstagsparty geben; mein Bruder Junior war auch vor ein paar Monaten nach New Orleans gekommen und arbeitete als Imbißkoch. Er wohnte bei Minnie – ich verstand jetzt, daß meine Großmutter Angst hatte, mich auch aufzunehmen.

Ich wurde erst am nächsten Morgen wach – es war ein Samstag. George Lee und Adline hatten beide frei. Ich hatte zwei Tage geschlafen und war immer noch nicht ausgeschlafen. Und ich merkte, daß ich in George Lees überfüllter Wohnung nie genug Schlaf bekommen würde. Zwei seiner Freunde waren gekommen, und die drei Männer saßen in der Küche, spielten Karten, schwätzten und lachten. Als ich noch bei Winnie wohnte, hatte ich Leute in gewisse Häuser in High Court gehen sehen, wo Glücksspiele gespielt wurden. Aber ich hatte nicht gewußt, daß man auch in George Lees Haus spielte.

Ich beschloß, am Nachmittag ins ›Maple-Hill‹-Restaurant zu gehen und zu fragen, ob ich meine alte Stelle wiederbekommen könnte. Ich hatte dort früher immer Arbeit gefunden, und wenn auch nur für eine Woche. Jetzt fürchtete ich mich, hinzugehen. Sicher hatten sie inzwischen von meiner Aktivität in der Bürgerrechtsbewegung gehört. Über das sit-in bei Woolworth war in allen Zeitungen des Landes ausführlich berichtet worden. Vielleicht fürchtete Mr. Steve, der Eigentümer, Kunden zu verlieren, wenn ich in seinem Betrieb arbeitete. Ich war sicher, daß die Stammkunden mich wiedererkennen würden.

Ich brauchte dringend eine Stelle. Ich hatte kein Geld mehr. Ich brauchte eine Unterkunft – einfach alles. Und dies war die einzige Stelle in New Orleans, wo ich hoffen konnte, Arbeit zu finden. Fast das einzige, was man mit einem Universitätsabschluß in Mississippi, Louisiana und den meisten anderen Südstaaten tun konnte, war, Lehrer zu werden. Und in einem Klassenzimmer in den Südstaaten wollte ich nicht lehren. Die meisten Lehrer waren ›Onkel Toms‹. Und ich wollte nicht in einer Südstaatenschule Lehrerin sein. Diejenigen, die keine ›Onkel Toms‹ waren. mußten an schrecklichen, rein schwarzen, schlecht geführten ›Onkel-Tom-Schulen‹ unterrichten. Ich hatte so wenig Interesse am Unterrichten, daß ich mit meinem Universitätsexamen lieber Geschirr waschen wollte. Vorausgesetzt, daß keiner glaubte mir sagen zu müssen, wie sauber es zu sein hatte und wie es gestapelt werden mußte.

Als ich das Restaurant durch den Haupteingang betrat, fand ich alles beim alten. Joe, der Imbißkoch, bediente die wenigen Gäste an der Theke. George, Mr. Steves Sohn, prüfte an der Kasse Rechnungen. Seine Füße schlugen den Takt zu der lauten Jazzmusik, die aus dem Spielautomaten tönte. Ich hatte wohl fünf Minuten da gestanden, ehe er mich entdeckte. »Annie, Annie, Annie!« schrie er und drückte mich an seine Brust. »He, Joe«, rief er dem Kellner zu, der an der Theke bediente. »Sieh mal, wer da gekommen ist!« »Annie Moody, Annie Moody«, schrie Joe. »Los, komm in die Anrichte und sag den anderen guten Tag«, sagte Joe und zerrte mich im Eilschritt dorthin.

»Seht mal«, sagte er, während er die Tür zur Anrichte aufstieß, »die Rebellin höchstpersönlich.«

»Die Rebellin, die Rebellin«, schrie James. »Haben die Weißen dich doch aus Mississippi verjagt?«

Sofort fühlte ich mich wieder zu Hause. Als George zur Kasse zurückkehrte, sagte James: »Weißt du, Annie, wir waren so stolz auf dich nach dem sit-in und allem. George hat sogar dein Bild aus der Zeitung ausgeschnitten und uns und allen neuen Angestellten gezeigt. Er hat es sogar manchen Studenten gezeigt.«

Als ich gerade gehen wollte, kam Mr. Steve. Auch er freute sich, mich zu sehen. Wir standen auf der Straße vor dem Restaurant und sprachen mindestens eine Viertelstunde miteinander. Mir schien, ich könnte nie aufhören, über die Bewegung zu berichten. Jeder, den ich bisher in New Orleans gesprochen hatte, hatte mich fast in Grund und Boden geredet. Ich stand jetzt auf der Straße, es schien kein Ende zu nehmen. Schließlich entstand im Gespräch über die Bewegung eine Pause, die lang genug war, daß ich Mr. Steve fragen konnte, ob er mich vorübergehend als Kellnerin einstellen könnte. »Du weißt, du bist in meinem Haus willkommen«, sagte er in seinem schweren griechischen Akzent. »Bestimmt, ich werd was für dich frei machen. Wann willst du kommen?« »Wenn möglich, nächste Woche«, sagte ich. »Ich muß mir sofort eine Wohnung suchen.« »Bestimmt, ich machs schon«, sagte er, als wir uns trennten.

Ich nahm meine Arbeit am Dienstag der folgenden Woche auf. Aber als ich erst angefangen hatte, gefiel mir die Arbeit nicht. Ich arbeitete wie eine Maschine. Meine Gedanken waren nicht bei der Sache. Jeden Tag verbrachte ich die Mittagspause außerhalb des Lokals. Ich ging nach Hause oder spazieren. Ich hatte keine Lust mehr, wie früher mit den anderen Kellnern herumzuhängen und Witze zu reißen.

Am Wochenende hatte ich, Lohn und Trinkgelder zusammengerechnet, fünfundsechzig Dollar gemacht, Adline hatte dreißig. Wir legten das Geld zusammen und gingen auf die Suche nach einer Wohnung. In wenigen Stunden hatten wir eine gefunden. Sie lag in einem neuerbauten, weißen, zweistöckigen Apartmenthaus in einer ruhigen Gegend. Sie kostete nur fünfzig Dollar im Monat und bestand aus einem großen Raum, einer Kochnische und Bad. Nachdem wir Monatsmiete und Kaution bezahlt hatten, blieb uns nicht genug Geld, um Möbel anzuzahlen. Wir zogen trotzdem ein und schliefen bis zum nächsten Zahltag in Decken auf dem Fußboden. Unsere Wohnung lag nur fünf Blocks von Winnies Haus entfernt, daher kam Junior uns in dieser ersten Woche fast jeden Abend besuchen. Er und Adline saßen auf dem Boden und planten die Geburtstagsparty, die sie für Mama geben wollten, wenn diese am nächsten Wochenende in die Stadt kam. Der Gedanke an diese Party machte mir Angst. Ich hatte Mama seit zwei Jahren nicht gesehen und ihr seit Monaten nicht mehr geschrieben.

Am Abend vor Mamas Ankunft wurden unsere Möbel geliefert. Adline und ich waren zu müde, um noch viel zu tun, wir schlugen nur das Bett auf. Am nächsten Morgen standen wir um sieben auf und beeilten uns, alles schön herzurichten. Wir hatten eine Schlafzimmergarnitur aus Mahagoni gekauft, ein tiefes, orangefarbenes Sofa, einen kleinen Tisch für die Kochnische und ein paar Stühle.
Nach etwa einer Stunde klopfte Junior an die Tür. Ich wußte, daß Mama bei ihm war, darum wartete ich, daß Adline zur Tür ging und aufmachte. Aber Adline tat so, als hätte sie das Klopfen nicht gehört. Schließlich machte ich selber auf – und da stand Mama.
»He, komm rein«, sagte ich so munter wie möglich. Mama hatte meine kleine Schwester Jennie Ann mitgebracht, und ich wandte mich gleich der Kleinen zu. »Mein Gott, Jennie Ann, du bist ja beinah so groß wie ich.« Ich zog sie vor den Spiegel an der Tür zum Badezimmer und verglich ihre Größe mit meiner.
Dann zwang ich mich zu sagen: »Wie geht es dir, Mama?«
»O. k., und dir?« sagte sie. Sie hätte mich sicher gern umarmt, aber in unserer Familie war umarmen, ans Herz drücken und küssen nicht üblich. Ich kann mich nicht an eine einzige Umarmung in meiner Familie erinnern. Mama wandte sich ab und begann, unsere Möbel zu betrachten. Und ich versuchte krampfhaft, ein Gesprächsthema zu finden.
»Ich mußn paar Sachen holn, die ich auf der Arbeit gelassen hab«, sagte Junior.
»Du kommst doch zurück?« fragte Mama. »Du sollst mich bei Winnie abliefern.«
»Ich komm nachher wieder. Aber Essie Mae oder Adline können

dich auch hinbringen. Es sind nurn paar Blocks von hier«, sagte Junior.
Am liebsten hätte ich gesagt: vielleicht Adline, aber nicht ich, aber ich hielt den Mund. Mama sollte mich nicht fragen, warum ich nicht zu Winnie gehen wollte oder was Winnie mir denn getan hätte.
»Ich bring Mama hin«, sagte Adline schließlich, als sie merkte, daß ich nicht wollte. Junior ging, und Jennie Ann setzte sich hin und fing an, in einer alten Illustrierten zu blättern.
»Wie gefällt dir die Wohnung, Mama?« sagte Adline.
»Sie is nett, aber is sie nich zu klein?«
»Für fünfzig Dollar im Monat is sie reichlich groß, Mama.«
Adline und Mama machten nichtssagende Bemerkungen über die Wohnung. Dann sprachen sie über die Kinder. Ich war seit fünf Jahren von zu Hause weg und hatte sie in dieser Zeit nur einmal besucht. Ich fühlte mich bei diesem Gespräch über die Kinder ganz ausgeschlossen. Seit meinem Besuch zu Hause hatte Mama noch zwei Kinder bekommen. Ich kannte sie noch gar nicht. Plötzlich bemerkte ich, daß Mama einen Säugling im Arm trug. Sie war seit dreißig Minuten hier, und ich hatte das Kind jetzt erst bemerkt. ›Sie ist sicher gekränkt, daß ich bis jetzt nichts über das Kind gesagt habe‹, dachte ich. ›Diese verdammte Adline kommt sich wohl sehr schlau vor, denn sie hat bis jetzt auch nichts von dem Kind gesagt.‹
Ich saß da und wußte nicht, wie ich das Eis zwischen mir und Mama brechen sollte. Ich hatte tausend Fragen auf der Zunge: wie man sie in Centreville behandelt hatte, als ich im Gefängnis saß, und vieles andere. Sie hatte mir genug davon in ihren Briefen berichtet, und Adline hatte mir hier in New Orleans noch mehr erzählt. Aber ich hätte es gern von Mama selbst gehört. Sie sollte mir jetzt davon erzählen, aber ich hatte auch Angst, sie könnte zu weinen anfangen. Deshalb stellte ich keine Fragen. Ich saß nur da und wartete darauf, daß sie und Adline wieder zu sprechen anfingen.
»Warum legst du das Baby nicht hin?« sagte Adline schließlich.
»Schläft es?« fragte ich, froh, daß ich eine Möglichkeit gefunden hatte, über das Kind zu sprechen.
»Nein, sie schläft nicht«, sagte Mama, »aber sie ist sehr brav.«
»Dann leg sie doch aufs Bett«, sagte ich. »Ich dachte, du hieltest sie auf dem Arm, um sie nicht aufzuwecken.«
»Wie alt ist sie?« fragte ich, als Mama zum Bett trat.
»Drei Monate. Und du hast sie nicht mal angesehen.«

Ich fühlte mich so schuldig, als Mama das sagte. Ich stand auf und betrachtete das Baby.
»Sie ist süß. Wie alt ist sie denn?« fragte ich.
»Ich habs dir grad gesagt, sie ist drei Monate.« Mamas Stimme klang immer noch gekränkt.
»Sie ist verrückt, Mama. Hör nicht auf sie«, sagte Adline. »Sie sitzt rum und redet stundenlang auf die Leute ein und hört gar nicht, was sie sagen. Seit sie von Canton hergekommen ist, schläft sie nur und stöhnt im Schlaf. Sie ist übergeschnappt.«
»Kümmer dich um deine Sachen«, schrie ich Adline an. »Ich hab was andres zu tun, als die ganze Zeit zu reden.«
»Was denn?« fragte sie, »etwa den ganzen Tag schlafen?«
»Zum Beispiel denken«, sagte ich. »Denken. Etwas, was du gar nicht kannst.«
»Denken, so! Das is also mit dir los. Wenn du nich mit all dem Denken bald aufhörst, dann kommste schließlich noch in ne Klapsmühle.«
»Wann gehst du wieder nach Mississippi?« fragte Mama.
»Ich weiß nicht, ob ich wieder hingehe«, sagte ich kalt, weil ich nicht weiter über dieses Thema sprechen wollte.
»Warum bleibst du nich irgendwo und suchst dir ne Stelle?« fragte Mama.
»Ich hab ne Stelle«, sagte ich, »und im Augenblick bleib ich auch hier.«
»Und dafür bist du vier Jahre aufs College gegangen – um Geschirr zu waschen –, in einem Restaurant zu arbeiten. Warum wirst du nicht hier in New Orleans Lehrerin?«
»Lehrerin!« sagte ich. »Unterrichten liegt mir nicht. Und an einer Schule hier in New Orleans oder in Mississippi würde ich nicht unterrichten, und wenn sie eine Million im Jahr zahlten.«
Ich sah in Mamas Augen Tränen aufsteigen. Aber ich konnte es nicht ertragen, daß sie mir vorschrieb, was ich mit meiner Ausbildung anfangen sollte. Als ich im College krank und halbverhungert war, hatte sie keinen Groschen aus Raymond rausgekriegt, mit dem ich mir hätte Aspirin oder ne Dose Sardinen kaufen können. Ich hatte mein Studium abgeschlossen, nur weil ich es wollte, und keiner hatte mich dabei unterstützt oder ermutigt. Jetzt hielt ich es für mein Recht, zu tun, was mir beliebte.
Mama saß eine halbe Stunde lang da, ohne ein weiteres Wort zu sagen. Dann ging sie mit Adline zu Winnies Wohnung hinüber.

Nachdem ich am Tag zuvor die Anzahlung auf die Möbel geleistet hatte, waren mir nur noch fünf Dollar geblieben. Damit ging ich Geburtstagsgeschenke für Mama kaufen. Ich kaufte ihr ein langes Flanellnachthemd für 3,98 Dollar und eine Flasche Süßwein für einen Dollar.

Am Abend kam ich verspätet zu Mamas Geburtstagsparty. Sie fand in George Lees Wohnung statt. Als ich eintrat, saßen etwa zwölf Leute im Wohnzimmer herum. Unter ihnen waren Winnie und meine Tante Celia. Sie alle starrten mich an, als käme ich vom Mars. Ich sprach; die andern sagten kaum ein Wort. Ich ging ins Schlafzimmer und legte meine Geschenke für Mama auf das Bett.

Ich ging ins Wohnzimmer zurück und zog mir einen Schemel an den Tisch, an dem Jennie Ann saß, und fing ein Gespräch mit ihr an. Ich fragte sie, in welche Klasse sie gehe, und stellte andere allgemeine Fragen. Sie beantwortete sie, als habe sie mich nie zuvor gesehen. Ich versuchte es auf andere Weise. Ich sagte ihr, wie hübsch sie sei, und ob die Jungens sich für sie interessierten und so. Jetzt strahlten ihre Augen auf, und sie erzählte mir Sachen, wie etwa: »Ein Junge in meiner Klasse hat gesagt, ich wäre das hübscheste braune Püppchen, das er je gesehen hätte.« Da wurde ich wieder ein bißchen zornig, denn da saß sie, elf Jahre alt, und das einzige, worüber sie etwas zu sagen wußte, waren Jungens.

Von meinem Platz konnte ich im Spiegel hinter dem Tisch Mama beobachten. Sie blickte mit tränenfeuchten Augen zu mir hin. Ich redete eine Stunde lang mit Jennie Ann, und keine Sekunde ließ Mama mich aus den Augen. Ich sah, daß ihr tausend Fragen durch den Kopf gingen. Ich mußte daran denken, daß sie mich in diese Welt hineingeboren hatte und doch weder mich noch diese Welt verstand. Vielleicht verstand sie Adline besser. Ich sah mich nach Adline um. Sie lief in der ganzen Wohnung hin und her, als sei sie zufrieden mit sich und der Welt. Manchmal empfand ich Haß gegen sie, weil sie mit so wenig zufrieden war. Auch jetzt stieg dieser Haß in mir auf. Wir waren Schwestern, aber wir glichen uns in nichts. Junior kam herein, und ich wandte meine Gedanken ihm zu. Äußerlich glichen wir uns ein wenig, und manchmal, wenn ich mit ihm zusammen war, spürte ich, daß er rebellisch und unzufrieden war wie ich. Aber seine Unzufriedenheit kam und ging. Ich war nie imstande gewesen, mich von meiner zu befreien. Sie war immer da. Früher hatte ich manchmal versucht, sie zu unterdrücken, dann war sie nach außen nicht sichtbar gewesen. Jetzt war sie immer da.

Ich hatte es satt, daß alle mich anstarrten, und beschloß, die Party zu verlassen. Ich sagte Mama, ich hätte schreckliche Kopfschmerzen, und ihr Geschenk läge auf dem Bett. Ich beglückwünschte sie zum Geburtstag und ging. Auf dem Rückweg in unsere Wohnung war ich fast blind vor Tränen. Ich konnte nicht verstehen, warum alle mich wie eine Fremde behandelten. Bei der Party war es mir, als wäre ich eine Verbrecherin, die man bestraft, indem man nicht mit ihr spricht. Plötzlich hatte ich den Wunsch, ich wäre wieder in Canton, bei meiner Arbeit für die Bewegung, zusammen mit Menschen, die mich verstanden. Meine eigenen Leute hielten mich für verrückt, weil ich mir den Kopf zerbrach über Probleme, an die sie überhaupt nicht dachten.

Die ganze nächste Woche über fragte ich mich, wie ich mich der Bewegung gegenüber verhalten sollte. Einmal entschloß ich mich, nach Canton zurückzugehen. Aber dann wieder wußte ich nicht, warum. Mir schien, ich sollte mich der Bewegung wieder anschließen, aber in einer anderen Tätigkeit, die ich noch nicht definieren konnte. Für eine Weile wollte ich nicht mehr daran denken.

Am Freitag, dem 22. November 1963, während des Stoßbetriebs im Restaurant, ging ich gerade mit einem Tablett voller Geschirr auf die Anrichte zu, als Julian, der neue Kassierer, ein weißer Jurastudent, plötzlich hinter mir stand und sagte: »Auf Präsident Kennedy ist geschossen worden!« Mir wurde schwarz vor den Augen. Als es wieder hell wurde, saß ich benommen auf einem Stuhl, und Julian hielt mein Tablett. Mir fiel ein, daß an diesem selben Morgen James einen Witz darüber gemacht hatte, weil Kennedy in den Süden kam. Ich hatte mir nicht viel dabei gedacht. Julian ging auf die Straße, um zu sehen, ob er etwas Neues erfahren konnte. Nach kurzer Zeit kam er zurück und sagte, Präsident Kennedy sei tot. Ich saß lange Zeit da, starrte alle an und sah doch niemanden. »Soviel Morden«, dachte ich, »soviel Morden, immer nur Morden. Und wann wird es aufhören. Wann?«

Wie meilenweit entfernt hörte ich die anderen Kellner:

»Wo ist es passiert, Waite?«

»In Dallas.«

»Was? Er hätte wissen müssen, daß er nicht nach Texas kommen kann.«

»Anne, damit sind deine Bürgerrechte erledigt«, sagte James. »Die Neger können einpacken. Ich glaube, ich bring meinen Arsch nach Afrika zurück oder sonstwohin.«

Außer Julian waren wir alle Neger. Ich glaube, wir hatten alle Angst, uns darüber klarzuwerden, was dieser Tod für die Neger bedeutete. Ich jedenfalls hatte Angst.

Nachdem die anderen Kellner die Anrichte verlassen hatten, riß ich mich zusammen und ging langsam durch den Speisesaal. Meine Gäste waren alle noch da. Ich bemerkte, wie still es war. Sonst war es während der Stoßzeit sehr laut. Aber jetzt sagte keiner ein Wort.

Als ich das Ende des Speisesaals erreicht hatte, kochte ich vor Zorn. Ich drehte mich um und blickte in all diese weißen Gesichter – all diese weißen Südstaatengesichter –, und meine Augen brannten. Ich wäre am liebsten zwischen den Tischen auf und ab gelaufen, hätte ihnen das Essen ins Gesicht geknallt, das Geschirr auf ihren Schädeln zertrümmert, und die ganze Zeit gebrüllt und geschrien: Mörder, Mörder, Mörder! Dann fragte ich mich, was ich in diesem Restaurant, in dem nur Weiße bedient wurden, zu suchen hatte. Was fiel mir ein, all diese Mörder zu bedienen? Ich stand da, und das Blut stieg mir ins Gehirn, ich fühlte, wie heiße Luft aus meinen Nasenlöchern kam. Tränen brannten auf meinen Wangen. Mr. Steve sah mich weinen. Er muß gedacht haben, ich würde ohnmächtig oder sonstwas. Er führte mich in die Anrichte und fragte mich, ob ich nicht für den Rest des Tages frei nehmen wollte. Ich sah ihn an, auch er hatte Tränen in den Augen. Ich fragte mich, ob er auch geweint hätte, wäre er ein geborener Südstaatler gewesen und nicht Grieche. Ich kann mich nicht erinnern, daß ich im Speisesaal eine einzige Träne sah – nicht eine einzige. All diese steinernen Gesichter waren weiß wie ein Leintuch, aber trocken wie die Wüste.

Ich brauchte eine Stunde, um mich umzuziehen, und eine weitere, bis ich mich so weit beruhigt hatte, daß ich das Restaurant verlassen konnte. Es war, als hätte ich Angst, in die Welt, die mich draußen erwartete, hinauszugehen, diese grausame und böse Welt. Ich dachte, draußen müsse alles stockfinster sein. ›Eine so böse Welt‹, dachte ich, ›sollte schwarz, blind und taub sein und ohne jedes Gefühl. Dann würde man keine Farbe sehen, keinen Haß hören und keinen Schmerz fühlen.‹

Ich taumelte bis zur Ecke, kaufte mir eine Zeitung und wartete auf die Straßenbahn nach St. Charles. Die Schlagzeile der ›New Orleans States Item‹ sagte in den größten Lettern, die ich je gesehen habe: Präsident tot.

In der Straßenbahn versuchte ich, den Leuten ins Gesicht zu sehen. Ich sah nur Zeitungen. Alle Köpfe waren hinter Zeitungen verborgen. Ich hielt besonders nach den Gesichtern von Negern Ausschau, die auf den jungen Präsidenten soviel Hoffnung gesetzt hatten. Ich wußte, es mußte für sie sein, als hätten sie ihren besten Freund verloren, einen, der in der Lage gewesen wäre, ihr Schicksal zu wenden. Der Präsident hatte für die meisten Neger und auch für mich *Freiheit* zu einer realisierbaren Hoffnung gemacht.

28. Kapitel

Irgendwann in der nächsten Woche sagte James zu mir: »Annie, seit Kennedy ermordet wurde, bist du hier herumgegangen, als gingst du im Weltraum herum. Warum hörst du nicht auf, dich mit diesen Problemen zu quälen? Du hättest nicht nach New Orleans kommen sollen. Du hättest Urlaub von den Vereinigten Staaten nehmen müssen.« Ich wußte, daß er recht hatte. Aber ich hätte nicht einmal Geld genug gehabt, die Grenze des Staates Louisiana zu überschreiten. Ich mußte mir auch eingestehen, daß nach New Orleans zurückzukehren schlimmer war, als sei ich in Canton geblieben. Hier hatte ich mit den Menschen, die mich umgaben, nichts gemein als die Hautfarbe. Ich wußte, wollte ich bei Verstand bleiben, mußte ich mich der Bewegung wieder anschließen.
Ich rief ein Mädchen an, das ich kannte und das zur CORE-Gruppe von New Orleans gehörte, und in der Woche darauf ging ich zu meiner ersten Versammlung. Ich erfuhr, daß CORE eine Wählerregistrierungskampagne in Orleans Parish vorbereitete und daß Teams zusammengestellt wurden, die samstags und sonntags werben sollten. Ich meldete mich zu einem dieser Teams.
Meine Partnerin bei dieser Werbeaktion war eine Weiße – ein stilles Mädchen aus New York namens Erika, die Herausgeberin der *Tulane Drama Review* war. Ich lud sie mehrmals in unsere Wohnung ein und stellte ihr Adline vor. Adline hatte nie zuvor Weiße auf der Ebene gesellschaftlicher Gleichheit kennengelernt. Sie haßte die Weißen leidenschaftlich. Obwohl sie davon Erika gegenüber nichts merken ließ, spürte diese wahrscheinlich ihre Einstellung. Zu Anfang war Erika in Adlines Gegenwart gehemmt, aber bald schon rissen die beiden Witze miteinander. Ich hatte Adline noch nicht überreden können, mit uns werben zu gehen, aber ich merkte, wie sie langsam kapitulierte.
Nach zwei Monaten fand ich es ebenso schwer, die Neger in New Orleans zur Registrierung zu überreden wie in Mississippi. In Orleans Parish hatte die Zahl der registrierten Neger 35 000 nie überschritten – ganz gleich, wie viele Wähler sich jedes Jahr registrieren ließen. Um die Zahl konstant zu halten, wurde jedes Jahr

eine bestimmte Anzahl von Negern wieder aus den Listen gestrichen. Die Wählertests waren genauso schwierig, und der Registrierungsbeamte ließ die Neger genauso durchrasseln wie in Mississippi. Aber die meisten Neger in New Orleans waren mit ihrer Lage sehr zufrieden. Sie waren aus dem ländlichen Mississippi oder Louisiana gekommen – verglichen damit erschien ihnen New Orleans wie ein Utopia; hier konnten sie wenigstens Arbeit finden. Der einzige große Unterschied zwischen der Werbearbeit in New Orleans und der in Mississippi war, daß die Bürgerrechtskämpfer, Neger und Weiße, zusammenarbeiten konnten, ohne bedroht oder offen angegriffen zu werden.

Am ersten Wochenende im März fuhr Junior heim nach Centreville. Es tat mir irgendwie leid, daß er ging. Immer wenn jemand heimfuhr und dann zurückkam, brachte er schlechte Nachrichten mit. Wenn in Centreville oder Woodville kein Neger umgebracht worden war, so war doch jemand zusammengeschlagen oder aus der Stadt vertrieben worden. Am Sonntagabend waren Adline und ich spät zu Bett gegangen, als jemand an die Tür klopfte. Adline stand auf, um nachzusehen. Es war Junior.
»Warum kommst du denn so spät noch her?« sagte Adline.
»Mama schickt euch das hier«, sagte er und gab Adline ein Bündel, das aus zwei großen Federkissen bestand. »Essie Mae, schläfst du?«
»Nein, warum?« sagte ich, blieb aber im Bett liegen.
»Emmas Bruder ist Freitag nacht ermordet worden.«
»Was? Clift ist tot?« fragte ich fast drohend, als wollte ich ihn hindern, es noch einmal zu sagen.
»Das soll wohl Witz sein«, sagte Adline.
»Meint ihr, ich komm um zwölf Uhr nachts her, umn Witz zu machen?« sagte Junior.
»Wie ist es denn passiert?« fragte ich.
»Er kam Freitag abend von der Arbeit. Sie sagen, sein Gesicht war fast ganz weg. Ich bin nach Woodville zu Papa und Emma gefahren, die sind ganz außer sich. Sie wissen nicht, wers getan hat.«
»Sie wissen, kein andrer hats getan als diese verdammten weißen Schweine«, sagte Adline. »Man sollte Woodville und Centreville in die Luft sprengen und die Hunde all umbringen.«
»Essie Mae sollte versuchen, Martin Luther King oder CORE oder eine der Organisationen dazu zu bringen, daß sie hingehn und den Negern dort helfen«, sagte Junior.

»Essie Mae sollt was ganz andres tun«, sagte Adline bitter, »die Organisationen sollten uns nach Afrika zurück oder sonstwo hinbringen. Diese Scheißregierung kann und will uns Schwarze nicht beschützen. Essie Mae soll versuchen, uns hier wegzubringen, und nicht rumrennen, die Neger zum Wählen zu kriegen. Ich spar jetzt mein Geld und seh, daß ich wegkomm.«

Junior sagte: »Jetzt sind da unten fünf Neger in drei Monaten umgebracht worden; die drei, die im Dezember in Woodville im Auto ermordet worden sind, und vorigen Monat der Mann in Liberty, Mississippi. Sie sagen, sein Kopf sei fast ganz weggewesen, genau wie bei Clift.«

Junior saß noch fast eine Stunde auf dem Sofa, und wir sprachen wenig. Schließlich sagte er: »Ich geh jetzt wohl besser. Ich muß morgen früh zur Arbeit.«

Als er weg war und Adline wieder ins Bett stieg, sah ich, daß sie weinte. Sie und Junior hatten bei den anderen Morden in Woodville und Centreville nie eine Reaktion gezeigt. Wenigstens war es mir so vorgekommen. Jetzt waren sie sehr betroffen, die Morde waren in unmittelbare Nähe gerückt. Die ganze Nacht lag ich wach, dachte an Clift, an Ruby, seine schöne junge Frau und ihre vier Kinder. Ich dachte daran, wie nahe ich mich ihnen gefühlt hatte, als ich sie mit Papa und Emma besuchte, und wieviel Spaß wir zusammen gehabt hatten. Ich hatte in Clift einen nahen Verwandten gesehen.

Am nächsten Morgen stellte ich fest, daß ich keine Träne um Clift vergossen hatte. Ich hatte soviel um die anderen Ermordeten geweint, auch um Menschen, die mir ganz fremd waren. Aber jetzt war etwas mit mir geschehen, das es mir unmöglich machte, zu weinen. Ich fühlte mich ganz komisch. Ich lag im Bett und tat, als schliefe ich, bis Adline gegen acht zur Arbeit gegangen war. Dann stand ich auf. Ich fühlte mich so zerschlagen, daß ich mich kaum rühren konnte. Ich nahm ein heißes Bad und ging wieder zu Bett. Ich stellte den Wecker auf halb elf – ich brauchte nicht vor elf im Restaurant zu sein. Als es klingelte, versuchte ich aufzustehen, konnte mich aber nicht rühren. Eine schwere Last schien auf mir zu liegen. Ich versuchte zu atmen, konnte es aber nicht. Schwere Gewichte schienen gegen mein Zwerchfell zu drücken und es zu lähmen. Ich hatte das Gefühl, vom Hals bis zur Körpermitte gelähmt zu sein.

Fast drei Stunden lag ich da, unfähig, mich zu rühren. Dann begannen die Tränen mir übers Gesicht zu strömen. Langsam kehrte der Atem zurück, mein Herz schlug wieder. Je mehr ich weinte, desto

besser konnte ich atmen. Wieder dachte ich an den toten Clift, an seine Frau und seine Kinder, und die Tränen wollten nicht aufhören. Ich war froh, froh, daß ich weinen konnte. Vor wenigen Minuten noch hatte ich geglaubt, ich würde sterben.
Es wurde drei Uhr, bevor ich aufstehen und das Restaurant anrufen konnte. Da wir kein Telefon hatten, ging ich zu einer Bekannten gegenüber telefonieren. Joe, der Koch, kam an den Apparat.
»Joe, hier ist Anne«, sagte ich.
»Was ist denn, bist du krank, Herzchen?« fragte er.
»Ja. Gib mir bitte Waite«, sagte ich.
»Ja, Anne?« sagte Waite, der an den Apparat gekommen war.
»Ich bin krank, Waite«, sagte ich, »ich konnte nicht kommen...«
Er fiel mir ins Wort: »Warum hast du denn nicht früher angerufen?« schrie er mich an. »Wir hätten einen Ersatz für dich suchen können. Im Speisesaal geht alles drunter und drüber.«
»Mein Onkel ist in Mississippi ermordet worden, Waite. Wenn ich mich morgen nicht besser fühle, rufe ich an.« Ich wollte auflegen, wurde aber ohnmächtig. Als ich wieder zu mir kam, hielt die Nachbarin mir ein nasses Handtuch gegen die Stirn.
»Soll ich einen Arzt holen?« fragte sie.
»Nein, es geht schon«, sagte ich, »es ist nur, weil wir einen Sterbefall in der Familie hatten.«
In der Wohnung kam die Müdigkeit wieder über mich. Ich hatte Angst, zu Bett zu gehen, vielleicht würde ich nicht mehr aufwachen. Ich entschloß mich, doch lieber zum Arzt zu gehen.
Ich ging zu einem in der Claiborne Avenue, der Winnie immer behandelte. Er prüfte Herz und Blutdruck und sagte, ich müsse unter einem schrecklichen Druck stehen und sei überanstrengt. Wahrscheinlich seien Blutarmut oder Erschöpfung die Ursache für meine Ohnmacht. Er verschrieb mir Eisen- und Beruhigungstabletten und ein paar Tage Bettruhe.
Ich kaufte mir Tabletten und Briefpapier, denn ich wollte an Emma schreiben, obwohl sie mich nach dem sit-in bei Woolworth gebeten hatte, ihnen nicht mehr zu schreiben. Ich war jetzt noch nicht sicher, ob ich es tun sollte, aber ich hatte das Bedürfnis, meinem Gefühl Ausdruck zu geben oder sie wenigstens wissen zu lassen, daß ich von Clifts Tod wußte und um ihn trauerte.
Auf dem Heimweg wurde mir im Bus wieder schlecht. Ich öffnete das Fenster, und im kühlen Märzwind erholte ich mich wieder. Ich saß da, den Wind im Gesicht und dachte darüber nach, was ich

Emma schreiben sollte. Es war das erste Mal, daß jemand in der Familie gestorben war. Ich wußte nicht, was ich sagen sollte. Alles, was mir einfiel, schien unangemessen. Vielleicht war ich sogar irgendwie schuld an Clifts Tod, denn ich war die einzige aus der Gegend, die sich aktiv an der Bewegung beteiligt hatte. Jedesmal, wenn im Wilkinson County jemand zusammengeschlagen oder getötet wurde, fühlte ich mich schuldig.

Ich brauchte zwei Stunden, um diesen Brief an Emma zu schreiben:

Liebe Emma,

Junior hat mir am Sonntagabend von Clifts Tod berichtet. Es war ein schrecklicher Schock für mich. Ich bin sehr traurig, weil ich weiß, was es für Dich und die ganze Familie bedeuten muß. Wie trägt Ruby es, und die Kinder? Wann ist die Beerdigung? Es tut mir wirklich sehr leid, daß ich nicht kommen kann. Ich würde kommen, auch wenn es für mich gefährlich ist. Aber ich habe mich entschlossen, wegzubleiben, weil meine Anwesenheit der Familie noch mehr Schwierigkeiten machen könnte. Das heißt, wenn die Weißen erführen, daß ich zur Beerdigung komme.

Ich hab von den drei Leuten gehört, die im Auto ermordet wurden. Ich habe auch gehört, daß in dem Fall nichts geschehen ist, niemand verhaftet worden ist. Ich persönlich wünschte, daß diese Morde aufgeklärt würden. Sind irgendwelche Beamte vom Justizministerium oder vom FBI dagewesen, um die Mordfälle zu untersuchen? Aus früheren Erfahrungen weiß ich, daß selbst dann, wenn eine Untersuchung durchgeführt worden ist, nichts mehr geschieht, sobald die untersuchenden Beamten weg sind. Die Morde werden vergessen, und der Totschlag beginnt von neuem.

Ich weiß, daß Bob Moses, der Direktor der SNCC, wegen dieser Morde sehr betroffen ist. Er plant tatsächlich, in Südwest-Mississippi (Natchez, Woodville, McComb und Liberty) Zweigstellen zu gründen. Versuche, so viel wie möglich über die drei Leute, die im Auto ermordet wurden, herauszubekommen, und teilte mir alles über Clifts Tod mit. Ich werde diese Informationen an Bob weitergeben. Vielleicht gibt es eine Möglichkeit, Schutzmaßnahmen für die Neger in diesem Gebiet zu erwirken. Ich weiß, daß Bob alles nur mögliche versuchen wird, damit etwas geschieht. Ich hoffe sehr, daß dieser Brief Euch keine Ungelegenheiten macht. Und daß er Dich ungeöffnet erreicht. Grüße Papa und sprich Ruby und den Kindern mein Beileid aus. Schreibe, sobald Du kannst.

Herzlichen Gruß
Anne Moody

Schließlich brachte ich den Brief zur Post, aber sobald ich ihn eingeworfen hatte, bereute ich es schon. Ich hatte keinen Absender angegeben. Aber ich dachte mir, daß die Weißen im Postamt in Woodville wahrscheinlich alle Post, die an die betroffenen Familien kam oder von dort abgeschickt wurde, öffneten. Darum hatte ich auch nicht direkt an Ruby, sondern an Emma geschrieben. Mama hatte mir einmal gesagt, daß nach meiner Teilnahme an den Demonstrationen in Jackson alle Briefe, die sie bekam, auf der Post von Centreville geöffnet worden waren.
Ich ging am Donnerstag wieder ins ›Maple Hill‹ und zerbrach den ganzen Tag Geschirr. Ich war mit meinen Gedanken nicht bei der Arbeit. Ich wußte, meine Unruhe würde sich nicht legen, bis ich von Emma gehört hatte. Zwei Wochen vergingen, und sie hatte immer noch nicht geschrieben. Noch eine Woche und kein Brief. Ich wurde fast verrückt. Schließlich gab ich die Hoffnung auf. Vielleicht hatten die Weißen meinen Brief abgefangen. Ich wollte noch einmal an Emma schreiben, tat es dann aber doch nicht. Ich hatte Angst, ein zweiter Brief könnte sie in Schwierigkeiten bringen, wenn der erste es nicht schon getan hatte.
Nach dem Tod meines Onkels arbeitete ich noch einen Monat im Restaurant. An den Wochenenden beteiligte ich mich weiter an der Wählerwerbeaktion für CORE. Während dieser Zeit zogen Adline und ich in ein größeres und viel hübscheres Apartment um. Aber Mitte April wurde ich wieder unruhig. Das Gras wurde grün, die Bäume standen in Knospen, und alle Menschen schienen glücklich und heiter. Es war mir nie gelungen, wie die meisten Menschen während dieser Jahreszeit glücklich und entspannt zu sein. Adline hatte sich alle möglichen hübschen Frühjahrsröcke und -blusen gekauft. Es ärgerte mich, die Leute, besonders die Neger, so zufrieden zu sehen. Ich wurde jedesmal wütend, wenn ich einen lächeln sah. Alle Neger in New Orleans schienen zu lächeln, nur ich nicht.
Eines Samstags ging ich zu einer Party in Erikas Wohnung im französischen Viertel. Viele Anwesende, Mitglieder von CORE, studierten in Tulane. Ich merkte, daß sogar die Angehörigen der Bewegung vom Frühlingsfieber ergriffen waren und davon sprachen, wie sie aus New Orleans herauskommen könnten. Da wußte ich, daß ich selber nicht mehr lang bleiben würde. Ich wußte auch, daß ich wahrscheinlich nach Mississippi zurückgehen würde, wo die Neger nicht die ganze Zeit lachten. Wo sie wie ich den Preis kannten, den man täglich dafür zahlt, daß man schwarz ist. Dort gehörte ich hin. Am

Samstag nach der Party gab ich meine Stelle im Restaurant auf und arbeitete ganztägig für CORE. Aber auch das half nicht. Ich mußte einfach weg von New Orleans.

Als ich eines Abends von der Werbearbeit nach Hause kam, war endlich ein Brief von Emma da. Ich saß auf dem Bett und las den Brief immer wieder.

Liebe Anne,

Ich habe Deinen Brief erhalten. Wir sind O. k., nur kommen wir über den Mord an Clift nicht hinweg. Also, der Grund, warum ich so lange nicht geschrieben habe: Ich habe versucht, etwas über den Tod der drei Personen zu erfahren, nach denen Du gefragt hast, aber ich kann Dir nur die Namen sagen. Eli Jackson und Dennis Jones waren die beiden Männer, und Lula Mae Anderson war die Frau. Die drei wurden tot in ihrem Auto auf dem alten Highway 61 etwa zehn Meilen nördlich von Woodville aufgefunden. Im Lokalblatt stand, sie wären eingeschlafen, während die Heizung brannte, und von den Benzindämpfen vergiftet worden. Aber es stellte sich heraus, daß zwei von ihnen erschossen worden waren und daß Eli das Genick gebrochen hatte. Ich weiß das genaue Datum nicht, aber es war Ende 63. Am 29. Februar 1964 wurde Clift von Schrot durchlöchert auf einer Seitenstraße gefunden, auf dem Heimweg von der Arbeit. Seine Schicht dauerte von drei bis elf Uhr abends, und er hätte um zwölf zu Hause sein müssen. Als er nicht kam, dachte Ruby, er sei für einen anderen eingesprungen und arbeitete auch die nächste Schicht, was er schon früher getan hatte. Sie dachte sich also nicht allzuviel dabei.

Am folgenden Tag um drei Uhr kamen der Sheriff und Straßenarbeiter zu Ruby und sagten, Clift hätte einen kleinen Unfall gehabt. Sie sagten nicht, er sei tot oder umgebracht worden. Wir gingen also alle mit, um zu sehen, was los war. Als wir den Wagen erblickten, konnten wir sehen, daß er durchlöchert war. Beide Seitenfenster und die Windschutzscheibe waren weg. Clift war nach vorn gesunken, so daß wir nur wenig von ihm sahen. Später entdeckten wir, daß das ganze Gesicht zerfetzt und die Zähne ausgeschossen worden waren. Was das Wer oder Warum betrifft, so wissen wir nichts und haben auch nichts gehört, und wenn jemand verhaftet worden ist, so haben wir jedenfalls bis jetzt nichts davon gehört. Du siehst, viel kann ich Dir nicht sagen. Natürlich ist das FBI mehrere Male bei seiner Frau gewesen und hat viele Fragen gestellt. Zum Beispiel: War er Mitglied irgendeiner Organisation,

und was hat er über die drei Personen gesagt, die tot in ihrem Wagen gefunden wurden?
Wer immer ihn aus dem Hinterhalt überfallen hat, es war in jeder Hinsicht gut geplant. Es tut mir leid, aber das ist alles, was ich weiß, aber ich hoffe, Ihr alle zusammen werdet das Verbrechen aufdecken können, und wir werden wissen, wer es getan hat und warum.
Papa geht es gut, er läßt grüßen, auch die ganze übrige Familie.
Viele Grüße Emma und Papa.
Ich saß da mit Tränen in den Augen und las es noch einmal: »Es tut mir leid, das ist alles, was ich weiß, aber ich hoffe, Ihr alle zusammen werdet es aufdecken.« Zorn über meine Hilflosigkeit überwältigte mich. Sie erwarteten, daß ich etwas tat, und ich wußte nur zu gut, wie wenig der kleine Bob Moses oder ich oder sonst jemand tun konnte. Was mich betraf, ich konnte nicht einmal nach Woodville oder Centreville zurückgehen.
In der zweiten Maiwoche bekam ich einen Brief vom Quästor des Tougaloo College. Es war endlich heraus, welche Auszeichnungen ich in Natchez bekommen hatte. Ich wurde gebeten, in der letzten Maiwoche nach Tougaloo zu kommen, um an den Abschlußzeremonien teilzunehmen und mein Diplom entgegenzunehmen. Mein Blick fiel auf das Datum des Briefes, und es wurde mir klar, daß die letzte Maiwoche die übernächste Woche war. Ich mußte für die Abschlußfeier ein weißes Kleid und schwarze Schuhe kaufen. Und ich hatte für keins von beiden Geld. ›Soviel Zeit und Geld habe ich ins Studium gesteckt‹, dachte ich, ›und dann muß man noch mehr Geld und mehr Zeit aufbringen, um das Stückchen Papier in die Hand zu bekommen.‹
Da ich die Arbeit aufgegeben und nur noch Geld hatte, um bis zum ersten Juni die Miete zu bezahlen, beschloß ich, keinen Groschen mehr für die Abschlußfeier auszugeben. Ich sah meine alten Kleider durch und fand ein weißes Kleid, das ich in den ersten Semestern getragen hatte. Ich bleichte es, und es sah beinahe neu aus. Dann fand ich in Adlines Schrank noch ein Paar alte schwarze Schuhe. Ich wichste sie und fand sie noch ganz gut aussehend. Jetzt war ich für die Feierlichkeiten vorbereitet. Ich hatte gerade noch Geld, um die Busfahrt nach Mississippi zu bezahlen. Wie ich zurückkommen sollte, wußte ich nicht. Tatsächlich wollte ich wohl gar nicht zurückkommen. Aber es tat mir leid, Adline im Stich zu lassen. Wir waren gerade umgezogen, wir schuldeten mindestens hundert Dollar für die Möbel, und Adline konnte unmöglich alles allein abzahlen.

Als ich am Dienstagabend meinen Koffer packte, stand Adline mit Tränen in den Augen dabei. Ich wußte, es tat ihr leid, daß ich mein Universitätsdiplom bekam und kein Mensch von der Familie wirklich daran interessiert war. Als ich das alte weiße Kleid und ihre alten Schuhe in den Koffer packte, verließ sie das Zimmer. Sie war wie ich. Sie wollte nicht, daß andere sie weinen sahen oder ihre Gefühle errieten, wenn sie zu tief waren.

Eine halbe Stunde später kam sie mit zwei großen roten Äpfeln in der Hand wieder. Ich wusch gerade Geschirr. »Willste einen?« fragte sie. »Ja, danke«, sagte ich. Sie legte meinen Apfel auf den Tisch und setzte sich aufs Sofa. Ich wusch weiter Geschirr, und sie saß da und sah mir zu. Mir schien, sie wollte etwas sagen, wußte aber nicht, wie. Als ich schließlich mit der Arbeit fertig war, sagte sie: »Wann ist denn die Abschlußfeier?«

»Die Bakkalaureatspredigt ist um halb elf am Sonntagmorgen, und die Überreichung der Diplome um fünf nachmittags«, sagte ich.

»Warum?«

»Oh, nur so.« Dann sagte sie: »Ich hab daran gedacht, hinzukommen. Ich glaubte, Junior möcht auch gern kommen.«

Jetzt schien Adline sich wohler zu fühlen. Sie weinte nicht mehr. Ich glaube nicht, daß sie am Samstag wirklich nach Tougaloo käme, aber ich war doch froh, daß sie wenigstens daran dachte, daß wenigstens einer aus der Familie daran dachte.

Am nächsten Morgen saß ich wieder im Greyhound, Richtung Jackson, Mississippi. Ich kam in Tougaloo gerade noch rechtzeitig an, um in der College-Kantine zu essen. Ich war froh, denn ich hatte kein Geld, um mir etwas zu kaufen. Nach dem Essen ging ich zur Wohnung der Kings, um zu hören, was es in der Bewegung Neues gab. Ich hatte in New Orleans den Kontakt mit der Bewegung in Mississippi ganz verloren. Aber ich wußte, daß Pfarrer King an allen Ereignissen in der Bewegung Anteil hatte.

Als ich die Stufen zu seiner Veranda hinaufging, stand die Tür offen wie immer – offen für die Studenten und die Mitglieder der Bewegung. Ich klopfte und ging gleich hinein. Die Kings hatten gerade zu Abend gegessen. Ein paar Studenten saßen mit ihnen zu Tisch. Ich setzte mich dazu und trank eine Tasse Kaffee mit, und zwei Stunden ging das Gespräch über die Bewegung, über die Ereignisse in Mississippi und auf dem Campus.

»Vergiß nicht, daß wir morgen etwas feiern müssen«, sagte mir Pfarrer King zum Abschied.

»Morgen?« fragte ich ahnungslos.
»Nun sag nur nicht, daß dus vergessen hast. Um ehrlich zu sein, mir ist es auch erst wieder eingefallen, als ich dich sah.«
»Es tut mir leid, ich kann mich nicht erinnern.«
»Aber Anne. Das sit-in bei Woolworth. Morgen wird es ein Jahr.«
»Meine Güte, das stimmt!« sagte ich. »Aber mir scheint es Jahre zurückzuliegen.«
»Nur, weil du seitdem soviel getan hast«, sagte Pfarrer King.
Am nächsten Morgen um elf war ich mit ein paar anderen Studenten unterwegs, um meinen »Jahrestag« durch die Teilnahme an einem neuen sit-in zu feiern. Unser Ziel war Morrisons Cafeteria. Ein Würdenträger aus Indien, der gerade Tougaloo besuchte, war bei unserer Gruppe. Pfarrer King hatte ihn eingeladen, an unserer Feier teilzunehmen.
Einige weiße Studenten waren in die Cafeteria vorgeschickt worden. Sie sollten schon drinnen sein, wenn wir ankamen, um aufzupassen, was geschah, wenn wir das sit-in versuchten. Unser Zeitplan klappte nicht, und das sit-in verlief daher nicht so, wie wir es geplant hatten. Wir kamen alle zu verschiedenen Zeiten und mit Minutenverspätung. Die Bullen erwarteten uns schon und hatten den Eingang zur Cafeteria verbarrikadiert. Als ich mit ein paar andern im Auto vorfuhr, war der Würdenträger aus Indien gerade verhaftet worden – kurz danach, als sich herausstellte, wer er war, wurde er sofort wieder entlassen. Wir andern versammelten uns um Pfarrer Kings Kombiwagen, um zu überlegen, ob wir das sit-in noch versuchen sollten. Schließlich entschlossen wir uns, es aufzugeben. Es war nicht genug Geld vorhanden, um Kautionen zu stellen, falls wir verhaftet wurden, und fünf von uns mußten am Sonntag bei der Diplomverleihung dabeisein. Wir zwängten uns also alle, genau wie im Jahr zuvor, in Pfarrer Kings Kombiwagen zusammen. Aber diesmal waren keine frischen Ketchup- und Senfflecken da, die wir den alten vom vorigen Jahr, die immer noch im Auto zu sehen waren, hätten hinzufügen können.
Am Abend zuvor hatte Pfarrer King mir von der Aktion erzählt, die für den Sommer in Mississippi geplant war. Ich war begeistert. Ich war überzeugt, daß dies die beste Aktion war, die die Organisationen je geplant oder durchgeführt hatten. Diese »Sommeraktion«, für die COFO die Verantwortung trug, war ein Programm, das im ganzen Staat durchgeführt werden sollte und das in erster Linie Neger mit einer ausreichenden Schulbildung ermutigen sollte, sich

als Wähler registrieren zu lassen und zu wählen. Neben dieser Wählerwerbung sollten sogenannte »Freiheits-Schulen« und Gemeinschaftszentren errichtet werden, in denen Lehrgänge im Lesen, in Gemeinschaftskunde, Literatur und anderen schul- und berufsbildenden Fächern stattfinden sollten. COFO erwartete tausend Studenten aus dem ganzen Land, die dieses Programm durchführen sollten. Pfarrer King sagte mir, daß viele Geistliche, Rechtsanwälte und andere Leute mit geeigneter Vorbildung freiwillig ihre Mitarbeit angeboten hatten.

Da Pfarrer King einige der Studenten in Jackson absetzen mußte, beschloß ich, dort beim COFO-Hauptquartier vorzusprechen und selbst zu sehen, was los war. Als ich das Büro betrat, waren dort so viele Menschen, daß mir der Kopf schwirrte. Jeder schien drei Dinge gleichzeitig zu tun. Im Büro herrschte ein schreckliches Durcheinander. »Nachtreiter« hatten Ziegelsteine in die Schaufensterscheibe des Büros geworfen. Glassplitter lagen auf dem Bürgersteig und im Hauseingang. Eine Kleidersendung war angekommen, aber es war kein Raum da, wo man sie unterbringen konnte, so standen die Kisten überall herum. Vor dem Büro luden fünf oder sechs Jungen eine Ladung Bücher aus, die gerade gekommen war. Bücher und Kleider ließen kaum Platz zum Stehen. Hinter einer spanischen Wand lagen zwei alte schmutzige Matratzen auf dem Boden. Dort schliefen zwei Neuangekommene. Schreibmaschinen liefen auf Hochtouren. Vervielfältigungsapparate spuckten Schablonen aus, sobald das Blatt aus der Schreibmaschine genommen wurde. Fünf oder sechs Telefone wurden installiert. Leute vom FBI liefen herum, als ob sie sich hierhin verirrt hätten. ›Das ist also der Anfang des ›langen heißen Sommers‹ ‹, dachte ich.

Wie mir einer meiner alten Freunde aus der Bewegung sagte, bereiteten sich die Weißen in Mississippi wirklich auf einen solchen Sommer vor. Der Staat war dabei, die Gesetzesschrauben anzuziehen, um möglichst alle Teile des Programms für ungesetzlich zu erklären. Sechs neue Gesetze waren schon in Kraft, die die Städte autorisierten, ihre Polizei, Beamte und Ausrüstung zusammenzufassen, um sich gegenseitig bei der Unterdrückung von Aufruhr zu unterstützen. Ich hörte, daß auch ein Anti-Invasionsgesetz eingebracht worden war, das die Einreise in den Staat Mississippi verbot. Außer den Gesetzen, die erlassen worden waren, war die Staatspolizei verdoppelt und bis an die Zähne bewaffnet worden. Aber unter den Negern von Mississippi hatte ich noch nie eine solche

Erwartung gespürt. Zum erstenmal in der Geschichte der Bürgerrechtsbewegung in Mississippi schien es so, als sollte die Arbeit Früchte tragen. Ich war so begeistert, daß mir erst, als Bob Moses zur Tür hereinkam, wieder einfiel, warum ich eigentlich gekommen war: Ich wollte mit ihm über die Morde in Woodville sprechen. Bei all der Aufregung über die ›Sommeraktion‹ und weil Bob sie leitete, hatte ich erwartet, daß er sich verändert hätte, aber er war immer noch derselbe stille, langsame, bebrillte Bob. Ich drängte ihn in eine Ecke, und wir sprachen fast eine Stunde miteinander. Er wußte über die Morde Bescheid, aber er hatte nicht gewußt, daß meine Familie betroffen war.
Von Bob hörte ich, daß der Mann, der in Liberty ermordet worden war, Louis Allen hieß. Mr. Allen war 1961 Zeuge gewesen, wie Herbert Lee, ein Mitarbeiter der Wählerregistrierung, von E. H. Hurst, einem Mitglied der gesetzgebenden Körperschaft von Mississippi, erschlagen worden war. Hurst hatte vor dem Geschworenengericht ausgesagt, Lee habe ihn mit einem Wagenheber bedroht, und Allen, der um sein Leben fürchtete, hatte damals die Tatwaffe identifiziert. Aber als Hurst freigesprochen wurde, gab Allen eine eidesstattliche Erklärung ab, daß Hurst Lee »ohne Provokation« getötet hatte. Danach war Allen oft mit dem Tod bedroht worden, und einmal hatte der Sheriff von Liberty ihn zusammengeschlagen und ihm den Kiefer gebrochen. Bob sagte, Allen habe das Justizministerium mehrmals um Schutz gebeten. Immer hatte er die Antwort bekommen: »Wir können nicht jeden einzelnen Neger in Mississippi schützen.« Schließlich hatte Allen es aufgegeben und sich entschlossen, nach Milwaukee zu ziehen. Kaum zwölf Stunden vor seiner Abreise war er in seinem Vorgarten niedergeschlagen worden. Sein halber Kopf war von einem Gewehrschuß abgerissen worren, als er unter seinen Lastwagen gekrochen war, um seinem Mörder zu entgehen. Seine Familienangehörigen hatten im Haus die Schüsse gehört, aber da man früher oft vor dem Haus Schüsse gehört hatte, machte sich zuerst keiner die Mühe, nachzusehen. Später in der Nacht bemerkte eins von Allens Kindern, daß die Lichter des Lastwagens brannten, ging nach draußen und fand die Leiche. Nachdem er die Geschichte von Allens Ermordung erzählt hatte, seufzte Bob tief, und ich spürte sein Schuldgefühl, seinen Abscheu und seine Hilflosigkeit. Er wußte auch, das war mir klargeworden, daß ich mich am Tod meines Onkels schuldig fühlte.
Bob vertrat die Theorie, daß die Ermordung meines Onkels und die

der anderen drei Menschen in Woodville einfach Abschreckungsmorde gewesen waren. Das heißt, sie waren ermordet worden, um die Neger in ihre Schranken zu weisen und die Bürgerrechtskämpfer während des Sommers aus dem Südwesten fernzuhalten. Es waren schon Leute nach Woodville geschickt worden, die versuchen sollten, etwas über die Morde zu erfahren, aber sie hatten die Neger nicht zum Reden bewegen können. Bob sagte auch, man habe geplant, Bürgerrechtskämpfer hinzuschicken, aber es hatte sich niemand bereit gefunden, sie aufzunehmen. Trotzdem würde man im Sommer in den umliegenden Bezirken (Natchez, McComb und Liberty) arbeiten. Er hoffte, daß die Aufmerksamkeit, die sich durch die Bürgerrechtsarbeit auf diese Bezirke richtete, es möglich machen würde, später im Jahr auch nach Woodville und Centreville vorzurücken.

Dies Gespräch mit Bob beunruhigte mich sehr. Er hatte bestätigt, was ich immer schon vermutet hatte: Wir, die Bürgerrechtsorganisationen, konnten nur die Aufmerksamkeit auf ein Gebiet lenken, darüber hinaus konnten wir nichts tun, um Morde zu verhindern oder die geschehenen aufzuklären. Die Vereinigten Staaten konnten es sich leisten, das Friedenskorps zu unterhalten, das den Unterprivilegierten anderer Länder half und sie schützte, während im Lande geborene amerikanische Bürger täglich ermordet und terrorisiert wurden und nichts geschah. »Wahrscheinlich betrachtet man Neger einfach nicht als Menschen«, dachte ich. »Sie werden wie Schweine abgeschossen und geschlachtet.«

Nach diesem Gespräch mit Bob war ich so erregt, daß ich die dreieinhalb Meilen zur Maple Street, wo Dave und Mattie Dennis wohnten, zu Fuß ging. Von Dave hörte ich, daß in Canton am folgenden Tag ein großer »Freiheitstag« stattfinden sollte. Er sagte, er würde mich am nächsten Tag um acht Uhr abholen. Ich ging ins COFO-Büro zurück und fragte, ob mich jemand mit nach Tougaloo nähme. Um halb eins in der Nacht war ich auf dem Campus. Ich war so müde, daß ich gleich ins Bett fiel. Dann träumte ich, ich wäre wieder in Canton, und Mrs. Chinn und George und alle Jugendlichen wären wieder zusammen.

29. Kapitel

Am Freitag, dem 29. Mai 1964, war ich wieder auf dem Weg nach Canton, Mississippi. Der erste Mensch, den ich erblickte, als George vor dem Freedom House hielt, war Mrs. Chinn. Noch bevor der Wagen stand, war ich herausgesprungen und lief auf sie zu. Wir fielen uns in die Arme. »Anne, Anne, Anne!« sagte sie immer wieder. Einen Augenblick später umarmte ich Mrs. Devine, dann George. Immer wieder wurde ich von einem zum andern gereicht, bestimmt eine halbe Stunde lang. Es war, als sei ich nach langer Abwesenheit zu meiner Familie zurückgekehrt. Dabei hatte ich Canton erst vor sechs Monaten verlassen. Sobald ich im Freedom House war, wurde mir ein Filzschreiber hingeschmissen; ich sollte helfen, Parolen auf Schilder zu schreiben. In einer Stunde hatten wir etwa dreihundert Schilder beschriftet.

Mrs. Devine sagte mir, man rechne mit etwa fünfhundert erwachsenen Marschteilnehmern. Falls man den Erwachsenen nicht erlaubte zu marschieren, standen achthundert Studenten bereit, um vor dem Gericht zu demonstrieren. Ich konnte nicht glauben, daß dies dasselbe Canton in Mississippi war.

Nach einer Weile machte ich mich mit Mrs. Devine auf den Weg zur Kirche. Wir kamen an, als der Zug sich eben in Bewegung setzte. Ich stand auf der Straße und beobachtete, wie etwa dreihundert Erwachsene aus der Kirche strömten. Ich konnte es einfach nicht glauben. Am liebsten wäre ich hingelaufen und hätte die Leute angefaßt, um zu sehen, ob sie echt waren.

Die ganze Straße war von Bullen besetzt. Alle im County vorhandenen Polypen schienen in Canton zusammengezogen zu sein. Manche trugen verblichene Jeans, und die Pistolen hingen von ihren Hüften wie bei Cowboys. Man ließ die Marschierer eine Straßenkreuzung weit gehen, dann wurden sie von einem Sperriegel bewaffneter Polizisten gestoppt. Man forderte sie auf, umzukehren, sonst würden sie verhaftet. Pfarrer Cox, ein Sekretär von CORE, der den Marsch leitete, sprach mit einer Gruppe ein stilles Gebet, dann gingen alle in die Kirche zurück.

Während ich zusah, wie die ersten Marschierer die Kirche wieder betraten, fiel mir plötzlich ein, was für eine Kirche das war. Es war die Kirche des großen ›Onkel Tom Nr. 1‹. Er hatte also doch nachgegeben. Ich eilte nach drinnen, um zu sehen, wie viele von den hochwichtigen Pfarrern anwesend waren. Reverend Cox hatte drinnen gerade ›Oh Freedom‹ angestimmt. Es war so bewegend, daß ich die Pfarrer vergaß und in das Lied einstimmte. Ich stand da und sang mit Tränen in den Augen und hörte diese alten Menschen mit den runzligen Gesichtern singen. Immer wenn ich sie singen hörte, kamen mir die Tränen. In diesem Augenblick wußte ich, daß im Singen eine Kraft lag, die von Leid frei machte.

»Freiheit, Freiheit,
Freiheit über mir,
Eh daß ich bleib ein Sklave,
Will ich liegen in meinem Grabe
Und heimgehen zum Herrn, der mich befreit.
Kein Lynchen, kein Lynchen,
Kein Lynchen mehr,
Eh daß ich bleib ein Sklave,
Will ich liegen in meinem Grabe
und heimgehen zum Herrn, der mich befreit.«

»Also, Brüder und Schwestern! Ich könnt euch vierundzwanzig Stunden am Tag singen hören«, sagte Pfarrer Cox. »Wir werden uns noch den Weg in die Freiheit freisingen. Laßt uns noch ein paar Strophen singen und dann entscheiden, ob wir ins Gefängnis gehen oder nicht.«

Ich ging nach draußen, um zu sehen, ob die Oberschüler vor dem Gericht demonstrieren würden. Ich traf Mrs. Devine auf dem Rasen vor der Kirche und fragte sie nach den Jugendlichen. »Ich geh gleich nach Ashbury, um eine Nachricht zu überbringen«, sagte sie. »Komm mit. Dort sind Massen von Schülern.«

Auf dem Weg zu der Kirche, in der die Schüler sein sollten, folgte uns ein Polizeiauto. Ich entdeckte darin meinen Lieblingsbullen. Der, der mich hatte zusammenschlagen wollten. Der Wagen fuhr langsam hinter uns her. Mrs. Devine und ich taten, als merkten wir es gar nicht.

Als wir die Kirche betraten, waren die Oberschüler gerade am Ende eines Liedes angelangt. Alles schien nur singen zu wollen. Manchmal war es, als hätten die Neger ohne ein Lied nicht den Mut, sich in Bewegung zu setzen. Wenn ich die alten Neger singen hörte, wußte

ich, daß es der Gedanke an den Himmel war, der ihnen die Kraft gab, auszuhalten. Für sie bedeutete der Himmel ein Ende ihrer Leiden. Aber der Gesang der jungen Menschen gab mir ein ganz anderes Gefühl. Sie begriffen, daß die Macht, die Dinge zu ändern, in ihnen selbst lag. Mehr als bei Gott oder sonst einer Macht. Meine Großmutter hatte gedacht: »Wenn wir in den Himmel kommen, wird alles anders sein, dort wird es weder Schwarz noch Weiß geben.« Die Jungen glaubten: »Gott hilft denen, die sich selbst helfen.«
In der Kirche waren etwa dreihundert junge Menschen. Ich sah alle die wieder, die in meinen Werbeteams gearbeitet hatten, und viele andere. Nachdem das Lied zu Ende war, füllte sich der Raum mit Lärm. Ich wurde von der Begeisterung mitgerissen. Alle meine Hoffnungen für die Zukunft wurden wieder lebendig. Ich konnte die Jungen als Männer und Frauen sehen, die ein normales Leben führten, die ein wirklicher Teil dieser Welt waren, eine Gruppe von Menschen, die einen Platz gefunden hatten – einen Platz, weil sie die Schlacht geschlagen und gewonnen hatten. Meine Gedanken wurden unterbrochen, als einer der jungen Leute mich hinten in der Kirche erblickte. »Annie Moody!« Sie riefen meinen Namen und kamen auf mich zugelaufen. Die Mädchen hingen sich mir an den Hals, sie zogen mich fast zu Boden. Der Lärm hatte sich jetzt so gesteigert, daß die Schallwellen mir wie Glocken in den Ohren klangen.
Als wir die Kirche verließen, flammten Blitzlichter auf. Ich blickte mich um und entdeckte durch eine Lücke zwischen den Menschen meinen Lieblingsbullen, der mich mit den Jugendlichen fotografierte. Jetzt sahen die Schüler ihn auch und fingen an, sich für seine Kamera in Positur zu setzen. Sie schnitten allerhand Grimassen. Das machte den Polizisten verlegen. »Ich will euch nich all auf dem Bild«, sagte er und zeigte auf mich: »Ich will das Mädel da.«
»Was fürn Mädel?« fragte jemand.
»Oh, Sie meinen wohl Miss Moody?« sagte ein anderer.
»Los, Miss Moody, posieren Sie für ihn«, schrie einer der Jungen, und alle traten zurück und ließen mich vor der Kamera allein. Und der blöde Bulle machte klick, klick, klick, bis der Film zu Ende war. Dann nahm er die Filmrolle heraus und sagte: »Vielen Dank.«
Einer der Jungen fragte: »Was tun Sie denn jetzt mit den Bildern? Verkaufense sie oder hängen sie sich zu Haus an die Wand?« Jetzt begann auch ich mich zu fragen, was er eigentlich damit wollte. Wieder dachte ich, er müßte wohl von Centreville sein.
Mrs. Devine rief mich, und ich ging mit ihr zur Kirche zurück, in der

die Erwachsenen versammelt waren, aber ich sagte nichts. Sie hatte gesehen, was geschehen war, und ich glaube, auch sie machte sich Gedanken wegen des Polizisten.
Die Erwachsenen hatten inzwischen die Erlaubnis bekommen, zum Gerichtsgebäude zu marschieren. Man hatte aber die Bedingung gestellt, daß sie nur zu zweien gehen durften und daß ein Zeitabstand von zehn Minuten zwischen dem Abmarsch der einzelnen Paare liegen mußte. Es war jetzt ein Uhr durch und sehr heiß. Die Landpolizisten flankierten die Straßen von der Kirche bis zum Gerichtsgebäude. Sie schienen wütend zu sein, weil sie schwitzend in der glühenden Sonne stehen mußten, um »eine Horde Nigger« zu bewachen. Die Erwachsenen setzten sich langsam in Marsch. Auch sie sahen aus, als mache die Hitze sie fertig. Bei ihrem Tempo würde es zwei Monate dauern, bis sie zu zweien und mit zehn Minuten Abstand zum Gerichtsgebäude gelangten.
Auf dem Rasen vor der Kirche saßen jetzt fast zweihundert Menschen. Die meisten waren Jugendliche, die den Marsch der Erwachsenen beobachteten. Ich sah Mrs. Chinn, die mit ein paar Männern sprach, und ich ging zu ihr.
»Wo bist du gewesen, Anne?« fragte sie.
»Ich war mit Mrs. Devine in Ashbury. In der Kirche sind dreihundert schreiende Jugendliche. Wann sollen die vor dem Gerichtsgebäude demonstrieren?« fragte ich.
»Sie können nicht«, sagte sie. »Die meisten Kinder haben schon versucht, hinzukommen. Diese Schweine vom Land haben einen festen Kordon drumherum gezogen.«
Plötzlich hörten wir einen Wortwechsel zwischen den jungen Leuten und zwei Bullen, die auf der Straße standen.
»Für was marschiert ihr Nigger denn eigentlich?« sagte der eine Bulle.
»Nigger? Nigger? Nigger? Hier gibts keine Nigger«, sagte ein Junge. »Wenn Sie uns Neger meinen: Wir marschieren, weil wir ein wenig von der Freiheit schmecken wollen, die ihr Weißen genießt.«
»Freiheit?« fragte der Bulle.
»Ihr würdet gar nichts damit anzufangen wissen«, sagte der andere Bulle.
»Wir werden sie aber bekommen. Und wenn wir sie haben, werden wir euch schon zeigen, was wir damit anfangen«, sagte ein anderer Junge.
»Da hast dus ihm gegeben«, schrie jemand, und andere fielen ein.

»Ja, wir werden in eurem Restaurant essen, in eurem Polizeiwagen fahren, wählen und alles«, riefen sie.
Plötzlich war die Luft vom Gelächter der jungen Menschen auf dem Kirchrasen erfüllt. In diesem Augenblick sprangen zwei Bullen über den schmalen Graben zwischen der Straße und dem Kirchrasen und zerrten einen jungen Mann namens McKinley Hamilton an beiden Armen auf die Straße zu. Als sie zu dem Graben gekommen waren, sprangen sie hinüber und zerrten dabei McKinley hinter sich her. Der Junge stolperte, und die Bullen dachten, er leiste Widerstand. Einer schlug ihm mit seinem Schlagstock über den Kopf, und der andere tat das gleiche. Die Schläge kamen hart und fielen mit dumpfem Knall auf McKinleys Schädel. Zwei weitere Bullen liefen herbei. Die Neger auf dem Rasen bewegten sich langsam auf den Straßenrand zu.
»Hört auf, den Jungen zu schlagen«, schrie Mrs. Chinn.
»Das lassen wir uns nich gefallen«, schrie jemand, und die Neger drangen jetzt schneller vor.
McKinley lag in einer Blutlache auf dem Straßenpflaster. Als die Neger den Graben erreicht hatten, war ein Polizeijeep herangekommen. McKinley wurde aufgehoben und hineingeworfen. Das Blut tropfte in Klumpen von seinem Kopf, man konnte nur das Weiße der Augen sehen.
»Sie haben ihn umgebracht«, schrie ein alter Neger.
»Jesus, sie ham den Jungen umgebracht«, schrie ein anderer.
Ich weiß nicht, wie ich hingekommen war, aber ich stand jetzt mit den anderen Negern am Straßengraben. Ich wußte, im nächsten Augenblick würde die Hölle los sein, und ich würde mitten drin sein. Ich wandte mich um und blickte in die Menge. Alle, die in der Kirche gewesen waren, standen jetzt auf dem Rasen, etwa sechshundert Neger. Sie alle kochten vor Zorn.
»Kommt zurück in die Kirche!« schrie jetzt Pfarrer Cox in den Lärm, der die Luft erfüllte. »Wir können das nicht hier draußen erledigen! Kommt nach drinnen, da besprechen wir die Sache.«
Plötzlich setzte eine neue Bewegung ein, ich ging mit den anderen in die Kirche zurück. Zwei weiße Männer standen auf der Straße. Neger schrien auf sie ein.
»Was los is, was los is, wollt ihr wissen? Ihr Männer seid wohl verrückt?« schrie ein Junge.
»Ihr habt doch da drüben in dem Auto gesessen!« schrie ein anderer.
»Wir haben euch gesehen. Und ihr habt gesehen, was passiert ist.«

Wutgeschrei von Jugendlichen und Erwachsenen zwangen die beiden Männer, sich zu einem roten Auto zurückzuziehen, das den ganzen Morgen an einer Kreuzung neben der Kirche gestanden hatte.
»Wer ist das?« fragte ich Mrs. Chinn, die vor der Kirchentür stand.
»FBI«, sagte sie. »Sie haben da drüben gesessen und alles genau gesehen, und die Schweine wagen noch zu fragen, was hier passiert ist.«
Als wir die Kirche betraten, betete Pfarrer Cox, und die Neger standen mit geneigten Köpfen da. »Ich hoffe, ihr seid euch alle klar darüber, was da draußen geschehen ist«, sagte jetzt Pfarrer Cox zu der Menge. »Jeden Augenblick hätte Gewalt ausbrechen können. Und ich stehe hier als ein Diener Gottes im Hause Gottes und frage mich, ob ich daran teilgenommen hätte.«
Jemand schrie: »Wir sollten alle ins Gefängnis gehen und da bleiben, bis etwas getan wird. Soweit wir wissen, ist der Junge tot.«
Alles schrie durcheinander. Es dauerte eine Stunde, bis man entschieden hatte, was zu tun sei.
Viele der Anwesenden konnten nicht ins Gefängnis gehen. Einige hatten kleine Kinder, andere eine Arbeitsstelle. Ich glaube, an diesem Tag war eigentlich keiner bereit, sich einsperren zu lassen. Schließlich fragte Pfarrer Cox, wer sich freiwillig melden wolle. Da fanden sich achtzig bereit, aber höchstens für eine Woche. Danach wurde ein Marsch dieser Freiwilligen organisiert. Ein achtzig Jahre alter Mann sollte den Zug anführen.
Kurz darauf zogen die Marschierer aus. Ich stand auf der Straße, der Kirche gegenüber. Als ich den Achtzigjährigen an der Spitze des Zuges sah, liefen mir heiße Tränen übers Gesicht. Er hinkte und stützte sich auf einen Stock. Er hielt den Kopf hoch, kaute Tabak und spuckte ab und zu aus. Anderthalb Block von der Kirche entfernt hatten die Polizisten eine feste Sperre errichtet. Sie trugen Helme und Gewehre, Pistolen und Schlagstöcke. Als der alte Mann ein paar Meter vor der Polizistenkette angekommen war, hob er den Stock und ging hoch aufgerichtet auf die Polizei zu. Ich glaube, die Art, wie dieser alte Mann der Polizei gegenübertrat, bestärkte alle Neger, die es sahen. Ich jedenfalls empfand so, und ich weiß, ich war nicht die einzige. Die Marschierer wurden jetzt angehalten und blieben in einer Reihe stehen, bis zwei große städtische Lastwagen angekommen waren. Dann wurden sie ins Gefängnis gebracht. Wir anderen kehrten in die Kirche zurück, und Pfarrer Cox ließ ein stilles Gebet

für die achtzig Freiwilligen sprechen. Dann gingen wir auseinander. Wegen der Spannung, die seit den Vorbereitungen für den ›Freiheitstag‹ entstanden war, war über Canton schon zwei Wochen vor dem Tag von neun Uhr abends an eine Ausgangssperre verhängt worden. Dave hatte in seinem Wagen Teilnehmer, die weit draußen auf dem Land wohnten, nach dem Marsch zurückgefahren. Wir saßen jetzt im Freedom House und warteten auf Nachricht über McKinleys Befinden. Sobald wir wußten, daß er bewußtlos war, aber lebte, und der Wagen zurückgekommen war, machten wir uns aus Canton hinaus. Die Spannung war so groß, wir dachten, die Stadt könnte nach Einbruch der Dämmerung in Rauch aufgehen. Die Neger waren immer noch erbittert über die Gewalttätigkeiten der Polizei gegen McKinley. Und die Weißen waren wütend, weil die Neger sich endlich solidarisiert hatten.
Als Dave mich in Tougaloo absetzte, war es sechs durch. Ich war todmüde. Ich hatte den ganzen Tag nichts gegessen und war sehr hungrig. Da das Essen im Speisesaal schon begonnen hatte, entschloß ich mich, zu Pfarrer King zu gehen. Als ich zu seinem Haus kam, brach er gerade mit einer Gruppe Studenten nach Canton auf. Sie hatten im Radio von den Tätlichkeiten wegen McKinley gehört und erfahren, daß am Abend eine Massenversammlung stattfinden sollte. Ich erzählte ihnen von der Sperrstunde und versuchte sie zu überreden, wegzubleiben. Sie fuhren trotzdem, wollten aber vor neun wieder aus Canton weg sein.
Nachdem ich mir Kaffee und ein Butterbrot gemacht hatte, ging ich zum Wohnheim, um früh zu Bett zu gehen. Eine Stunde später klopfte jemand an meine Tür.
Ein Mädchen schaute zur Tür herein: »Moody, hast du es schon gehört?«
»Was denn?« fragte ich.
»Pfarrer King ist in Canton zusammengeschlagen worden. Es hat gerade jemand angerufen. Sie sind in Jackson im Krankenhaus.«
Ich saß da, das Gesicht in den Händen. Ich war zu müde, um nachzudenken. Schließlich raffte ich mich auf und ging zum Haus der Kings. Drei andere Studenten waren schon dort. Man sagte mir, daß niemand verletzt worden war außer Hamid Kisenbasch, einem pakistanischen Soziologiedozenten von Tougaloo. Pfarrer King hätte angerufen und gesagt, sie würden bald nach Hause kommen.
Um 11.45 Uhr kamen sie und erzählten uns, was geschehen war. »Du hast recht gehabt, Anne«, mußte Pfarrer King eingestehen. »Wir

waren auf dem Heimweg, hatten gerade den Highway 55 erreicht, als von irgendwoher ein Lastwagen und zwei Autos auftauchten. Beim Verlassen der Stadt hatten wir nicht bemerkt, daß wir verfolgt wurden. Jedenfalls, eins der Autos setzte sich vor uns und zwang uns zu halten. Wir verschlossen schnell die Wagentüren. In diesem Augenblick standen schon fünfzehn Weiße um uns herum. Sie hatten Stöcke, Gewehre aller Art, und einer hatte einen Kanister. Ich glaube, er hatte Benzin oder Petroleum darin. Als sie die Fenster einschlagen wollten, drehte Mr. Kisenbasch sein Fenster halb herunter, um ihnen vernünftig zuzureden. Er bekam einen Schlag an den Kopf, und gleichzeitig griffen zwei Männer durch das Fenster, um die Tür aufzumachen. Ich merkte, daß sie ihn wegen seiner dunklen Hautfarbe für einen Neger gehalten hatten, und schrie ihnen zu: ›Er ist kein Neger, er ist Inder.‹ Das Blut strömte Kisenbasch über den Kopf. Sie ließen von ihm ab und besprachen sich. Ich glaube, sie hielten ihn für den Inder, der gestern an unserem sit-in teilgenommen hat. Jedenfalls: sie ließen uns fahren, warnten uns aber, je wieder nach Canton zu kommen.«

»Wenn ich je dem Tod nahe gewesen bin, dann heute«, sagte Joan Trumpauer.

»Ich glaube, das dachten alle im Wagen«, sagte Mrs. King.

Dann berichtete Pfarrer King, wie er zur Straßenwacht gegangen sei, um den Vorfall zu melden. Er sagte, man habe sie dort wie Verbrecher behandelt.

Ich hatte keine Lust, noch ein Wort über die Gesetzeshüter in Mississippi zu verschwenden. Ich hatte es tausendmal getan und war erschöpft. Ich sagte Gute Nacht und ging zum Wohnheim zurück. Ich hatte Angst vor der morgigen Probe für die Feierlichkeiten.

Um zehn Uhr am Sonntagmorgen stand ich in der Reihe der abgehenden Studenten vor der Kapelle des Colleges. Ich konnte es kaum glauben, aber in einer halben Stunde würde ich durch dieses Portal hindurchmarschieren, um der Bakkalaureatspredigt in der Gruppe derer zu lauschen, die das Diplom bekommen sollten. Als ich so dastand, kam mir der ganze Campus verändert vor. Der Wind blies, und es war sehr feucht. Die langen Moosfahnen, die von den Bäumen herabhingen, flatterten im Wind. Die Studenten in der Reihe sprachen kaum. Es lag etwas beinahe Trauriges in der Luft. Als wir uns langsam in Bewegung setzten, hörte man nur das Geräusch marschierender Füße.

Die in der Kapelle Anwesenden standen auf, und die Musik füllte den ganzen Raum. Die Gemeinde blieb stehen, bis der letzte Absolvent sich gesetzt hatte. Ich atmete auf, so tief wie seit Jahren nicht mehr.

Daß die meisten Anwesenden Eltern der Studenten waren, merkte ich erst, als der Pfarrer sie ansprach. ›Ja, Eltern‹, dachte ich. Jetzt wurde mir bewußt, daß von meinen Angehörigen kein Mensch zugegen war. Adline und Junior hatten gesagt, sie würden kommen, aber sie waren nicht da. ›Hier bin ich also allein‹, dachte ich, ›so allein, wie schon seit langem.‹ Jetzt, wo ich das College verließ und nicht nach Hause gehen konnte, würde ich noch einsamer sein als in der Vergangenheit. Ich hatte die Universität abgeschlossen, aber ich wußte nicht, wohin ich gehen sollte, oder wie ich gehen sollte. Ich wußte nur, was mir als einer Negerin bevorstand, die weiterkommen will.

Nach der Predigt mußten wir uns vor der Galloway Hall aufstellen, um fotografiert zu werden. Als das überstanden war, ging ich hinein und legte mich zu Bett. Ich konnte es nicht ertragen, zuzusehen, wie die anderen Absolventen ihren Eltern den Campus zeigten. Ich kam mir fast wie eine Waise vor.

Um 4 Uhr 20 stand ich auf, zog eilig den Talar an, setzte die viereckige Mütze auf und rannte los, um rechtzeitig zur Diplomverleihung zu kommen. An der Tür bemerkte ich, daß es in Strömen regnete. ›Sieht mir ähnlich‹, dachte ich. ›Ich komme zu spät und hab nicht mal einen Schirm. Ich schien die letzte im Wohnheim zu sein. Sonst laufen hier, wenn es regnet, massenhaft Leute rum‹, dachte ich. Ich blieb ein paar Minuten stehen und schaute in den Regen hinaus. Dann wurde mir klar, daß mir nichts übrigblieb, als naß zu werden. Ich trat in den Regen und lief auf die Turnhalle zu. Die anderen waren schon zum Festzug aufgestellt. »Moody, du wirst dich erkälten«, sagten ein paar, an denen ich vorbeiging. Mein Gesicht war regennaß, ich war froh darüber, so konnte man nicht sehen, daß ich weinte.

Als ich meinen Platz eingenommen hatte, kamen Memphis Norman und Joan Trumpauer, meine Kumpane vom sit-in bei Woolworth, zu mir.

»Da bist du ja«, sagte Memphis. »Wir haben dich seit der Predigt gesucht. Wo warst du denn?«

»Ich hab mich hingelegt. Mir ist nicht sehr gut«, sagte ich.

»Sind deine Eltern da?« fragte er.

Ich schüttelte den Kopf.

»Na, was hab ich gesagt«, sagte Joan traurig, »die drei Waisenkinder von Woolworth.«

»Pfarrer King will uns für den Abend adoptieren und uns zum Essen ausführen«, sagte Memphis.

Die Marschreihe setzte sich in Bewegung, und sie liefen an ihre Plätze zurück.

In der Kapelle wäre ich fast umgefallen, so heiß war es. Alle Anwesenden fächelten sich Luft zu. Der elektrische Ventilator rührte nur die heiße Luft um, und durch die Fenster strömte die regenschwüle Feuchtigkeit.

Ich saß da und fühlte mich elend. Ich war tropfnaß, und mein Haar war ganz kraus. Nach einer Weile begann ich zu niesen und konnte gar nicht mehr aufhören. Der Junge neben mir reichte mir sein Taschentuch. Ich genierte mich. Alle anderen Studenten drehten sich dauernd nach mir um und guckten mich an. Manche waren wütend, und andere fanden mich komisch. Der schlimmste Augenblick kam, als ich aufgerufen wurde, um mein Diplom in Empfang zu nehmen. Ich ging zum Podium, und in dem Augenblick, als ich die Quaste von einer Seite auf die andere legte und mit der anderen Hand mein Diplom nehmen wollte, nieste ich drei- oder viermal. Ich stand da, nieste und hielt beide Hände vors Gesicht, während Präsident Beittel wartete. Die Absolventen lachten mindestens fünf Minuten lang. Statt mein Unbehagen zu zeigen, lächelte ich leicht, verbeugte mich vor den Zuschauern, schürzte die Lippen und stieg vom Podium hinunter. Die Studenten brüllten vor Lachen.

Als die Feierlichkeiten vorbei waren, hatte es aufgehört zu regnen. Ich lief ins Wohnheim, zog mich um und ging zu den Kings. Joan und Memphis waren schon da. Alle drängten schon zum Aufbruch. Ich nieste immer noch. Mrs. King gab mir eine Tasse heißen Tee und ein paar Aspirin, dann nahm uns Pfarrer King mit ins ›Steven's Kitchenette‹ und bestellte die fünf größten Steaks, die zu haben waren.

Während wir alle dasaßen und aßen, mußte ich Pfarrer King ansehen. Im stillen bat ich ihn um Vergebung, um Vergebung, weil ich ihm mißtraut hatte, als er neu nach Tougaloo kam. Ich glaube, fast alle Studenten hatten ihm mißtraut, weil er weiß und aus Mississippi gebürtig war. Vor ihm hatte es unter den Professoren nie einen weißen Südstaatler gegeben. Seine Frau, Jeannette, stammte aus Jackson. Ich weiß noch, wenn ich sie in der Kapelle aus und ein gehen sah, war mir der Gedanke verhaßt, daß ein weißer Südstaatengeistlicher und seine Frau das schönste und am meisten geliebte Gebäude des Campus als Hausherren übernahmen. Jetzt, wo ich mit ihnen am Tisch saß, wurde mir klar, daß ich sie mehr achtete als die weißen Lehrer aus dem Norden – daß ich sie mehr achtete als irgendeinen Weißen, den ich kannte.

Am nächsten Tag waren Joan und ich wie immer die einzigen Studenten im Campus, die nicht wußten, wohin sie gehen sollten. Die Heimleiterin von Galloway Hall hatte uns gebeten, das Wohnheim bis zwölf Uhr mittags zu räumen. Wir gingen wieder zu den Kings. Wir wollten sie fragen, ob sie uns für ein paar Tage unterbringen könnten. Das Fahrgeld für Joan war noch nicht angekommen, und ich hatte gar keins zu erwarten. Ich hatte daran gedacht, mir das Fahrgeld von Pfarrer King zu leihen, ich wußte, er würde mir das Geld auch geben, aber der Gedanke daran war mir sehr unbehaglich. Ich wollte am Dienstag nach Jackson gehen und sehen, ob ich jemanden fand, der zufällig nach New Orleans fuhr und mich mitnahm. Als wir zu den Kings kamen, trafen wir Ed und Jeanette beim Packen. Sie wollten für eine Woche an die Golfküste fahren. Sie sagten, wir könnten solange in ihrem Haus bleiben und den Kühlschrank leeressen, damit nichts verdürbe. Wir waren also für die nächste Woche versorgt.

Am folgenden Tag nahm einer der Professoren, der den Sommer über im Campus blieb, uns mit nach Jackson. Wir gingen geradewegs zum Hauptquartier der COFO in der Lynch Street. Beim Eintreten wurde ich gleich wieder vom Getümmel überwältigt. Etwa dreißig weiße Studenten, die gekommen waren, um sich an der Sommeraktion zu beteiligen, standen umher. Wir redeten mit einigen von ihnen. Dann besprach ich mich mit Joan; wir entschlossen uns, nicht noch eine Woche hier herumzuhängen, sondern gleich nach Hause zu fahren und in zwei Wochen wiederzukommen, um bei der Sommeraktion mitzuarbeiten.

Ich schien zu einer professionellen Tramperin zu werden, noch im Büro fand ich jemanden, der mich am nächsten Tag mit nach New Orleans nehmen wollte: Richard Haley, der neue Direktor von CORE für die Arbeit im Süden. Er war nach Jackson gekommen, um Dave Dennis zu sprechen.

Am folgenden Nachmittag um halb sechs hielt Richard Haley vor meinem Haus. Adline wollte gerade zur Arbeit gehen, als ich aus dem Wagen kletterte. Sie kam auf dem Bürgersteig zurückgelaufen, begrüßte mich und warf einen Blick auf Richard Haley. »Wo hast du den denn aufgelesen?« fragte sie lachend. »Jetzt verstehe ich, warum du nicht am Sonntagabend zurückgekommen bist. Wo ist dein Diplom?« Ich sah sie an und wußte nicht, warum sie sich so freute. Sie hatte mich belogen, hatte gesagt, sie würde zur Abschlußfeier kommen. Jetzt fragte sie nach meinem Diplom, als zweifelte sie, ob ich überhaupt eins hätte. Ich gab ihr keine Antwort. Ich stieg die Treppe hinauf und schloß die Tür auf.

In der Wohnung ging ich zum Eisschrank, um mir Wasser zu holen, Adline lief ins Schlafzimmer. Ich trat aus der Küche ins Wohnzimmer und fand sie dort stehen, einen Karton in den Händen. »Hier, das ist für dich«, sagte sie. Ich nahm ihn und machte ihn auf. Drinnen war ein grünes, zweiteiliges Kleid – das schönste Kleid, das man sich vorstellen kann. Ich stand da, hielt mir das Kleid vor und wußte nicht, was ich sagen sollte. »Ich hab mich entschlossen, nicht zur Feier zu gehen, sondern dir von dem Geld etwas wirklich Schönes zu kaufen«, sagte sie. »Darf ich jetzt dein Diplom sehen?« Ich öffnete meinen Koffer und reichte es ihr. Sie betrachtete es lange, Ich wußte genau, was sie dachte, denn in diesem Augenblick dachte ich dasselbe. Hier stand ich, der erste Mensch in meiner ganzen Familie, der ein Universitätsstudium abgeschlossen hatte. »Es sieht genau aus wie ein Abgangszeugnis von der Oberschule«, sagte Adline. »Hast du etwas anderes erwartet?« fragte ich. »Nein, ich hab mir nur überlegt, daß ich es eines Tages vielleicht auch bekommen kann, da es genau wie ein Oberschulzeugnis aussieht«, sagte sie und lächelte.

30. Kapitel

Ich blieb nicht lange in New Orleans – nur ein paar Tage –, denn ich war mir klar darüber, daß ich hier während der nächsten zwei Wochen kein Geld verdienen konnte. Ich war ein wenig traurig, meine Stelle im Restaurant so bald wieder aufzugeben. Eines Abends fuhren Tim und Carol, ein weißes Ehepaar aus Californien, die in New Orleans für CORE arbeiteten, bei mir vor und fragten mich, ob ich am folgenden Morgen mit ihnen nach Mississippi fahren wollte. Sie wollten dort einen Freund besuchen, der bei dem Marsch am ›Freiheitstag‹ in Canton verhaftet worden war. Ich konnte diesem Angebot nicht widerstehen.

Am andern Tag war ich wieder in Canton, bereit, mit der Arbeit für die Sommeraktion zu beginnen. Ich ließ meine Koffer im Freedom House und suchte Mrs. Chinn auf. Ich fand sie sehr niedergeschlagen.

»Anne«, sagte sie, »wenn ich du wäre und keine Bindungen an Canton hätte, dann würd ich hier keine Zeit verschwenden. Sieh mal, all die Arbeit, die wir mit dem Marsch hatten, und McKinley is fast totgeprügelt worden, un jetz is alles noch schlimmer als früher, diese Nigger ham sich wieder verkrochen und ham Angst, den Kopf zum Loch rauszustecken. C. O. is im Gefängnis, und die verdammten Bullen kommen jeden Abend hier vorbei und machen mich verrückt. So gehts nich, Anne. So gehts einfach nich. Wir sind nich stark genug, um se allein zu schaffen.«

Ich hatte Mrs. Chinn noch nie so niedergeschlagen gesehen. Was sie sagte, gab mir sehr zu denken. Ich ging stundenlang in Canton umher und betrachtete die vertrauten Straßen. Neger waren kaum zu sehen. Die Stadt sah wie tot aus. Ich ging am Gefängnis vorbei und sah C. O. Chinn, der mit einer Arbeitskolonne zurückkam. Sie hatten den ganzen Tag Gräben gezogen und waren von Kopf bis Fuß schmutzig. Als er mich sah, winkte er und versuchte, ein munteres Gesicht zu machen. Ich brachte es kaum fertig zurückzuwinken. Ich ging weg, so schnell ich konnte. C. O.s Anblick wollte mir nicht aus dem Kopf. Als ich vor einem Jahr zum erstenmal nach Canton gekommen war, war C. O. in der Stadt ein großer Mann, einer von

Cantons reichsten Negern. Er hatte Canton für die Bewegung zugänglich gemacht. Bei seinem Versuch, die Neger in Bewegung zu bringen, hatte er alles eingesetzt und alles verloren. Jetzt ging er in einer Häftlingskolonne und versuchte, munter auszusehen.

Alles, was geschehen war, lag mir schwerer auf der Seele als je zuvor. Immer wieder gingen mir Mrs. Chinns Worte durch den Kopf: »Wir sind nicht stark genug, es allein zu schaffen.« Mein Kopf begann zu schmerzen. Plötzlich merkte ich, daß ich lief. Ich versuchte, zu entfliehen. Ich fühlte, wie die Grenzen von Mississippi sich wie Mauern um mich, um Mrs. Chinn und C. O. und alle anderen Neger schlossen; wie sie immer näherrückten und uns erdrücken würden. Ich mußte hinaus und der Welt sagen, was hier mit uns geschah. Ich lief schneller, immer schneller. Bald war ich wieder am Freedom House, atemlos und gerade rechtzeitig, um in Dave Dennis' Wagen zu fallen, der nach Jackson abfuhr. Nach zwanzig Minuten hielt Dave vor dem Hauptquartier der COFO in der Lynch Street. Gerade vor uns parkte ein Greyhoundbus. Der Motor lief, und das Auspuffrohr qualmte. Es sah aus, als wollte er gleich abfahren. Ich sah Bob Moses, der die Bustür aufhielt und den Leuten drinnen auf Wiedersehen winkte. Ich lief zu ihm und fragte:

»He, Bob, wohin fährt der Bus?«

»Oh, Moody! Ich bin froh, daß du kommst. Kannst du mitfahren? Wir brauchen dich als Augenzeugin«, sagte er.

»Augenzeugin? Was meinst du ...«

»He Moody? Steig ein, wir fahren nach Washington!« Es war der kleine, zwölfjährige Gene Young, der den Kopf aus dem Fenster streckte. Während der Bus schon anfuhr, hielt Bob mir die Tür auf. Ich konnte mich gerade noch hineinzwängen. Der Bus war überfüllt. Um den starrenden, lächelnden Augen zu entgehen, die ich kannte, ließ ich mich einfach zwischen Gene und seinem Freund auf den Sitz fallen. Sobald der Bus in Fahrt kam, fingen alle an zu singen: »We shall overcome.« Ich schloß die Augen, lehnte mich zurück und hörte zu.

>»Wir werden siegen, wir werden siegen.
Eines Tages werden wir siegen.
Tief in unseren Herzen spüren wir:
Daß wir eines Tages siegen.«

»Los, Annie, werd wach! Du mußt sie anfeuern!« schrie mir der kleine Gene ins Ohr. Ich machte die Augen auf und sah ihn an. »Wir fahrn jetzt nach Washington rauf, und dann erzähln wir den was bei den COFO-Hearings. Wir sagn den, was in Mississippi los is«, sagte Gene begeistert. Dann sang er weiter. Seine Augen funkelten vor Leben, und er klatschte im Takt des Liedes in die Hände. Ich betrachtete ihn und kam mir sehr alt vor.

> »Die Wahrheit macht uns frei, die Wahrheit macht uns frei,
> Eines Tages macht uns die Wahrheit frei.
> Tief in unseren Herzen spüren wir:
> Eines Tages macht uns die Wahrheit frei.«

Plötzlich sah er mich an und merkte, daß ich immer noch nicht mitsang.
»Moody, was is los? Was los mit dir? Du kannst wohl nich mehr?« fragte er und machte ein besorgtes Gesicht. Als ich nicht antwortete, sah er mich noch einmal fragend an, dann fiel er wieder in den Gesang ein, aber jetzt war er nicht mehr so lebhaft dabei.
Ich horchte auf das Lied und sah durch das Fenster die Landschaft von Mississippi vorbeiziehen. Die alten Bilder zogen mir immer wieder durch den Kopf: der Brand des Taplin-Hauses, die Bombe in der Kirche in Birmingham, der Mord an Medgar Evers, das Blut, das McKinley aus der Kopfwunde strömte, und all die anderen Morde. Ich sah das Gesicht von Mrs. Chinn, als sie sagte: »Wir sind nicht stark genug, es allein zu schaffen«, und C. O.s Gesicht, der mir so kläglich aus der Gefangenenkolonne zuwinkte. Ich fühlte, wie mir die Tränen in die Augen stiegen.
»Moody...«, es war wieder der kleine Gene, der seinen Gesang unterbrochen hatte. »Moody, wir wern in Washington doch alles in Ordnung bringen, nich?«
Ich gab keine Antwort. Ich brauchte es auch nicht. Er sah aus, als wisse er genau, was ich dachte.
›Ich weiß nicht, ich weiß nicht.‹

> »Wir werden siegen, wir werden siegen,
> Eines Tages werden wir siegen.«

Ich weiß nicht. Ich weiß wirklich nicht.

Anatolij Martschenko
Meine Aussagen

Aus dem Russischen von Elisabeth Mahler. 404 Seiten. Leinen.

»Wenn Solschenizyn als ›Ersten Kreis der Hölle‹ ein noch äußerst humanes Auswahllager für Ingenieure mit Spezialaufgaben in der Nähe von Moskau bezeichnet – dann müßte man das Lager, das Martschenko schildert, eigentlich den ›Letzten Kreis der Hölle‹ nennen.   *Rheinischer Merkur*

André Malraux
Anti-Memoiren

Aus dem Französischen von Carlo Schmid. 544 Seiten. Leinen.

»Es versteht sich, daß die Gründe dieses Erfolges zum Teil außerliterarisch sind – ihr Autor ist durch seine Erlebnisse von Saigon über Kanton und Madrid bis zum Maquis und Ministersessel eine leibhaftige Legende, Zeuge, Kämpfer, Schriftsteller, Kunstphilosoph und – ein ›Star‹. Aber was immer die Ursachen – das Prestige dient in diesem Fall einem Werk von Rang.«   *Die Zeit*

Walter Matthias Diggelmann
Die Vergnügungsfahrt

Roman. 294 Seiten. Leinen.

»Der Schweizer Tabuknacker Walter Matthias Diggelmann erinnert wieder einmal an die vielen heißen Eisen, die noch unbearbeitet herumliegen und nur unerschrocken angepackt werden müssen.«
Frankfurter Allgemeine Zeitung

S. Fischer Verlag